고난의 신학

고난의 신학

양창삼

KSI 한국학술정보(주)

머리말

사람은 늘 염려하고 불안한 마음을 가지고 산다. 세상이 그렇게 만들기도 하고, 자신이 그 속에 몰아넣기도 한다. 어떤 이는 그 모습을 보며 “다 살아 있다는 증거가 아니겠느냐”고 말한다. 죽은 사람은 염려하거나 불안해 할 필요가 없기 때문이다. 이 말도 맞다. 그러나 우리의 관심은 우리가 이 땅에 살면서 염려와 불안, 그리고 그보다 더 큰 고난에 직면했을 때 어떤 태도를 가져야 하고, 그 문제를 풀어갈 어떤 대안은 없는가 하는 것이다.

이 문제에 관하여 사람들은 여러 답을 제시할 수 있다. 우선 심리학에 입각한 대답도 있을 수 있고, 문화인류학적인 대답, 나아가 사회학적인 대답 등 다양한 대답을 상정할 수 있다. 그러나 그 어떤 대답도 완전할 수 없다.

이 책은 기독교의 관점에서 이 문제를 바라보고, 성경적인 해답을 얻고자 했다. 우리가 당하는 고난에는 다 우리 각자를 향한 하나님의 섭리가 있기 때문이다. 하나님은 그 고난을 통해 깨닫게 하시고, 우리로 하여금 더 나은 삶의 자리로 이동하게 하신다. 즉 하나님은 고난을 통해 우리를 만들어 가시고, 더 성숙하게 하신다. 우리를 향한 하나님의 이 오묘한 계획을 깨닫는다면 현재 우리가 당하는 고난은 더 이상 고난이 아니다. 우리의 염려와 불안은 더 이상 걱정의 대상이 아니다. 오히려 감사하고, 찬양해야 할 이유가 충분하다.

이러한 기독교적인 대답에 대해 충분하지 못하다고 생각하는 사람도 있을 것이다. 그러나 영적인 시각에서 볼 때 우리가 겪는 세상사는 절대화할 것이 못된다. 그럼에도 불구하고 우리는 그것을 절대화하고, 그 문제가 터지면 무너질 것처럼 생각한다. 기독교는 이 같은 우리의 생각을 뒤집고, 세상을 상대화하며 살라고 말한다. 절대화해야 할 하나님을 상대적 존재로 바꾸고, 우리가 처한 상황과 고민을 절대화한다면 해결할 길이 없다. 문제에 이미 압도당해 있기 때문이다. 기독교적 관점에서 볼 때 이 짓눌린 삶으로부터 우리를 해방시키실 수 있는 분은 오직 예수님뿐이다. 그분은 우리를 죄에서 구원해 주셨고, 그분이 십자가에서 흘리신 보혈의 능력은 오늘 우리의 상황에서도 유효하기 때문이다. 그래서 '고난의 신학'은 그 초점을 예수님께 집중할 수밖에 없다.

이 책이 불안과 염려로 잠 못 이루는 우리를 일으키고, 그보다 더한 고난으로 힘들어하는 당신에게 도움이 되었으면 한다. 기독교인이라 할지라도 이 땅에 사는 한 고난을 피할 수 없다. 염려와 근심이 신기루처럼 사라지지 않는다. 그러나 당신이 예수 그리스도를 믿는 한 고난을 보는 눈이 달라질 것이다. 우리가 고통하는 자리에 임하시고, 힘께 일으켜 세우시는 주님을 생각하면 더 이상 외롭지 않을 것이다. 주님이 세상을 이기신 것처럼 우리도 그 주님을 의지해 고난을 이겨야 한다. 그 믿음과 의지가 강하다면 고통이 당신을 꺾지 못할 것이다. 이 책은 이러한 당신의 모습을 기대한다.

2008년
양창삼

목 차

제 1 부

불안과 염려로부터 자유로울 수 없는 인간

제 1 장
염려와 걱정이 밀려올 때

1. 인간은 걱정하는 존재

인터넷에 유행하는 유머 하나가 있다. 제목은 "사랑하는 당신께"
이며 운전하는 남편에게 부탁하는 말이다.

"운전하실 때는 언제나 찬송을 부르세요.
당신이 60㎞로 달릴 때에는 "내가 매일 기쁘게 주의 길을 행함은"
을 부르세요.
당신이 80㎞로 달릴 때에는 "하늘가는 밝은 길이"를 부르세요.
당신이 100㎞로 달릴 때에는 "나 이제 갑니다."를 부르세요.
당신이 120㎞로 달릴 때에는 "요단강 건너가 만나리."를 부르세요."

이 유머 속에는 속력을 내려는 남편을 배려하고 염려하는 뜻이 담
겨 있다. 인간은 어떤 특징이 있을까? 사람들은 인간을 생각하는 존
재, 의미를 추구하는 존재 등 여러 가지로 그려낸다. 하지만 무엇보
다 인간은 걱정하는 존재라는 사실을 빼놓을 수 없다. 사람들은 늘
염려하고 걱정하면서 산다. 기대와 현실 사이를 염려와 걱정으로 가

득 채우며 사는 것이 인생이라 말할 정도다.

엘리스(C. Ellis)의 조사에 따르면 사람이 걱정하는 일 중 40%는 발생하지 않은 일을 두고 걱정한다. 앞으로 일어날 것을 가상해서 염려한다. 아직도 일어나지 않았는데도 미리 당겨서, 안 해도 되는 것까지 염려를 한다. 30%는 현재 돌이켜도 어찌할 수 없는 지난날의 결정을 두고 후회한다. 이미 지난 일을 가지고 걱정하는 것이다. 12%는 자기에 대한 다른 사람의 사소한 비난 때문에, 10%는 현재의 건강 문제 때문에 걱정한다. 진짜 이유 있는 걱정은 8%에 불과하다. 전체적으로 보면 쓸모없는 걱정은 92%나 되고, 쓸모 있는 걱정은 기껏 8%에 불과하다.

염려와 걱정이 보기에는 대수롭지 않은 것처럼 보이지만 그것이 결국 쌓이고 쌓이면 건강을 해치고, 심지어 인생까지 무너뜨린다. 이것은 마치 눈 하나하나는 작고 보잘것없어 보이지만 그것이 쌓이면 나무도 꺾이고, 지붕도 무너지며, 사람도 깔려 죽게 되는 것과 같다. 우리는 지금도 염려의 무게에 눌려 어찌할 바 모른다.

이 세상에 살아 있는 존재는 모두 근심과 걱정에서 자유로울 수 없다. 그러나 근심과 걱정은 한마디로 아직 살아 있다는 표시다. 살아 있기는 하지만 불확실한 미래 때문에 걱정이 되고, 과거의 잘못 때문에 현재가 겁이 난다. 사람은 끊임없이 걱정하고 근심함으로써 문제로부터 벗어나고자 한다. 인간이 왜 생각하는 존재인가를 알 수 있다.

하나님은 우리가 이 세상 걱정과 근심으로 어렵게 살고 있음을 잘 아신다. 그래서 성경에는 "두려워 말라."는 명령이 반복적으로 언급되어 있다. 걱정하지 말라는 것이다. 무조건 걱정하지 말라는 말씀이 아니다. 그리스도인은 세상 걱정을 뛰어넘을 수 있을 만큼 대안이 있기 때문에 걱정하지 말라는 것이다.

2. 예수님의 명령과 바울의 권고

마태복음 6장 25-34절을 보면 예수님은 우리가 무엇을 염려하는 지 잘 알고 있다. 무엇을 먹을까 무엇을 입을까 염려한다는 것이다. 인간은 의식주 문제로 염려하고 걱정한다. 주님이 의식주 문제를 든 것은 그 문제가 난제 중의 난제임을 잘 알고 계신다는 것을 의미한다.

그러나 주님은 한마디로 그런 문제로 염려하지 말라고 하신다. 이 것은 다 이방인이 구하는 것으로 하늘의 아버지께서는 이미 이 모든 것이 너희에게 있어야 할 줄을 아신다고 하셨다. 그리스도인이라 하 면서 매일 물질적인 것을 구하는 것에 매달린다면 이방인과 무엇이 다르겠느냐는 것이다. 물질보다 먼저 구해야 할 것은 하나님의 나라 와 그 의를 구하는 것이다. 차원이 높은 구함이다. 이런 구도자의 삶을 살면 물질도 더하시리라는 것이다.

내일 일 때문에 지나치게 걱정하는 것도 금하신다. "그러므로 내 일 일을 위하여 염려하지 말라 내일 일은 내일 염려할 것이요 한 날 괴로움은 그날에 족하니라"(마6:34).

바울은 빌립보서 4장 6-7절을 통해 "염려로부터 자유하라."고 말 한다. "주 안에서 항상 기뻐하라 내가 다시 말하노니 기뻐하라 너희 관용을 모든 사람에게 알게 하라 주께서 가까우시니라 아무것도 염 려하지 말고 오직 모든 일에 기도와 간구로 너희 구할 것을 감사함 으로 하나님께 아뢰라 그리하면 모든 지각에 뛰어난 하나님의 평강 이 그리스도 예수 안에서 너희 마음과 생각을 지키시리라."

예수님이 염려와 근심하기보다 우리가 구할 것의 우선순위가 있다 는 것을 가르쳐 주셨다면 바울은 오히려 기뻐하고 관용하며, 구할 것이 있을 경우 하나님께 기도하고 간구하며 들어주실 것을 알고 감 사하라고 말한다. 주님을 적극적으로 의지하고 기뻐하고 감사할 때 주님이 주시는 평강이 임한다는 것이다.

3. 그러면 우리는 어떻게 해야 할 것인가?

그리스도인들이라고 해서 염려와 걱정이 없는 것은 아니다. 그러나 그리스도인이라면 적어도 그 해결방법이 성경적이어야 한다.

1) 걱정과 염려의 존재를 인정한다

사람들에게 있어서 걱정과 두려움은 고통스러운 것이다. 따라서 이런 저런 방법으로 그 두려움을 감추려 한다. 여러 가지 상황과 원인으로 위험을 느끼고 있다 할지라도 다른 사람에게 나의 두려워하는 모습을 보이고 싶지 않아 두려움을 감추고자 한다. 그래서 두려움은 더 큰 두려움을, 염려는 더 큰 염려를 낳는다.

그리스도인이라고 염려에서 자유로울 수 없다. 인생에는 염려가 있을 수 있다는 것을 먼저 인정한다. "사랑하는 자들아 너희를 시련하려고 오는 불 시험을 이상한 일 당하는 것 같이 이상히 여기지 말고"(벧전4:12)라는 말씀은 시련당하는 것을 당연한 것으로 생각하라는 말씀이다.

문제는 염려가 염려로 끝나지 않는다는 데 있다. 사단이 노리는 것은 우리를 염려의 노예로 만들어 하나님으로부터 자꾸 멀어지게 만드는 것이다. 사단은 지금도 삼킬 자를 찾아 두루 돌아다닌다. 사단이 노리는 사람은 무엇보다 염려하는 사람, 불만과 불평이 많은 사람들이다. 그 속에 하나님이 없기 때문이다. 자신을 늘 염려의 노예로 만들 것인가 그 문제로부터 획기적인 전환을 할 것인가는 우리에게 달려 있다.

2) 하나님 앞으로 나아가라

예수님께서 "염려하지 말라."고 하신 것은 하나님을 믿고 신뢰하라, 문제 뒤에 하나님이 있다는 말씀이다. 우리는 하나님의 자녀이다. 하나님의 자녀라면 하나님이 우리 아버지이심을 믿어야 한다. 우리가 만일 우리의 문제를 해결해 줄 수 있는 아버지가 있음에노 불구하고 고아처럼 늘 고민하고 염려한다면 문제는 나에게 있다는 것을 드러내는 것과 같다.

고라 자손은 하나님을 갈망하며 이렇게 말한다. "내 영혼아 네가 어찌하여 낙망하며 어찌하여 내 속에서 불안하여 하는고 너는 하나님을 바라라 그 얼굴의 도우심을 인하여 내가 오히려 찬송하리로다"(시42:5).

염려될 때 조용히 하나님 아버지 앞으로 나가라. 중요한 것은 우리가 하나님 앞에 나감으로써 해결의 열쇠는 주님이 갖고 계신다는 것을 인정했다는 것이다. 여기에서 염려는 해결의 길로 들어선다.

하나님 앞에 나갈 때 하나님이 필요한 것을 채워 주신다는 것을 믿고 신뢰한다(believe and trust). 하나님의 약속을 믿는다. 주님은 말씀하신다. "오늘 있다가 내일 아궁이에 던지우는 들풀도 하나님이 이렇게 입히시거든 하물며 너희일까 보냐 믿음이 적은 자들아"(마6:30).

미국 북부 추운 겨울에 작은 차로 운전하기 어렵다. 큰 차가 지나가면 눈, 먼지, 소금기로 범벅된 진창(slush)이 차의 앞면을 덮어버린다. 이 곤란에서 벗어나려면 차에 와이퍼가 있어야 하고, 세척제가 넉넉해야 한다. 하나님은 우리가 진창으로 어찌할지 모를 때 와이퍼와 세척제를 공급해 주신다. 우리가 염려 속에서 하나님을 바라볼 때 하나님은 우리에게 염려를 넘어설 수 있는 힘을 주신다.

3) 기도하라

바울은 기도하고 간구하라고 말한다. 아버지 하나님은 언제나 우리의 말을 들으실 준비가 되어 있다. 하나님은 우리의 기도를 듣기 전에 이미 아신다. 하지만 아들이 찾아와 간구할 때 더 마음을 여시고 아들의 음성에 귀를 기울이며, 그것에 적극적으로 반응하고자 하신다. 따라서 염려와 걱정이 생기면 기도하는 것이 성경적이다. 성경은 염려제거 방법으로 기도할 것을 가르치고 있다.

기도를 하기 위해서는 하나님과 나의 관계를 바르게 확립해야 한다. 하나님을 나의 왕, 나의 주인, 나의 아버지로 모실 때 자신은 그의 백성, 그의 종, 그의 아들이 된다. 이런 관계에서 왕이신 하나님께, 주인이신 하나님께, 그리고 아버지이신 하나님께 자신의 모든 형편과 생각을 아뢸 수 있다.

바울은 "감사함으로 아뢰라."(빌4:4-7)고 말하고 있다. 기도할 때 염려보다 먼저 감사가 있어야 한다는 것이다. 감사는 우리가 하나님을 전적으로 신뢰하고, 그분이 나를 보호해 주실 것을 확신할 때 나온다. 하나님은 우리가 이런 확신 있는 태도를 가지고 감사하며 기도할 때 들어 주신다. 기도할 때는 우리의 속사정을 모두 아뢰어야 한다. '아뢴다.'는 것은 청원한다(petition)는 뜻이다. 청원은 해결해 주실 수 있는 분에게 할 수 있는 것이다. 염려는 그저 자신 속에 담아놓고 걱정하는 것이다. 그러나 기도를 통한 청원은 우리 자신이 아니라 하나님 앞에 모든 것을 내어놓는 것이다. 그분이 문제를 해결해 주실 수 있는 분이기 때문에 그분을 믿고 맡겨 놓는다. 이럴 때 문제해결의 길로 들어서게 된다.

기도하는 사람은 하나님의 지키심을 믿는다. 빌립보서 4장 7절은 믿고 기도하면 우리를 지키실 것이라 하였다. 하나님은 위대하고 강하다. 성경은 하나님의 미련한 것이 인간의 그 어떤 것보다 지혜롭고, 하나님의 약한 것이 인간의 그 어떤 것보다 강하다 하였다. 하나님은 인간의 지각보다 뛰어나시다. 우리가 기도하면 지각에 뛰어난 하나님의 평강이 우리를 지켜 주신다. '지키신다.'는 것은 "철저하게 보호한다."(guard, protect)한다는 군사적 용어이다. 인간의 어떤 경비보다 뛰어난 하늘의 경비를 받으며 평안 가운데 거하게 된다는 것이다. 하나님의 이 같은 철통같은 보호는 기도를 통해 얻을 수 있다.

기도하는 자는 아뢰는 것으로 그쳐서는 안 된다. 하나님의 음성을 들어야 한다. 즉 염려하는 문제에 대해 하나님이 어떻게 하실지 조용히 묵상하며 그 음성 앞에 나가야 한다.

4) 하나님의 차원에서 문제를 본다

하나님의 음성을 듣고자 하는 사람은 청각뿐 아니라 시각도 달라야 한다. 우리가 자꾸 문제를 들여다보고 염려와 걱정 속에 빠지면 그것이 더 커 보여 자기 스스로 그것으로부터 자유롭지 못하게 만든다. 이럴 때 우리의 문제를 하나님 차원에서 볼 필요가 있다.

시골 사람에게 2층집은 매우 커 보인다. 그러나 그가 서울을 한 번 다녀간 뒤로 2층집이 더 이상 커 보이지 않는다. 오히려 작고 초라해 보인다. 거리를 걸을 때 십여 층의 건물도 크게 보인다. 그러나 비행기를 타고 하늘에서 그 건물을 보면 장난감 같아 보인다. 크게 염려하고 걱정하던 일도 지나고 보면 별것 아닌 것으로 느낀다.

염려를 하나님 차원으로 승화시키는 것은 바로 이런 것이다. 하나님 차원에서 보면 세상 것은 아무것도 아니다. 그렇게 염려하던 것도 아무것도 아니다. 따라서 그리스도인은 세상적 차원에서 벗어나 하늘의 차원에서 문제를 보고 문제를 풀어갈 필요가 있다. 현재의 문제를 하나님의 차원에서 보고자 할 때 문제는 쉽게 풀린다.

5) 하나님에 대해 확신을 가지라

목회자 한 분이 여행 중에 호텔에 들게 되었다. 벨보이가 가방을 들어드리겠다고 하자 마땅한 팁이 없음을 안 그는 한사코 "괜찮습니다. 제가 가지고 가겠습니다."며 사양했다. 프론트 데스크에 다가서자 사무원이 "등록하는 동안 가방을 벨보이에게 맡겨 방으로 가져가게 하시지요."라며 제의했다. 목회자는 정중히 사양했다. 그러자 의중을 파악한 사무원이 이렇게 말했다. "손님, 팁을 따로 주실 필요 없습니다. 계산서에 이미 포함되어 있습니다. 그러니 걱정 마시고 짐을 맡기십시오."

"수고하고 무거운 짐 진 자들아 다 내게로 오라 내가 너희를 쉬게 하리라"(마11:28).

아직도 하나님께 짐을 맡기고 있지 않는 것은 아닌가. 우리는 계속 하나님의 보호를 확신하며 살아야 한다.

6) 먼저 그 나라와 그 의를 구하라

예수님은 염려와 걱정을 하는 우리를 향해 염려하지 말라고 하시고 먼저 그 나라와 그 의를 구하라 하셨다. 세상 염려와 근심거리를 절대화하지 않고 상대화할 수 있어야 한다는 것이다. 그리스도인이 생명을 바칠 만큼 절대적인 것이 있다면 그것은 우리 삶 속에서 하나님의 나라와 그 의를 구현하는 것이다.

키가 작다고 염려하면 키가 커지겠느냐고 물으신다. 염려는 문제 해결에 도움이 되지 않는다는 것이다. 주님은 작은 키를 염려하기보다 작은 키를 가지고서도 얼마든지 하나님의 나라와 그 의를 구할 수 있음을 강조하신다. 키 문제를 상대화하고 하나님의 일을 절대화하는 것이다.

상대화는 매직이다. 우리 마음속에 깃든 염려를 모두 밀어내고 그 안에 그 나라와 그 의를 채우는 삶을 살면 그 염려는 더 이상 염려할 일이 못 된다는 것을 깨닫게 되기 때문이다. 영적으로 변화된 삶을 살면 육적인 염려는 더 이상 걱정할 차원이 못된다. 하나님이 우리를 통해 하실 큰일에 비하면 염려할 가치조차 없다는 것을 알게 된다. 이것을 아는 순간 우리는 염려와 걱정으로부터 자유하게 된다.

7) 계속 그리스도 안에 있어야 한다

염려와 걱정은 대부분 세상적인 것이다. 우리가 세상에만 머물러 있으면 평안이 없다. 따라서 그리스도 안에 거할 필요가 있다. 그리스도 안에 있으면 평안을 얻을 수 있다.

8) 그날 걱정은 그날에 족하다

예수님은 걱정과 염려는 그날 것에 한정시키라고 말씀하신다. 일어나지 않은 내일 것까지 생각하며 미리 염려하지 말라는 것이다. 이 말씀은 불확실한 미래, 불안정한 미래에 대해 아무런 대책 없이, 준비 없이 살라는 말씀은 아니다. 이 말씀의 바탕에는 모든 염려를 주님께 맡기고 오늘뿐 아니라 미래의 삶에 대해 자신감을 가지라는 말씀이다.

4. 삶의 자신감을 회복하라

그리스도인이 삶에 자신감을 갖는 것은 매우 중요하다. 우리가 실패자로 살 때 가장 좋아하는 것은 사단이다. 사단은 우리가 염려하고 좌절하고, 그래서 다시는 일어날 수 없는 상태로 빠뜨리게 한다. 그러나 하나님은 이와 반대로 우리를 세우고, 힘주시고, 이기게 하신다.

나는 왜 미래에 대해 자신 있게 도전할 수 있는가? 무엇보다 하나님이 나를 보호하시기(watching over me) 때문이다. 시편기자는 "나의 평생에 선하심이 정녕 나를 따르리니"(시23:6)라는 확신을 가졌다. "여호와께서 자기를 사랑하는 자는 다 보호하시고 악인은 다 멸하시리로다."(시145:20)라는 확신도 믿음에서 나온 것이다. 바울은 말한다. "우리가 알거니와 하나님을 사랑하는 자 곧 그 뜻대로 부르심을 입은 자들에게는 모든 것이 협력하여 선을 이루느니라"(롬8:28).

그다음 주의 은혜가 내 안에 작용하기(working in me) 때문이다. 시편기자는 "나의 평생에 인자하심이 나를 따르리니"(시23:6)라 노래했다. 주의 인자가 평생 내 안에서 역사한다는 것이다. 이사야서는 이것을 은혜로 묘사하고 있다. "이제는 나의 은혜로 너를 긍휼히 여겼은즉"(사60:10). 내 안에 주의 은혜가 넘친다. "그러므로 우리가 긍휼하심을 받고 때를 따라 돕는 은혜를 얻기 위하여 은혜의 보좌 앞에 담대히 나아갈 것이니라"(히4:16). 우리가 해야 할 것은 은혜의 보좌 앞에 나가는 것이다. 감사함으로.

끝으로, 하나님의 나라가 나를 기다리고 있기(waiting for me) 때문이다. 시편기자는 "내가 여호와의 집에 영원히 거하리로다."(시23:6)

노래했다. 바울도 "만일 땅에 있는 우리의 장막집이 무너지면 하나님께서 지으신 집 곧 손으로 지은 것이 아니요 하늘에 있는 영원한 집이 우리에게 있는 줄 아나니."(고후5:1)라며 영원한 집을 사모했다. 그 나라에서는 염려가 더 이상 존재하지 않는다. "모든 눈물을 그 눈에서 씻기시매 다시 사망이 없고 애통하는 것이나 곡하는 것이나 아픈 것이 다시 있지 아니하리니 처음 것들이 다 지나갔음이러라"(계21:4). 베드로는 우리를 향해 "사랑하는 자들아 나그네와 행인 같은 너희를 권하노니."(벧전2:11)라 하였다. 우리는 이 땅에 소망을 둔 사람이 아니라는 것이다. 이 말씀은 우리는 다만 이 땅을 방문한 사람들이며 우리의 진정한 집은 하늘에 있다.

"내 양은 내 음성을 들으며 나는 저희를 알며 저희는 나를 따르느니라 내가 저희에게 영생을 주노니 영원히 멸망치 아니할 터이요 또 저희를 내 손에서 빼앗을 자가 없느니라"(요10:27−28).

5. 스바냐서의 가르침

스바냐 3장 14−20절은 우리로 하여금 자신감을 갖도록 하고 있다. "강하고 담대하라." 어려운 상황에서 주님 모시고 살고자 하는 소수의 사람에게 위축되지 말고 기죽지 말고 살라고 하신다. 왜 위축되지 않아야 하는가?

스바냐는 무엇보다 주님이 우리의 죄를 용서해 주셨기 때문임을 지적하고 있다. 죄가 있으면 위축된다. 그러나 우리는 그리스도로 인해 죄를 용서함 받았기 때문에 더 이상 위축될 필요가 없다.

나아가 하나님이 언제나 우리와 함께하시기(17절) 때문이다. 링컨의 좌우명은 "여호와 하나님께서 나와 함께하시면"이었다. 그는 하나님이 자기와 함께하신다는 사실을 확신하고 낙관적으로 살았다. 하나님이 함께하심을 어떻게 보장할 수 있는가? 그는 말한다. "당신이 먼저 하나님 편에 서라. 그러면 하나님이 함께하실 것이다." 그리고 하나님이 나와 함께하시는가 염려하지 말라. 하나님은 오늘도 "너로 인하여 기쁨을 이기지 못하여 하시며"(17절) 사랑스러워 견딜 수 없어 하신다. 할아버지가 손자를 사랑하는 것보다 하나님은 우리를 더 사랑하신다. 주님의 이러한 모습에 적극적으로 반응하는 삶을 사는 것이 우리가 해야 할 일이다.

스바냐는 하나님이 축복하기 때문(20절)이라고 말한다. 시편기자는 하나님을 자기 하나님으로 삼는 백성에게 복이 있다 하였다. 그 백성은 하나님이 세상 끝날 때까지 함께하신다는 사실을 확신하고 염려와 걱정으로 위축되어서는 안 된다.

우리는 주님을 믿고 두려워해서는 안 된다. 걱정덜기 ABC방법이 있다. A는 염려의 존재를 받아들이는 것(Accept)이고, B는 하나님을 믿는 것(Believe)이다. 그리고 C는 자신감을 가지고 그 믿음을 계속 이어나가는 것(Confidently continue believing God)이다. 주님은 이 순간도 우리로 하여금 염려와 걱정으로부터 자유함을 얻고, 주님과 함께 높이 날아오르기를 기대하신다.

제2장
불안, 공포, 두려움에서 자유롭지 못한 당신

1. 사단은 불안과 공포를 택했다

고양이가 두려운 생쥐가 마법사를 찾아가 자신을 고양이로 만들어 달라고 간청했다. 마법사는 생쥐의 원대로 그를 고양이로 만들어 주었다. 이젠 고양이를 만나도 두렵지 않았다. 그런데 어느 날 개를 만나니 두려움이 생기기 시작했다. 그는 마법사를 찾아가 자신을 개로 만들어 주면 좋겠다고 했다. 마법사는 그를 개로 만들어 주었다. 개로 변한 생쥐는 너무나 기뻤다. 그런데 호랑이를 만나자 무서움에 사로잡혔다. 그는 호랑이가 두려워 못살겠다고 했다. 그리고 자신을 새롭게 변신시켜 달라고 요청했다. 그러자 마법사가 이렇게 말하는 것이었다. "너는 아무래도 두려움을 떨쳐 버릴 수 없을 것 같다. 그러니 다시 생쥐로 돌아가거라." 이 인도 우화는 우리가 두려운 마음을 가지고 살면 이 세상을 기쁨으로 살 수 없다는 것을 가르쳐 준다.

이 세상에는 우리에게 두려움과 불안, 그리고 공포를 자아내는 각 가지 일들이 벌어지고 있다. 레스터 서로우(L. Thurow)는 21세기 정보화시대에는 5%의 지식층만이 혜택을 보는 세상이 될 것이라고 한다. 95%는 소외당할 것이라는 것이다. 이것은 미래를 살아가야 할 사람들에게 심한 공포를 안겨준다. 각 세대에도 불안이 존재한다. 흔히 30대를 가리켜 일회용반창고라 한다. 지금은 한참 쓰이는 것 같지만 앞으로 새로운 세대에 밀릴 것이라는 것이다. 40대는 용도폐기를 언도받은 세대라고 말한다. 그리고 50대는 눈치나 보며 사는 엉거주춤한 세대라 한다.

영국의 철학자 버트란트 러셀은 핵 공포를 잊기 위해 하루에 탐정소설 한 권씩을 읽었다. 영국의 탐정소설가 셜록 홈스가 그 나라 명사 10명에게 전보를 보냈다. "모든 것이 탄로가 났으니 속히 피하시오." 하루가 지난 뒤 그들이 어떻게 행동했는지 조사를 했다. 결과는 그들 모두 해외로 도피한 것으로 나타났다. 이것은 소설이 아닌 실제 이야기이다. 사람은 모두 숨기고 싶은 것이 있다. 그것이 공개되는 것을 두려워하고 때로는 공포에 사로잡히기도 한다. 심리학자들이 우리에게 불안과 두려움을 주는 대상을 세어보니 645개가 넘었다고 한다. 불안과 두려움이 없는 인간은 없다. 세상은 우리에게 불안과 공포, 두려움을 준다. "불안은 인간의 조건이다." 키르케고르의 말이다. 인간은 불안의 존재이며 불안은 우리가 인간이기에 찾아온다는 것이다. 이 땅에 불안으로부터 자유스러운 사람은 아무도 없다.

정신분석적으로 볼 때 불안(anxiety)은 무의식이 의식으로 튀어나오려고 할 때 발생하는 것으로 대상은 없다. 마음에 "조심해라. 조심해라."는 생각이 드는 것을 가리켜 신호 불안(signal anxiety)이라 한다. 그러나 공포나 두려움(fear)은 외적 대상이 있으며 그 대상을 무서워한다.

사람은 공포의 존재라 할 만큼 때로 공포의식에 사로잡힌다. 베이컨은 공포 그 자체보다 두려운 것은 없다 했다. 루스벨트도 1933년 대통령 취임사에서 대공황 극복의지를 강조하며 "우리가 두려워해야 할 단 한 가지는 두려움 그 자체"라고 했다.

"우리 마음속에 있는 공포 외에는 두려워해야 할 것은 아무것도 없다."도 루스벨트의 말이다. 우리 주위를 보면 암담하다. 그러나 그것이 두려운 것이 아니라 우리 마음속에 있는 공포가 더 두렵다. 그 공포로 인해 낙심하고 용기를 잃기 때문이다.

권터 그라스는 "우리가 대테러를 이유로 민주주의적 권리를 제한한다면 그것은 테러의 게임을 하는 것이다."고 말한다. '악마의 시'로 알라를 모욕했다고 해서 십수 년을 테러의 공포에 살아야 했던 살만 루시디는 말한다. "테러를 물리치는 길은 우리가 공포 없이 우리의 자유로운 방식으로 삶을 영위하는 것이다. 우리의 무기는 사랑, 아름다움, 음악, 문학, 패션 등이다."

지금 전쟁은 테러와의 전쟁도 아니고 빈 라덴과의 전쟁도 아니다. 반대편에서 볼 때처럼 미국과의 전쟁, 헤게모니의 전쟁도 아니다. 인류는 지금 불안 및 공포와의 전쟁을 치르고 있다. 역사상 가장 강력한 미국이 일인당 수천 발의 매설지뢰에 둘러싸인 세계 최약체국 아프간을 향해 최첨단 살상무기를 쏟아 붓게 하는 만드는 적, 빈 라덴을 하수인으로 사용하고 있는 이 시대의 적은 사단이다. 사단은 지금 공포를 이용해 인류를 무차별 공격하고 있다.

하나님은 우리가 이런 가운데 사는 것을 잘 아신다. 그래서 그의 자녀들을 향한 하나님의 명령어로 가장 강한 단어는 '두려워 말라!'(fear not)이다. 성경에 365번 나온다. 매일 두려워 말 것을 강조하신 숫자로 이해하기도. 히브리 성경에는 366번이라고 한다. 윤달이 낀 것을 아셨을까. 어찌되었든 우리는 주님을 믿고 두려움으로부터 자유로운 삶을 살아야겠다.

2. 긍정적 두려움과 부정적 두려움

사막 한가운데 깔파따루라는 나무가 있다. 사막 사람들은 이 나무 아래서는 무엇이든 자신이 생각한 대로 이루어진다는 우화가 있다. 더위에 지친 나그네가 이 나무를 발견하고는 정신없이 달려와 그늘에 쓰러져 누웠다. 얼마 후 정신이 들자 이 나그네는 심한 갈증을 느꼈다. 아 시원한 물 한 그릇만 있었으면, 그러자 바로 눈앞에 물 한 그릇이 나타났다. 갈증이 가시자 허기가 나타났다. 빵을 먹을 수 있었으면. 그러자 혼자 먹기에 충분한 빵 한 덩어리가 나타났다.

배가 불러오자 그는 딴 생각이 났다. 수영장에 비키니 아가씨와 수영하는 생각이 든 것이다. 아니나 다를까. 고급 수영장에 아름다운 비키니 아가씨가 셋이나 나타나 함께 수영을 하고 그의 다리를 주물러 주었다. 그는 너무 행복했다. 그 순간 그의 머리에서 여러 불길한 생각이 연이어 스치고 지나갔다. 비가 와서 수영장 물이 더러워진다면, 호랑이가 나타나 아가씨들을 물어버린다면. 이번에도 그가 생각한 대로 일이 벌어졌다.

우리는 지금도 나그네처럼 왜 내겐 좋은 일이 생기지 않은 거야 불평하지만 정작 좋은 일이 생기면 불행질 것을 생각하며 불안해한다. 깔파따루 아래서도 행복을 느끼지 못하는 것이 인생이다.

두려움에는 긍정적 두려움과 부정적 두려움이 있다. 긍정적 두려움, 곧 좋은 두려움은 하나님을 두려워하는 것이다. 하나님을 두려워할수록 죄를 짓지 않으려 하기 때문에 이 두려움은 긍정적 효과를 낳는다.

그러나 부정적 두려움은 닥칠 환난에 대한 두려움이다. 이 가운데는 실제보다 사실을 가장한 거짓된 두려움이 많다. 심리적으로 우리를 두려움에 빠뜨리고 낙담하게 하는 이것은 사랑을 파괴하고 창조성을 무너뜨린다. 그러므로 두려움 자체가 인생을 파괴시킬 수 있다. 성경은 두려워하는 마음보다 근신하는 마음을 가지라 한다. "하나님이 우리에게 주신 것은 두려워하는 마음이 아니요 오직 능력과 사랑과 근신하는 마음이니"(딤후1:7).

3. 죄에 대한 두려움

죄에 대한 두려움으로부터 자유하기 위한 성경적 가르침은 아주 많다. 그 가운데 히브리서를 들 수 있다.

히브리서 기자는 "예수 그리스도의 몸을 단번에 드리심으로 말미암아 우리가 거룩함을 얻었노라."(히10:10) 하였다. "저희 죄와 저희 불법을 내가 다시 기억지 아니하리라."(히10:17) 하셨다. 이것은 원죄에 대한 것이다. 예수 십자가 보혈로 인해 우리는 단번에 용서를 받았다. 그러므로 우리는 죄의 형벌에 대한 두려움을 단번에 떨쳐버려야 한다.

새로운 관계에는 더 이상 죄의식이 없으며 대신에 하나님의 뜻대로 행하는 기쁨이 있을 따름이다. "그 후에 자기 원수들로 자기 발등상이 되게 하실 때까지 기다리시나니"(히10:13). 악한 마귀는 더 이상 두려움의 대상이 아니다. 나아가 "성령이 우리에게 증거하시되 — 내 법을 저희 마음에 두고 저희 생각에 기록하리라"(히10:15 – 16). 주의 법을 우리 마음에 두고 우리 생각에 둠으로 우리는 주님으로 승리한다.

"너희는 다시 무서워하는 종의 영을 받지 아니하였고 양자의 영을 받았으므로 아바 아버지라 부르짖느니라"(롬8:15). 우리는 두려움의 자녀가 아니다. 하나님을 아바 아버지라 부르며 기뻐 뛰는 존재이다. 하나님을 온전히 사랑하면 두려움으로부터 자유할 수 있다. 주님을 신뢰하고 그의 부르심에 충실하라. 그리스도인은 비관의 전달자가 아니라 희망의 전달자이다. 자신감을 가지라. 악을 선으로 바꾸는 하나님을 신뢰하라.

4. 환난에 대한 두려움

예상되는 환난에 대한 두려움을 어떻게 극복할 것인가는 출애굽기 14장에서 잘 나타나있다. 1절에 "돌쳐서 바알스본 맞은편 바닷가에 장막을 치게 하라."는 명령어가 있다. '돌쳐서'는 '되돌아서서(turn back), 방향을 바꿔서'라는 뜻을 가지고 있다. 진로를 완전히 바꿨다는 것이다. 진로를 바꿔 홍해를 마주 보게 했다는 것이다. 갑자기 방향을 바꿔 홍해 앞에 서 있게 하신 하나님. 왜 그랬을까?

첫째, 우리 앞에 홍해가 있다 할지라도 그것에는 하나님의 계획이 있다는 것을 보여준다. 그 일은 무엇보다 하나님이 하셨다. 그 안에 하나님의 계획이 있다. 그것은 우리의 생각과 정반대일 수 있다.

둘째, 나 자신만을 의지해 온 자세를 버리고 하나님을 의지하는 방법을 배우도록 하기 위함이다. "하나님 나는 할 수 없습니다. 하나님만이 할 수 있습니다." 우리로 하여금 하나님 앞에 백기를 들고 하나님께 항복시키기 위한 것이다. 내 자신을 의지하고 목에 힘주고 살아온 과거에 대해, 이젠 교만한 나의 목에 힘을 빼기 위한 하나님의 작전이다. 이것은 궁극적으로 우리를 살리기 위한 작전이다. 10절은 "이스라엘 자손이 심히 두려워하여 여호와께 부르짖고"라 묘사하고 있다. 이제 하나님의 우리의 힘 빼기 작전이 성공하고 있음을 보라.

13절에 "너희는 두려워 말고 가만히 서서 여호와께서 오늘날 너희를 위하여 행하시는 구원을 보라." 하신다. 하나님은 이스라엘에게 두려워 말라 하신다. 이것은 두려움을 피하지 말고 대면하라는 말씀이다.

모세는 바로에 대해서, 광야생활에 대해서, 그리고 물에 대해서 두려움이 있었다. 출애굽을 하려면 바로를 만나야 했다. 힘든 광야생활도 두려움이다. 태어나서 물에 빠져 죽을 뻔한 모세는 물에 대한 두려움도 있었다. 그 두려움을 이기려면 그 두려운 존재에 과감히 직면해야 한다. 피하면 더 두렵고 해결이 안 된다.

이 두려움의 존재에 대해 이스라엘은 두 가지 반응을 나타냈다.

첫째, 의심의 반응이다. "애굽에 매장지가 없으므로 당신이 우리를 이끌어 내어 이 광야에서 죽게 하느뇨?" 그들은 모세를 의심하고 하나님을 의심했다.

둘째, 근시안적 반응이다. "우리를 버려두라. 우리가 애굽 사람을 섬기는 것이 광야에서 죽는 것보다 낫겠노라." 그들은 미래 하나님의 역사를 보지 못하고 과거로 돌아가고자 했다.

이에 대해 모세는 두려워 말고 가만히 서서 여호와께서 너희를 위해 행하시는 구원을 보라 하였다. 두려움을 피하는 것이 아니라 대면하는 것이다. 두려워하기보다 대면해서 정면승부를 걸라. 피하면 우리는 더 깊은 늪으로 빠져 헤어 나올 수 없다. 하나님만 보고 나간다. 그때 하나님은 우리로 하여금 두려움을 극복할 수 있는 능력을 주신다. 바울은 "그러므로 내가 그리스도를 위하여 약한 것들과 능욕과 궁핍과 핍박과 곤란을 기뻐하노니 이는 내가 약할 그때에 곧 강함이니라."(고후12:10) 하였다. 내가 약할 때 하나님을 의지하게 된다. 그때 하나님의 능력의 역사가 나타난다. 그때가 곧 강함이다.

이스라엘을 향한 하나님의 명령은 계속된다. "이스라엘 자손을 명하여 앞으로 나가게 하고 지팡이를 들고 갈라지게 하라"(출14:15,16). 홍해를 향해 믿음의 걸음을 내딛어야 한다. 홍해 앞에서 백성의 반응은 두려움이었다. 그러나 홍해를 건넌다는 것은 어렵다. 모세는 하나님 앞에 매달렸다. 백성들에게 두려워하지 말라고 했지만 모세라고 두렵지 않을 수 없다. 어찌해야 하느냐고 다급하게 매달렸을 것이다. 하나님은 모세를 향해 "너는 어찌하여 내게 부르짖느뇨 이스라엘 자손을 향하여 앞으로 나가게 하고 지팡이를 들고 손을 바다 위로 내밀어 그것으로 갈라지게 하라 이스라엘 자손이 바다 가운데 육지로 행하리라." 하셨다.

하나님은 모세에게 백성들로 하여금 홍해를 두려워하지 말고 앞으로 나아가도록 했다. 앞에서 전진하도록 한 것이다. 백성들로 하여금 움직이도록 한 것이다. 움직이면 하나님의 기적이 일어난다. 백성들은 이제 일어날 기적을 가만히 서서 보게 될 것이다. 모든 것을 하나님께 맡기고 멀리 나아가라. 나가지 않으면 기적은 일어나지 않는다. 앞으로 나가라.

그리고 모세로 하여금 지팡이를 들어 홍해를 치도록 했다. 홍해가 갈라지는 역사가 일어난다는 예언의 말씀이다. 모세는 말씀을 의지하여 지팡이를 들었다. 홍해는 갈라졌다. 우리가 말씀에 의지하여 나가고 지팡이를 들 때 하나님은 우리 삶의 홍해를 가르실 것이다.

5. 지도력 상실에 대한 불안

성경을 보면 여러 인물들이 불안에 휩싸인 것을 알 수 있다. 여호수아는 모세의 죽음과 함께 불안을 떨쳐버리지 못한다. 모세는 이를 알고 하나님을 전적으로 의지하도록 지도한다. 여호수아 1장을 보면 하나님께서도 그에게 말씀으로 임하신다. 그리고 하나님은 여호수아와 함께하실 것을 약속하신다. "내가 너와 함께 있겠다. 내가 너를 떠나지 아니하며 버리지 아니하겠다. 어디로 가든지 함께하겠다"(수

1:5), "하나님이 함께함을 그들로(이스라엘로) 알게 하겠다"(수3:7), "함께하심을 가나안 온 땅에 알려주겠다"(수6:27)는 말씀은 그 보기이다.

불안은 여호수아에 그치지 않는다. 사울이 다윗을 향해 두려워한 것은 하나님이 자신을 떠나 다윗과 함께함을 알았기(삼상18:12) 때문이다. 블레셋과 전쟁을 해야 하는 상황에서 어떤 징조를 보지 못한 사울은 다급한 나머지 신접한 여인을 찾아가 죽은 사무엘의 영을 부른다. 그는 건장했지만 내면으로는 떨렸다. 불안하고 초조했다. 그리고 사무엘을 향해 말한다. "블레셋 사람이 군대를 일으켰고 하나님은 나를 떠나서 다시는 선지자로도, 꿈으로도 내게 대답지 아니하시기로" 그랬다고 말한다. 이에 대해 사무엘은 "여호와께서 너를 떠나 네 대적이 되셨거늘 네가 어찌하여 내게 묻느냐."(삼상28:15 - 16) 말한다. 그는 다음날 전사했다. 사울은 여호수아와 대조되고, 다윗과 달랐다. 다윗은 "내 하나님을 의뢰하고 담을 뛰어넘나이다."라고 말했다. 우리를 지탱하는 힘은 외모가 아니라 내면이다. 생명의 힘은 외모가 아니라 마음에서 나온다.

역대하 32장을 보면 믿음이 좋은 히스기야 왕이 앗수르로부터 침공을 당하는 위기에 봉착한다. 백성들은 불안과 공포에 휩싸였다. 그러나 그는 그 위기 상황에서도 하나님의 약속을 굳게 믿고 흔들리지 않는 믿음을 보였다. "반드시 우리를 돕고 우리를 위해 반드시 싸우실 것이라"(역하32:7). 그는 "우상을 섬기지 아니하면 하나님이 대신하여 싸우리라."(신28:14)는 말씀을 확신했다. 우리는 그런 확신을 가질 수 있을까? 대부분 우리는 위기 앞에 서면 이렇듯 하나님 말씀을 믿고 확신하는 일이 쉽지 않다. 위기 앞에 그만 약해진다. 믿음도 흔들리고, 믿음마저 차버리고 싶은 유혹을 받는다. 이런 점에서 히스기야는 위대하다.

C. S. 루이스는 이 문제에 대해 이런 해석을 한다. 우리는 하나님을 이성으로 받아들였다. 위기 만나면 이성에 근거한 믿음을 흔드는 감성을 만나게 된다. 감성은 우리에게 불길한 생각에 이어 엉뚱한 생각을 하게 하며, 점점 불안으로 이끌어간다. 결국 감성 때문에 믿음마저 흔들리게 된다. 어려운 상황에서 우리는 어떻게 하나님 말씀을 믿고 확신할 수 있을까? 그것은 기분이 바뀔지라도, 감정이 우리를 흔들지라도 이성적인 믿음을 고수하는 기술(훈련)이 필요하다. 우리의 믿음이 감정에 끌려 다녀서는 안 된다. 불안을 차버려야 한다. 하나님의 약속만 붙잡으면 물에 빠지지 않는다.

6. 그리스도인이 공포에 쌓일 때

불신앙의 바이러스에 오염되면 세상이 커 보이고 자기는 작아 보이게 된다. 문제가 커 보이고 자기는 작아진다. 하나님은 온데간데없고 적만 보인다. 자기의 장점은 보이지 않고 약점만 본다. 이것은 이 바이러스가 내적으로 얼마나 심한 질환을 일으키는가를 보여준다. 이 바이러스는 우리를 패배주의자로 만든다. 도전의식을 꺾어버린다. 불신앙의 바이러스는 우리를 사막에서 죽게 만든다.

우리 사회는 불안, 공포, 두려움을 준다. 시간이 갈수록 불안이 커지고, 불안지수는 높아간다. 사람들이 점집을 찾고, 운세문화에 집착하는 것은 사회가 그만큼 불안하다는 것을 보여준다. 마음이 불안하니까 점쟁이로부터라도 좋은 소식(이야기)을 듣고 싶어 하는 것이다. 무당이나 점쟁이를 찾는 것은 공포 때문이다. 그런데 무당, 점쟁이를 찾는 사람들 가운데 약 30%가 기독교인이라는 통계가 있다. 하나님을 찾아야 할 사람들이 무당이나 점쟁이를 찾는 것은 한국의 기독교

문화가 얼마나 위태로운 상태에 있는가를 보여준다.

자주 불안에 빠지는 것은 우리가 얼마나 연약한가를 보여준다. 이 문제를 해결하기 위해서는 지속적으로 극복할 수 있는 능력을 구할 필요가 있다. 이 능력 없으면 불안에 끌려 다닐 수밖에 없기 때문이다. 그 능력은 주님으로부터 나온다. 예수님은 독특한 평안의 방법을 가지고 사셨고, 지금도 그 평안을 우리에게 주고자 하신다. "나의 평안을 너희에게 주노니." 두려워하거나 근심하지 말라는 말씀이다.

근심하지 말라고 하실 때 주님은 어떤 평안을 주실까? 평안의 아스피린을 주실까? 세상이 만든 알약이 아니다. 세상의 알약은 아무리 먹어도 평안해지지 않는다. 그 평안은 주 안에서의 평안이다. 예수님을 인격적으로 만날 때, 그분의 말씀이 나의 마음을 녹일 때, 구원의 감격과 함께 밀려드는 안식과 평안이다. 그 평안은 아무 때나 오지 않는다. 주님이 말하는 평안은 어떤 합당한 조건들을 갖출 때 항상 뒤따라온다. 그 조건이란 무엇일까?

첫째, 공포의 실체가 무엇인가를 파악하고, 생각을 바꾼다. 두려움의 실체를 정확히 파악하는 것이 중요하다. 그것이 죽음의 문제 때문인가, 질병 때문인가, 미래에 대한 불확실성과 도태되리라는 불안감 때문인가를 정확히 파악하고 이에 적극적으로 대처할 필요가 있다. 나아가 생각을 바꾼다. 칼 메닝거는 태도가 사실보다 중요하다고 말힌다. 우리의 됨됨이는 생각이 결정한다. 잠언기자는 "대저 그 마음의 생각이 어떠하면 그 위인도 그러한즉"(잠23:7)이라고 말한다. 마음의 생각을 알면 그 사람의 됨됨이를 알 수 있다는 말이다. 그러므로 우리의 생각이 부정적이라면 그 생각을 먼저 바꿀 필요가 있다. 부정적인 사고가 발생할 경우 마음에서부터 선전포고를 해야 한다.

둘째, 하나님을 바라보라. 인간에게는 미래에 대해 기대와 함께 공포라는 이중적 인식을 가지고 있다. 민수기 14장은 정탐꾼들의 보고로 공포에 떠는 이스라엘 백성들을 소개하고 있다. 이것은 믿음의 사람이라 할지라도 공포와 두려움으로부터 자유로울 수 없음을 보여 준다. 이때 우리가 가져야 할 태도는 하나님을 바라보는 것이다. 두려움으로 스트레스를 받고 있다면 하나님을 바라볼 필요가 있다. 스트레스는 자신이 하나님께 초점을 맞추지 않고 당신의 제한된 시각으로 당신이 겪고 있는 문제를 바라보고 있다는 경고 등이다. 가장 큰 스트레스의 원인이 바로 이것이다. 우리는 우리 자신의 말을 너무 진지하게 받아들이고 하나님의 말씀은 충분히 진지하게 받아들이지 않고 있다.

나아가 하나님을 깊이 생각한다. 우리의 부정적 사고나 두려움은 하나님을 의식하지 않기 때문이다. 따라서 하나님의 크심을 믿고 고백하는 의도적 노력이 필요하다. "여호와는 나의 빛이시오 나의 구원이시니 내가 누구를 두려워하리요 여호와는 내 생명의 능력이시니 내가 누구를 무서워하리요 군대가 나를 대적하여 진 칠지라도 내 마음이 두렵지 아니하며 전쟁이 일어나 나를 치려할지라도 내가 오히려 안연하리로다"(시27:1,3).

모세의 손에는 항상 지팡이가 쥐어져 있었다. 그 지팡이는 보기에는 보통 지팡이이지만 뱀이 되었던 지팡이, 싹 난 지팡이, 곧 하나님의 능력이 임했던 지팡이였다는 점에서 크게 다르다. 그 지팡이를 쥔 손도 여느 손과 다르다. 문둥병이 들었으나 하나님의 능력으로 나음을 입었던 손이었다. 그는 이처럼 하나님의 능력을 체험한 사람이었다. 그는 자기 손을 볼 때마다, 지팡이를 볼 때마다 하나님의 능력을 믿었다. 그리고 어떤 두려움이 와도 겁을 내지 않았다. 하나님의 능력이 그와 함께하실 것을 확실히 믿었기 때문이다. 모세는 하나님의 능력을 직접 체험했을 뿐 아니라 그 능력을 항상 기억하고 생각한 사람이었다. 하나님을 생각할 때 그는 그 어떤 것도 두렵지 않았다.

셋째, 하나님 아버지에 대한 절대적 믿음을 갖는다. 미국의 그리스도인 가정이 즐겨 사용하는 말이 있다. "공포가 노크할 때 믿음이 나가 보았더니 거기에는 아무도 없더라."는 것이다. 이것은 공포를 제거하는 데 믿음이 중요하다는 것을 가르쳐 준다.

이 믿음을 갖기 위해서는 하나님에 대한 친근성이 필요하다. 예수님은 하나님을 "아바 아버지"라 불렀다. 현대 아람어로는 '지바'다. 주님은 마치 어린이처럼 "아빠, 아빠" 하면서 아버지에게 매달리셨다. 예레미아스에 따르면 하나님을 아버지라 부른 것은 놀라운 일이다. 유대인은 하나님을 아버지라 부르지 않는다. 아버지라 부른 것은 예수님이 처음이다. 하나님 아버지만 있으면 든든하고 평안해질 수 있기 때문이다. 주님은 우리도 그렇게 부르라고 가르치셨다. "하늘에 계신 우리 아버지" 아빠라 부르라는 것이다. 하나님은 이처럼 우리에게 든든하신 분, 전능하신 분이다. 하나님을 아버지로 믿는 믿음으로 마음을 지켜나가라. 아이들은 어떤 상황에서도 아버지가 있으면 마음에 평안을 느낀다. 비록 그것이 전쟁이라는 극한상황이라 할지라도 아버지와 함께 있으면 두렵지 않다. 하나님을 아버지로 믿기는 쉽지 않다. 믿으려면 성경을 주야로 묵상할 필요가 있다. 야곱도 다윗도 길을 인도하시는 하나님을 묵상하였다. 아버지 되시는 하나님이 내 곁에 계시니 무엇을 두려워하랴. "두려워 말라 내가 너와 함께함이니라 놀라지 말라 나는 네 하나님이 됨이니라 내가 너를 굳세게 하리라 참으로 너를 도와주리라 참으로 나의 의로운 오른손으로 너를 붙들리라."(사41:10)는 말씀이 있다.

예루살렘에는 나치 독일에 학살된 600만 유대인의 넋을 기리기 위해 세워진 기념관이 있다. 야드 바셈이라 불리는 정원 한쪽에는 코르자크라는 교사가 겁에 질린 유대인 어린 아이들을 끌어안고 있는 입상이 서 있다. 그는 시골 초등학교 교사였다. 나치가 극성을 부리던 1941년 어느 날 독일 병사들이 교실에 들이닥쳤다. 그는 유대인이 아니었지만 겁에 질려 떨고 있는 어린 제자들을 끌어안고 트럭에 실려 야드 바셈이라 불리는 크레블렌타 강제수용소의 독가스실로 향했다. 제자를 향한 코르자크 교사의 따뜻한 사랑이 오늘날까지 유대인들의 가슴속에 남아 있다. 주님은 공포와 두려움으로 고통스럽게 신음하는 그 순간에도 우리를 끌어안으시고 평안을 주시는 분이시다.

넷째, 하나님을 향한 철저한 순종이 있어야 한다. 예수님은 철저히 하나님 편에 섰다. 아버지 하나님이 항상 나와 함께하신다 생각하셨고, 내가 하나님을 순종하는데 하나님이 나를 버리실 리 없다고 확신하셨다. 하나님과 충돌하지 말라. 말씀에 순종하지 않을 때 하나님과 불편해진다. 순종은 내가 하나님 편에 서는 것이다. 하나님과 불화는 공포를 심어 주고, 불안을 일으킨다. 링컨 대통령은 4년 동안 남북전쟁을 겪었다. 북군은 36만 명, 남군은 25만 명이 전사했다. 그는 스트레스를 받아 점차 몸이 여위어 갔다. 그런 가운데 매릴랜드 전투에서 승전보가 들려왔다. 그 소식을 전하는 자가 "하나님은 항상 우리 편입니다."라고 했다. 이에 링컨은 답했다. "나는 하나님이 우리 편에 서 있는 것을 의심하지 않는다. 오직 나의 염려는 '내가 하나님 편에 서 있는가?' 그것이 문제다." 내가 하나님 편에 서면 하나님은 내편에 서신다.

다섯째, 간절히 기도한다. 마귀를 기도로 대적한다. 공포와 두려움은 마귀의 역사이다. 우리가 하나님을 향해 기도하면 마귀는 물러가게 된다. "그런즉 너희는 하나님께 순복할지어다 마귀를 대적하라 그리하면 너희를 피하리라 하나님을 가까이하라 그리하면 너희를 가까이하시리라 죄인들아 손을 깨끗이 하라 두 마음을 품은 자들아 마음을 성결케 하라"(약4:7,8).

주님은 일평생 기도하셨다. 그중 겟세마네 기도는 가장 기념비적 기도이다. 주님은 고뇌, 약함, 두려움, 놀람 상황에 처했다. 사단의 역사가 심했음을 보여준다. 주님은 잠시 넘어졌어도 하나님 아버지를 찾을 때 다시 회복되었다. 그리고 죽음에 담대히 맞섰다. "가자. 우리를 찾는 자들이 왔느니라."

"아무것도 염려하지 말고 오직 모든 일에 기도와 간구로, 너희 구할 것을 감사함으로 하나님께 아뢰라 그리하면 모든 지각에 뛰어난 하나님의 평강이 그리스도 예수 안에서 너희 마음과 생각을 지키시리라"(빌4:6,7). 기도하고 간구하면 도저히 이해할 수 없는 하나님의 평강이 임한다. 기도가 부족하면 불안해진다.

끝으로, 어떤 상황에서도 주님을 신뢰한다. 본회퍼 목사는 히틀러를 죽이려 했다는 죄명으로 죽음이 선고되어 있었다. 그와 감방에 함께 있던 한 영국군 장교가 그의 마지막 모습을 이렇게 기록했다. 그날은 1945년 4월 8일 주일 아침이었다. 본회퍼 목사가 아침 기도를 드리고 있을 때 험하게 생긴 두 사나이가 나타나 소리쳤다. "죄수 본회퍼. 우리를 따라와!"

그들이 감방에 나타나 우리를 따라오라고 말하는 것은 처형하러 간다는 뜻이었다. 얼마나 두려웠을까. 나는 그를 향해 말했다. "목사님, 마지막이군요. 안녕히 기십시오." 나는 목이 메어오기 시작했다. 그러나 본회퍼 목사님은 아주 평화스런 얼굴에 미소까지 띠면서 말씀했다. "마지막이라니요? 저는 저 군인들을 따라가는 것이 아니라 예수님을 따라가는 것입니다. 지금은 끝이 아니라 겨우 시작입니다." 영국군은 어려서부터 교회에 다녔지만 그날 비로소 살아 있는 믿음의 힘을 보았다.

하나님을 아버지로 느낄 때까지 말씀 묵상하라. 하나님 편에 서서 순종하라. 시시 때때로 간절히 기도하자. 그리하면 하나님의 평강이 임할 것이다. 하나님의 평강을 누릴 것이다. "내 맘속에 솟아난 이 평화는— 하늘 위에서 내려오네 그 사랑의 물결이 영원토록 내 영혼을 덮으소서"(찬469).

요한복음 6장은 풍랑을 만난 제자를 소개하고 있다. 하나님은 우리를 편안에 머물기를 원치 않으신다. 편안에만 거하고자 하면 고인 물처럼 썩기 때문이다. 고난은 우리를 살아 있게 하기 위한 장치이다. 배는 접안해 있기 위한 존재가 아니라 파도를 헤쳐 가기 위한 존재이다. 예수님은 십자가를 통과하셨다. 예수님은 가장 높은 파도를 통과하신 분이다. 파도를 피하지 말자. 예수님이 배에 가까이 오시더라. 우리를 향해 눈을 떼지 않으시는 예수님을 보라. 주님은 제자들이 어려움 당할지 알고 계셨다. "두려워 말라." 권세 있는 말씀, 위로의 말씀이다. 외롭고 두려울 때 주님의 음성을 들으라. 주님의 음성이 없으면 우리는 외롭고 두렵다. 주님은 "두려워 말라"(사41:10), "버리지 아니하리라"(신31) 하신다. 하나님의 음성을 듣는 자가 이긴다. 배에 오르니 고요해졌다. 그리고 마른 땅에 이른다. 예수님이 우리와 함께하시면 평안에 이른다(요6:16—21).

희망은 선택이다. 새 하루를 맞이하면서 희망을 느낄 것인가 느끼지 않을 것인가는 지극히 개인적인 선택이다. 똑같은 상황일지라도 희망을 느끼는 사람이 있는가 하면 절망을 느끼는 사람도 있다. 자신의 앞날이 훤하기 때문에 희망이 느껴지는 것이 아니라 희망을 가질 때 앞날이 훤해 온다. 희망은 남이 주는 선물이 아니다. 희망은 현실을 새로운 눈으로 볼 때 얻어지는 느낌이다. 희망은 뜻밖에 찾아오는 사고(事故)가 아니고 창의적인 사고(思考)이다. 희망은 삶과 죽음의 차이다. 그리스도인은 일반인과는 달리 희망의 원천이어야 한다. 왜냐하면 하나님의 말씀은 앞날에 대한 비전과 희망을 주기 때문이다.

당신이 이 땅을 떠나는 마지막 날을 연상해 보라. "내 인생 허무하이." 하면서 서럽게 울 것인가, 아니면 "나 정말 멋지게 살았어. 참으로 뜻있는 삶이었어." 하면서 뿌듯함을 느낄 것인가. 그날 당신이 어떻게 느낄 것인가는 지금 당신이 어떻게 하느냐에 달려 있다.

당신은 주변 사람들에게 지대한 영향을 미칠 수 있는 존재이다. 아울러 주변 사람들은 우리가 뜻있는 생활을 할 수 있게 해 주는 존재이다. 사람들을 만날 때마다 그들이 나의 삶에 뜻을 부여해 주는 소중한 존재들임을 인식하고 공포와 두려움이 아니라 기대와 설렘의 만남이 되도록 해야 할 것이다.

제 3 장

당신은 연약한 질그릇, 그러나 보배를 담은 그릇

회복의 삶을 사는 그리스도인은 교만하지 않는다. 보배를 담은 질그릇은 그저 은혜로 감격하며 살 뿐이다. 나약하지만 그 보배로 인해 쓰러지지 않고 힘든 세상을 이긴다. 그리스도가 우리 안에 계시기 때문이다.

그리스도인에 대해 성경은 여러 가지로 표현하고 있다. 특히 바울은 성도를 가리켜 그리스도의 편지(고후3:3), 예수의 흔적을 가진 자(갈6:17), 보배를 담은 질그릇(고후4:17) 등 여러 가지로 묘사하고 있다. 표현은 각각 다르지만 그 모두 예수 그리스도와 연관되어 있다. 이처럼 그리스도인은 예수로부터 떨어질 수 없는 사람들이다. 여기서는 이 가운데 보배를 담은 질그릇을 중심으로 살펴보고자 한다.

성경을 보면 질그릇을 소재로 한 몇 가지 비유가 있다.

첫째는 하나님의 징벌의 상징이다. 시편기자는 "네가 철창으로 저희를 깨뜨림이여 질그릇같이 부수리라 하시도다."(시2:9)라고 말한다. 여호와의 진노의 날에 여지없이 부수어질 것을 가리키고 있다.

둘째는 인간 육신의 나약함을 상징하고 있다. 바울은 고린도후서 4장 7절을 통해 깨어질 수밖에 없는 연약한 인간의 몸을 질그릇으로 표현하고 있다. 다윗도 자신의 연약함을 나타낼 때 "내 힘이 말라 질그릇 조각 같고"(시22:15)라고 하였다.

셋째는 성도의 쓰임 가운데 하나로 나타나 있다. 바울에 따르면 큰 집에는 금과 은의 그릇이 있을 뿐 아니요 나무와 질그릇도 있어 귀히 쓰는 것도 천히 쓰는 것도 있다(딤후2:20). 은사에 따라 용도가 다르다는 것이다.

보배를 담은 질그릇의 경우는 이 가운데 두 번째에 해당한다. 육신적으로는 보잘것없고 연약하고 넘어지기 잘 하는 우리가 예수 그리스도라는 보배를 가짐으로써 육체적으로는 비록 연약할지 모르나 영적으로는 아주 차원이 다른 특성을 갖게 된다는 것이다.

많은 사람들은 자신을 질그릇으로 비유되기를 거부한다. 자신을 금 그릇이나 은그릇으로 비유하면 기분이 좋지만 나무그릇이나 질그릇으로 간주되면 아주 기분이 나쁘다. 남이 그렇다면 몰라도 자기는 질그릇의 범주이기를 거부한다. 자존심의 문제이기 때문이다. 사람은 누구나 이처럼 이기적이고 자기 잘난 멋에 산다.

그런데 바울은 우리를 가리켜 단도직입적으로 '질그릇'이라 말한다. 원문을 살펴보면 '흙 그릇'이다. 인간이 흙으로 지어졌고(창3:19), 욥도 "주께서 내 몸 지으시기를 흙을 뭉치듯 하셨다."(욥10:9)고 했으니 바울의 말이 결코 틀리지 않는다. 그러나 더 깊게 들어가면 바울이 우리를 질그릇이라 한 것은 아무 능력이 없고 하나님 앞에서 결국 낮아질 수밖에 없는 존재임을 나타내고 있다. 질그릇일 수밖에 없는 우리가 예수 그리스도라는 보배를 담게 되자 우리 안에서 하나님의 능력이 나타나는 것뿐이다. 그 능력은 나의 것이 아니라 하나님의 것이다.

그래서 바울은 이렇게 고백하고 있다. "우리가 이 보배를 질그릇에 가졌으니 이는 능력의 심히 큰 것이 하나님께 있고 우리에게 있지 아니함을 알게 함이라"(고후4:7). 그러므로 질그릇이 자랑할 수 있는 것은 자기가 아니라 오직 주 예수 그리스도이다.

바울은 우리가 질그릇이기는 하지만 예수 그리스도라는 보배를 가질 때 변화 있는 삶을 살게 된다고 가르치고 있다. 이것을 고린도후서 4장을 중심으로 살펴보면 다음과 같다.

1. 부끄러움의 일을 버리고 오직 진리를 나타낸다

보배를 담은 질그릇, 곧 예수 그리스도라는 보배를 가지고 있는 사람은 그가 어떠한 모양의 질그릇이라 할지라도 그리스도인으로서 합당한 생각을 하고 행동을 해야 한다. 변화가 있는 행동, 달라진 모습을 보이라는 것이다. 바울은 달라진 그리스도인의 모습을 다음과 같이 표현하고 있다.

"숨은 부끄러움의 일을 버리고 궤휼 가운데 행하지 아니하며 하나님의 말씀을 혼잡케 아니하고 오직 진리를 나타냄으로"(고후4:2).

지금까지 입에 담기조차 부끄러운 일을 몰래 했던 일, 사람들에게 술수를 쓰며 교활하게 행동했던 일, 하나님의 말씀을 바르게 사용하지 아니하고 자기 행위를 미화하고 자기 위주로 해석하고 사용했던 일, 하나님을 거슬려 행했던 모든 것을 버리고 오직 하나님의 사람으로 다시 태어나 하나님의 진리만을 사랑하고, 그 말씀대로 산다. 중생하기 이전에 가졌던 옛사람의 성품과 욕망을 버리고 새 사람, 거듭난 사람으로 살아간다. 우리 속에 그리스도가 들어오면 이처럼 변화하는 모습을 갖게 된다.

나아가 거듭난 사람은 자기를 나타내는 것이 아니라 하나님의 진리를 나타낸다. 자기가 질그릇인 줄 알 때는 결코 자기를 자랑할 수 없다. 과거에 우리는 질그릇인 줄도 모르고 자기만 자랑하며 자기를 높이며 자기만을 위해 살고 있다. 그러나 보배인 예수가 우리 안에 계신 뒤로는 나는 뒤로 물러가고 그 보배의 존귀함을 드러내는 자로서 변화된 것이다. 질그릇에 보배가 담겨진 것은 하나님만을 존귀하게 하기 위한 것이다.

질그릇이 자기 안에 계신 보배의 귀중함, 그 영광스러움을 말하기보다 스스로 으스대려 한다면 그것은 잘못된 것이다. 성경은 그런 행동을 가리켜 교만이라 한다. 귀한 손님이 왔을 때 그 손님이 얼마나 귀한 분인가를 말하기보다 그런 분을 모신 자신을 그분과 동일시하고 자기를 더 들어내고자 한다면 질그릇이 스스로 보배가 되겠다는 것과 다름이 없다. 예수 그리스도에게 돌아가야 할 영광을 자기가 차지하겠다면 얼마나 잘못된 것인가. 그럼에도 불구하고 이 땅의 많은 그리스도인들은 스스로 질그릇으로 낮아지기보다는 자기를 높임으로써 주님이 써야 할 면류관을 빼앗고 있다. 바울은 다음의 말씀으로 우리를 향해 경고하였다.

"우리가 우리를 전파하는 것이 아니라 오직 그리스도 예수의 주되신 것과 또 예수를 위하여 우리가 너희의 종 된 것을 전파함이라"(고후4:5).

이 말씀 속에서 바울이 철저히 자신을 낮춘 것과 오직 보배이신 예수만을 전하는 삶을 살았다는 것을 알 수 있다. 자기는 오직 보배를 담은 질그릇에 불과하며 보배는 오직 예수님 한 분뿐이라는 것이다. 그리스도인은 우리 자신이 아니라 오직 보배이자 진리이신 예수만을 드러내야 한다. 보배의 존귀함보다 우리 자신을 더 중시하고 자기를 더 들어냈던 우리의 모습과 바울의 모습을 비교해 볼 때 부끄러움을 금할 수 없다. 우리는 그만큼 주님 앞에서 낮아지고 철저히 깨어져야 할 사람들이다.

2. 환난 속에서도 승리하는 삶을 산다

질그릇인 우리가 보배인 그리스도를 소유하게 되면 용기 있는 삶을 살게 된다. 질그릇인 우리는 어려움을 당할 때 넘어지고 깨어지기 쉽지만 주님께서 함께하신다는 임마누엘 신앙, 주님은 결코 자기의 백성을 버리지 아니하신다는 견인의 신앙을 갖게 된다. 성도도 때로 넘어지고 좌절하지만 그것이 특성이 되어서는 안 된다. 그것을 넘어서는 삶이 되어야 한다. 바울은 여러 말로 용기 있게 살 것을 권하고 있다.

1) 긍휼하심을 입어 낙심하지 아니한다(고후4:1)

질그릇이 낙심하지 않게 된 것은 오직 주님의 긍휼하심을 입은 까닭이다. 우리는 '긍휼하심을 입어'라는 수동형에 주목할 필요가 있다. 낙심하지 않고 용기를 갖게 된 것은 바로 주님의 크신 능력이 우리에게 작용하기 때문이지 우리가 어찌한 것은 아니다. 그러므로 자랑할 것은 주님이지 우리 자신이 아니다.

2) 우리가 사방으로 우겨 쌈을 당하여도 싸이지 아니한다(고후4:8)

"우리가 사방으로 우겨 쌈을 당하여도 싸이지 아니하며 답답한 일을 당하여도 낙심하지 아니하며 핍박을 받아도 버린바 되지 아니하며 거꾸러뜨림을 당하여도 망하지 아니하고"(고후4:8,9). 사방으로 우겨 쌈을 당한다는 것은 외적으로 사면초가의 곤경에 빠져 있음을 뜻한다. 이러한 경우일지라도 주님은 피할 길을 주어 막다른 골목에 몰리지 않게 한다. 답답한 일이란 길을 찾을 수 없을 만큼 내면적으로 곤경에 빠져 있음을 의미한다. 이때 우리는 낙심하기 쉽지만 주님을 바라봄으로 이길 수 있다. 주님은 우리를 강하게 붙들어 이기게 해 주신다. 핍박을 받아도 승리할 수 있고, 내던짐을 당해도 망하지 않는다. 바울은 고린도교인들에게 다음과 같이 쓰고 있다.

"형제들아 우리가 아시아에서 당한 환난을 너희가 알지 못하기를 원치 아니하노니 힘에 지나도록 심한 고생을 받아 살 소망까지 끊어지고 우리 마음에 사형선고를 받은 줄 알았으니"(고후1:8,9).

이제는 죽었구나 생각했다는 것이다. 이것은 전도자의 삶이 얼마나 어렵고 힘든 것인가를 실제적으로 보여준다. 바울은 이런 가운데서 더욱 하나님을 바라보게 되었다. 어려운 시련이 다가올수록 자기를 의뢰하는 것이 아니라 하나님을 의뢰해야 한다는 것을 체험하게 된 것이다. 그가 하나님을 전적으로 의지했을 때 하나님은 그를 큰 사망에서 구원해 주셨다. 그는 이렇게 고백했다. "그리스도의 고난이 넘친 것같이 우리의 위로도 그리스도로 말미암아 넘치는도다"(고후1:5). 주님은 자기백성을 끝까지 보호하실 뿐 아니라 위로도 주신다(고후1:3).

3) 겉 사람은 후패하나 우리의 속은 날로 새롭도다(고후4:16)

"그러므로 우리가 낙심하지 아니하노니 겉 사람은 후패하나 우리의 속은 날로 새롭도다"(고후4:16). 그리스도인의 삶은 이처럼 자랑스럽게 고백할 수 있는 삶이다. 질그릇과 같은 우리의 모습은 날로 늙어가지만 보배를 가졌기 때문에 영적으로 늘 새로워지고 강해질 수 있다. 내가 능력이 있어서 또는 내가 잘 나서가 아니라 약한 질그릇임에도 불구하고 보배로운 신앙을 가지고 있기 때문에 주님으로부터 보호를 받고 담대해질 수 있는 것이다. 그러므로 나의 나 된 것, 내가 넘어질 수밖에 없는 처지에서 일어설 수 있는 것, 내가 큰 환난 가운데서 낙심하지 않는 것 모두는 하나님의 은혜일 뿐이다.

3. 부활신앙을 가지고 산다

그리스도인이 부활신앙을 갖는다는 것은 주님의 말씀이 그대로 이루어진다는 말씀에 대한 확신, 그리고 우리가 주님과 함께 영원히 살겠다는 소망을 담고 있다. 그러므로 주님의 다시 오심과 성도의 부활은 그리스도인에게 있어서 기쁨이요 소망이다. 이 부활신앙을 가질 때 이 세상에서 당하는 고통을 절대화하지 않고 상대화하면서 살 수 있다. 우리가 세상고통은 절대화할 때 그저 "죽고 싶다."는 말을 하게 되지만 상대화할 때는 영원한 소망을 바라보며 고통까지도 기쁜 마음으로 이길 수 있게 된다.

바울은 고린도후서 4장을 통해 이 부활신앙을 갖도록 강하게 권하고 있다. "주 예수를 다시 살리신 이가 예수와 함께 우리도 다시 살리사 너희와 함께 그 앞에 서게 하실 줄 아노니"(14절)는 바로 부활에 대한 확신을 나타내고 있다. 그리고 부활신앙을 갖게 될 때 삶의 태도가 달라진다고 말한다. 부활신앙을 가진 성도는 이 세상에 있으면서 잠시 받는 환난은 가벼운 것일 뿐 아니라 지극히 크고 영원한 영광과 비교할 수 없다(17절). 성도들에게 있어서 보이는 것은 잠깐이지만 부활 후 저 보이지 않는 세상에서 사는 것은 영원한 것

(18절)이기 때문이다.

부활신앙은 그리스도의 부활을 나의 부활로 받아들이는 것뿐 아니라 장차 하늘에서 누릴 영원한 생명을 가지고 오늘의 고난을 극복하는 삶이다. 그러므로 부활은 예수 그리스도의 부활이라는 단 한 번의 사건으로 끝나는 것이 아니라 부활의 생명이 우리 안에 있어 우리를 계속 변화시키고 산 소망을 갖게 하는 하나님의 능력이다. 예수의 생명이 우리 안에 나타나는 것이다.

바울은 왜 우리를 가리켜 질그릇이라고 말하는가? 그것은 질그릇 같은 자신을 바라보지 말고 오직 보배이신 주님을 바라보라는 간절한 믿음의 표현이다. 보배를 가진 질그릇은 다른 어떤 그릇과도 달라야 한다. 부끄러운 옛 삶의 방식을 버리고 주님 안에서 새롭게 변화되는, 그래서 오직 진리를 나타내며 사는 그리스도의 삶의 태도를 가져야 한다. 환난을 당할지라도 그리스도를 힘입어 승리하는 삶을 살아야 한다. 그리고 부활의 신앙을 가지고 소망의 그날을 바라보고 살아야 한다. 우리는 질그릇이다. 그러나 우리는 예수 그리스도를 보배로 담고 있는, 그리스도의 생명이 살아 있는, 희망이 있는 질그릇이다.

제 4 장
하나님 뜻대로 근심하는 법

인간의 특징 가운데 하나는 근심을 한다는 것이다. 근심을 하기 때문에 인간다워질 수 있고 마음과 행동을 바로 가질 수 있다. 근심은 한 개인에 국한된 것이 아니라 가정, 교회, 사회, 국가, 세계 등 그 범위가 넓고 많다. 우리가 신앙생활을 하면서 교회의 여러 문제를 놓고 염려도 하며 기도를 한다. 교회도 근심이 대상이 되기 때문이다.

바울은 고린도후서 7장 8-11절을 통해 하나님 뜻대로 하는 근심은 세상근심과 다르다고 말하고 근심을 하되 하나님 뜻대로 하는 근심을 하라고 당부하고 있다. 이 글은 하나님 뜻대로 하는 근심은 무엇이며 이러한 근심이 어떤 결과를 가져오는가를 살펴보기로 한다.

1. 바울의 근심

바울이 고린도 교회에 편지를 보냈다. 그 교회에 문제가 많기 때문이었다. 그는 그 편지에서 교회 내의 분쟁문제, 교인들 사이의 법적 소송, 영적 성장을 방해하는 육적인 생각, 우상 제물에 관한 문제, 부활에 대한 불신문제, 성만찬을 더럽히는 문제, 음행, 사도권위에 대한 대적, 영적 은사의 남용문제 등을 들어 그들의 육적인 신앙생활을 공격하고 그리스도의 사랑으로 뭉치라고 말했다. 이 편지가 바로 고린도전서이다.

바울은 이 편지를 보내놓고 후회하기 시작했다. 편지내용이 너무 담대(도전적)하여(고후7:4) 고린도 교회 교인들이 낙심하거나 근심에 빠질 것으로 생각했기 때문이다. 그러나 교인들이 그 편지를 받고 회개했다는 소식을 듣고 주 안에서 기뻐하며 다시 편지를 썼다. 이 편지가 바로 고린도후서이다.

바울은 디모데를 파견하여 그 교회를 보살피도록 하였다. 그러나 디모데는 소심하여 고린도 사태에 대하여 징계조치를 단호하게 내리지 못했다. 결국 교회 내 문제인물들이 몇몇 지도자들과 힘을 합쳐 바울을 공공연하게 대항하는 결과를 초래했다. 그러자 바울은 디도를 파견하고 편지를 보낸 결과 교회는 평온해지고 반대자들은 겸손해졌다. 이 사태에 있어서 디도는 바울의 유능한 동역자임을 보여주었다. 바울은 편지를 보내고 나서 그 결과를 애타게 기다렸다. "내가 내 형제 디도를 만나지 못함으로 내 심령이 편치 못하여 마게도냐로 갔노라"(고후2:13). 이 글귀 속에서 우리는 고린도 교회를 향한 바울의 애타는 심정을 읽을 수 있다.

바울은 마게도냐에서 전도하며 어려움을 당하는 가운데 디도를 만나는 기쁨을 얻었다. 바울은 디도를 만나 기뻤을 뿐 아니라 더욱이 고린도 교회 교인들이 얼마나 사모하고 애통하며 열심이 있는가를 전해 주었을 때 더욱 기뻤다(고후6:7). 디도의 보고는 그가 한때 후회했던 것을 다시는 후회하지 않도록 만들었다. 그 결과는 바울이 바라는 대로 되었기 때문이다. 그의 소망은 그들이 회개하는 데 있었다. 편지를 쓴 목적이 바로 그것에 있었는데 그 목적이 이루어졌기 때문이다. "내가 지금 기뻐함은 너희로 근심하게 한 까닭이 아니요 도리어 너희가 근심함으로 회개함에 이른 까닭이라"(고후7:9). 그들의 회개가 바울에게 위로가 되고 기쁨이 된 것이다. 바로 이러한 것이 있기 때문에 전도하면서 아무리 환난을 당해도 용기를 갖게 되고 기쁨이 넘치게 되는 것이다(고후7:4).

2. 바울의 마음

바울은 어떠한 마음을 가지고 이 편지를 썼는가? 바울은 그의 두 번째 서신을 통해 바울의 마음을 다음과 같이 전하고 있다.

1) 정죄하기 위함이 아니다: 바울은 "정죄하려고 이 말을 하는 것이 아니라 너희로 우리 마음에 있어 함께 죽고 함께 살게 하고자 함이라."(고후7:3) 하였다. 편지를 쓰는 목적이 그리스도와 함께 죽고 함께 사는 신앙에 동참하도록 하는 데 있다는 것이다. 편지를 쓸 때 이러한 근본적인 마음가짐이 무엇보다 중요하다.

2) 넘치는 사랑으로 썼다: 그의 편지는 사랑이 넘치는 마음으로 일관되어 있다. "내가 애통한 마음이 있어 많은 눈물로 너희에게 썼노니 이는 너희로 근심하게 하려 한 것이 아니요 오직 내가 너희를 향하여 넘치는 사랑이 있음을 너희로 알게 하려 함이라"(고후2:4). 그는 그의 편지 여러 곳에서 그들을 가리켜 "사랑하는 자들아."(고후7:1)라고 말하고 있다. 이것은 그가 사랑을 가지고 편지를 쓴 것을 보여준다.

3) 넓은 마음으로 썼다: 그는 넓은 마음으로 글을 썼으며 이러한 마음으로 썼으니 너희도 넓은 마음을 가지고 읽으라고 당부하고 있다. "고린도인들이여 너희를 향하여 우리의 입이 열리고 우리의 마음이 넓었으니"(고후6:11). "내가 자녀에게 말하듯 하노니 보답하는 양으로 너희도 마음을 넓히라"(고후6:13).

제 2 부

고난의 밤에 오히려 찬양할 수 있는 방법

제 5 장

고난에 내재된 하나님의 비밀

솔로몬의 영화보다 욥의 고난이 더 귀하다. 솔로몬의 영화는 파괴로
이끌었지만 욥의 고난은 생명으로 이끌었다
―손양원 목사

해마다 8월이면 무덥기로 유명한 아테네를 찾아오는 신이 있다.
바람의 신 아이올로스다. 트로이전쟁을 끝내고 귀향하는 오디세우스
에게 순풍이 담긴 자루를 풀었다는 바로 그 신이다. 이 아이올로스
가 아테네에 가져오는 자루에는 순풍과 역풍이 뒤섞인 회오리바람이
담겨 있다. 보통 '멜테미아(meltemia)'라 불리는 이 바람은 아테네 사
람들에게는 무더위를 식혀 주고, 습기와 먼지를 없애주는 좋은 바람
으로 통한다. 하지만 올림피언에게는 고약한 바람이다. 시도 때도 없
이 방향을 틀면서 혼란을 준다. 가장 큰 고통을 겪는 선수는 요트,
조정 선수다. 거센 바람 때문에 레이스가 취소되기도 하고, 조정기록
이 나빠지기도 한다. 인간에게도 알 수 없는 바람이 분다. 고통의
바람이다.

중요한 것은 이 고난을 어떻게 볼 것인가 하는 것이다. 고난을 보
다 긍정적으로 볼 뿐 아니라 고난을 통해서 역사하시는 주님을 바라
볼 수 있어야 한다. 하나님은 미풍을 통해서도 하나님 나라에 이르

게 하시지만 때로는 폭풍을 주심으로 더 빨리 하나님 나라에 이르게 하신다. 폭풍 속에서 길을 내신다. 미풍이든 폭풍이든 다 하나님의 것이요 이것을 통해 우리를 성숙하게 한다. 삶이 아무리 어려워도 삶은 역시 보석과도 같다. 고난과 슬픔은 다이아몬드 광맥이며 그 눈물은 보석의 청롱한 물방울이다.

1. 고난이 없다면 꽃을 피울 수 없다

태평양의 아름다운 섬나라 파라우. 1930년에서 45년까지 약 6천여 명의 한국인들이 징용당하거나 징집당해 근무했다. 말이 근무지 중노동과 굶주림에 시달려 사망한 사람만도 2천 명이 넘는다. 그들이 파라우의 한 다리를 건설할 때 하도 "아이고 죽겠다."는 말을 많이 해, 아예 그 다리 이름을 '아이고'로 했다고 한다. 이 아이고 다리에는 한민족의 설음과 고통이 고스란히 묻어 있다. 그들의 고난이 없었다면 아이고 다리는 존재하지 않았을 것이다.

"주여, 당신은 내 마음속 인류를 위한 사랑과 선을 행하겠다는 저의 의지를 다 보십니다. 하나님, 저에게 딱 하루만, 딱 하루만 온전한 기쁨을 주십시오. 내 마음속에서 기쁨이 울린 지 너무 오래되었습니다. 다시는 온전한 기쁨을 못 느낀다면, 아, 너무 너무 잔인합니다."

이 기도는 청력을 잃어버린 베토벤의 절규 기도이다. 그는 26세 젊은 나이에 청력이 나빠지기 시작했고, 자기 의지와는 상관없이 사람들을 멀리해야 했다. 32살 때 치유할 길이 없다고 결론을 내린 그는 삶을 포기하고자 유서까지 남겼다. 그러나 하나님은 그에게 암울한 환란을 진정한 기쁨으로 바꿀 수 있는 내면의 힘을 주셨다. 고통을 승리로 전환시킨 것이다. 베토벤의 교향곡 '영웅', '미사 솔렘니스'도 고난 가운데 태어난 것이다. 그 힘을 찾지 못했다면 오늘 우리가 아는 베토벤은 없었을 것이다. 그는 고통과 절망을 넘어선 환희, 예술의 위대한 힘을 일깨운 인물이다. 그래서 첼리스트 장한나는 "내가 평생 사랑할 남자, 베토벤"이라 말한다(장한나, 2007).

헨델은 독일에서 태어난 영국 작곡가이다. 1711년 영국여왕이 그를 총애하자 사람들의 관심은 그로부터 멀어지기 시작했다. 가난에다 건강까지 잃어 반수불수의 몸이 되었지만 그를 동정하는 사람은 아무도 없었다. 병을 고치려다 빚만 지는 신세가 되었다. 빌린 논을 갚지 못해 결국 그는 감옥생활까지 해야 했다. 그러나 그는 절망적 상황, 외로운 감옥에서 메시야를 작곡했다. 훗날 사람들은 그에게 이 같은 고난이 없었다면 그를 위대하게 만든 메시야 곡도 없었을 것이라고 말한다. 헨델에게 있어서 고난은 끝이 아니라 위대한 시작이었다.

T. S. 엘리어트의 시 '황무지'는 '4월은 잔인한 달'로 시작되어 우리에게 널리 알려져 있다. 왜 시인은 4월을 잔인한 달이라 했을까? 그것은 황무지에서 겨울을 뚫고 나오는 여린 생명체의 힘겨운 싸움을 보았기 때문이다. 그는 말한다.

"죽은 땅에서 라일락을 키워내고 기억과 욕망을 뒤섞고 봄비로 잠든 뿌리를 뒤흔든다. 차라리 겨울에 우리는 따뜻했다. 망각의 눈이 대지를 덮고 마른 구근으로 가냘픈 생명만 유지했으니."

우리는 이 시를 통해 계절의 순환 속에서 고통하는 모든 생명체의 고뇌를 묘사하면서 망각의 눈에 싸인 겨울은 차라리 평화로웠다고 말한다.

움트고 살아나야 하는 4월은 그래서 잔인하다. 우리도 황무지 같은 세상에 설 때가 있음을 느낀다. 연약함에도 불구하고 대지를 뚫고 나오려 할 때 고통을 느끼지 않을 수 없다. 그래서 삶은 잔인한 것처럼 보인다. 그러나 모든 생명체가 그 잔인함을 이겨내지 못한다면 땅은 봄을 맞을 수 없을 것이다. 마찬가지로 우리도 고난을 이기지 못한다면 꽃을 피울 수 없다.

그리스도인에게는 역경지수가 높아야 한다. 역경을 당할 때 3가지 유형이 있다. 도망자(quitter)는 중도에 포기하고 도망한다. 현상유지자(camper)는 아무런 대책 없이 그 자리에 주저앉아 당한다. 60-70%가 이 유형에 속한다. 그리고 등산가(climber)가 있다. 고난의 산을 타고 오른다. 다른 사람의 손을 잡고 오른다. 주저앉은 사람, 포기한 사람의 손을 잡고, 같이 올라간다. 이런 사람이 리더이다. 당신은 어떤 사람이 되겠는가? 시련과 아픔이 올 때 자신의 꿈을 포기하는 사람이 될 것인가? 아니면 고난 속에서 더욱 자신의 꿈을 크게 잡고 노력할 것인가? 손양원 목사는 말한다. "솔로몬의 영화보다 욥의 고난이 더 귀하다. 솔로몬의 영화는 파괴로 이끌었지만 욥의 고난은 생명으로 이끌었다."

2. 그리스도 안에는 저주가 없다

많은 사람은 고난을 당할 때 하나님으로부터 저주를 받은 것이라고 생각한다. 그래서 심지어 「가계에 흐르는 저주를 끊으라」는 책까지 나왔다. 저주를 끊기 위해서는 안수기도를 받아야 한다고 말하기도 한다. 그러나 이런 생각은 근본적으로 비성경적이요 잘못된 것이다. 현재의 고통은 조상 때문에 대물림을 하는 것이니 액땜을 하는 셈치고 기도를 받아야 한다는 미신적 사고, 사탄 지배적 사고가 담겨 있기 때문이다.

우리 주님은 우리를 죄에서 자유하게 하신 분이시다. 우리가 받아야 할 저주와 고통을 십자가에서 받으셨다. 조상의 죄로부터도 완전한 해방을 주셨다. 그리스도인의 주인은 사탄이 아니라 주님이시다. 따라서 사탄도 더 이상 우리를 주관하지 못한다. 주님은 우리로 하여금 다시는 종의 멍에를 메지 말라고 하셨다. 그럼에도 불구하고 우리는 죄에 대한 확고한 신앙을 가지지 못한 채 "저주가 가계에 흐른다."고 말한다. 이것은 우리 죄를 대신해서 죽으신 십자가의 죽음을 무효화시키는 엄청난 도전이 아닐 수 없다. 그리스도인에게는 하나님의 은혜, 사랑, 축복이 있을 뿐 저주는 없다.

- "그리스도께서 우리를 위하여 저주를 받은바 되사 율법의 저주에서 우리를 속량하셨으니 기록된바 나무에 달린 자마다 저주아래 있는 자라 하였음이라"(갈3:13).
- "그리스도께서 우리로 자유케 하려고 자유를 주셨으니 그러므로 굳세게 서서 다시는 종의 멍에를 메지 말라"(갈5:1).
- "하나님이 저주하지 않으신 자를 내가 어찌 저주하리요"(민23:7).

저주와 징계를 혼돈하지 말라. 다음의 사건들은 저주를 받은 것처럼 보인다. 그러나 분명한 것은 이런 것들은 저주가 아니다. 저주와 사고, 저주와 징계를 구분할 줄 알아야 한다.

- 전쟁법칙: 하나님이 함께하신다고 해서 전쟁에 나가 전사자가 생기지 않는 것은 아니다. 전쟁에 나가 죽었다고 저주를 받았다고 말하면 잘못된 것이다.
- 자연법칙: 자연법칙을 역행하면 화를 당한다. 예를 들어 다이옥신이 든 음식을 많이 먹으면 죽게 된다. 이것은 자연법칙을 거슬린 것이지 저주가 아니다.
- 사고: 사고가 나서 죽는 것은 사고로 인한 죽음이지 저주가 아니다.
- 범죄의 열매: 그리스도인이 죄를 범하고 회개하지 않으면 징계하신다. 이 벌은 징계이지 저주가 아니다.

- 시험에 빠짐: 그리스도인도 뇌물을 주면 사회법으로 감옥에 간다. 그것은 자신이 시험에서 이기지 못한 것이다. 그렇다고 그것을 저주로 봐서는 안 된다.
- 사단의 공격: 사단의 공격을 받아 고난을 당한 경우 그것은 핍박을 받은 것이지 저주가 아니다.
- 불순종의 화: 자신의 불순종으로 화를 당한 경우 그것은 불순종으로 인해 침을 당한 것이지 저주는 아니다.
- 신비에 가린 고통: 인간은 이해할 수 없으나 그 속에는 하나님의 신비가 담겨 있다.

그리스도 안에는 저주가 없다는 강한 믿음을 가지고 나가라. "정사와 권세를 벗어버려 밝히 드러내시고 십자가로 승리하셨느니라"(골2:15). "너희는 환난을 당하나 담대하라 내가 세상을 이기었노라"(요16:33).

우리는 고난을 당할 때 그것을 하나님의 시각에서 바라볼 필요가 있다. 이런 시구가 있다. "명예를 달라고 기도했더니 그 대신 겸손을 주셨다. 건강을 달라고 기도했더니 그 대신 병을 주셨다. 행복을 달라고 기도했더니 그 대신 가난을 주셨다. 성공하게 해달라고 기도했더니 그 대신 실패를 주셨다. 주님은 내가 구한 것 주시지 않았지만 하나님의 뜻을 깨닫게 해주셨다." 사람들은 명예, 건강, 행복, 성공을 축복이라고 생각한다. 그러나 주님의 눈에서 볼 때 겸손, 병, 가난, 실패가 축복이기도 하다. 주님은 고난을 통해서도 우리를 돕고 계신다.

3. 고난은 영원을 바라보게 한다

사람은 어려움과 고난, 그리고 고통 속에 산다. 그 파도가 연이어 우리에게 다가온다. 어려움이나 곤란(difficulty)은 히브리어로 '누른다'는 뜻을 가진 '야짜르'(yatsar)다. 고난(afflictions)도 누른다는 뜻을 가진 '아나'(anah)'다. 고통은 우리를 단단히 감고 묶는다는 의미를 가진 '차발'(chabal)이다. 그리스도인이 핍박을 받고, 미움을 받으며, 비난과 업신여김을 당하고 옥에 갇히고 매를 맞는 것, 육체적인 고통, 마음의 고통 모두가 우리를 감고 묶는다. 그로 인해 번민한다. "내 마음의 아픔을 인하여 영혼의 괴로움을 인하여 원망"(욥7:11)하는 것이다.

그 기운데서도 그리스도인들은 서로 격려하며 '애통 넘치는 사랑'(고후2:4)을 한다. '마음속이 아프고'(렘:19), '근심 중에 부르짖으며'(시107:6, 시118:5) 하나님의 자비를 구한다. 하나님의 능력이 고통을 풀어줄 것(행2:24)을 믿기 때문이다. 종국적으로 그 눈에서 눈물을 씻기시는 주님(계21:4)을 만난다. 그 와중에 우리는 세상영화를 버리고(히11:24−26), 재물도 버리며(마19:29), 순교를 당하기까지 한다.

우리에게 미칠 재난은 누구도 예측할 수 없다. 모를수록 더 두렵다. 인간은 그만큼 약하다. 남들만 당하는 것이 아니라 나도 당할 수 있다. "어찌 이런 일이 나에게 일어났는가?" 묻지 말라. 오히려 고난을 통해 영적으로 살아 있는 것이 얼마나 중요한가를 느끼라. 하나님은 이 과정을 통해 세상보다, 나 자신보다 하나님을 바라보도록 하신다. 우리가 믿어야 할 것은 이 땅이 아니라 영원한 것이다. 고난을 통해 영원을 바라보라.

4. 고난, 하나님의 처방전

기독교의 필수조건은 고난이다. 그 안에는 하나님의 뜻이 담겨 있다. 선인장은 습기가 적고 뜨거운 사막에서 잘 자란다. 가시가 많아 짐승의 위협으로부터 자유로울 수 있다. 선인장 한 토막을 잘라 땅에 심어도 쉽게 뿌리를 내릴 만큼 생명력도 강하다. 그런데 식물학자 바아뱅크의 실험은 아주 놀라운 교훈을 가르쳐 주었다. 그는 선인장을 햇볕이 따스하게 들고 습기가 적당하며 맹수도 없는 곳에 옮겨 키워 보았다. 그랬더니 날카로운 가시 대신 비로드처럼 부드러운 수염을 가진 식물로 변해버렸다. 선인장에 있어서 좋은 환경은 결코 축복이 아니다. 가시가 없는 선인장이 사막에서 살 수 없기 때문이다. 아메바도 평안하면 다 죽는다. 하나님은 우리에게 고난을 주신다. 그 고난을 통해 우리를 단련시키고, 이 힘든 세상에서 살아남을 수 있게 만든다. 따라서 우리는 고난을 통해 하나님의 뜻을 알아야 한다. 고난은 우리를 살아 있게 만드는 하나님의 처방전이다.

고성삼 목사는 다음과 같은 이유에서 우리에게 고난을 주신다고 보았다.

첫째, 하나님은 나를 주님 앞으로 인도하기(lead) 위해, 우리의 방향을 바꾸기(direct) 위해 고난을 주신다. 주님은 우리의 길을 변화시키기 위해 때로 고통스런 경험을 하게 하신다(잠20:30). "내가 지금 기뻐함은 너희로 근심하게 한 까닭이 아니요 도리어 너희가 근심함으로 회개함에 이른 까닭이라"(고후7:9). 니느웨로 가라는 명령을 거역하고 다소라 가는 요나에게도 고난을 통해 길을 바꾸셨다. 고난은 우리로 하나님을 향하게 하려 하심이다. 하나님은 고난을 통해 우리의 변화를 요구하신다.

세계적인 배우 커크 더글라스는 문맹의 러시아 이민자 아들로 태어나 밑바닥 인생으로 시작해 피나는 노력 끝에 할리우드 최고 배우가 됨으로써 아메리칸 드림의 주인공이 된 인물이다. 그는 세계 분쟁지역에 학교와 공원을 세우는 등 인도주의 정신을 실현함으로써 감동을 주기도 했다. 배우가 되어서도 역경은 계속되었다. 심장 박동기에 의존해 있는 그가 두 번의 헬기 사고로 척추수술을 받았고, 뒤이어 찾아든 중풍 등으로 드라마틱한 인생을 살아왔다. 뇌졸중 이후 겪은 정신적 육체적 고통, 그 시련과 좌절 그리고 우울증 그는 권총 자살을 기도하기도 했다. 이런 그가 고통에서 벗어난 그가 말한다. "시련은 곧 희망입니다." "꿈꾸는 삶에 포기는 없습니다." 더 중요한 것은 83년이라는 긴 세월 동안 잊고 있었던 하나님에 대해 새롭게 인식하기 시작했다는 것이다.[1] 그는 고통과 좌절 속에서 그동안 잊었던 하나님을 새롭게 만났다.

둘째, 하나님은 우리를 알아보기(test, inspect) 위해 고난을 주신다. "네 하나님 여호와께서 이 사십 년 동안에 너로 광야의 길을 걷게 하신 것을 기억하라 이는 너를 낮추시며 너를 시험하사 네 마음이 어떠한지 그 명령을 지키는지 아니 지키는지 알려하심이라."(신8:2) 우리를 점검하고 살펴 하나님을 향한 우리의 모습을 드러나게 하시기 위함이다.

셋째, 하나님은 나를 고치시기(correct, teach) 위해 고난을 주신다. "너희가 참음은 징계를 받기 위함이라 하나님이 아들과 같이 너희를 대우하시나니 어찌 아비가 징계하지 않는 아들이 있으리요."(히12:7) 하나님은 징계를 통해 자기의 자녀를 훈련시키신다. 하나님은 우리를 사랑하시므로 징계하신다.

넷째, 하나님은 우리를 보호하기(protect) 위해 고난을 주신다. "당신들은 나를 해하려 하였으나 하나님은 그것을 선으로 바꾸사 오늘과 같이 만민의 생명을 구원하게 하시려 하셨나니"(창50:20). 하나님은 요셉을 보호하기 위해 그에게 고난을 주셨다. 마찬가지로 하나님은 우리를 해함에서 미리 보호하시기 위해 고난을 주신다. 따라서

---

1) 커크 더글라스(2002), 시련은 곧 희망입니다, 김정미 옮김, 인북스.

고난은 때로 감추어진 축복(a blessing in disguise)이기도 하다.

끝으로, 하나님은 우리를 완전하게 하기(perfect) 위해 고난을 주신다. "우리가 환난 중에도 즐거워하나니 이는 환난은 인내를, 인내는 연단을, 연단은 소망을 이루는 줄 앎이로다"(롬5:3 − 4). 하나님에게 우리를 귀한 보석으로 만들기 위해 깎고 다듬으신다.

5. 고난 속에 담긴 하나님의 신비

하나님은 자기의 자녀들에게 그의 계획에 따라 고통과 축복을 주신다. 고난을 받을 때 크게 손해를 보는 것 같다. 그러나 하나님은 고난을 통해 손해 보지 않게 하신다. 고난을 통해 더 많은 것을 얻게 하시기 때문이다.

그리스도인이 개인적으로 당하는 어려움, 고난, 불행에는 하나님의 신비가 담겨 있다. 그 신비는 하나님만 아신다. 확실한 것은 악한 뜻이 아니라 선한 뜻이 담겨 있다는 사실이다. 우치무라 간조는 "고난의 끝은 선하다."고 말한다. 고난 속에는 하나님이 비밀히 간직해 놓은 축복이 있다. 고난에는 특별한 보너스가 주어진다. 우리가 고난을 당하고 곤고할 때 하나님을 진지하게 찾게 된다. 그 진지함 속에서 우리의 영혼이 풍성해진다. 하나님은 고난을 저주의 수단이 아니라 축복의 수단으로 사용하신다. 고난을 통해 은혜를 주신다. 하나님의 자녀는 핍박을 당한다. 선교사가 현지에서 피살되거나 병에 걸려 죽기도 한다. 그것은 저주가 아니라 축복이다. 시편기자는 환난받는 것도 복이라 할 만큼 성숙한 모습을 보였다.

고난에는 우리를 향한 보이지 않는 하나님의 뜻이 담겨 있다. 홀리데이 인을 처음 건축한 사람은 목공소에서 일했던 케몬스 윌슨

(Kemmons Wilson)이다. 그는 40세 때 정리해고를 당하고 말았다. 그는 하늘이 무너지는 고통을 느꼈지만 낙심하지 아니하고 주님의 뜻이 어디에 있는가 물었다. 그리고 '하나님께서 내 인생에 새로운 길을 열어 주실 것이다.' 생각하고 집을 담보로 은행에서 대출을 받아 건축 사업을 시작했다. 그렇게 해서 세운 것이 홀리데이 인이다. 5년 후에는 수백만 불을 저축할 수 있게 되었다. 해고에도 그는 절망하지 않았다. 오히려 그것을 변화의 계기로 삼아 홀리데이 인을 만들었다. 그는 말했다. "나를 정리 해고해 준 사람들에게 감사합니다. 해고 속에는 하나님의 놀라운 계획이 숨어 있었습니다." 위기가 없었다면 오늘의 자기는 없었을 것이기 때문이다. 위기는 기회이다. 그 속에는 하나님의 다른 뜻이 담겨 있다. 그리스도인이 당하는 고난에는 우리가 이해할 수 없는 것도 있다. 그 속에는 하나님만 아시는 신비가 담겨 있다.

6. 고난, 하나님을 만날 기회

한승헌 변호사가 고통 속에 함께하시는 하나님을 느낀 것은 김대중 내란음모사건으로 군사법정에서 형을 받고 수감되었던 1980년이었다. 감옥에서의 생활은 하나님과의 동거의 절정이었다. 컴컴한 방 안에 차가운 습기를 맡으며 고통과 절망이 머리를 짓누르는 것이 느껴지는 순간마다 하나님의 숨결이 가장 가까이 크게 느껴지는 것을 경험했다. 고통 속에 함께하시는 하나님을 체험한 것이다.

그 후 출소 이후 살면서 느낀 것이지만 고통이 멀어지면 하나님과도 멀어진다고 생각하게 되었다. 그래서 하나님을 만나보고 싶은 사람은 일부러라도 고통스럽고 핍박받는 삶을 살아보라고 말한다.

감사원장이 된 그는 감사원 신우회 예배에서 하나님은 시련을 주시는 동시에 반드시 힘과 용기와 의미를 주신다고 말했다. 이유 없는 고난은 있지만 의미 없는 고난은 없다. 하나님의 역사는 단막극이 아니며 뒤집어지는 역사다.

중국 지하교회의 한 형제가 중국 당국에 발각되어 18년 동안 강제노동에 복역하였다. 힘든 노동생활을 마치고 나왔음에도 그는 전혀 힘들지 않았다고 했다. 공산당은 노동 가운데 가장 힘들다고 생각한 인분 치우는 일을 맡겼다. 그는 인분웅덩이를 치며 그 속에서 오히려 기도하고 찬송하며 하나님과 교제할 수 있었다. 감독이나 다른 사람들은 냄새가 나서 가까이 오지 못했지만 그에게 있어서 그곳은 오히려 혼자 찬송하고 기도하며 평소 즐겨 기억하던 말씀을 상고하기에 편한 장소가 되었다. 찬송을 부르며 행복을 느꼈다. 그가 그곳에서 가장 즐겨 불렀던 찬송은 499장 '저 장미꽃 위에 이슬'이었다. "주가 나와 동행을 하면서 나를 친구 삼으셨네 우리 서로 받은 그 기쁨은 알 사람이 없도다."

7. 영적 성숙, 고난의 문을 통과한 자의 열매

고난을 통해 성장한다. 하나님은 우리를 성장시키려고 망치로 깨뜨리고, 쇠 끌로 다듬으며, 용광로에 부어 불순물을 제거하신다. 감자에 충격을 주면 더 튼튼하게 커진다. 풍상을 이겨내는 나무일수록 뿌리를 깊게 내린다. 풍상이 없으면 뿌리도 얕다. 그래서 조금만 바람이 불어도 꺾인다. 그리스도인은 고난의 과정을 통과하면서 더욱 정금처럼 연단된다. 그런 의미에서 고난은 은혜요, 기회이다.

영국 왕 조지가 도자기 공장을 방문했다. 공장 입구에는 아름답게 윤이 나는 도자기와 투박하게 생긴 도자기가 나란히 진열되었다. 왕이 두 도자기가 왜 이렇게 다르냐고 물었다. 공장 주인은 말했다. "아름다운 도자기는 불에 구워진 것이고, 투박한 도자기는 불에 구워지지 않은 것입니다." 우리는 시련이라는 불구덩이를 들어간다. 그 구덩이를 거쳐야 아름다운 모습으로 다시 태어날 수 있다.

고난과 재난은 다수에게는 저주이지만 소수에게는 기회가 된다. 고난을 당할 때 긍정적인 자세를 가질 필요가 있다. 긍정적인 사람은 "기회는 지금 여기에 있다."(opportunity is now here)고 말한다. 그러나 부정적인 사람은 "기회는 아무데도 없다."(opportunity in no where)고 말한다.

바울은 몸의 가시를 제거해 달라고 하나님께 3번 간구했다. 유대 풍습에 따르면 하나님께 3번 기도해서 응답이 없으면 아직 때가 아니니 기다리라는 신호로 받아들인다. 그리스도인은 고난에도 불평하지 않고 장차 올 영광을 바라볼 수 있어야 한다.

하나님은 고난과 고통을 통해 우리를 영적으로 성숙하게 만든다. 하나님은 필요하다면 사랑하는 자녀에게 고통의 터널을 지나게 하신다. 우리를 더 낮추고 더 깊은 영적 체험을 하게 한다. 고난의 용광로를 통과할 때 우리는 처절한 고통을 느끼지만 그 고통을 통해 주님은 우리가 성장하게 될 것을 믿는다. 하나님의 관심은 우리의 겉사람이 아니라 속사람이다. 우리의 몸이 아니라 영혼이다. 고난을 통해 우리의 속사람이 달라진다. 고난 가운데서 우리의 속사람을 아름답게 빚어내는 것이다.

이런 의미에서 고난은 축복이다. 고난은 우리를 낮추기 위해 주시는 시련이다. 병도 주시고, 고통도 주신다. 그리스도인이기 때문에 받는 고난도 있다. 그러나 그 모든 가시를 통해 주님은 우리를 만나기 원하신다. 고통 속에서, 그 가시 속에서 우리를 계속 낮추실 것이다. 고난 때문에 낙심해서는 안 된다. 주님이 우리를 고난 속에서 기뻐할 수 있는 보다 성숙한 자리로 인도할 것이 분명하기 때문이다.

고난을 통해 영적으로 성장하는 사람을 볼 때마다 우리는 하나님이 살아 계심을 느낀다. 고난 가운데 있을 때가 바로 하나님과 연애하는 때이다. 고난 가운데 있다 할지라도 그 일이 하나님의 일이라 확신될 때 그 기쁨은 세상 어느 것과도 비견할 수 없다.

8. 신앙에는 고난과 고통이 내장되어 있다

우리가 그리스도인이 되었다는 것은 기쁨 중에 기쁨이다. 그러나 우리의 신앙에는 고난과 고통이 내장되어 있다. 그래서 그리스도인은 기쁨과 함께 고난을 받는 것이 마땅하다. 우리의 삶은 크게 Christo-centric 삶과 Christoholic 삶으로 구분된다. Christo-centric 삶은 기쁨뿐 아니라 고난도 받고자 한다. 그러나 Christoholic 삶은 기쁨은 소유하지만 고난은 받지 않고자 한다. 참 그리스도인이라면 고난을 당연한 것으로 생각해야 한다. 나를 어렵게 한 자가 있어 나를 고민하게 만든다면 오히려 그를 가리켜 '나의 선생, 나를 성공시키는 자'임을 명심할 필요가 있다. 다윗은 자신을 어렵게 한 사울이 있었기 때문에 영적으로 성숙할 수 있었다.

한국인들의 미국 초기 이민 역사에는 1903년에서 1905년까지 있었던 사탕수수농장 이민이 꼽힌다. 그리고 그들은 사진을 통해 신부를 맞는다. 초기의 이민들이 사탕수수 농장에서 새벽부터 밤늦게까지 종일 일하고 받은 품삯은 69센트였다. 그들이 미국에 간 이유는 빗자루로 땅을 쓸기만 해도 돈이 생긴다기에, 서자라고 설움받는 것이 싫어서, 남의집살이 하는 부모와 다른 삶을 살고 싶어서, 그리고 예수쟁이라고 놀림당하는 것이 싫어서 등 다양했다. 예수를 믿는다고 놀림당하는 일이 비일비재했던 당시 우리나라 형편을 말해 준다.

고난도 하나님의 뜻 가운데 있다. 하나님이 우리에게 고난을 주심은 목적을 가지고 계시기 때문이다. "우리가 환난 중에도 즐거워하나니 이는 환난은 인내를, 인내는 연단을, 연단은 소망을 이루는 줄 앎이로다"(롬5:3,4). 고난은 인내, 연단, 소망을 낳는다. 그리스도인의 고난은 절망적 고난이 아니라 생산적 고난이다. 고난 끝에 기쁨이 있다.

"사랑하는 자들아 너희를 시련하시려고 오는 불 시험을 이상한 일 당하는 것같이 이상히 여기지 말고 그리스도의 고난에 참예하는 것으로 즐거워하라"(벧전4:12,13).

"그러므로 하나님의 뜻대로 고난을 받는 자들은 또한 선을 행하는 가운데 그 영혼을 미쁘신 조물주께 부탁할지어다"(벧전4:19).

그리스도인의 행복은 문제가 없는 것에서 오는 것이 아니라 고난의 의미를 알게 하시고, 고난의 자리에 우리와 함께하시며, 고난을 통해 결국 기쁨을 주시기 때문이다.

성경은 고난의 목적을 하나님의 사랑과 긍휼을 알게 하고(사6:39), 하나님을 간절히 찾게 하며(호5:15), 주의 말씀을 지키게 하고(시119:67), 굳게 서며(살전3:3), 겸손하게 하고(대하33:12), 기도하게 하며(약5:13), 주를 닮게(살전1:6) 하는 데 있다고 가르쳐 주고 있다.

하나님은 고난을 통해 말씀하신다. 그리스도인이 고난과 고통을 당하지 않는다고 생각하는 것은 너무 나이브하다. 그리스도인도 얼마든지 고난 가운데 있을 수 있다. 하나님은 전쟁을 앞둔 이스라엘 민족에게 "함께하시겠다."고 약속하셨다. "함께하시겠다."고 해서 화살이 그들을 피해가고 부상병이 생기지 않는 것은 아니다. 그들 가운데서도 전사자가 발생한다.

예수님은 그리스도를 믿기 때문에 핍박이 따를 것이라 예고하셨다. 이것은 그리스도인이 세상 속에 살 때 고난과 고통이 따를 것을 보여주고 있다. 하나님은 때로 우리에게 고난을 주신다. 그것은 사랑의 매다. 잠언기자는 "상하게 때리는 것이 악을 없이 하나니 매는 사람의 속에 깊이 들어가느니라."(잠20:30) 하였다. 이것을 GN성경은 이렇게 옮겨 적었다. "때로 고통스런 경험을 주시는 것은 우리를 변화시키기 위한 것이다(sometimes it takes a painful experience to make us change our ways)."

- "고난당하기 전에는 내가 그릇 행하였더니 이제는 주의 말씀을 지키나이다"(시119:67).
- "고난당한 것이 내게 유익이라 이로 인하여 내가 주의 율례를 배우게 되었나이다"(시119:71).
- "오늘날 너희가 그의 음성을 듣거든 너희 마음을 강퍅케 말라"(히4:7).

그리스도인은 주님이 주신 약이라면 그것이 고통이라 할지라도 보약으로 생각하고 마실 수 있어야 한다. 그러면 축복하신다. 하나님은 고난으로도 응답하시고, 침묵으로도 응답하시고, 축복으로도 응답하신다. 급하시면 어떤 방도로든 응답하신다.

9. 고난을 피하지 말라

신앙에는 밤과 낮이 있다. 밤이 올 때 예수님처럼 고난받기를 주저하지 않고 고난에 뛰어들면 고난을 이길 수 있다. 그러나 고난을 피하려 하면 고난이 나를 압도하려 하고, 고난만 생각해도 나를 아프게 한다. 고난을 이기기 위해서는 고난과 맞부딪히는 수밖에 없다.

탈북을 해서 그리스도를 영접한 사람들이 다시 북으로 들어가 예수의 전사가 될 것을 각오한 사람들이 만든 "예수 전사 수칙"에 '천대받는 것을 긍지로 삼는다.'는 것이 있다. 고난받는 것을 오히려 기뻐한다는 말이다.

고난은 나만 당하는 것이 아니다. 고난을 당하는 사람은 그것이 자기만 당하는 것으로 생각하기 쉽다. 남들은 괜찮은데 왜 나냐는 식이다. 그리곤 자기가 세상의 모든 고난을 어깨에 메고 있다는 착각을 한다. 사람은 누구나 다 고통을 당한다. 나만 당하는 것 아니다. 누구나 다 밤을 보낸다. 내가 당하는 고난은 인류가 지는 것 가운데 나에게 할당된 몫일 뿐이다. 우리가 아는 이름난 인물들 가운데 상당수는 역경을 극복한 사람들이다.

- 신대륙을 발견한 콜럼버스는 섬유공장의 직물공이었다. 그는 너무 가난해 책을 살 여유도 없었다.
- 셰익스피어는 젊은 시절 런던의 극장 앞에서 말을 지켰다.
- 발명왕 에디슨은 어렸을 때부터 귀머거리였다. 그러나 서른 살에 축음기를 발명했다.
- 백화점 왕인 워나메이커는 가난한 벽돌공의 아들이었다.
- 「실락원」을 쓴 밀턴은 문학적으로 가장 왕성한 나이에 실명했다. 시력을 모두 잃은 상태에서 5년 동안 땀 흘려 불후의 명작을 남겼다. 그는 실명한 것이 문제가 아니라 소망을 잃고 좌절하며 일어서지 못하는 것이 문제라고 말했다.
- 무디는 초등학교 졸업이 학력의 전부였으나 세계적인 전도자로 이름을 날렸다.

나만 어려움과 고난을 당하는 것이 아니다. 젊은 시절의 고난은 인생의 소중한 자산이다. 고난은 불과 같다. 우리가 그것을 어떤 자세로 이겨내느냐에 따라 달라진다. 적극적인 자세로 이겨나가면 고난은 오히려 약이 된다. 그러나 역경을 탓하고 그것에 굴복하는 사람은 평생 비극적인 삶을 살게 된다.

10. 고난을 통해 주님이 무엇을 가르치고자 하는가를 보라

고난과 고통은 신령한 지혜를 얻기 위한 도구이다. 하나님은 그 고통을 통해 지혜를 가르쳐 주시고자 하신다. 앞으로 어떻게 살아야 하는가를 알게 한다. 손에 쥐어져 있을 때 그것이 귀한 줄 모른다. 그것이 없어졌을 때 귀한 줄 알게 된다. 솔로몬은 밤을 모르고 세상을 산 사람이었다. 천 명의 부인을 가졌을 만큼 호화를 누렸다. 그러나 최고의 지혜자였던 그는 훗날 부인들이 가져온 우상을 숭배함으로써 하나님보다 여인의 말을 들음으로써 최고로 어리석은 자가 되었다. 그는 백성들로부터도 존경을 받지 못하는 왕으로 전락하였다. 다윗은 중병으로 병상에서 밤을 보내다 지혜를 깨달은 인물이었다. 시편 39편은 이것을 잘 보여준다.

"나의 종말과 연한의 어떠함을 알게 하사 나로 나의 연약함을 알게 하소서"(시39:4). 그는 '나는 약하다'는 사실을 알게 되었다. 건강한 대낮에는 이것을 알지 못한다. "주께서 나의 날을 손 넓이만큼 되게 하시매 나의 일생이 주의 앞에는 없는 것 같사오니 사람마다 그 든든히 선 때도 진실로 허사뿐이니이다"(5절). 그는 인생이 손 넓이, 곧 그렇게 짧다는 것을 인식하게 되었고, 그것마저 덧없음을 알게 되었다. 인간의 성공, 세상으로부터 인정받는 것도 다 아무것도 아니다. "진실로 각 사람은 그림자 같이 다니고 헛된 일에 분요하며 재물을 쌓으나 누가 취할는지 알지 못하나이다"(6절). 재산을 아무리 벌어놓아도 그 모두가 내 것이 아닌 것을 알게 되었다. "주여 내가 무엇을 바라리요 나의 소망은 주께 있나이다"(7절). 그는 결국 하나님만 나의 소망이요, 나의 영광임을 알았다. 이것은 그가 고난을 통해 깨달은 지혜 중의 지혜이다.

다음은 고난당하는 이를 위한 로버트 슐러 목사의 말이다. "절벽 가까이로 나를 부르셔서 다가갔습니다. 절벽 끝에 더 가까이 오라고 하셔서 더 다가갔습니다. 그랬더니 절벽 끝에 겨우 발을 붙이고 서 있는 나를 절벽 아래로 밀어버리시는 것이었습니다. 물론 나는 그 절벽 아래로 떨어졌습니다. 그런데 나는 그때까지 내가 날 수 있다는 사실을 몰랐습니다."

11. 고난에 감사하라

평생을 한센병과 싸운 폴 브랜드는 "고통을 만드신 하나님께 감사한다."고 했다. 그에 따르면 고통을 느낄 수 있는 신경이 있어야 건강을 회복할 수 있다. 환자의 방에서 웃음소리기 나서 가보았다. 잘린 손가락에서 나는 피로 벽에 그림을 그리고 있었다. 그 환자는 아픔을 느끼지 못하고 있었다. 병자이면서도 고통을 느낄 수 없는 병자라면 상태는 심각하다. 고통을 느낄 수 있다는 것은 고통이 소리치고 있음을 알게 하는 경고체제이다. 그러므로 우리는 고통을 느끼고, 그것을 극복할 수 있도록 노력케 하시는 하나님께 감사해야 한다.

고난은 하나님의 확성기이다. 우리의 영혼이 잘못되었을 때 울리는 확성기이다. 고난을 통해 하나님을 찾고 만났다면 그것은 고난이 아니라 축복이다. 고통 때문에 하나님께 달려갈 수 있게 되었다면, 그리고 하나님을 만날 수 있게 되었다면 그것은 참으로 감사할 일이다. 고통을 통해 남을 이해할 수 있게 된 것도 감사할 일이다. 고난을 통해 그리스도의 고난을 알 수 있게 된 것도 감사할 일이다. 고통을 받으면 받을수록 커지는 것이 바로 하나님의 은혜이다. "주를 두려워하는 자를 위하여 쌓아두신 은혜 곧 인생 앞에서 주께 피하는 자를 위하여 베푸신 은혜가 어찌 그리 큰지요"(시31:19). 우리는 하나님이 고난을 통해 베푸신 은혜를 누리게 된 것을 감사해야 한다. 하나님이 거절하신 것조차 감사할 수 있어야 한다.

설암으로 혀를 자르게 된 환자에게 의사가 마지막으로 하고 싶은 말을 하도록 시간을 주었다. 그러자 그 환자는 눈물을 흘리며 이렇게 말하는 것이었다. "주님, 감사합니다." 다시는 말을 할 수 없는 그, 고난의 정점에 있는 그였지만 그 순간 하나님께 감사했다.

일제식민지시대 때 믿음을 지키다 많은 그리스도인들이 옥에 갇히게 되었다. 이따금 아침 운동시간에 만날 때 이런 말을 했다고 한다. "예수님은 우리를 위해 홍포를 입으셨지만 우리는 주님을 위해 청포를 입었습니다." 주님을 위한 고난은 오히려 감사한 일이다. 영광스러운 고난을 잠시 맛보도록 주님이 허락하셨기 때문이다.

12. 고난은 주님과의 관계 속에서 치유받아야

고통은 아무 노력 없이 사라지지 않는다. 주님과의 관계 속에서 자신이 치유받아야 하는 환자임을 인정하고 변할 때 고통은 진정한 행복과 평강으로 바뀐다.

우리 안에 예수 그리스도가 없으면, 믿음의 터를 예수 그리스도에 확고히 세우지 않으면 문제, 곧 인생의 지진이 발생할 때마다 흔들린다. "하나님이 나를 잊어버리지나 않았는가?", "하나님이 과연 계시는가?" 하는 생각이 든다.

우리의 터를 예수 위에 세우지 않으면 무너지다. 사람들이 레고로 몇 시간을 들여 어떤 것을 만들지만 그것을 단 1초에 부실 수 있다. 애써 세운 믿음의 증거들을 우리의 작은 고난 때문에 허무하게 부수는 우를 범하지 말아야 한다.

예수는 우리 삶에 있어 가장 귀한 금괴(nugget)이다. 미국에서 교통사고로 한 부인이 아이를 안고 죽었다. 아이는 엄마의 품안에서 기적처럼 살아났다. 엄마가 자기 아이를 보호하기 위해 꼭 안은 채 피를 흘리며 죽었다. 아이를 엄마 품에서 분리해 내자 아이가 울어대는 것이었다. 사람들은 엄마가 죽었기 때문에 그 아이가 슬퍼하는 것으로 생각했다. 그러나 그 아이는 엄마와는 상관없이 자기가 안고 있었던 인형이 자기로부터 떨어져 나가게 된 것을 깨닫게 되어 울었다는 것이다. 우리는 지금 무엇 때문에 울고 있는가 생각할 필요가 있다. 주님은 우리를 위해 피를 흘려주셨는데.

13. 더 고난받는 이를 생각하라

나우웬에 따르면 "상처를 입은 자가 상처 입은 다른 사람을 치유할 수 있다." 고난도 마찬가지다. 시력을 잃은 강영우 교수는 헬렌 켈러 여사를 생각하며 많은 위로를 받았다고 한다. 어떤 이가 헬렌 켈러 여사에게 "시각, 청각 가운데 원하는 것 하나를 주시겠다고 하면 무엇을 택하겠습니까?" 물었다. 여사는 즉각 청각을 택하겠노라고 대답했다. 사랑하는 사람의 목소리를 듣고 싶기 때문이라는 것이다. 이 이야기를 들은 강영우 교수는 헬렌 켈러가 그토록 원하는 청각을 나는 가지지 않았는가 하면서 감사했다. 고난을 받을 때 더 고난 가운데 있는 이를 생각하는 것이 고난을 극복하는 또 하나의 방법이다.

다음은 밴쿠버에 살고 있는 시인이자 장애인인 조화영의 시 "아픈 친구에게"이다.

아픈 너를 만나러 가는 길
땅에는 장마가 내리고 있었단다
인생은 흐린 안개
어떤 환란도 명확한 의미를 찾아낼 순 없을 거야

그러나 그 순간에 비행기 뜬 장마 구름 위엔
더 크고 맑은 옥색하늘 여전히 두르고 있었단다
비록 땅엔 아픈 비 내려도
햇살 머금은 큰 위로자가 저 위에 변함없이 있잖아

친구야 조금만, 조금만 더 힘을 내자
오래전부터 이 땅엔 해답 모를 순결한 고통이 얼마나 많은지
땅에는 비와 바람 흩날리는 장마전선
우리는 큰 하늘을 담고 살려는 이 땅의 순례자
장마 전선은 지나갈 거야

다음은 에밀리 디킨슨의 시 "내가 할 수만 있다면"이다.

"내가 만약 한 가슴의 깨어짐을 막을 수만 있다면
나의 삶은 헛되지 않으리.

내가 만약 한 생명의 아픔을 덜어주고
고통 하나를 멈춰줄 수 있다면
아니면 힘이 다해가는 새 한 마리를
그의 둥지에 올려 줄 수만 있어도
나의 삶은 결코 헛되지 않으리."

14. 고난에는 끝이 있다

데일 카네기의 상담실에는 절망의 빛이 가득한 풍경화한 점이 걸려 있었다. 썰물이 빠져나간 황량한 바닷가에 낡은 배 한 척이 을씨년스럽게 놓여 있는 풍경화이다. 그러나 그 그림 밑에 이런 글이 자그맣게 쓰여 있었다. "반드시 밀물 때가 온다."

밤은 영원히 계속되지 않는다. 반드시 지나가며, 아침이 온다. "주의 성도들아 여호와를 찬송하며 그 거룩한 이름에 감사할지어다 그 노염은 잠깐이요 그 은총은 평생이로다 저녁에는 울음이 기숙하지라도 아침에는 기쁨이 오리로다"(시30:4,5). 고난의 시간은 결코 영원하지 않다(tough time never last). 언젠가 새벽이 오기 때문이다. 고통은 밀려왔다가 밀려가는 파도와 같다. 고통은 영원히 그 자리에 머물러 있는 것이 아니고 끊임없이 계속되는 것도 아니다.

어둠이 없는 곳에는 빛이 없다. 그러나 어둠이 있기 때문에 꿈이 있다. 하나님은 약한 자들을 들어 강한 자들을 부끄럽게 하신다. 그러므로 그리스도 안에서는 오히려 약한 사람들은 자랑할 것이 많게 된다. 그러므로 약한 때, 고난을 받을 때 더욱 성숙함으로 그것을 영적 도약의 발판으로 삼을 필요가 있다.

제 6 장
고난의 밤에 오히려 찬양할 수 있는 방법

마이클 플랜터는 요트 '코요테'를 건조해 대서양을 횡단하는 시도를 했다. 요트는 아주 날렵해 보이고 아주 훌륭했다. 그는 많은 사람의 환송을 받으며 출항했다. 그러나 8일 만에 행방불명이 되었다. 요트는 원래 뒤집어져도 제자리에 설 수 있도록 설계되어 있기 때문에 요트를 찾을 수 없다는 것이 오히려 이상했다. 11일이 지나서야 뒤집힌 채로 바다 위에 떠 있는 요트를 발견하게 되었다. 요트가 뒤집혀 있다니. 뒤집어져도 일으켜 세울 수 있는 4톤 무게의 용골이 보이지 않았다. 사람들은 그가 보이는 부분에만 신경을 썼지 수면 아래 보이지 않는 용골에는 신경을 쓰지 않았음을 알게 되었다.

우리는 인생의 풍랑을 만난다. 그러나 그 위기에도 우리의 영혼이 건강하면 다시 일어설 수 있다. 우리는 어떤 다른 것보다 영혼이 무거워야 한다. 영혼이 건강하면 고난을 넉넉히 이길 수 있다. 영혼이 건강하기 위해서 우리는 말씀을 통해 고난극복의 방법을 배울 수 있어야 한다.

1. 생각하고 돌아보라

"형통한 날에는 기뻐하고 곤고한 날에는 생각하라 하나님이 이 두 가지를 병행하게 하사 사람으로 그 장래 일을 능히 헤아려 알지 못하게 하셨느니라"(전7:14). 전도서 기자의 말이다. 하나님은 우리 각자에게 형통한 날과 곤고한 날을 주셨다. 이 두 날을 병행하게 하신 것이다. 이 두 날이 있게 함으로써 인간으로 하여금 장래에 어떻게 될 것인가를 알지 못하게 하셨다. 그러나 "하나님이 모든 것을 지으시되 때를 따라 아름답게 하셨다"(전3:11). 그러므로 기쁜 날이든 슬픈 날이든 다 우리를 아름답게 하시기 위한 것임을 인식할 필요가 있다.

전도서 기자는 먼저 "형통한 날에는 기뻐하라."고 말한다. 기뻐할 줄 아는 것이 행복이다. 모든 것이 하나님의 은혜이므로 그 모든 것에 자족하고 기뻐할 줄 아는 사람이 되어야 한다. 그리고 곤고한 날에는 생각한다. 곤고한 날은 뭔가 풀리지 않는 날, 역경과 환난이 있는 날이다. 이런 날들은 나 자신을 솔직하게 돌아보게 한다. 그동안 나 자신만을 위해 살아오지 않았는가? 그러면서 주변에 나보다 고통을 받는 사람이 많다는 것을 느끼며 이웃을 생각하게 된다. 그러므로 곤고한 날은 화가 아니라 오히려 복이다.

하나님은 우리의 고난 가운데 동참하고 계신다. 주님은 친히 우리를 위해 고난을 당하셨다. 하나님은 고난을 통해 강하게 하시고 그 터를 굳게 하셨다. 존 스토트는 말한다. "고난의 십자가가 없었다면 나는 그리스도를 믿지 않았을 것이다." 하나님은 우리로 하여금 형통과 곤고라는 두 사이를 여행하게 하셨다. 이것은 하나님의 지혜이다. 형통한 날만 바라지 말고 곤고한 날에도 감사할 줄 알아야 한다. 주님이 고난당하신 것을 생각하라. 그리고 이웃을 생각하라.

2. 하나님을 의지하라

"곤란으로 인하여 내 눈이 쇠하였나이다 여호와여 내가 매일 주께 부르짖으며 주를 향하여 나의 두 손을 들었나이다"(시88:9). 하나님을 의지하라. 하나님은 자기 백성을 보호하신다. 하나님은 나의 곤란을 감찰하시는 분(시31:7)이요, 곤란에서 높이 드시는 분(시107:41)이며, 곤란에서 우리를 구원하시는 분(렘14:8)이다.

고난의 풍랑에서도 하나님이 함께하심을 믿으라. 하나님이 함께하시면 고통도 축복으로 바뀐다. 요셉은 노예와 종살이로 어려움을 겪을 때마다 "하나님이 함께하시므로 형통했다."고 성경은 기록하고 있다. 그가 국무총리가 되어서 형통했다는 말씀은 없다. 하나님은 어려울 때 함께해 주신다. 잘될 때가 형통한 자리가 아니라 고난 가운데 하나님을 더 찾고 하나님께 부르짖는 자리가 바로 형통한 자리이다. 우리는 그 믿음을 가져야 한다.

3. 말씀에 의지하고 순종하라

말씀에 의지하고 순종한다. 고난에 처하면 그 고난상황을 생각하느라 정신이 없다. 그 상황 속에 하나님의 말씀이 자리할 공간이 좀처럼 없다. 그러나 베드로는 말씀을 믿고 신뢰하라고 가르친다. "너희 염려를 다 주께 맡겨 버려라 이는 저가 너희를 권고하심이니라"(벧전5:7).

다윗의 특징은 하나님의 말씀을 믿고 신뢰하며 그 말씀을 붙들고 기도했다는 것이다. 어려운 상황에서 더욱 그랬다. 말씀에 순종하는 곳에 영적 자유함이 있다. "그러므로 누구든지 나의 이 말을 듣고 행하는 자는 그 집을 반석 위에 지은 지혜로운 사람 같으리니"(마 7:24). 하나님의 말씀이 위로가 된다. "이 말씀은 나의 곤란 중에 위로라 주의 말씀이 나를 살리셨음이니이다"(시119:50).

우리가 하나님의 약속의 말씀을 믿고 지속적으로 그것에 고정시키면, 그것이 어떤 어려운 상황이라 할지라도 그 상황에서 우리를 건져내신다. 문제는 우리가 하나님을 얼마나 신뢰하는가에 달려 있다.

인생은 모험으로 산다고 한다. 그만큼 풍랑이 많다는 이야기다. 그러나 그리스도인은 인생의 모험 속에서도 하나님의 말씀이 가리키는 곳을 향하여 나아간다. 우리는 하루 앞을 알지 못한다. 그만큼 부족하고 연약하다. 하나님은 우리의 연약함을 아시고 오늘도 말씀을 통해 바른 길로 인도하신다.

4. 역할모델을 찾으라

고난을 신앙적으로 이긴 역할모델을 찾아 고난극복의 방법을 배운다. 성경에서도 욥과 같은 아주 좋은 역할모델을 찾을 수 있다. 나아가 우리 삶에서 신앙적 인물이나 역사적 인물 중에서도 찾아볼 수 있다.

맹인 교수 강영우는 사도 바울에서 고난을 이길 수 있는 역할모델을 찾았다(강영우, 2000). 사도 바울은 고난 속에서 세계적인 비전을 갖게 되었다. 강 교수는 그를 통해서 꿈을 갖게 되었다. 나아가 그는 바울에게서 고난에 대한 긍정적인 태도를 배웠다. 그리고 약한 것들 자랑해서 하나님의 권능을 드러내는 신앙과 용기를 배우려고 노력했다.

고난 속에서 도전정신을 가르쳐 준 역할모델로 어니스트 새클턴이 있다. 아일랜드 태생의 위대한 남극탐험가 새클턴과 대원 27명은 남극대륙횡단이라는 최초의 모험에 도전했다. 1914년 12월 사우스조지아 섬을 출발하여 16개월 만에 엘리펀트 섬에 도착한 인듀어런스호는 남극대륙에 도착하기 전 떠다니는 빙하에 갇혀 침몰하고 말았다. 그로부터 2년에 걸친 고행이 시작되었다. 그러나 그는 2880㎞의 여정을 마치고 돌아왔다. 새클턴은 대원들의 자기희생과 남극의 환경 생태에 대한 과학적 성과까지 꼼꼼히 기록한 자서전을 남겼다. 영국 국왕은 그에게 '경'(Sir)라는 칭호를 주었다. 에베레스트를 처음 등정한 에드먼드 힐러리 경은 그에 대해서 이렇게 찬사를 했다. "재난이 일어나고 모든 희망이 사라졌을 때 새클턴의 리더십을 달라고 무릎 꿇고 기도하라!" 새클턴은 인류에게 도전정신, 꿈과 희망, 그리고 인내의 소중함을 일깨워 주었다.[2]

5. 기쁨으로 견디고 참으라

시련이 올수록 기뻐하고 참으라. 이것은 주님의 방법이다. "저는 그 앞에 있는 즐거움을 위하여 십자가를 참으사 부끄러움을 개의치 아니하시더니 하나님 보좌 우편에 앉으셨느니라"(히12:2). 주님은 십자가 뒤에 올 기쁨을 생각하며 고통을 이기셨다. 인내는 명령이다(마10:22; 딤후2:3). 바울은 인내의 모범을 보였다(딤후2:10). 인내하는 자에게 승리가 약속되었고(롬8:36,37) 보상이 주어진다(히10:32 – 39;약1:12).

"너희가 여러 가지 시험을 만나거든 온전히 기쁘게 여기라"(약1:2). 야고보의 말이다. 이 기쁨은 하나님만이 주시는 초자연적인 기쁨이

---

2) E. 새클턴(2003), South: A Memoir of the Endurance Voyage, 최종옥 옮김, 뜨인돌.

다. 시련 앞에서 기뻐할 사람은 아무도 없다. 기뻐한다면 자연스럽지 못하다. 그럼에도 불구하고 기뻐할 수 있는 것은 하나님과의 관계에서 오는 내 영혼의 기쁨이다. 따라서 이 기쁨을 가지기 위해서는 하나님과의 관계를 더 깊게 가지는 것이 중요하다. 우리는 하나님 없이는 하루도 살 수 없다.

"(내 안에 거하라)―내가 이것을 너희에게 이름은 내 기쁨이 너희 안에 있어 너희 기쁨을 충만하게 하려 함이니라"(요15:11). 이 기쁨을 가지려면 관점을 바꿀 필요가 있다. 특히 전체를 보는 시각을 가질 필요가 있다. 부분, 곧 상황만 생각하면 기쁨이 없다. 상황에 자신이 매몰되기 때문이다. 그러나 전체를 생각하면 부분의 아픔을 이겨낼 수 있다. 특히 이 시련을 이기고 나면 더 성숙해질 자신을 생각하며 고난까지 감사히 받고 기쁨으로 여기게 된다. 상황보다 관점이 중요하다. 육신의 처한 상황을 믿음의 눈으로 볼 때 고난을 기쁨으로 받아들일 수 있다.

바울은 골로새서를 통해 "그 영광의 힘을 좇아 모든 능력으로 능하게 하시며 기쁨으로 모든 견딤과 오래 참음에 이르게 하시고"(골1:11)라 하였다. 하나님의 힘을 받아 기쁨으로 견디고 참으라는 것이다. 그도 그러한 삶을 살았다. "그러므로 내가 그리스도를 위하여 약한 것들과 능욕과 궁핍과 핍박과 곤란을 기뻐하노니 이는 내가 약할 그 때에 곧 강함이니라"(고후12:10). 고난을 기뻐함으로 강해진다. 신앙의 절정은 고통을 견디고 어려움에도 인내하는 가운데 나타난다.

영적 성장에는 3단계가 있다. 첫째는 연약한 음식을 먹는 단계다. 기쁜 일이 생기면 기뻐하고 감사한다. 둘째 단계는 딱딱한 음식을 먹는 단계다. 외롭고 아파도 참는다. 셋째 단계는 고급단계다. 고통을 통해 영혼이 성숙하는 단계다. 고통을 새로운 눈으로 바라보게 하고, 그것을 통해 하나님만을 전적으로 의지한다. 환난 중에서도 기뻐한다.

야고보도 우리에게 인내할 것을 가르친다. "내 형제들아 너희가 여러 가지 시험을 만나거든 온전히 기쁘게 여기라 이는 너희 믿음의 시련이 인내를 만들어 내는 줄 너희가 앎이라 인내를 온전히 이루라 이는 너희로 온전하고 구비하여 조금도 부족함이 없게 하려 함이라"(약1:2-4). '온전하여'는 흠 없이 완벽한 것을 말하지 않는다. 성숙함, 성장의 목표를 이뤄간다는 것을 의미한다. 인내가 시련을 이길 수 있는 길이다. 믿음의 시련이 인내를 만들어낸다(약1:3). 인내를 통해 하나님의 은혜를 체험하기 때문이다. 바울도 육체의 가시에 대해 기도했을 때 주님은 "네 은혜가 족하다." 하였다. 바울은 시련을 통해 치유보다 은혜의 충분함을 깨닫게 되었다.

베드로도 기뻐할 것을 가르친다. "사랑하는 자들아 너희를 시련하려고 오는 불 시험을 이상한 일 당하는 것같이 이상히 여기지 말고 오직 너희가 그리스도의 고난에 참예하는 것으로 즐거워하라 이는 그의 영광을 나타내실 때에 너희로 즐거워하고 기뻐하게 하려 함이라"(벧전4:12,13). 고난에 하나님의 뜻이 담겨 있다.

인간은 고난 앞에서 기뻐할 수 없다. 그러나 하나님으로부터 능력을 받으면 가능하다. 그러므로 우리는 고난이 올 때마다 "하나님께 구하라."(약1:5)라는 말씀을 기억할 필요가 있다. 하나님께 온전히 의탁하라. 그리고 현재의 고난에만 집착하지 말고 다가올 영광을 바라보며 기뻐하라. 이것이 바로 십자가의 고난 앞에서 주님이 우리에게 보여주신 방법이다.

슐러(R. Schuller) 목사는 고난에 대해 다음과 같이 4가지 대처 방법을 제안했다. 이 방법을 통해 보다 인내를 키울 수 있다.

첫째, 침착하라(be cool). 당황하면 사태는 더 악화된다. 사람은 누구나 어려운 일, 억울한 일을 당하면 당황하기 쉽고 낙심하거나 체념하거나 불평하거나 다투기 쉽다. 노를 발하는 순간 판단은 흐려지고 감정이 격해져 죄를 범하기 쉽다. 따라서 감정적으로 안정할 필요가 있다.

둘째, 합리적으로 되라(be reasonable). 합리적으로 생각하고 합리적으로 대처한다. 고통을 당할 때 노를 발하는 대신 인내하고 깊이 생각하면서 이 일을 통해서 하나님이 주시는 뜻이 무엇인가를 생각해야 한다. 야고보는 "너희가 여러 가지 시험을 만나거든 온전히 기쁘게 여기라."고 말하고 있다. 고통을 당할 때 낙심하거나 원망하기보다 고통이 담고 있는 뜻을 생각하고 그 의미를 발견해야 축복을 발견할 수 있다.

셋째, 스마트한 질문을 던져라(ask smart questions). 하나님은 why나 when보다 what과 how에 응답하신다. "왜 이런 시련을 주십니까?"나 "언제까지 이 시련을 주시렵니까?"보다는 "제가 무엇을 해야 할까요?" "제가 어떻게 해야 할까요?"의 자세를 기뻐하신다.

끝으로, 최악의 경우에 대비하라(be prepared to the worst). 최악의 경우는 죽음이 아니겠는가. 우리 모두는 백 년 안에 다 죽는다. 그리스도인은 이 세상의 삶이 끝나도 영원한 삶을 산다는 소망을 가지고 죽음을 준비하면서 기쁘게 살아갈 수 있어야 한다.

지구촌 울린 암 투병 칼럼, 이반 노블 기자

영국 BBC 방송의 과학기술 전문기자인 이반 노블은 두통 때문에 병원을 찾았다가 뇌암 통보를 받았다. 30대 중반인 그는 지적인 풍모의 미남이었지만 이제는 빡빡머리에 피로한 모습의 사람으로 변했다. 그러나 그는 좌절하지 않았다. BBC 홈페이지에 희망을 잃지 않는 내용의 투병 칼럼을 올린 이래 각국으로부터 격려의 답장이 몰려들고 있기 때문이다.

그는 이 칼럼에서 "나의 뇌에서 암세포가 자라고 있는 곳은 언어 담당 부위 근처"라며 "이 때문에 틀린 단어를 쓰거나 영어와 독일어를 혼동할 때가 있다."고 고백했다.

그는 약물 치료를 받으며 간질과 유사한 이 약물의 부작용을 막기 위한 약도 복용한다. 방사선 치료 후에는 심한 피로감과 두통에 시달린다. 그래도 그는 방사선 치료를 받을 때는 암세포가 녹아 없어지는 장면을 머릿속에 그려 넣는다. "살아야 하며 살 수 있다는 희망이 있기 때문"이라고 그는 말했다.

그는 "암에 걸린 후 절망적인 정보, 희망적인 소식을 모두 접했지만 그중 희망을 받아들이기로 했다."고 썼다. 그가 선택한 '희망 모델'은 고생물학자 스티븐 제이 굴드, 굴드는 희귀암에 걸린 후 "이 병에 걸린 사람은 절반이 8개월 내 죽는다."는 말을 듣고도 "나는 그 절반이 아니다."고 써 붙인 다음 20년을 더 살았다. 노블은 "불확실한 미래가 지금 내게는 오히려 희망"이라고 덧붙였다.

그는 암에 걸린 후 작은 행복에 대해서 더 민감해졌다며 "직장의 보험 혜택, 의사들의 따뜻한 말 한마디에도 힘을 얻는다."고 말했다. 또한 그는 2월 태어난 딸이 새로 이빨 네 개가 나고, 주먹을 꽉 쥔 채 무언가 유심히 바라보는 모습을 보면서 마지막 날까지 딸을 지켜 주기로 결심했다. 그는 딸이야말로 자신이 눈물을 삼키게끔 만드는 유일한 이유라고 썼다.

감동적인 칼럼이 이어지자 영국, 미국, 일본, 네덜란드, 캐나다 등 각국에서 답장들이 날아오고 있다. BBC는 이 중 감동적인 내용을 소개했다.

"당신의 글을 읽을 때마다 내 눈시울은 흥건히 젖곤 한다. 슬픔 때문이 아니라 당신의 긍정적인 태도와 위대한 낙관 때문입니다. 당신은 이미 암을 물리쳤습니다. 지금까지 그랬듯이 사람들을 끝내 미소 짓게 만드세요. 암 연구 기금 마련을 위해 다음 번 뉴욕 마라톤에서 뛰면서 나는 당신을 생각할 겁니다." 영국에서 샐리가.

6. 범사에 감사하라

우리는 전천후 신앙을 가져야 한다. 기쁠 때, 행복할 때, 복을 받을 때만 하나님을 붙잡는 신앙이 아니라 고난에서도 하나님을 붙잡는 신앙을 가져야 한다. 환란 가운데서도 감사하고 기뻐할 수 있는 성숙한 시간을 가져야 한다.

하박국은 "비록 무화과나무가 성치 못하며 포도나무에 열매가 없으며 외양간에 소가 없을지라도 나는 여호와를 인하여 즐거워하며 나의 구원의 하나님을 인하여 기뻐하리로다 주 여호와는 나의 힘이시라 나의 발을 사슴과 같게 하사 나로 나의 높은 곳에 다니게 하시리로다."(합3:17-19) 노래한다. 이것은 단순한 노래가 아니다. 강했던 애굽이 쇠하면서 신흥 바벨론이 일어나 주변을 괴롭혀 모두가 떨고 있을 때다. 그들이 한번 지나가면 무화과나무가 성치 않고 포도나무에 열매가 없다. 외양간에 소도 없다. 모두 약탈해가기 때문이다. 그런 환경에 있을지라도 구원의 하나님을 바라보며 기뻐했다. 아무나 이런 노래를 부를 수 없다. 이것은 하나님이 우리에게 은혜를 부어주실 때 가능하다. 하나님이 우리에게 주시는 하늘의 노래인 것이다.

「비밀」이라는 책을 쓴 저자는 젤 웨거병으로 자녀 셋이 죽는 고통을 겪었다. 그는 그 과정에서 그리스도인으로서 고통에 반응하는 법을 가르쳐 주었다. 세상 사람들은 우리가 다 망가졌다고 보지만 하나님은 그 망가진 조각 하나하나를 모아 아름답게 만드실 것이라는 희망을 잃지 않는다. 고난이 와도 이런 믿음의 자세만 가지면 하나님이 축복해 주신다. 에드워드 페이슨 목사는 고백한다. "삶은 내게 있던 건강의 축복, 물질과 명예의 축복을 나로부터 하나씩 빼앗아 갔습니다. 그러나 나를 사랑하시는 주님은 그 빈자리를 채워주셨습니다." 아무리 고통 가운데 있다 할지라도 하나님의 사랑에 붙들린 사람을 이길 자는 아무도 없다.

7. 고난의 밤에 오히려 찬양하라

고난의 밤에 오히려 기도하고 찬양하라. 이 무거운 돌을 치워 주소서라고 기도하지 말자. 대신 은혜의 강물을 넘치게 하소서 기도하자. 쉬지 말고 기도한다. 기도는 시험을 예방하는 가장 확실한 길이다. "시험에 들지 않게 깨어있어 기도하라."(마26:41) 시험을 받을 줄 알면서도 기도하지 않는다면 그것은 간이 부은 사람이다. 주기철 목사는 불행까지도 감당할 수 있게 해달라고 기도했다. 그로 인해 그는 세상이 감당할 수 없는 주의 사람이 되었다. "압도하는 은혜를 주옵소서." 기도하라. 하나님은 우리가 처한 문제보다 크시다. 고난, 장애물, 문제보다 하나님이 더 커 보이는 은혜, 하나님이 위대해 보이는 은혜를 기대하라. 인생의 밤을 맞았지만 그 속에서 오히려 하나님을 찬양하라. 불평하기보다 "내게 주신 은혜 무엇으로 보답할꼬." 말하라. 그러면 고난에 대한 생각이 달라진다.

고난의 시각을 달리하라. 욥의 고난을 보고 엘리후는 이렇게 말한다. "사람으로 밤중에 노래하게 하시며"(욥35:10). 욥의 친구들이 와서 욥의 고통을 부정적으로 보고 네 죄 때문이라 했다. 욥은 그것은 아니라 맞섰다. 그러나 후반에 엘리후가 나타나 고통에 대한 시각을 달리했다. 고통 속에 하나님의 놀라운 은혜가 담겨 있음을 인식하고, 그것을 잘만 받으면 더욱 차원 높은 삶을 살 수 있으리라 생각했다. 그 표현이 바로 하나님은 사람으로 하여금 밤중에 노래하게 하시는 분이라는 표현이다.

어떤 노래를 부르게 하시는가? 옥한흠 목사에 따르면 그것은 낮에 부르지 못한 노래이다. 그 노래는 대낮(모든 일이 잘 되었을 때)에 부르는 노래가 아니다. 고통 가운데서 바로 세우고자 하시는 하나님의 뜻을 알고 오히려 그 은혜에 감격하는 새 노래이다. 이 노래는 하나님을 향한 진지한 고백이 될 수 있다. 하나님은 이런 노래를 듣고자 하신다. 하나님은 우리에게 밤을 주신다. 그러나 목적이 있다. 그 밤에 새 노래를 부르게 하기 위해 밤을 주신다. 하나님이 우리에게 원하시는 것은 재산이 많고, 세상적으로 성공하는 것 아니다. 우리 속사람이 예수님을 닮아 온전한 인격자가 되는 것이다. 형통한 대낮에는 이런 사람을 만들기 어렵다. 하나님은 밤을 통해 자신의 멋진 자녀를 만들고자 하신다.

하나님을 알면 밤을 정면으로 통과할 수 있다. 생각이 달라지고 삶의 패러다임이 달라진다. 밤은 하나님을 찾게 만든다. 파스칼은 말한다. "사람에게 가장 나쁘게 생각되는 고통이 가장 좋은 선물이 될 수 있다." 믿음의 눈을 가져라. 믿음의 눈은 하나님의 관점을 갖는 것이다. 인간적으로 억울한 일을 당하고, 고난과 실패 가운데 있어도 믿음의 눈, 하나님의 눈으로 보면 감사한 일이 될 수 있다. 하나님은 나의 실패, 나의 고난을 통해 일하신다. 따라서 지나고 보면 모두 하나님의 은혜인 것을 안다.

사람은 누구나 다 고통을 당한다. 밤이 있다. 그러나 그 밤을 긍정적으로 보고 대처하면 그 속에서 하나님의 뜻을 발견하고 감사의 노래를 할 수 있다. 우리 모두 그 노래를 불러보자. 또한 그 밤에 하나님이 가르치시는 지혜를 깨달아보자. 밤중에 노래하게 하시는 하나님께 감사하자.

8. 계속 선을 행하라

고난을 기쁨으로 감내하는 것으로 끝나서는 안 된다. 고난 가운데서도 우리가 해야 할 일이 있다. "그러므로 하나님의 뜻대로 고난을 받는 자들은 또한 선을 행하는 가운데 그 영혼을 미쁘신 조물주께 부탁할지어다"(벧전4:19). 고난을 받는 가운데서도 계속 선을 행하는 일이다. 진짜 문제는 우리가 당하는 고난이 아니라 고난에 대한 우리의 태도이다. 고난을 통해 우리가 어떻게 성장하게 될 것인가를 생각하며 오히려 기뻐하라. 그리고 선으로 나아가라.

우리를 향하신 하나님의 뜻은 우리로 하여금 십자가의 길, 제자의 삶을 살도록 하는 것에 있다. 나는 죽고, 희생한다. 자기를 유보한다. 이것이 가장 고귀한 삶이다. 고난에는 하나님의 뜻이 담겨 있다. 마더 테레사는 말한다. "당신과 함께 죽어야만 당신과 함께 부활할 수 있다."
그리스도인의 삶은 십자가의 삶이요 고난의 삶이다. 예수님은 고난의 삶 자체로 오셨다. 주님은 십자가의 삶을 사셨고, 제자의 삶은 고난의 삶이었다. 그 고난은 하나님의 영광을 위한 것이었다. 그리스도인은 모두 종의 삶을 살아야 한다. 자기십자가를 진다. 자신을 부인한다. 이웃을 해방시키고 구원시키는 십자가를 진다. 이를 위해 좁은 문으로 들어간다. 남이 안 하려는 것을 기꺼이 한다. 그리스도의 남은 고난을 채운다. 고통스럽지만 영광이요 위로가 넘친다. 이런 삶을 살아야 희망이 있다.
성도가 받을 고난은 다양하다. 하나님 말씀 때문에(막4:17) 받기도 하고, 특별 고난(마24:9)은 물론 잠시 받는 것(고후4:17)도 있다. 때로는 힘에 지나도록 받기도 한다(고후1:8-10). 참 성도는 주를 위한 고난을 겪게 된다(마10:38;눅9:23). 그러나 하나님이 고난을 이기게 하시며(롬8:36,37), 재림으로 고난은 끝난다(살후1:4 - 7).

"오직 너희가 그리스도의 고난에 참예하는 것으로 즐거워하라 이는 그의 영광을 나타내실 때에 너희로 즐거워하고 기뻐하게 하려 함이라"(벧전4:13).

"너희 중에 누구든지 살인이나 도적질이나 악행이나 남의 일을 간섭하는 자로 고난을 받지 말려니와 만일 그리스도인으로 고난을 받은즉 부끄러워말고 도리어 그 이름으로 하나님께 영광을 돌리라"(벧전4:15,16).

주기철 목사는 일기에 이렇게 적었다. "주님이 나에게 고난의 잔을 물려 주셨는데 주님이 만일 너에게 물려준 십자가를 어디에 두었는가 물으시면 무엇이라 말할 것인가?" 고난을 채우라. 고난은 축복과 위로가 따른다. 현재의 고난은 장차 우리가 받게 될 영광임을 기억하라.

제 7 장
삶의 광야에서 마실 물이 없을 때

삶은 고난이다. 그러나 하나님을 아는 사람은 삶에서 사랑의 하나님을 순간순간 확인하는 것이 중요하다. 우리는 인식하지 못하지만 하나님이 우리를 순간순간 붙들고 있기 때문이다. 우리가 하나님의 사랑을 느끼면 느낄수록 회복이 빨라지고 영성이 충만해진다.

인간은 죄를 범함으로 인해 하나님과 원수 되었다. 하나님은 사랑할 수 없는 존재임에도 불구하고 아가페적인 사랑으로 품어주셨다. 구약은 인간의 죄와 연약함, 그리고 하나님의 사랑과 회복의 약속을 담고 있고, 신약은 예수 그리스도를 통해 그 약속을 어떻게 실현했는가를 보여주고 있다. 이렇듯 큰 틀을 통해 하나님의 사랑을 이해할 수도 있지만 작은 사건을 통해서도 하나님의 사랑을 만날 수 있다. 이 글은 출애굽 이후 광야생활을 하면서 겪는 어려움 가운데 하나를 소개함으로써 인간은 얼마나 하나님에 대하여 반역적이요, 하나님은 인간에 대하여 얼마나 사랑으로 대하는가를 보여주고자 한다. 그 하나의 사건은 바로 출애굽기 17장 1−7절에 소개되는 사건이다.

1. 마실 물이 없는지라

모세가 하나님의 도우심으로 수십만에 달하는 이스라엘 사람들을 애굽에서 탈출시키는 데 성공함으로써 그의 지도자적 지위는 확고한 것이 되었다. 특히 홍해를 육지처럼 건널 수 있었던 역사는 이스라엘 역사에서 빼놓을 수 없는 기록이 되었다. 이것은 모두 하나님께서 그들에게 허락한 획기적인 사건이었다. 그것은 해방이었고 구원이었다.

그러나 홍해를 건넌 이후 그들에게 다가온 것은 시련의 연속이었다. 하나님은 그들의 연약한 믿음을 연단시킨 후에 가나안에 들어올 수 있도록 만드셨다. 확고한 믿음 없이는 그의 나라 백성으로 받아들일 수 없기 때문이다. 이스라엘 백성들은 광야생활 속에서 그들의 흔들리는 믿음의 모습, 깨어진 모습을 여지없이 보여주었다. 그것은 바로 우리의 모습이다.

그것은 육신적인 일로부터 시작되었다. 그들은 마라, 엘림, 신 광야, 돕가, 알루스를 거쳐 르비딤에 이르렀다. 시내산 남쪽으로 계속되는 행진이었다. 그들의 믿음이 확고했더라면 노정은 크게 달라졌을 것이다. 그러나 그들이 어려움에 처할 때마다 하나님을 원망하기 시작했고, 그럴 때마다 그들의 길은 가나안으로부터 멀어져 갔다. 르비딤은 신 광야 남쪽 호렙산 근처 가데스 근방으로 알려져 있다. 즉 시내반도 남단에 이른 것이다. 출애굽기 17장 1절에 따르면 백성들이 르비딤에 장막을 쳤으나 마실 물이 없었다. 광야에서의 물은 생명과 다를 바 없다. 물이 없다는 것은 그들이 심각한 어려움에 처해 있음을 말해 준다. 그들은 한두 명이 아니고 수십만에 달하며 그들이 함께 몰고 온 가축들도 헤아릴 수 없을 만큼 많았다. 그들 모두 물을 필요로 한 것이다.

인간에게 시험이 오는 것은 육신적으로 가장 필요한 것이 박탈되었을 때이다. 배고픈 사람에게는 먹을 것이, 재정적으로 어려운 사람에게는 돈이, 사랑이 궁핍한 사람에게는 사랑이 올무가 되어 그를 가장 불편한 상태로 만들어 놓는다. 마실 물이 없다는 것은 박탈상태가 극도에 이르렀음을 의미한다. 즉 한계점에 도달한 것이다.

그 한계점이 바로 연단의 시작이다. 믿음으로써 인내한다는 것은 한계상황을 믿음으로 극복한다는 뜻이다. 그러나 이스라엘 사람들은 그 한계상황을 믿음으로 감내하지 못하고 말았다. 파선된 믿음을 보여주었기 때문이다. 그들이 보다 확고한 믿음 위에 섰다면 하나님은 결코 그들을 외면할 리가 없을 터인데도 그들은 결국 인간적인 한계를 드러내놓고야 말았다.

2. 다툼과 시험과 원망

본문 2절 이하를 보면 백성들의 행동이 점점 과격해지는 것을 알 수 있다. 그들은 모세를 향해 노골적으로 공격 자세를 취했다. 이러한 태도는 이번에 처음 나타난 것은 아니다. 쓴 물을 단물로 변화시킨 마라사건, 만나와 메추라기를 내리기까지 신 광야에서 퍼부었던 그들의 원망 등은 이미 이 사건 이전에 일어난 사건들이다. 그들은 조금씩 불평불만을 통해 문제를 해결하고자 하는 습성에 빠져 들고 있었다. 그들은 점점 보다 쉽게 모세에게 시비를 걸 수 있게 되었고, 그것을 문제해결의 방법으로 삼게 되었다. 백성들이 모세를 향해 대드는 다툼의 모습은 비록 그것이 물을 달라는 단순한 표현이기는 하지만 모세에 대한 지도자적 자격에 대한 시험이요 하나님에 대한 원망이었다.

백성들은 "물을 달라."고 대들었고, 모세는 이에 대해 "너희가 어찌해서 나에게 대드느냐 너희가 어찌하여 여호와를 시험하느냐"고 맞섰다. 모세가 그들을 향해 왜 여호와를 시험하느냐고 한 것은 백성들이 여호와를 시험하여 여호와께서 우리 가운데 계신지 안 계신지 보자 했기(출17:7) 때문이다. 백성들은 물을 달라 했을 뿐 아니라 물을 주어 마시게 하면 여호와께서 그들 가운데 계신 것이고 물이 없는 경우 여호와께서 그들 가운데 계시지 않는 것으로 단정코자 하였다. 모세가 그곳 이름을 '므리바' 또는 '맛사'라 했는데 므리바란 '다투다'라는 뜻에서 나온 것이고, 맛사란 '시험하다'에서 나온 것이다.

백성들은 모세를 향해 "왜 우리를 애굽에서 인도하여 내어 우리와 우리 자녀 그리고 우리 생축을 다 여기서 죽게 하느냐"고 원망했다. 이러한 원망은 민수기 20장에 나오는 또 다른 므리바 사건에서도 반복되고 있다.

시편 78편의 저자는 "저희가 저희 탐욕대로 식물을 구하여 그 심중에 하나님을 시험하였다."(시78:12)고 말하고, "이는 하나님을 믿지 아니하며 그 구원을 의지하지 않은 연고"(시78:22)라고 못 박았다. 신명기 6장 16절에서는 "너희가 맛사에서 시험한 것 같이 너희의 하나님 여호와를 시험하지 말라."고 경고하고 있다. 예수님께서도 마귀의 시험에 대해 "주 너의 하나님을 시험치 말라 하였느니라."(마4:7) 말씀하심으로써 하나님을 시험하는 일은 옳은 일이 아니며 그것은 사단의 시험임을 일깨워 주었다.

우리는 종종 육신의 일이 잘 되지 않을 때 하나님을 시험하는 생각을 하게 된다. "이번에 이 일이 잘되면 하나님께서 나와 함께한 것이고 잘못되면 하나님께서 나를 떠난 것이다."라든가, "하나님은 나를 잊으셨다. 아니면 왜 일이 자꾸만 꼬이는가. 이번만 더 두고 보자."라는 식의 생각은 모두 자기의 이기적인 것에 하나님을 묶어 놓으려는 잘못된 생각들이다. 하나님은 순전하고 온전한 순종의 믿음을 바라시지 결코 인간의 것으로 왜곡된 것을 원하지 않으신다. 하나님을 시험하려는 것은 하나님이 아니라 자기가 오히려 그만큼 하나님으로부터 멀어져 있음을 단적으로 보여주고 있는 것이다.

3. 내게 돌질하겠나이다

큰 어려움에 직면할수록 우리는 하나님께 나가야 한다. 인간이 해결할 수 없는 일을 인간이 해결하려고 하는 것처럼 어리석은 것은 없을 것이다. 자기의 무능함을 솔직히 인정하고 주님께 맡기는 것이 무엇보다 현명하다. 왜냐하면 이루시는 자는 하나님이기 때문이다.

모세는 이 어려움 속에서 하나님께 부르짖었다. "하나님 제가 이 백성들에게 어떻게 하리까?" 이것은 모세가 자기능력에 한계가 있음을 솔직히 인정하고 하나님께 전적으로 의지했음을 보여준다. 그러나 그 속에는 하나님을 시험하는 백성들에 대한 야속한 느낌도 포함되어 있다.

그는 계속하여 "그들이 얼마 아니면 내게 돌질하겠나이다."(4절)라고 상황의 급박함을 호소하였다. 돌질이란 돌로 치는 것으로 이것은 모세의 지도권을 거부하는 최악의 사태를 가리킨다. 성경의 여러 곳을 보면 다윗도 시글락에서 돌로 침을 당할 뻔 했고(삼상30:6), 유대인은 기회 있을 때마다 예수님을 돌로 치려했으며(요8:59;10:31;11:8), 바울은 한 번 돌로 침을 당했고(고후11:25), 스데반은 돌로 침을 당하여 순교(행7:58)하기도 했다.

다윗과 그와 함께한 사람들이 잠시 비운 틈을 타 아말렉 사람들이 시글락을 약탈하고 여인들을 사로잡아간 일이 있었다. 다윗의 아내들뿐 아니라 함께한 백성들의 여인과 자녀들이 잡혀간 것을 안 백성들은 허탈감에 빠져 다윗을 돌로 치자 하였다. 다윗은 크게 곤경에 빠졌으나 여호와를 의지하고 용기를 내어 아말렉 군대를 뒤쫓아 잃었던 재산과 사람들을 모두 찾게 되었다. 다윗이 돌로 침을 당할 뻔한 사건과 모세가 돌로 침을 당할 뻔한 급박한 사건은 각각 그들의 초기 시절에 겪은 쓰라린 리더십 경험을 보여주고 있다.

그러나 하나님은 모세의 곤경을 아시고 해결의 길을 빨리 열어주셨다. 하나님은 급박한 상황에서는 아주 급하게 응답해 주신다. 주님은 성도의 간구를 들으시며 때에 따라, 곳에 따라 그를 보호하신다.

4. 지팡이를 잡고 가라

여호와는 모세에게 백성과 장로들 앞에서 하수를 치던 네 지팡이를 손에 잡고 가라(5절)고 명령하셨다. 모세의 지팡이는 하나님의 능력의 상징이다. 하나님은 모세의 지팡이를 통해 여러 번 자신의 능력을 나타내셨다. 그의 지팡이는 뱀으로 변하기도 하고, 홍해의 물을 가르기도 했다. 이제 그 지팡이가 반석을 쳐 생수가 나오도록 하는 데 사용되고 있는 것이다. 이처럼 모세의 지팡이는 하나님의 능력과 보호하심이 나타나는 상징으로서 소개되고 있다. 다윗은 주의 지팡이가 나를 안위(시23:4)한다고 고백하고 있는데 이것은 곧 지팡이가 하나님의 보호하심의 상징이 되기 때문이다. 백성들과 장로들은 모세의 그 지팡이가 어떤 지팡이인가를 잘 알고 있었다. 지팡이는 권위를 표시(출4:17,20)하기도 하고, 마술의 도구(출7:12)가 되기도 하고, 여행도구(창32:10; 마10:10) 및 노인이 의지하는 도구(슥8:4)가 되기도 하며, 매의 역할(출21:20)도 한다. 그러나 본문에 나타난 이 지팡이는 이런 여러 기능과는 다른 속성을 가지고 있다.

하나님께서 모세에게 "지팡이를 잡고가라."고 명령한 것은 "오직 하나님의 능력만을 믿고 따르라."는 말씀이다. 즉 온전히 주께 의지하라는 명령이다. 주님만 의지할 때 주님께서 함께하셔서 이 문제를 풀어주시겠다는 약속의 선언이다. "과연 하나님께서 도우실까", "어디에서 물을 더는다는 말인가" 하고 의심한다면 주님은 결코 의심하는 자리에 함께 서 계시지도 않을 것이다. "주님만 믿습니다."라는 전적인 신뢰가 있는 곳에 주님의 도우심이 나타난다. 모세는 주님의 능력을 믿었기 때문에 연약한 지팡이일지라도 주님을 의지하여 강하고 담대하게 나갈 수 있었다. 그는 하나님께서 자기와 함께하신다는 것을 확신했기 때문에 용기를 가지고 나갈 수 있었다.

5. 반석을 치라

하나님은 계속해서 모세로 하여금 호렙산 반석을 치라고 명령하였다. 호렙산은 시내산과 같은 산맥에 자리 잡은 한 봉우리의 산을 의미한다. 백성들은 호렙산 저 아래 멀리 떨어져 있고, 모세는 이스라엘 장로들을 데리고 호렙산에 올라 이 일을 경건하게 수행하였다. 말하자면 이 일의 수행을 통하여 하나님의 거룩하신 뜻을 잘 받들었다. 이 첫 번째 므리바 사건이 신명기 20장에 나타난 두 번째 므리바 사건과 다른 점이 여기에 있다. 신명기 20장의 므리바 사건에서 모세는 반복되는 사건에서 이스라엘 자손 앞에 하나님의 거룩함을 나타내지 아니하고(신20:12) 분노와 혈기와 불신을 나타냄으로써 하나님 앞에 범죄하게 되었다. 그러나 모세는 첫 번째 므리바 사건을 하나님의 명령대로 준행함으로써 일을 현명하게 마무리 지을 수 있었다.

하나님은 모세가 반석을 칠 때 그 자리에 함께 계시겠다고 약속하셨다. 이 약속은 매우 중요하다. 하나님께서 함께하시지 아니하면 아무리 반석을 친다 한들 능력이 나타나지 않기 때문이다. "내가 거기서 호렙산 반석 위에 너를 대하여 서리니"(6절)라는 말씀은 자신이 곧 그 반석 위에 설 것을 말씀하시는 것이다. NIV성경에 따르면 "호렙산 바위 곁 네 앞 그곳에 서리나"라고 되어 있다. 이것은 모두 모세와 함께하시겠다는 하나님의 엄위하신, 그리고 용기를 주는 말씀이다. 그래서 다윗은 하나님을 가리켜 "여호와는 나의 반석"이라 말씀하고 있다.

하나님은 "반석을 치라 그것에서 물이 나리라."(6절)고 말씀하셨다. 이것은 지금까지 백성들이 하나님께 보였던 것과는 아주 대조적으로 하나님께서는 사랑을 보여주신다는 것을 의미한다. 시편95편 8절은 이렇게 기록하고 있다. "너희는 므리바에서와 같이 또 광야 맛사의 날과 같이 너희 마음을 강퍅하게 말지어다." 이 말씀은 이스라엘 백성들이 하나님을 의심하고, 거역하고, 대적하고, 시험했음을 의미한다. 이렇게 큰 잘못을 범했음에도 불구하고 하나님은 고난 중에 부르짖는 그들의 음성을 들으시고 오히려 사랑으로 대하신 것이다. 시편 78편의 저자는 저들이 하나님을 믿지 아니하고 그 구원을 의지하지 아니했지만 "그러나 오히려 하늘 문을 여시고 하늘 양식을 주셨다."(시78:22-24)고 기록하고 있다. 이 '그러나'라는 표현은 주님께서 길이 참으심을 나타낸다. 인간적으로 볼 때는 용서할 수 없는 그들이지만 주님은 오히려 그들의 목마름을 기억하사 참으시고, 반석에서 물이 나오도록 허락하신 것이다. 주님은 이처럼 참으시고 사랑을 베푸시는 분이시다.

하나님은 "백성이 (그 물을) 마시리라."(6절)고 말씀하셨다. 주님은 그들을 위하여 굳은 반석(신8:15)에서 물을 내셨다. 시편 78편 저자는 "저가 반석을 쳐서 물을 내시며 시내가 넘쳤다."(시78:20) 하였고, "광야에서 반석을 쪼개시고 깊은 수원에서 나는 것같이 저희에게 물을 흡족히 마시우셨으며"(시78:15)라고 기록하고 있다. 시편 78편뿐 아니라 시편 105편 41절(반석을 가르신 즉 물이 흘러나서 마른 땅에 강같이 흘렀나니), 시편 114편 8절(저가 반석을 변하여 못이 되게 하시며 차돌로 샘물이 되게 하셨도다), 그리고 이사야 48장 22절 등은 모두 이 사건을 찬양하고 있다.

바울은 고린도교회에 전한 서신을 통해 이 반석은 곧 그리스도시요, 저들은 다 같이 신령한 반석으로부터 나오는 신령한 음료를 마셨다(고전10:4)고 말하고 있다. 즉 광야에서 반석으로부터 물이 흘러나오도록 역사하신 분은 이스라엘 백성과 함께하셨던 성자 하나님, 곧 그리스도시라는 것이다. 바울은 만나를 신령한 식물(고전10:3)로, 반석의 물을 신령한 음료로 표현하였다. 복음은 바로 그 신령한 식물이자 음료이다. 우리도 그 신령한 음료를 마시고 있다. 그 물은 하나님께서 직접 주시는 신령한 물이자 우리 영혼을 소생시키는 물이기 때문이다.

출애굽기 17장에 나타난 첫 번째 므리바 사건은 모세에게 매우 도전을 주는 사건이었다. 물 때문에 그의 지도권은 약할 때로 약해져 돌 세례의 위험에 직면해 있을 정도였다. 백성들은 육적인 일 때문에 하나님을 의심하고 시험하는 죄를 범했다. 그들에게 마땅히 벌이 내려져야 했지만 주님은 오히려 그들의 고난을 이해하고 사랑으로 능력을 베풀어주셨다. 본문의 교훈은 바로 '그럼에도 불구하고' 사랑을 베푸신 하나님의 지극하신 사랑과 오래 참으심에 있다.

그러나 그들의 결국은 어떠했는가? 그들은 광야생활을 승리로 이끌지 못하고 계속 육신적인 일로 좌절하고 넘어졌다. 그들은 많은 특권을 누렸음에도 불구하고 하나님께 계속 범죄함으로써 가나안에 발을 들여놓지 못하고 광야에서 멸망하였다. 바울은 "저희의 다수를 하나님이 기뻐하지 아니하신 고로 저희가 광야에서 멸망을 받았느니라."(고전10:5)고 기록하고 이것이 지금 우리의 거울이 되고 있다고 지적하였다. '저희의 다수'란 갈렙과 여호수아를 제외한 20세 이상의 모든 이스라엘 백성을 가리킨다. 그들은 모두 가나안에 들어가지 못하고 광야에서 죽었다. 심지어 모세도 하나님의 거룩함을 드러내지 못한 제2의 므리바 사건을 계기로 그가 그토록 소원하던 가나안을 밟지 못했다. 시편 78편 저자는 이렇게 기록하고 있다. "그럴지라도 저희가 오히려 범죄하여 그의 기사를 믿지 아니하였으므로 하나님이 저희 날을 헛되이 보내게 하시며 저희 해(years)를 두렵게 지내게 하셨도다"(시78:32－33). 시편 저자는 그들이 광야에서 40년을 유랑하다 광야에서 죽어야만 했던 것은 저들의 불신앙 때문이라고 지적하였다. 바울은 "그런 일은 우리의 거울이 되어 우리로 하여금 저희가 악을 즐겨한 것같이 즐겨하는 자가 되지 않게 하려함"(고전10:6)이라고 결론을 맺고 있다.

인간은 순간순간 좌절한다. 때로는 하나님을 시험하기도 한다. 그러나 하나님은 우리의 고난을 기억하고 사랑으로, 참음으로 도우신다. 우리가 감사함을 잊고 계속 좌절하고 의심하고 불신하게 될 때 우리의 결국은 저들과 다를 바가 없게 된다. 주님은 말씀하신다. "너희는 저들처럼 마음을 강퍅하게 말지어다." 우리의 돌 같은 마음을 주님의 말씀으로, 말씀의 지팡이로 깨뜨려 물을 내어야 하겠다.

제 8 장
나의 도움이 어디서 올꼬

하나님을 바라보는 자는 언제나 하나님의 도우심과 보호하심을 확신하며 살 필요가 있다. 이 확신은 하나님에 대한 신뢰를 나타내는 것이다. 하나님에 대한 전적인 신뢰 없이 자신의 떨어진 영성을 회복하기 어렵다. 절대로 회복의 끈을 놓지 말라.

시편 121편은 나의 도움이 여호와에게서 오는 것이며, 그 보호하심이 끊임없이 계속된다는 것을 나타내는 대표적인 말씀이 담겨 있다. 이 시편을 중심으로 나의 도움이 어디서 오며 어떻게 계속되는가를 살펴보고자 한다.

이 시편은 '성전에 올라가는 노래'로 소개되는 여러 시편들 가운데 하나이다. 성전에 오르며 하나님의 도우심과 보호하심을 생각하고 감사하는 시들이 '성전에 올라가는 노래'로 묶어진 것이다. 즉 시편 10−134편까지가 바로 그것이다. 성전에 올라가면서 부르는 노래를 한 단위로 묶었다. 이것들 가운데는 다윗이나 솔로몬이 지은 시들이 포함되어 있지만 상당수의 시들은 지은이들의 이름이 밝혀져 있지 않아 저작시기조차 알 수 없다. 그러나 상당수가 이스라엘의 환난을 언급하고 그것으로부터의 구원을 말하고 있어 바벨론 포로지에서 예루살렘으로 귀환했을 당시에 쓰인 것으로 추측하고 있다.

121편도 이러한 추측 범위 안에 있는 시이다. 하지만 이 시들은 그 후 이방에 흩어져 살던 유대인들(디아스포라)이 예루살렘 성전을 순례할 때 애창되었다. 하나님을 모르는 이방세계에 살던 시인이 그들과의 삶에서 지친 심신을 이끌고 성전을 찾으며 하나님께 부르짖었던 내용들이 노래형식으로 바뀐 것이다. 이 시는 바로 이런 범주 안에서 이해되어야 한다.

1. 보호대상은 하나님을 사랑하는 자이다

시편 121편은 '내가'로부터 시작한다. 여기서 나는 시인 자신이기도 하지만 하나님으로부터 보호받아야 할 대상을 가리킨다. 하나님의 보호하심이 인간에게 꼭 필요하다. 시편 124편 1−5절은 이것을 잘 보여주고 있다. "사람들이 우리를 치러 일어날 때 여호와께서 우리 편에 계시지 아니하셨다면 저희의 노가 우리를 산채로 삼켰을 것이며 그때에 넘치는 물이 우리의 영혼을 잠갔을 것"이라는 다윗의 고백은 우리에게 꼭 필요한 것은 하나님의 지킴뿐이라는 것을 알게 해 준다. 그 위험상황에서 하나님이 우리 편에 계셔 지켜주지 않는다면 "우리는 저희 이에 씹히고 사냥 길의 올무"(시124:6−7)를 벗어나지 못한다.

중요한 것은 그런 위험 상황에서 특별히 보호를 받는 대상은 하나님을 사랑하는 자라는 사실이다. 시편 145편 20절은 "여호와께서 자기를 사랑하는 자는 다 보호하시고 악인은 다 멸하시리로다."라고 하였고, 시편 37편 28절은 "여호와께서 공의를 사랑하시고 그 성도를 버리지 아니하심이로다 저희는 영영히 보호를 받으나 악의 자손은 끊어지리로다." 하였다. 이 두 절을 미루어 보아 하나님께서는 자기를 사랑하는 자, 곧 성도를 버리지 아니하고 보호한다는 것을 알수 있다.

보호의 대상은 물론 성도이지만 성도라 해서 모두 하나님을 깊이 사랑하고 교만한 행동을 하지 않는다는 보장이 없기 때문에 하나님은 보호의 기준을 강화하신다. 즉 시편 31편 23절은 이렇게 말하고 있다. "너희 모든 성도들아 여호와를 사랑하라 여호와께서 성실한 자를 보호하시고 교만히 행하는 자에게 엄중히 갚으시느니라." 여기서 모든 성도를 보호의 대상으로 표현하고 있다. 하지만 그 성도는 여호와께 성실하고 교만하지 않아야 한다는 단서가 붙어 있다. 성실한 자란 주 앞에 충성되고 주님 보시기에 깨끗한 자를 가리킨다.

2. 산은 무엇을 의미하는가?

121편 1절은 산을 향하여 눈을 든다고 하였다. 산에 대한 해석은 몇 가지가 있지만 크게 둘로 집약시킬 수 있다.

첫째, 산은 먼 곳을 바라보는 망대 역할을 하므로 도움이 과연 어디서 오는가 보고자 하는 뜻으로 산을 사용했다는 해석이다. 한 예로 모세가 요단 저편에 있는 아름다운 땅, 아름다운 산과 레바논을 보게 해 달라고 하나님께 간구했을 때 하나님은 비스가산 꼭대기에 올라가서 눈을 들어 동서남북을 바라고 네 눈으로 그 땅을 보라(신 3:27) 하셨다. 모세에게 있어서 비스가산은 먼 곳을 바라보게 할 수 있는 역할을 한다. 이런 뜻에서 산은 도움이 오는 것을 바라볼 수 있는 곳으로 나타난다. 도움은 볼 수 있는 것이 아니지만 볼 수 있으리라는 영적인 소망이 담겨 있다.

둘째, 산은 보호의 역할(암6:1) 또는 피난처(마24:16)가 된다는 의미에서 여기에서의 산은 주변에 있는 강성한 국가를 가리킨다는 해석이다. 원래 복수로 되어 있기 때문에 강성한 여러 국가들을 의미할 수도 있다. 한 국가를 지목하라면 해방을 선포한 바사 왕 고레스(스1:1-4)일 수도 있다. 그 열강을 향해 눈을 들어 도움을 청할 경우 도움이 그곳에서부터 온 것을 구체적으로 확인할 수도 있다.

여기에서는 두 해석 모두 적용될 수 있다. 칼빈은 이 가운데서도 두 번째 경우를 더욱 선호하였다.

3. 도움은 여호와로부터 온다

사람이 위험에 빠져 있을 때 가까운 이웃이나 친구 또는 힘 있는 사람에게 호소하는 것이 상례이다. 이러한 사람들이 그를 보호해 줄 수 있는 산 역할을 한기도 한다. 보호를 받는 사람은 보호하는 사람에 대해서 도움이 그로부터 온다고 생각한다.

그러나 시편저자는 도움이 천지를 지으신 여호와에게서 온다(2절)고 고백하고 있다. 역사적 상황으로 말하지만 바사 왕 고레스가 해방을 선포하기는 했지만 이렇게 되도록 만들고 섭리한 분이 여호와이므로 참 구원은 하나님께로부터 비롯되었음을 확신하는 것이다. 이것이 바로 이스라엘이 하나님에 대해 가진 흔들림 없는 기본신앙이다. 즉 여호와의 통치를 믿는 것이다. "여호와께서는 자기에게 간구하는 모든 자, 곧 진실하게 간구하는 모든 자에게 가까이하시고, 자리를 경외하는 자의 소원을 이루시며, 또 저희 부르짖음을 들어 구원하신다"(시145:18-19). 사냥꾼의 올무에서 벗어나게 된 것은 하나님의 도움 때문이다. 그래서 다윗은 우리의 도움은 천지를 지으신 여호와의 이름에 있다(시124:8)고 고백하고 있다.

우리에게 환난을 주심은 우리로 하여금 깨어 주께 돌아오도록 하나님께서 역사하심이며, 환난의 고리를 푸심도 주님을 향한 우리의 심중을 이해하고 우리의 간절한 기도에 응답하심이다. 이스라엘에게 있어서 바벨론은 그들을 깨닫게 하기 위한 도구이고, 바사는 주께서 그 고리를 푸시는 역사이다. 그러므로 참된 구원은 열강의 도움에 있는 것이 아니라 여호와에 있다. 이스라엘은 환난을 당했을 때 이웃 열강에 의지하였지만 번번이 실패한 역사를 가지고 있다. 그 역사를 통해 이스라엘은 하나님만이 참된 구원자 되심을 깨달았다.

우리의 영혼을 구원하는 문제에 있어서 하나님은 우리의 유일한 피난처가 되신다. 그래서 솔로몬은 이렇게 고백하고 있다. "여호와께서 집을 세우지 아니하시면 세우는 자의 수고가 헛되며 여호와께서 성을 지키지 아니하시면 파수꾼의 경성함이 허사로다"(시127:1). 시편 115편 기자도 이렇게 말하고 있다. "너희는 천지를 지으신 여호와께 복을 받는 자로다"(시115:15).

4. 여호와는 지키시는 자

시편 121편 3절에서 8절까지 크게 강조되고 있는 것은 여호와는 우리를 지키시는 자라는 사실이다. 우리로 실족치 않게 지키고 상치 않게 지키며 출입을 지키는 분이 하나님이심을 깨닫게 한다. 다윗은 시편 41편의 시에서 "여호와께서 저를 보호하사 살게 하시리니 저가 세상에서 복을 받을 것이라."(시41:2) 하였다. 주가 저를 원수의 뜻에 맡기지 않고 친히 보호하고 지키신다는 신앙은 하나님께서 함께하심을 믿는 임마누엘 신앙이 그 안에 살아 있음을 보게 한다. 시편은 여러 곳에서 여호와는 우리를 지키시는 자임을 천명하고 있다. 잠언에서도 주님의 보호 아래 "네가 네 길을 안연히 행하겠고 네 발이 거치지 아니하겠으며"(잠3:23)라고 하였다.

여호와께서 우리를 지키시는 것의 특징을 성경은 다음과 같이 묘사하고 있다.

첫째, 하나님은 우리를 눈동자와 같이 지키신다. 신명기 32장 10절에 따르면 여호와는 자기 백성을 지키되 그가 광야에서 위험을 당한 백성을 만나고 호위하며 보호하고 자기 눈동자처럼 지키신다. 이때 광야는 이스라엘 백성이 살 수 없었던 애굽 땅을 가리킨다. 주님은 이러한 땅에 거한 이스라엘 백성을 긍휼히 여기고 구원해 주셨다. 신명기 32장 11절은 이 보호하심이 마치 독수리가 날개를 펴서 위험 가운데 있는 새끼를 그 날개 위에 업는 것과 같다고 하였다. 주님은 자기 백성을 이처럼 안위하고 보호하신다.

둘째, 여호와의 보호하심은 신실하다. 신실하다 함은 그이 보호하심이 대대로 미쳐 신뢰할 만하다는 뜻을 가지고 있다. 여호수아 1장 5절은 여호와께서 여호수아에 대하여 "내가 모세와 함께 있었던 것같이 너와 함께 있을 것임이라 내가 너를 떠나지 아니하며 버리지 아니하리니"라고 약속하심을 보여주고 있다. 여호와를 사랑하는 자에 대하여 여호와께서는 신실히 그를 지킴으로 보호하신다. 성경의 여러 곳에서 "나는 아브라함의 하나님, 이삭의 하나님, 야곱의 하나님"이라 하심은 그들을 보호함과 같이 우리를 보호하겠다는 신실한 약속을 의미한다. 지금도 주님은 그 약속을 변함없이 지키신다. 구약과 신약은 바로 그 약속의 변함없음을 증거 하는 하나님의 언약의 말씀이다.

셋째, 하나님의 도우심은 확실하다. 하나님은 이스라엘의 궁극적인 회복을 약속하면서 "두려워 말라 내가 너와 함께함이니라 놀라지 말라 나는 네 하나님이 됨이니라 내가 너를 굳세게 하리라 너를 도와

주리라 참으로 나의 의로운 오른 손으로 너를 붙들리라”(사41:10). 하였다. 의로운 오른 손이란 하나님의 속성을 의인화한 표현으로서 구원과 능력의 손이라는 뜻이다. 안전을 보장하겠다는 하나님의 확고한 약속이다. 하나님은 이처럼 확실한 약속을 하셨고, 그 확고한 약속을 우리는 지금 우리는 가지고 있다. 그러므로 우리는 두려울 것이 없다.

끝으로, 여호와의 지킴은 우리에게 만족을 가져다준다. 하나님께서 지킴으로 원수가 물러가고(시59:9), 재앙이 지나가고(시57:1), 환난을 면하게 되며(시32:7;계3:10), 우리로 하여금 시험을 감당케 하고(고전10:13), 거침이 없게 되는(유1:24) 결과를 얻는다. 다윗은 “여호와를 항상 내 앞에 모심이여 그가 내 우편에 계시므로 내가 요동치 아니하고 내 마음이 기쁘고 내 육체도 안전하게 거하리니”(시16:8-9) 감사할 수 있었다. 다윗은 어려움이 있을 때마다 주께 보호를 간구하고 주께 피하였다. 그 결과 그는 주밖에 나의 복이 없다(시16:1-2)고 고백할 수 있었다.

5. 여호와는 졸지도 아니하고 주무시지도 아니하신다

여호와의 지킴은 어느 기간이나 어느 순간에만 반짝 있는 것이 아니라 언제나 계속된다. 즉 하나님의 도움은 밤낮없이 계속된다. 3절과 4절은 여호와께서 졸지도 아니하고 주무시지도 아니하며 지키신다는 것을 강조하고 있다. 자기 자녀에 대한 하나님의 관심은 간헐적인 것이 아니라 계속적인 속성을 가지고 있다. 어미가 자식을 돌봄같이 한시도 놓치지 않고 지킨다. 어미는 자식이 편히 잘 때 마음을 놓고 눈을 붙이기도 하지만 하나님은 졸지도 않고 주무시지도 않

으며 지키신다. 이것은 하나님이 인간의 부모 이상으로 우리를 돌봐
주신다는 것을 알 수 있다. 졸지도 않고 지키신다는 것은 하나님께서
인간에 대해, 그리고 자기 백성에 대해 그만큼 성실하다는 것을 입증
한다. 주님은 성소에서도 우리를 도와주시고 시온에서도 우리를 붙드
시며(시20:2), 앉을 때나 걸을 때나 우리를 그의 장중에 붙드신다.

6. 여호와는 우리 우편 그늘이 되신다

5절은 여호와께서 네 우편에서 네 그늘이 되신다는 것을 강조하
고 있다. 이 모두는 우리에 대한 주님의 보호가 어떠한가를 보여준
다. 먼저 우편을 살펴보고, 그다음 그늘을 살펴보기로 한다.

성경을 보면 우편에 대한 사항들이 많이 나오는 것을 알 수 있다.
화목제물의 우편 뒷다리는 제사장이 가지고(레7:32,33), 성전 낭실의
우편 기둥 이름은 보아스(요새)이며(왕상7:21), 그리스도께서 하나님
우편에 앉으실 것이 예언되었으며(시16:11;시110:1), 재림의 예수께서
양은 우편에 분별하여 두시고(마25:33), 야고보아 요한이 예수님의
우편에 앉게 되기를 바랐다(막10:37). 우편은 영예(시45:9)를 상징하
기도 하고, 영원한 즐거움(시16;11)을 상징하기도 하며, 견고함(시
16:8), 장수(잠3:16), 또는 능력(시110:1)을 상징하기도 한다. 사단도
참소할 때 우편에 서서 자꾸 하나님의 택한 백성들에게 그들의 죄만
생각나게 하여 낙담케 하며 하나님으로 멀어지게 한다(슥3:1). 그러
므로 그리스도께서 승천하여 하나님 우편에 앉으셔(막16:19;벧전
3:22) 우리를 위해 기도하고 섭리한다는 것은 매우 소중한 일이다.

시편 121편 5절에 여호와께서 우리 우편에 계신다는 것은 사단의
역사를 막고 온전히 보호하심을 의미한다. 우리 우편에 사단이 아니라

주님이 계셔서 우리를 권고하고 이끈다고 생각할 때 그 기쁨은 더할 나위 없을 것이다. 주님이 하나님 우편에 계셔 우리를 지키시고, 또한 우리 우편에 계셔 우리와 함께하실 때 완전한 보호가 되는 것이다.

그늘 또한 하나님께서 우리를 지켜 보호하신다는 것을 상징하고 있다. 나무가 그늘을 제공하듯이 어려움에 처할 때 주님이 우리 우편에 나무처럼 서서 그늘을 제공함으로써 어려움을 피하도록 하신다. 시편 91편 저자는 "지존자의 은밀한 곳에 거하는 자는 전능하신 자의 그늘아래 거하리로다."(시91:1) 하였다. 주 안에 있는 자는 이처럼 주님의 은밀하신 도움을 받게 된다. 그늘은 이같이 하나님의 보호를 상징한다.

그늘의 역할은 6절에서 확실하게 나타나 있다. 즉 여호와께서 네 우편 그늘이 되심으로 '낮의 해가 너를 상치 아니하며 밤의 달도 너를 해치 아니하리로다.' 말할 수 있게 된다. 그늘은 바로 밤과 낮이 주는 어려움에서 보호를 받도록 한다. 그늘은 낮뿐 아니라 밤에도 필요하다. 특히 중동지역의 기후를 고려할 때 이 그늘의 의미는 매우 뜻이 깊다. 낮은 너무 뜨거워 사람은 언제나 그늘을 찾게 된다. 요나서 4장 8절을 보면 "해가 뜰 때에 하나님이 뜨거운 동풍을 준비하셨고 해는 요나의 머리에 쬐매 요나가 혼곤하여 스스로 죽기를 구하여 가로되 사는 것보다 죽는 것이 내게 나으니이다." 하는 요나의 어려운 처지를 읽게 된다. 사는 것보다 죽는 것이 차라리 낫다는 것은 낮이 주는 고통이 그만큼 큼을 의미한다. 이사야 49장 10절은 이스라엘의 회복을 가리켜 "그들이 주리거나 목마르지 아니할 것이며 더위와 볕이 그들을 상하지 아니하리니 이는 그들을 긍휼히 여기는 자가 그들을 이끌되 샘물 근원으로 인도할 것임이니라." 하였다. 더위와 볕에 상하지 아니하도록 보호하시는 이가 바로 하나님 여호와이시다. 이처럼 주님께서 우리 우편 그늘이 되실 때 완전한 보호를 받게 된다.

7. 여호와는 우리 영혼까지 지키신다

7절은 여호와께서 '너', 곧 우리의 몸을 지켜 환난을 면하게 해 주실 뿐 아니라 '네 영혼'을 지키신다고 말씀하심으로써 주님은 우리의 육신뿐 아니라 영혼까지, 즉 우리의 모든 것을 전폭적으로 지켜주신다는 것을 가르쳐 주고 있다. 그저 우리의 몸만 안전하면 환난이 지나갈 때 감사를 잊기 쉽다. 그러나 우리의 영혼까지 지킴으로써 사단의 유혹으로부터 이길 수 있는 힘까지 얻게 된다.

주의 백성은 몸뿐 아니라 영혼 모두 주님의 것임을 인식해야 한다. 따라서 몸도 귀할 뿐 아니라 영혼도 귀하다. 그 어느 것도 버릴 수 없는 것이요, 온전히 하나님의 것이다. 우리의 몸을 거룩하게 가꿀 뿐 아니라 우리의 영혼도 사단의 영향을 받지 않도록 힘써 기도하고 주님의 보호하심을 간구해야 한다. 주님은 우리의 간구를 들으시고 몸뿐 아니라 영혼까지 지켜 완전하게 하신다. 그러므로 우리는 주 안에서 거룩한 자로 여김을 받는 것이다. 우리는 육의 보호만을 간구할 것이 아니라 영혼이 보호되도록 아울러 간구해야 한다. 몸만 주 앞에 가는 우리가 되어서는 안 된다. 몸과 마음 모두를 주님의 것으로 드릴 때 주님은 우리를 더욱 기뻐하시고, 우리를 그의 보호 아래 더욱 감싸주신다.

8. 여호와는 우리를 영원히 지키신다

영혼을 지키시는 주님은 우리를 밤낮 지키실 뿐 아니라 우리의 출입을 영원히 지키신다. 8절은 여호와께서 우리의 출입을 '지금부터 영원까지' 지키실 것임을 강조하고 있다. 신명기 28장 6절은 우리가 하나님 여호와의 말씀을 삼가 듣고 그 모든 말씀을 지켜 행하면 하나님 여호와께서 복을 주사 "네가 들어와도 복을 받고 나가도 복을 받을 것이니라." 하였다. 여기에서 '들어와도 나가도' 하는 것은 앞서 8절의 '너의 출입'과 같은 뜻이다. 이 말씀은 곧 출입을 지켜 주시는 분은 하나님이시고, 하나님께서 인간 삶의 모든 것을 지켜 주지 아니하면 인간의 노력과 업적은 헛수고가 되고 만다는 것을 일깨워주고 있다.

신명기 28장 19절은 같은 맥락에서 설명될 수 있다. 즉 하나님의 말씀을 순종하지 아니하면 저주가 임하여 '네가 들어와도 저주를 받고 나가도 저주를 받는다.' 축복을 받느냐 저주를 받느냐 하는 것은 하나님의 말씀을 순종하느냐 주 안에 사느냐에 달려 있다. 주님의 보호함을 받기 위해서 우리는 마땅히 하나님의 말씀을 순종하고 주 안에서 살아야 한다. 우리가 주 안에서 살며 주님의 말씀을 힘써 지킬 때 주님은 우리의 출입을 영원히 지키신다. 이것은 주님의 확실한, 변함없는 약속이다.

'내가 산을 향하여 눈을 들리라 나의 도움이 어디서 올꼬
나의 도움이 천지를 지으신 여호와에게서로다'(시121:1 - 2).

제 9 장

고난의 창을 통해 하나님을 바라보라

고난 속에서 그리스도인이 할 일은 그 고난의 창을 통해 하나님을 바라보는 것이다. 고난만 바라보면 절망할 것밖에 없다. 그러나 하나님을 바라보고, 하나님의 얼굴을 구하면 고난을 보는 눈이 달라진다. 오히려 고난을 통해 하늘의 기쁨을 발견할 수 있다. 이것이 바로 회복된 자가 누릴 수 있는 하늘의 특권이다. 금은 풀무 불 연단을 통해서 더 강해진다. 그리스도인도 고난을 통해서 더 강해진다. 우리의 영성은 고난의 과정을 거치면서 든든히 선다.

고난을 당할 때 당신은 어찌할 것인가? 어떻게 하나님의 위로를 받을 수 있을까? 이 답은 다윗을 통해 쉽게 알 수 있다. 다윗은 시편 제25편을 통해 그가 당하고 있는 고난을 생각하고, 그 고난의 이유와 이것의 극복방법을 제시하고 있다. 많은 그리스도인은 시편을 읽으면서 여러 교훈을 얻는다. 특히 이 시편 제25편은 처지가 외롭고, 괴롭고, 근심에 빠져 있을 때 많은 위로를 주고, 고난에 대해 어떤 태도를 가져야 하는가를 가르쳐 준다. 고난 속에서 그리스도가 더 깊게 발견되기 때문이다.

1. 그리스도인도 외롭고 괴로운 가운데 있다

우리가 예수 그리스도를 구주로 영접한 뒤에 흔히 외로움을 느낀다거나 괴로움 속에 빠지거나 심지어 죽고 싶다는 말을 했을 경우 주님께 매우 미안한 생각을 하게 된다. 말하자면 이러한 상태는 그리스도인으로서 바람직하지 못하다는 생각이 우리를 사로잡고 있기 때문이다. 마음속 깊이 이러한 것을 떨쳐버리려 하는 안간힘이 있는가 하면 떨쳐버릴 수 없는 현실이 엄연하게 자리를 잡고 있다.

그리스도인은 외롭지 않고 괴롭지 않은가? 성경은 결코 그렇지 않다는 것을 보여준다. 바울은 "나는 곤고한 사람이로다."라고 말하였다. 그의 이러한 표현 이외에도 역사를 연구하는 신학자들은 그가 그리스도를 영접한 이후 그의 가족들과 친구들로부터 따돌림을 당하여 외로움과 괴로움을 크게 겪었고, 선교사역을 감당하는 동안에도 많은 어려움과 고난을 겪었음을 지적하고 있다. 예수님도 공생애를 시작하면서 가족과 동리사람들로부터 따돌림을 당했으며, "공중에 나는 새도 깃 들 곳이 있지마는 인자는 머리 둘 곳마저 없다."며 외로움을 나타내셨다. 외로움과 괴로움의 극단적인 표현은 십자가상에서 "하나님이여 왜 나를 버리시나이까?" 하는 절규로 절정을 이룬다. 이것은 인간으로서 당하는 극도의 버림받음이요 외로움의 표현이다.

그러나 이러한 주님의 철저한 고통이 없었다면 우리를 구원의 자리로 이끌 수 없었을 것이다. 바울의 고통이나 예수 그리스도의 고통이 모두 우리 모두에게 유익이 되었다는 것은 신학적으로 볼 때 그 고통은 '살아 있는 희생'(living sacrifice)이며 그 유익은 '살아 있는 증거'(living witness)가 된다. 다시 말하면 그분들이 이 같은 고통을 감수했기 때문에 우리가 주 안에서 기쁨을 누리게 되었다는 것이다. 우리보다 앞선 믿음의 선배들이 흘린 피와 땀과 고통이 없었다면 우리는 오늘의 이 같은 기쁨을 누릴 수 없을 것이다.

여러 신학자들에 따르면 우리는 세상나라에 속해 있으면서 또한 하나님의 나라에 속해 있는 이중국적의 사람들이므로 이중국적을 가지고 있는 한 세상나라에서 겪는 외로움과 고통을 피할 수 없다. 그 외로움과 고통은 계시록에서 언급하고 있는 바와 같이 주께서 우리 눈의 눈물을 닦아주실 그때까지 계속된다. 우리가 오직 하나님 나라의 시민권만을 가지고 살게 될 때 이러한 세상 고통은 사라지게 될 것이다.

다윗도 결코 예외는 아니다. 그는 시편 제25편 16절부터 18절까지에서 다음과 같이 고백하고 있다. "나는 외롭고 괴로운 사람입니다. 나는 마음에 근심이 많은 사람입니다. 나는 고통받고 불쌍한 사람입니다." 심지어 다윗은 시편 제27편 10절에서 이 세상에서 가장 큰 도움이 되리라고 믿었던 "내 부모마저 나를 버렸으나"라고 적고 있다. 그의 부모가 그를 어떻게 버렸는지는 알 수 없으나 그의 장인이었던 사울은 여러 차례 그를 죽이려 했고, 그를 따르던 사람들도 번번이 반기를 들었으며, 심지어 그의 아들 압살롬마저 반역을 했다. 다윗처럼 인생에서 수난을 많이 당하고 외로움을 느낀 사람도 드물 것이다.

그리스도인은 어떠한 형식으로든 이 세상에 살면서 외롭고 괴로움을 당한다. 다윗처럼 여러 대적들에 휩싸여 고난을 당하기도 하고, 바울처럼 전도자로서 고난을 당하기도 한다. 이것은 모두 성도도 이 세상에 살면서 외롭고 괴롬 가운데 있음을 입증하고 있다.

2. 그리스도인이 괴로움을 당하는 이유

그리스도인이 외로움을 느끼고 괴로움을 당하게 되는 까닭은 무엇인가? 왜 주 안에서 기쁘게 살아가야 할 사람들이 이런 상태에 빠지게 되는가? 시편 제25편은 그 이유를 크게 원수의 공격과 자기 자신의 죄 때문이라고 말하고 있다.

원수의 공격이란 자기의 죄로 인한 것 외의 모든 것을 가리키고 있다. 다윗은 대적에게 크게 흠 잡힐 만한 일을 하지 않았음에도 불구하고 원수들은 그를 모함하였다. 본문 19절은 그 원수들의 수가 대단히 많고 저들의 미워하는 정도가 심하여 잡아먹을 것 같다고 적고 있다. 그런데 다윗은 본문 3절을 통해 자신이 '무고히' 이런 일을 당하고 있다고 말하고 있다. 그는 이 때문에 원수들이 자기를 누르고 이기어 개가를 부르게 되는 것은 옳지 못하다 생각하였고, 주님께서 이를 판단(보호)하도록 간구하고 있다.

우리는 대인관계에서 때로 자기의 잘못이 없음에도 불구하고 다른 사람들로부터 미움을 받기도 한다. 그렇지 않다고 변명하면 변명할수록 일은 더 그르치게 된다. 이런 때일수록 우리는 다윗처럼 모든 것을 주님께 맡길 수밖에 없다. 원수의 공격은 밖의 사람들로부터 오는 공격과 비난일 수도 있고, 안의 사람들로부터 오는 오해와 질시도 있을 수 있다. 원수나 대적은 항상 멀리 있는 것만이 아니다. 의외로 가까운데 더 많고 더 고통을 줄 수 있다. 원수가 집안에 있다는 말은 이것을 뜻한다. 다윗의 원수들은 가까운 사람들, 곧 장인 사울·친구·자식들이었다. 블레셋이나 그 밖의 사람들은 그에게 있어 크게 문제되는 영역이 아니었다. 오히려 가까운 사람들이 더 고통을 주었다.

가정 안에서 서로 등을 지고 미워하는 것이나 교회 안에서 서로 미워하고 질시하는 일이 많이 생기는 것은 모두 원수가 가까이 있음을 말해 준다. 바울은 교회 안에서 서로 미워하고 사랑이 없는 것에 대해서 매우 염려한 사람 가운데 하나이다. 그는 선교여행을 하면서도 항상 교회를 향한 염려와 근심을 빠뜨리지 않고 있는 데 이러한 염려와 근심은 그의 여러 서신 가운데 잘 나타나 있다. 어떤 이들은 "교회처럼 사랑이 없는 데가 없다." 또는 "교회처럼 이기주의적인 데가 없다."고 비난한다. 우리 자신을 돌이켜 보아도 교인처럼 남을 용서하지 않는 사람도 없다 할 것이다. 교회나 성도가 그런 평가를 받아서는 안 된다. 이것을 좋아하는 쪽은 사단밖에 없다. 사단은 언제나 우리 앞에 질시와 미움의 덫을 놓고 서로 싸우게 한다. 그리고 우리가 그런 지경에 빠지면 쾌재를 부른다. 우리는 원수의 공격, 곧 이러한 사단의 공격을 물리칠 수 있어야 한다. 원수의 공격 앞에 좌절당하고 거꾸러짐을 당하는 것이 아니라 그 공격을 적극적으로 방어하고 이길 수 있어야 한다.

다윗은 자신의 죄와 허물 때문에 괴로움을 당한다고 고백하였다. 자신의 수난이 하나님의 채찍질이라는 것이다. 그 사건들을 통해 내면의 깊은 성찰을 하고 있는 것이다. 본문 7절의 젊어서 저지른 나의 잘못과 죄, 그리고 본문 18절의 나의 모든 죄는 그의 괴로움의 원천이 죄 때문인 것을 보여주고 있다. 그는 살인죄, 간음죄 등 여러 죄를 범하였다. 죄는 모두 주님을 거역하는 일에 속한다. 이 때문에 그의 마음이 괴롭고, 이 같은 환난을 당하며, 평안함이 없다. 우리가 어떤 죄를 지었다 할 때 우리의 마음은 갈등을 하게 되고, 이 때문에 괴로워하며, 행동에 일관성을 잃게 된다. 죄에 대한 해결책을 찾기까지 언제나 불안하다. 하나님의 사람이 하나님에 대해 이러한 죄를 지었다 할 때 그 고통은 심할 수밖에 없다. 그것이 우리로서는 어찌 할 수 없는 것일수록 주님께 매달리지 않을 수 없다. 주님만이 죄를 용서하고 우리를 깨끗하게 하실 수 있기 때문이다.

이처럼 그리스도인은 자기의 잘못이 없음에도 불구하고 무고히 미움과 질시를 받아 고만을 당하기도 하고, 자기의 저지른 죄와 잘못 때문에 괴로움을 당하기도 한다. 그러므로 우리는 수난을 당할 때 그 이유가 어디에 있는가를 밝혀 이에 대한 근원적인 치료를 할 필요가 있다.

3. 그리스도인은 고난을 통해 성장한다

어린아이들은 아프면서 큰다. 병치레를 하는 아이를 보면 안쓰럽다는 생각이 들지만 그 과정을 지나고 보면 훨씬 더 커 보인다. 아픈 만큼 성숙한다는 어른들의 노랫말도 정신적이기는 하지만 이것과 맥락을 같이한다. 그리스도인도 고난을 통해 성장한다. 슬픔에 싸인 사람이 고난을 이기지 못하고 차라리 태어나지 않았으면 좋았을 것 같다고 했다. 그러자 그의 친구가 "너는 아직 완성되지 않았어. 완성되는 중이야. 하나님이 시련을 통해 너를 완성시키는 거야."라고 달랬다.

성도는 고난의 과정을 거치면서 정금처럼 연단된다. 욥이 그 같은 신앙을 고백했고, 다윗이 그랬다. 우리가 욥이나 다윗과 같지는 않다 하더라도 매일의 생활에서 당하는 어려움을 통해 연단됨으로써 보다 성숙되어야 한다. 고난의 과정 속에서 주님의 뜻을 찾을 때 믿음이 성장될 수 있다.

사람들은 대체로 스트레스를 싫어한다. 스트레스는 모든 병의 원인이 된다고 말하기도 한다. 그러나 사람에게는 스트레스가 없으면 안 된다. 적당한 스트레스가 오히려 사람을 긴장하게 만들고 일을 창의적으로 하게 하며 건강을 유지하는데도 도움을 준다. 스트레스는 크게 유스트레스(eustress)와 디스트레스(distress)로 나뉜다. 디스트레스는 건강을 해치지만 유스트레스는 사람에게 유익하다. 사람이 아무런 긴장 없이 해이한 가운데 산다면 발전이 없다. 한국이 이처럼 발전하게 된 것도 우리 삶 속에 언제나 긴장감이 있었기 때문이다.

우리나라에서 제일 큰 감자를 생산하는 곳이 가나안농군학교이다. 그 비결을 묻자 교장은 이렇게 말했다.

"감자에게 자극을 주는 것이지요. 호미로 감자에 자극을 주면 감자가 놀라서 큽니다."

감자에게 자극이 성장촉진제가 되는 것이다. 곡식도 자극을 통해 성장한다. 곡식의 줄기를 툭툭 쳐주면 더 튼튼한 곡식으로 자라는 것이다.

신앙생활에도 자극과 긴장이 필요하다. 우리는 이것을 흔히 고난이라고 말하지만 그것이 있어야 생명력이 강해진다. 사도행전 16장을 보면 빌립보 지역에서 전도를 하던 바울과 실라가 옥에 갇히게 되었다. 그들은 옥중에서도 기도하고 하나님을 찬미하였다. 죄수들이 그 소리를 다 듣고 있었다. 그 순간 지진이 나고 옥 터가 움직이며 모든 사람의 매인 것이 다 벗겨지게 되었다. 신앙적으로 볼 때 우리 속에 갇히고 매인 것이 풀어지려면 우리 안에 큰 지진이 일어나고 마음밭이 흔들려야 한다. 힘든 과정을 거쳐야 성장하는 것이다. 정신과의사 에릭 린드맨이 위기를 당한 사람에 관한 조사를 했다. 그 결과 85%의 사람들이 위기를 당함으로써 나쁜 습관을 고치고, 부부관계가 회복되었으며, 신앙생활을 하게 되고, 시간과 물질을 절약하게 되었다고 한다. 위기가 때로 우리의 삶을 회복시키는 역할을 한다.

나무도 풍상을 이겨낼수록 뿌리를 더 깊게 내린다. 커가는 나무는 그 뿌리도 깊게 자라간다. 뿌리가 깊지 않다면 나무가 튼튼할 수 없다. 높은 가지도 가질 수 없다. 뿌리가 튼튼하지 못하면 가지가 너무 무거워 조그마한 바람에도 쓰러지고 만다. 신앙도 마찬가지다. 우리의 뿌리가 주님의 말씀을 휘감지 못하고, 우리의 삶이 주님의 계명 안에서 깊숙이 뻗어 내리지 못한다면 우리가 주님 안에서 자란다는 것은 불가능하다. 잠언기자는 "의인의 뿌리는 움직이지 아니하느니라.”(잠12:3)라고 말하고 있다. 뿌리가 주님 안에 단단히 박혀야 한다는 것이다. 교회에서 감독자를 정할 때 여러 조건을 따지고 금방 믿은 사람보다 연륜이 있는 사람을 뽑는 것은 비교적 흔들림이 적고 단단하기 때문이다.

신앙적으로 뿌리를 내리는 방법은 여러 가지가 있다. 성경공부를 열심히 하되 그 말씀을 생활화하며 실제 삶에서 겪는 여러 형태의 시련을 믿음을 통해 이겨내는 것이 무엇보다 중요하다. 참된 안정과 평안은 우리의 뿌리가 하나님 말씀에 내려질 때 비로소 찾아온다. 그런 사람일수록 어떤 일에도 요동치 않는 사람이 된다.

4. 시편 제25편이 제시하는 고난 극복방법

시편 제25편은 고난의 극복방법을 다음과 같이 제시하고 있다. 이 극복 방법은 성도의 삶에 있어서 매우 유익한 기준을 제시하고 있다.

1) 하나님을 바란다

하나님을 바란다는 것은 우리 자신이 희망을 하나님께 두고(my hope is in you), 주님께 전적으로 의지한다(I trust in you)는 것을 의미한다. 다윗은 ‘나의 영혼이 주를 우러러 보고’(1절), ‘주께 의지하며’(2절), ‘주를 바란다’(3, 5, 21절) 하였다. 말하자면 모든 소망을 하나님께 두고 하나님께 전적으로 의지함으로써 고난을 해결하고자 하였다.

다윗은 많은 원수들의 무고한 공격에 대해서 이 말을 자주 사용하였다. 하나님만이 올바로 판단하실 분이기 때문에 주의 성실하심과 정직하심만이 자기를 보호하고 지켜주시리라는 것을 확신하고 있다. 하나님만이 원수들의 마음을 변화시켜 그들로 하여금 스스로 잘못되었음을 알게 하실 수 있기 때문이다. 어떤 이들은 하나님만을 바라는 성도의 이 같은 태도가 매우 소극적이고 수동적이라 비난한다. 그러나 우리가 온갖 인간적인 방법을 동원하여 원수들의 공격에 강하게 맞서거나 일시 진정시킨다 해도 그들의 마음을 근본적으로 변화시키거나 피할 길을 주시는 분은 오직 하나님뿐이시기 때문에 다윗은 항상 여호와를 앙망한다. "내 눈이 항상 여호와를 앙망함은 내 발을 그물에서 벗어나게 하실 것임이로다"(15절).

앙망한다는 것은 하나님을 바라본다는 것이다. 성도는 자신의 궁극적인 초점을 언제나 하나님께 맞춰야 한다. 하나님만이 사냥꾼의 올무에서 벗어나게 하시기 때문이다. 다윗은 주께 피하며, 날마다 주를 바랐다.(5절) 성도는 하나님에 대한 이렇듯 철저한 신앙고백과 함께 사는 사람들이다. 하나님에 대한 성도의 철저한 바람은 하나님에 대한 절대적인 신뢰와 의지 속에 바탕을 두고 있다.

"내 부모는 나를 버렸으나 여호와는 나를 영접하시리라."(시27:10)는 다윗의 시나, 백성들이 "여호와께서 나를 버리시며 주께서 나를 잊으셨다." 말할 때 "여인이 어찌 그 젖 먹는 자식을 잊겠느냐 그들이 혹시 잊을지라도 나는 너를 잊지 아니할 것이라."(사49:14 – 15)는 말씀은 하나님과 우리가 얼마나 서로 끊어지지 않는 줄로 이어져 있는가를 보게 한다. 우리가 어려울 때 주님은 피할 길(구원)을 주시며 결코 우리를 외면하지 않으신다. 다른 성경은 시편 27편 10절을 이렇게 표현하고 있다. "내 부모가 나를 버리는 한이 있을지라도 야웨께서는 나를 거두어 주실 것입니다"(공동번역). "나의 아버지와 어머니가 나를 버린다 할지라도 주님은 나를 받아주실 것입니다"(NIV). 주님을 바라는 자를 주님은 결코 버리지 않으신다. 이것은 주님의 변함없는 약속이다.

2) 회개한다

다윗은 고난과 고통이 자기의 죄 때문인 것을 숨김없이 밝히고 그 죄에 대해서 회개하는 태도를 가졌다. 회개는 기본적으로 하나님 앞에 자신을 낮추는 것이며 하나님의 절대성을 인정하는 것이다. 교만한 사람에게서 회개를 기대할 수 없는 것은 이 때문이다. 지식에 교만이 있는 사람은 자기의 지혜를 내세워 하나님 앞에 나아가기를 거부하고, 지위에 교만이 있는 사람은 자기의 지위와 체면을 내세워 하나님 앞에 나아가기를 주저한다. 지혜에 있어서나 지위에 있어서 어느 누구 못지않은 다윗은 주님 앞에 자기의 죄과를 회개함으로써 주님 앞에 자기의 겸손함을 드러냈다. 다윗의 위대함은 바로 여기에서 나타난다.

본문 7절에서 내 젊은 때의 죄와 허물을 기억하지 마시라는 것은 그것을 사해달라는 회개의 표현이다. 그는 또한 본문 18절에서 고통받고 있는 자기를 굽어 보사 자기의 죄를 말끔히 씻어 달라 간구하고 있다. 죄로 인한 고통을 피할 수 있는 길은 오직 주님으로부터 죄 사함을 얻는 길밖에 없다. 그래서 다윗은 하나님을 바라보고 도우심을 간구하며 회개함으로써 보다 온유하고 겸손한 인격을 다듬어 나가고 있는 것이다.

회개 때문에 우리의 인격이 손상되는 것이 아니라 이 때문에 주님으로부터 더 깨끗한 세마포 옷을 입게 되고, 주님으로부터 더 신뢰를 받게 되며, 주님의 자녀로서 더 뜨거운 사랑을 받게 된다. 그러므로 회개는 주님과 가까워지는 최고의 방법이자 죄 짐을 더는 지름길이다. 주님은 말씀하신다. "수고하고 무거운 짐 진 자들아 다 내게로 오라 내가 너희를 편히 쉬게 하리라."

3) 주의 길을 따른다

다윗은 하나님께 당신의 길을 가르쳐달라 간구하고 이 길을 따르겠다는 것을 확고히 하고 있다. 본문 4절의 주의 도나 주의 길, 5절의 주의 진리, 12절의 택할 길은 모두 같은 뜻을 가지고 있다. 주의 도는 우리가 어떻게 바르게 살아야 할지를 가르치는 하나님의 가르침, 곧 하나님의 말씀을 가리킨다. 하나님의 말씀인 성경은 이 가르침의 기본이다. 본문 12절은 여호와를 경외하는 자에게 그가 택하여 갈 길, 곧바른 길을 가르쳐 주신다 함을 보여준다. 본문 14절은 "여호와의 친밀함이 경외하는 자에게 있음이여 그 언약을 저희에게 보이시리라."고 기록하고 있다. 공동번역은 이 말씀을 풀어 "당신을 경외하는 사람에게는 당신의 생각을 털어놓으시고 당신의 계약을 가르쳐 주신다." 하였다. 주님이 진리로 가르치시고 길을 보여주시고 교훈하심으로 우리는 구원을 얻게 되는 것이다. 그래서 주님은 당당하게 "나는 길이요 진리요 생명이라." 하신다.

과학자는 과학의 법칙을 진리라 말한다. 그러나 과학이란 따지고 보면 하나님이 세우신 자연 질서를 보다 객관적으로 체계 있게 규명하고자 하는 인간적인 노력에 불과하다. 즉 하나님의 세계를 과학적으로 연구하는 것이다. 하지만 진리를 바로 알려면 우주만물을 주관하시고 그 길을 가르쳐 주시는 하나님을 아는 길밖에 없다. 왜냐하면 주님은 진리 그 자체이기 때문이다. 주의 길을 따른다는 것은 바로 진리이신 하나님께서 우리에게 가르쳐 주신 길을 따르는 것이다.

하나님은 선하시므로 죄인을 그의 선한 길로 인도하신다. 우리가 하나님(진리)의 길을 따라 갈수록 우리는 스스로 얼마나 하나님(진리)의 길로부터 멀어져 있었는가, 곧 자신이 얼마나 죄인이었나 하는 것을 실감하게 된다. 우리가 죄를 회개하고 자신의 부족함을 느낄수록 주님은 은혜로서 채워주시고 강하게 하신다. 그때 비로소 우리는 외롭지 않다는 것을 느끼고, 주님을 따른다는 것이 얼마나 기쁘고 보람이 있는 것인가를 알게 된다. 다윗은 본문 13절에서 이렇게 강조하고 있다. "저의 영혼은 평안히 거하고 그 자손은 땅을 상속하리로다." 주님을 따르는 자는 행복하게 한 세상을 살게 될 것이며 후손 또한 믿음의 유산을 물려받아 외롭지 않은 삶을 살게 된다는 것이다.

4) 자신뿐 아니라 나를 위해 간구한다

외로움이나 괴로움은 대부분 자기 자신의 문제에 국한된다. 인간은 이기적이기 때문이다. 그러나 시편 저자는 자신의 고난뿐 아니라 이스라엘을 그 모든 환난에서 구속해 달라(22절)는 기도를 올림으로 고난의 문제를 보다 확대시키고 있다. 이 같은 간구는 자신만 바르고 흠 없이 살 것이 아니라 온 이스라엘도 바르게 삶으로써 하나님의 나라가 보다 편만해지기를 바라고 있다는 것을 의미한다. 다윗의 이러한 마음가짐은 자기의 고난을 승화시킬 뿐 아니라 자신을 보다 대아적인 것으로 몰입하게 함으로써 더 큰 구원을 성취시킨다는 점에서 바람직하다.

우리도 우리의 기도와 간구를 자신의 것에 한정시키지 않고 이웃과 조국 나아가 세계를 위해 드릴 수 있을 때 자신은 홀로 있지 않고 그들과 함께 있으며, 더욱이 하나님과 함께 있다는 영광을 누릴 수 있다. 이와 같이 우리가 서로 함께 있을 때 우리는 결코 외롭거나 괴롭지 않다.

다윗은 개인적으로 어려움을 많이 당한 인물이었다. 그는 외롭고, 괴로웠으며, 근심에 쌓일 때도 있었고, 곤고한 가운데 있기도 했다. 우리는 다윗처럼 신앙이 돈독한 사람이 이러한 가운데서 고민하고 고독한 싸움을 했다는 것을 이해하지 못하고 왜 그래야 하느냐고 반문하기도 한다. 이 반문은 우리가 외롭고 괴로워할 때도 마찬가지로 적용된다. 왜냐하면 우리 모두 주님을 믿는 성도이기 때문이다.

다윗이 만일 이러한 좌절 속에서 헤어나지 못하고 자신의 궁색한 변명을 하는 것으로 그쳤다면 그는 결코 우리의 본이 되지 못했을 것이고, 그 같은 변명이 시편의 시로 남아 있을 수 없었을 것이다. 오히려 외로운 패배자에 지나지 않았을 것이다.

그러나 그는 달랐다. 그는 하나님만을 의지하고 믿고 바람으로써 새로운 소망을 갖게 되었으며, 그 괴로움의 일부가 자신의 잘못과 죄 때문인 것을 고백하고 하나님께 회개함으로써 새로운 기쁨을 갖게 되었으며, 앞으로는 진리 되신 주님의 길만을 따르고 지켜 나아가기로 다짐함으로써 지나온 외로움과 괴로움의 길이 밝고 환하고 기쁨에 찬 길로 바뀌게 되었다. 나아가 자신뿐 아니라 온 이스라엘이 주 앞에서 흠 없고 바르게 살도록 기도함으로써 함께 이 기쁨을 누리는 자가 되었다.

우리도 다윗처럼 달라야 한다. 우리 자신의 문제만을 부둥켜안고 괴로워하고 좌절할 것이 아니라 주님께서 우리와 함께하시면 이 고난의 장벽을 무너뜨릴 수 있다는 확신을 가져야 한다. 이 확신을 바탕으로 주 앞에 무릎을 꿇고 간구의 기도를 드릴 때 주님은 우리에게 새로운 빛을 주시고 길을 보여주시며 평안으로 인도해 주신다. 우리 모두가 하나 되어 자신과 교회와 이 나라를 위해 기도할 때 하나님께서는 결코 우리를 버리지 아니하고 기억하고 도우실 것이다. 주의 열심이 이 일을 이루실 것이다.

우리가 이렇게 달라질 때 우리 자신도 복을 받게 될 뿐 아니라 우리 교회, 우리 사회가 복을 받게 된다. 고통이 기쁨으로 변하는 이러한 증거는 바로 예수 그리스도 때문이라는 것을 인식하고 주님으로부터 떨어져 나갈 것이 아니라 주님을 오히려 사랑하고 주님을 의지하는 마음이 날로 새로워져야 할 것이다. 다윗은 이렇게 적고 있다. "주는 내 구원의 하나님이시니 내가 종일 주를 바라나이다." 왜 그런가? 주님만이 고난의 참 해결자이며, 고난에 대한 궁극적인 답은 오직 주 안에서 찾을 수 있기 때문이다. 우리는 바로 이런 주님을 모시고 있기 때문에 기뻐하지 않을 수 없다. 그래서 그리스도인의 삶은 언제나 주 안에서 승리뿐이다.

5. 고난의 창을 통해 하나님을 바라보라

믿지 않는 사람들이라 할지라도 대부분의 사람들은 죽은 다음에 천국에 가기를 소원한다. 고통을 피하고 싶기 때문이다. 평소 신앙생활도 하지 않았는데 천국에 가겠다는 것은 염치없는 일임에도 그런 모습은 찾아보기 어렵다. 어떤 사람은 천국에 가는 것을 원치 않는다고 말한다. 교회에 다니는 사람들과 같이 천국에 있기보다 차라리 지옥에서 술친구들과 함께 있겠다고 한다. 사실 믿지 않던 사람들이 천국에 온다면 과연 행복할 수 있을지 궁금하지 않을 수 없다. 그들은 평소 예수 그리스도를 무시하고 하나님과의 교제를 원치 않았다. 성경읽기나 기도나 예배드리는 것에 관심을 보이지 않았다. 그런 사람들이 갑자기 저 세상에 가서 주님과 친교를 즐길 수 있을지 의문이다. 믿지 않는 사람들에게 있어서 천국생활은 고통일지 모른다. 마음에도 없는데 계속 주를 찬양하고 경배해야 하기 때문이다.

반면에 그리스도인으로서 이 세상에서 믿음생활을 한다는 것은 인간적으로 볼 때 고통이다. 불편이 따른다. 그러나 지금 이 세상에서 사는 동안 우리의 삶 속에서 경건한 마음을 가지고 주님 앞에서 참되게 살려는 것은 앞으로 영원히 누릴 천국생활의 즐거움에 미리 참여한다는 점에서 믿지 않는 사람과 다르다. 따라서 그리스도인은 그리스도인으로서 이 땅에서 겪는 고통이나 고난을 오히려 감사할 수 있어야 한다.

친구들의 진정한 우정이 있고 몸이 건강하며 사업이 잘될 때에는 악한 신앙도 강해 보인다. 그러나 참으로 강한 신앙은 사랑하는 사람이 떠나고 건강이 나빠지고 검은 구름이 미래를 어둡게 할 때 나타난다. 참으로 신앙이 좋은 사람은 그러한 때 주님의 약속에 매달리며 그의 신실함에 의지하게 된다.

무디 선생은 다음과 같이 말했다. "자신을 믿으면 실망하게 되어 있다. 친구를 믿는다 해도 그들이 죽으면 모두 당신을 떠나게 된다. 그러나 주님을 믿으면 지금이나 앞으로도 영원히 흔들림이 없다." 탈무드에 "동서남북이 다 막혔으면 위를 바라보라."는 말이 있다. 절망이다 싶으면 하나님을 바라보라는 뜻이다. 인간에게 있어서 위기는 끝이 아니라 기회이다. 위대한 경영자 대부분이 그런 생각을 한다는 점에서 보통사람과 다르다. 신앙의 사람도 위기를 기회로 삼는다는 점에서 불신앙의 사람과 차이가 있다. 위기는 바로 하나님을 바라고 붙잡을 수 있는 절호의 기회이다.

욥기 13장 15절에 이런 말씀이 있다. "그가 나를 죽이시리니 내가 소망이 없노라." 우리말 성경을 보면 소망 없이 절망하는 욥이 아닌가 하는 생각이 든다. 그러나 그 말은 정확히 말해 "그가 나를 죽이신다 할지라도 나는 그를 의지하리라."(though He slay me yet will I trust Him)라는 강한 믿음을 나타내고 있다. 메리 킴브로(M. Kimbrough) 여사는 이 말씀을 주제로 다음과 같은 시를 썼다.

옛날 성자 욥이 말했네.
주님이 나를 죽이셔도 나는 그를 믿으리
그가 나에게 용광로의 시련을 주셔도
나는 정금이 되어 나오리.
깊은 고통의 벌레들이 이 몸을 썩게 해도
어느 행복한 날 나의 육체는 그를 보리 나의 구세주를

내가 타는 듯한 불을 느낄 때에도
내가 제일 좋아하는 꿈들이 산산조각이 날 때에도
또한 나의 소망과 즐거운 욕망이 사라질 때에도
주님이 죽이셔도 하고 말할 수 있을까?

주님이 나를 죽이셔도 나는 그를 믿으리
주님은 내 영혼을 녹여 어떤 형상을 만들지 아시니
나는 정금이 되어 나오리.

무릇 징계가 당시에는 즐거워 보이지 않고 슬퍼 보이나 후에 그로 말미암아 연단한 자에게는 의의 평강한 열매를 맺는다(히12:11). 마지막에 웃는 자가 승리하는 자라는 말이 있다. 그리스도인은 이 세상에서 고난의 과정을 거치지만 마지막에 웃는 자라는 점에서 남과 다르다. 그러므로 역경 속에서 불평하거나 반항하지 말며 어떤 시련 속에서도 더욱더 주님을 믿고 의지해 나가야 한다.

6. 하나님은 우리가 무력함을 고백할 때 도우신다

하나님은 어느 때 우리를 도우시는가? 경우에 마다 다르지만 중요한 것은 우리가 완전히 하나님께 매달릴 때 도움을 주신다는 사실이다. 스펄전 목사의 설교 가운데 이런 이야기가 있다. 어느 날 홍수가 나서 강물이 많이 불었다. 그런데 수영할 줄 모르는 사람이 강물에 빠졌다. 그는 허우적거리면서 살려 달라고 소리쳤다. 구조대원 두 사람이 그를 향해 헤엄쳐 갔다. 그런데 그를 당장 구조할 생각은 하지 않고 가까이 다가간 채 가만히 기다리는 것이었다. 물에 빠진 그 사람은 죽는다고 야단이었다. 그러다가 기진맥진해서 더 이상 버둥거리지 않았다. 구조대원은 그제야 손을 써 그 사람을 건져냈다. 구경하던 사람들이 왜 빨리 건지지 않고 기다렸느냐고 물었다. 그러자 구조대원은 이렇게 말하는 것이었다. 저 사람이 힘이 남아 있어서 버둥거릴 때 손을 잡았다가는 내 목까지 끌어안아서 둘 다 죽게 됩니다. 살겠다는 생각을 아주 버리고 손을 들어야 안심을 하고 건져낼 수 있는 것입니다.

어려운 일이 있을 때 우리 자신이 해결할 수 있다고 생각하기 때문에 하나님의 인도하심을 얻기 위해 기도하기를 주저하게 된다. 만일 그것이 우리의 마음가짐이라면 하나님은 우리를 도와주려고 오지 않으신다. 하나님께서는 우리가 진정으로 무력하다는 것을 깨닫고 그 무력함을 고백하는 순간 찾아오신다.

어느 성도가 실의에 빠져 목사님을 찾아왔다. 그리곤 "목사님, 제 삶은 이제 형편없게 되었어요."라고 말했다. 목사님이 "도대체 어느 정도입니까?" 하고 관심 있게 물었다. 그러자 그는 "목사님, 저에게 남은 것이라고는 오직 하나님뿐입니다."라고 울먹였다. 그러나 목사님의 얼굴은 이내 밝아졌다. "하나님밖에 남지 않은 사람은 승리만 남아있을 뿐입니다. 형제님, 용기를 가지세요. 이제 주님이 형제를 위해 일하실 것입니다."3)

유다 백성은 곤경에 처했다. 모압과 암몬 사람들이 떼를 지어 여호사밧을 치러 엔게디에 진을 치고 있었기 때문이다. 그들은 더 이상 적을 무찌를 능력도 지혜도 없었다. 가나안에서 살면 아무 일도 없을 줄 알았는데 기대 이상의 어려움이 닥쳐온 것이다. 이제 그들에게 남은 것은 하나님밖에 없었다. 그러나 여호사밧 왕과 백성은 그것을 실망할 이유로 보지 않고 오히려 소망의 이유로 보았다.

여호사밧 왕은 여호와께로 낯을 향하여 간구하고 온 유다백성에게 금식하라 선포했다. 백성들은 유다 모든 성읍에서 모여와 하나님께 간구했다. 유다 모든 사람이 그 아내와 자녀와 어린 자를 데리고 여호와 앞에 섰다. 왕은 하나님의 전 뜰 앞에 서서 그리고 수많은 백성이 지켜보는 가운데 "우리 하나님이여 우리를 치러 오는 이 큰 무리를 우리가 대적할 능력이 없고 어떻게 할 줄도 알지 못하옵고 오직 주만 바라보나이다."(대하20:12)라고 고백했다. 그러자 하나님이 레위사람 야하시엘에게 임하여 그를 통해 말씀하셨다. "이 큰 무리로 인하여 두려워하거나 놀라지 말라 이 전쟁이 너희에게 속한 것이 아니요 하나님께 속한 것이니라"(대하20:15). 하나님은 자기를 바라보는 백성들에게 이 언약의 말씀을 지키셨다. 하나님이 그의 사자를 보내 진멸시킨 것이다. 유다 백성들은 싸우지도 않고 하나님께서 자기들을 어떻게 구원하시는가를 보며 찬양을 드렸을 뿐이었다.

우리는 문제가 있을 때 자신의 힘이나 어떤 사람의 힘을 의지하게 된다. 그러나 자기도 아니고 다른 사람도 아니고 오직 주님만 바라보게 될 때 주님은 우리를 지켜주신다. 오직 하나님에게 소망을 둘 때 하나님은 그 약속을 지켜주신다.

---

3) Nothing Left But God, *Our Daily Bread*, Dec. 1994.

7. 하나님을 목자로 삼은 사람은 달라야 한다

웰치(M. Welch) 여사가 쓴 책으로 「참새보다 나은」(More Than Sparrows)이라는 책이 있다. 이 책은 실생활 속에서 고등학생들과 걱정에 관해 서로 나눈 이야기들이 적혀 있다. 그는 학생들과의 대화에서 그들의 걱정을 덜어주는 방법으로 평안의 게임(peace-of-mind game)이라는 것을 고안해냈다. '걱정이야.' 또는 '죽겠어.'라는 말 대신 "하나님은 나의 목자이시니"라는 말씀을 먼저 한 다음 걱정거리를 잇는 게임이다. 보기를 들어 한 학생이 찾아와 "선생님, 걱정돼 죽겠어요. 시험에 떨어질 것만 같아요."라고 말할 경우 그 학생으로 하여금 이렇게 다시 말하게 한다. "하나님이 나의 목자시니 시험에 떨어질 것만 같아요." 그러면 말이 되지 않으니까 웃어버리게 된다. 그런데도 이상스럽게 그 학생이 마음의 안정을 찾고 시험에 잘 응할 수 있게 된다는 것이다.

우리도 곧잘 "죽는 편이 나아. 사업이 이렇게 안 되다니. 되는 일이 없잖아."라고 말한다. 그럴 때 말을 바꾸어보라. "하나님이 나의 목자시니 사업이 안 된다. 되는 일이 없다." 그러면 생각이 달라질 것이다.

참으로 성숙한 그리스도인은 고난을 당했을 때 불평하고 불만하기보다 오히려 그것을 감사하는 사람이다. 욥기 2장 9절을 보면 욥의 아내가 보다 못해 욥을 향해 외친다. 당신이 그래도 자기의 순전을 지키느뇨. 하나님을 욕하고 죽으라. 하나님이 그러실 수 있느냐는 것이 아내의 생각이었다. 욥은 오히려 말한다. "우리가 하나님께 복을 받았은즉 재앙도 받지 아니하겠느뇨.." 욥은 입술로도 범죄하지 않았다고 성경은 기록하고 있다. 어느 병실에 다음과 같은 시가 걸려 있었다.

주님, 때때로 병들게 하심을 감사합니다.
인간의 약함을 깨닫게 해주시기 때문입니다.
가끔 고독의 수렁에 내던져 주심도 감사합니다.
그것은 주님과 가까워지는 기회입니다.

일이 계획대로 안 되게 틀어주심도 감사합니다.
그래서 나의 교만이 반성될 수 있습니다.

아들, 딸이 걱정거리가 되게 하시고
부모와 동기가 짐으로 느껴질 때도 있게 하심을 감사합니다.
그래서 인간된 보람을 깨닫기 때문입니다.

먹고 사는데 힘겹게 하심을 감사합니다.
눈물로써 빵을 먹는 심정을 이해할 수 있기 때문입니다.

불의와 허위가 득세하는 시대에 태어난 것도 감사합니다.
하나님의 의가 분명히 드러나기 때문입니다.

크리스치안슨(Christiansen)은 이런 시를 썼다. "주님의 손에 근심 걱정 다 맡기네. 장차 닥칠지 모를 재난의 두려움도 맡기네. 주님의 손에 모든 의심 다 맡기네. 그리고 주님을 전적으로 믿는 믿음으로 편히 쉬겠네." 걱정이란 빌려 온 문제들에 대해 매일 지불하는 이자와 같다. 우리는 고난을 당할 때마다 근심하고 걱정한다. 그러나 걱정한다고 해결되는 것은 아니다. 그리스도인은 달라야 한다. 모든 것을 주님께 맡긴다. 주님께 맡긴다는 것은 나는 이제 아무것도 하지 않아도 된다는 것을 의미하지 않는다. 과거에는 내 마음대로 하려 했지만 이제는 마음을 비우고 하나님의 방법대로 살아가는 것을 의미한다. 과거에는 한 푼이라도 손해를 보면 잠을 이루지 못하고 전

전긍긍했다. 그러나 이제는 주님을 위해 오늘 제가 손해를 보게 하소서라는 기도를 올릴 수 있을 만큼 달라져야 한다. 그리스도의 사랑을 가지고 이웃을 위해 기꺼이 손해를 보는, 철저히 빈 마음을 가질 때 하나님은 비로소 우리 속에 자리하고 일하기 시작하신다. 그리고 우리 속에 하늘의 평안을 가득 채워주신다. 이것이 바로 오직 주를 바라보는 생활이다. 주님의 사람은 오직 주님을 바라보아야 한다. 다른 것을 바라보면 우리 속에 주님의 자리는 비게 되고 주님이 일할 수 없게 된다. 여호사밧 때 남녀노소를 막론하고 온 유다백성들이 주님 앞에 나와 "오직 주만 바라보나이다."라고 외친 것처럼 우리도 주님만 바라보는 절실함과 순수함을 가져야 한다.

제 10 장
위로 받기보다 위로하는 자로의 삶의 전환

진정 영적인 전환을 바란다면 삶의 차원을 달리하는 것이 중요하다. 이를 위해 어떤 방법이 있을까? 무엇보다 우리의 생각과 행동을 바꾸자. 언제나 위로받는 자가 되려 하지 말고 오히려 위로하는 자가 되는 것이다. 받는 자에서 주는 자가 되어 보라. 그리고 그 느낌을 말해 보라.

바울은 그것의 숨은 비결을 가르쳐 주었다. 어려움 가운데 있는 사람들을 먼저 위로하는 자가 되라고 말한다. 물론 그 위로의 원천은 내가 아니다. 주님이다. 주님이 주시는 힘으로 위로하는 자가 되는 것이다. 고린도후서 1장 3-11절에 따르면 위로의 원천은 하나님이고, 그 하나님께서 환난 가운데 우리를 위로하사 우리로 하여금 환난 가운데 있는 다른 사람을 위로케 하시고, 그 환난과 위로를 통해 우리는 하나님을 더욱 의지하고 하나님께 영광 돌리게 된다.

1. 찬송하고 감사해야 할 이유(3절)

고린도후서 1장 3-11절은 흔히 바울의 서신 형식 가운데 찬미와 감사의 부분에 해당한다고 말한다. 3절에서 바울은 하나님을 찬송하는 찬미사로 이 부분을 시작하고 있다. 찬송해야 할 대상은 바로 하나님 한 분뿐이신데 그 하나님은 바로 우리 주 예수 그리스도의 하나님이요, 자비의 아버지시요, 모든 위로의 하나님(God of all comfort)임을 밝혀 주고 있다. 바울은 에베소서 1장 같은 부분에서도 "찬송하리로다. 하나님 곧 우리 주 예수 그리스도의 아버지께"(엡1:3)라고 함으로써 오직 하나님만이 영광받으실 분인 것을 가르쳐 주고 있다.

고린도후서에서 찬송하고 감사하는 이유는 하나님만이 영광과 찬송을 받으실 분이라는 것 이외에도 하나님께서 자비를 베풀어 모든 위로를 넘치게 주셨기 때문이다. 바울은 사도로서 복음을 전파하고 있는 가운데 여러 어려움에 직면하고, 그 어려움을 통해서 오히려 위로를 받을 뿐 아니라 그 받은 위로를 남에게 주는 입장에 서 있게 된 모든 것이 하나님 때문이라 생각하고, 하나님께 감사하고 찬송하는 것이다. 우리가 하나님을 찬송하고 감사해야 할 이유가 많지만 그 가운데 우리에게 주시는 주님의 위로 때문에 찬송하고 감사하는 것은 하나님은 먼 데 계신 분이 아니고 우리 안에 계셔 역사하며, 추상적인 하나님이 아니라 좌절의 순간에 우리를 일으키시는 실제적인 하나님임을 깨닫게 해 준다.

2. 하나님은 위로의 원천이 되신다(3절)

3절은 또한 하나님은 누구신가로부터 시작한다. 특히 3가지 속성을 지적하고 있다.

•하나님은 우리 주 예수 그리스도의 하나님이다.

- 자비의 하나님이다.
- 모든 위로의 하나님이 되신다.

그리고 4절에서 11절까지 왜 그가 위로의 하나님이 되시는가를 밝히 보여주고 있다. 이것은 바로 하나님께서 위로의 원천이 되심을 입증하는 것이다.

성경의 여러 곳을 보면 하나님, 그리스도, 성령, 성경, 그리고 성도의 교제가 위로의 근원이 된다고 말하고 있다. 이 가운데 하나님과 그리스도에 관한 기사가 가장 많이 나온다.

우선 하나님의 경우를 보자. 시편 71편의 기자는 하나님을 향하여 "나를 위로하소서."(시71:21)라고 외치고 있다. 그런가 하면 시편 86편의 다윗의 기도를 보면 "여호와는 나를 돕고 위로하신다."(시86:17)고 끝맺고 있다. 시편의 저자들은 확실히 하나님께서 위로해 주신다는 것을 확신하고 있다. 이사야 여러 곳에서도 구원에 대한 감사와 함께 하나님의 위로를 언급하고 있다.

- "전에는 내게 노하셨사오나 이제는 그 노가 쉬었고 나를 안위하시오니 내가 주께 감사하겠나이다 할 것이니라"(사12:1).
- "여호와가 시온을 위로하되 그 황폐한 곳을 위로하여 그 광야로 에덴 같고 그 사막으로 여호와의 동산 같게 하였나니 그 가운데 기뻐함과 즐거워함과 감사함과 창화하는 소리라 있으리라"(사51:3).
- "어미가 자식을 위로함같이 내가 너희를 위로할 것인즉 너희가 예루살렘에서 위로를 받으리니"(사66:13).

구원은 바로 더 없는 위로가 되므로 회개한 영혼들에 대한 이 같은 하나님의 약속은 영원한 위로의 말씀이 된다. 바울도 로마서 15장 5절에서 안위의 하나님이심을 말하고, 고린도후서 1장 3, 4절에서도 위로의 하나님임을 말하고 있다.

그리스도께서 위로의 원천이 되심은 사복음서 여러 곳에서 발견된다. 주님은 열두 해 혈루증 앓는 여인을 향하여 "딸아 안심하라 네 믿음이 너를 구원하였다."(마9:22) 말씀하심으로 직접 위로를 주셨고, 나인성 과부를 보시고 "불쌍히 여기사 울지 말라."(눅7:13) 하고 과부의 죽은 아들을 살리셨으며, 주님은 우리에게 "너희는 마음에 근심하지 말라 하나님을 믿으니 또 나를 믿으라."(요14:1) "내가 너희를 고아와 같이 버려두지 아니하고 너희에게로 오리라."(요14:18) 말씀하심으로 위로를 주셨다. 주님은 계속해서 "이것을 너희에게 이름은 너희로 내 안에서 평안을 누리게 하려 함이라 세상에서는 너희가 환난을 당하나 담대하라 내가 세상을 이기었노라."(요16:33) 말씀하심으로 위로와 함께 승리의 생활을 하도록 당부하였다.

그 외에 사도행전 9장 31절은 성령의 위로로 교회가 평안하여 든든히 서가고 수가 많아지는 역사를 보여주었고, 로마서 15장 4절은 성경의 안위로 소망을 갖게 됨을, 고린도후서 7장 6절은 어려움에 처한 바울과 디모데에게 하나님께서 디도를 보내어 위로 얻게 함을 보여주심으로 성도의 교제가 위로가 된다는 것을 가르쳐 주었다. 위로는 평안을 주고 위안을 안기며 용기를 심어준다. 하나님은 바로 이 위로의 원천이 되는 분이다.

3. 위로는 받는 것만 아니라 주는 것이어야 한다(4절)

우리는 흔히 위로는 받는 것으로만 이해하는 잘못을 범하고 있다. 그러나 본문 4절은 하나님께서 위를 위로하심, 곧 우리가 하나님으로부터 받는 위로뿐 아니라 "우리로 하여금 하나님께 받는 위로로써 모든 환난 중에 있는 자들을 능히 위로하게 하심", 곧 주는 위로를 언급하고 있다. 그리고 우리로 위로를 받게 하시고 또 주게 하시는 이는 하나님임을 분명히 하고 있다. 주 안에서의 위로는 일방적으로 받기만 하는 것이 아니라 그 위로가 밖으로 흘러넘쳐 다른 성도들에게 오히려 위로를 주는 역사를 한다. 받기만 하는 사해는 죽은 바다지만 받은 것을 다시 주는 갈릴리 바다는 살아 있는 것과 마찬가지로 성도의 위로는 받기만 하는 위로가 아니라 주는 위로여야 살아 있는, 역사하는 위로가 된다.

하나님께서는 우리가 그리스도를 위해 고난을 받을 때 위로를 넘치도록 부어 주시며, 또한 우리로 하여금 하나님께 받은 위로로써 고난받는 자들을 위로하게 하신다. 그리스도 안에서는 이러한 위로의 연결 작용이 강하게 일어나고 있다. 주 안에서의 이러한 위로의 활동이 없다면 우리의 생활은 매우 단조롭고 활기가 없게 될 것이다. 주 안에서의 이러한 위로는 마른 나무에 새 살을 입히고, 죽어가는 영혼을 살리는 작업이 될 것이다. 주 안에서의 위로는 바로 역사하는 위로이다. 위로를 그저 받기만 할 때 우리의 신앙은 자랄 수 없다. 그러나 받은 위로를 함께 나누어 줄 수 있을 때 비로소 성숙한 신앙인이 될 수 있다.

1) 고난이 클수록 위로도 넘친다(5절): 받는 위로

본문 5절은 그리스도를 위해 받는 고난이 넘친다고 하였다. 이것은 바울의 일행이 주님의 사역을 함에 있어서 고난을 많이 당하고 그 고난이 큼을 말해 준다. 바울은 그리스도를 위한 고난이 크고 넘친 것같이 그리스도로 말미암아 받는 위로도 크고 넘친다고 말하고 있다. 이것은 받는 위로에 해당된다.

성경의 여러 곳에서는 어떠한 사람들에게 위로가 필요한가를 보여주고 있다. 고난을 당한 자, 근심하는 자(고후2:7), 마음이 약한 자(살전5:14), 슬퍼하는 자(대상7:22), 그리고 주의 재림을 사모하는 자(살전4:18) 등이 해당되는데 그 가운데 고난을 당한 자에 대한 언급이 가장 많다. 그 보기로 이사야 40장 1, 2절은 고난당하는 하나님의 백성에 대하 위로를 선포하는 말씀을 기록하고 있고, 고린도후서 7장 5-7절은 복음을 전하다 고난을 당한 바울 일행과 위로로서 응답하시는 하나님의 모습을 보여주고 있다. 주님은 성도의 고난당함을 간과하지 않으시고 위로로서 찾아주신다. 그 위로는 고난이 클수록 풍성하게 넘친다. Living New Testament는 5절의 말씀을 이렇게 옮기고 있다. "우리가 주님을 위해서 고난을 많이 받으면 받을수록 주님은 더욱 우리에게 그의 위로하심과 용기를 물 붓듯이 부어주실 것이다."

2) 고난과 위로에 함께 참예하는 자가 되라(6, 7절): 주는 위로

바울은 본문 6, 7절을 통해 성도는 그리스도를 위해 고난을 받는 자들임을 전제하고, 고난에 참예하는 자가 된 것같이 위로에도 참예하는 자가 되라고 당부하고 있다. 이것은 고난이 클수록 주님으로부터 받는 위로가 큰 것과는 대조적으로, 우리가 주님을 위한 고난에 참예하는 적극성이 있는 것같이 고난을 받는 다른 성도에게 위로를 주는 것에도 적극적이어야 함을 가르쳐 주고 있다. 이것은 우리가 해야 할 '주는 위로'이다.

바울은 본문 6절에서 자기가 환난받는 것은 자기의 유익을 위한 것이 아니라 믿는 형제들을 격려하고 그들로 하여금 구원에 이르도록 하기 위한 것임을 강조하고 있다. 그러므로 그 환난 때문에 위로받는 것도 믿는 형제들의 위로를 위한 것이 된다. 그리스도를 위한 고난은 바로 믿는 형제들을 위한 고난이요, 이웃을 위한 사랑의 고난이며, 죄인들로 하여금 구원을 받도록 하는 고난이다. 그러므로 이 고난은 값지고 고귀하다. 주님은 주님을 위한 고난에 참예하는 성도들에게 위로를 약속하고 또한 그것을 풍성히 부어 주신다. 위로를 받은 자가 그 위로를 자기 것으로만 삼지 않고, 그 역시 주를 위해 고난을 당하는 다른 사람들에게 적극적으로 나누어 주어 그 위로가 그들 속에 역사하게 만들고, 함께 그 고난을 믿음으로 견디도록 하는 것처럼 아름다운 것은 없다. 이것은 고난에 참예하는 자가 위로자가 될 수 있다는 것은 놀라운 은혜이다.

고난과 위로의 이러한 강한 연결 속에서 성도는 그리스도 안에서 더욱 하나가 된다. 성도는 그리스도 안에서 소망을 가지고 살기 때문에, 그리고 주 안에서 모두 하나가 되기 때문에 기꺼이 환난받을 수 있고, 또 기꺼이 위로를 주고받을 수 있다. 성도가 복음을 위해 환난을 받는 것은 자기의 유익을 도모하기 위한 것, 곧 자기만 위로받는 데 목적이 있는 것이 결코 아니다. 바울은 이렇게 말하고 있다. "우리가 환난받는 것은 너희의 위로와 구원을 위함이다." 우리와 너희는 서로 구별된 것이 아니라 주 안에서 하나이며 그래서 "우리의 환난받는 것"이 "너희의 위로와 구원"에 직결되는 것이다. 성도는 말씀과 전도로서 서로 연결되어 있는 것과 같이 고난과 위로로서도 서로 연결되어 있다. 본문 7절의 "너희를 위한 우리의 소망이 견고하다."는 것은 이러한 연결 관계가 흔들리지 않고(unshaken) 강하다는 것을 의미한다.

4. 형제들아 우리가 당한 환난을 기억하라(8절)

바울은 환난과 위로에 대한 일반적인 설명에 이어 바울 일행이 겪은 환난을 보다 구체화하였다. 본문 8절 이하의 말씀이 그것이다. 그는 고린도교회 형제들에게 자신들이 아시아지역에서 복음을 전하다가 당한 환난이 얼마나 심하고 큰 것이었는가를 알기 바란다고 부탁하였다. 이 고난은 바로 그리스도를 위한 고난이요, 그리스도 안에서 형제 된 성도들을 위한 고난이요, 고린도교회 성도들을 위한 고난, 곧 우리를 위한 고난이 되기 때문이다. 본문 8절의 '형제들아'를 우리의 교회 이름으로 또는 우리 자신의 이름으로 바꾸어 놓을 때 우리 마음에 닿는 감동은 더욱 직접적인 것이 될 것이다. 그 고난이 클수록 우리를 향한 그들의 사랑이 컸음은 물론이다.

바울은 8절과 9절에서 환난의 정도가 얼마나 크고 심했는가를 설명하고 있지만 구체적으로 그것이 무슨 환난이었다고 설명하고 있지는 않다. 그렇다고 그 환난의 의미를 격하실 수는 없다. 바울은 "힘에 지나도록 심한 고생을 받아 살 소망까지 끊어지고 우리 마음에 사형선고를 받은 줄 알았다."(8, 9절)고 언급하였다. 받은 고난이 너무 심하여 이제는 죽는구나 생각했다는 것이다. 고린도후서 11장 23－28절은 그가 얼마나 많은 고난을 당했는가를 사실적으로 보여주고 있다. 유대인들에게 잡혀 매도 수없이 맞고 돌로 침을 당했으며 옥에 갇히기는 더 많이 했으며, 여러 차례 죽을 고비를 넘기었노라고 기술하고 있다. 고린도후서 7장 5절은 그들이 마게도냐에 있을 때에도 육체가 편치 못하고 사방으로 환난을 당하여 두려움 속에 살고 있음을 기록하고 있다. 그의 전도여행은 참으로 환난의 연속이요, 죽음을 각오한 설교였다. 사도행전 19장은 그가 에베소에서 우상숭배 타파운동을 벌렸을 때 은으로 신전모형을 만들어 재미를 보는 장인들의 분노를 사 죽음의 탈출을 했던 은장색 사건(행19:23 - 4)을 기록하고 있다. 이러한 일은 그의 전도여행에서 자주 일어나는 사건들의 한 보기일 뿐이다.

바울은 항상 예수를 위하여 죽음에 넘기 움을 부끄러워하지 아니하고 오히려 감사했다. 왜냐하면 복음을 전하는 자들에게는 육체적인 고난이 따르지만 그 고난의 결과로 복음을 듣는 이들에게는 영적인 생명이 약동하게 되기(고후4:11,12) 때문이다. 그는 핍박들 받아도 버린바 되지 아니하며 거꾸러뜨림을 당하여도 망하지 아니함(고후4:9)을 믿었고, 받은 고난을 통해 그리스도께서 당하신 고난에 동참하게 되는 기회를 얻는다고 믿었고, 주 예수를 다시 살리신 이가 우리도 다시 살리어 모두 하나님 앞에 서게 하실 줄(고후4:14)을 믿었다. 이것은 모두 환난에 대한 주님의 확실한 위로이기도 하다. 그러므로 바울은 "형제들아 우리가 당한 환난을 기억하라."고 말함으로써 고난의 가치가 얼마나 크고 귀한가를 일깨워 주었다.

5. 하나님만을 의지하고 바라라(9, 10절)

바울은 본문 9절과 10절을 통해 고난의 현장에서 더욱 의지하고 바라게 되는 것은 하나님뿐임을 강조하였다. 왜냐하면 하나님만이 큰 사망, 곧 생명을 위협하는 큰 환란 가운데서 구하실 수 있기 때문이다. 하나님은 "큰 사망에서 우리를 건지셨고 또 건지시리라 또한 이후에라도 건지시기를 바라노라."(10절)는 그의 신앙은 하나님만이 위로의 원천이 되고 모든 해결의 원천자임을 보여주고 있다.

죽음까지도 몰고 올 고난의 현장은 이제 자기가 아니라 하나님만이 자기를 살릴 수 있음을 믿고 오직 하나님만 의지하게 만든다.

"이는 우리로 자기를 의뢰하지 말고 오직 죽은 자를 다시 살리시는 하나님만 의뢰하게 하심이라."(9절)는 말씀이 바로 그것이다. 바울은 이방인들에게 그리스도의 복음을 전파하기 위해 살 소망까지 끊어지는 엄청난, 그리고 위험스러운 환난을 겪었고 또한 겪고 있었다. 그는 이러한 환난 가운데 하나님만을 의뢰하는 신앙을 배웠다. 여기서 바울이 환난을 언급하는 것은 자신이 받은 환난을 과시하기 위한 것이 절대 아니다. 오히려 믿는 자들에게 이러한 환난에서도 건지시는 하나님의 은혜를 나타내고 그들로 하여금 그러한 하나님을 의지하도록 이 말을 하는 것이다.

성경은 환난 가운데서 하나님의 위로를 받은 결과 더욱 하나님을 의지하게 된다는 것을 여러 모양으로 보여주고 있다. 다윗은 시편 23편에서 주께서 나와 함께하심으로 사망의 음침한 골짜기가 두렵지 않고 여호와의 집에 영원히 거하겠다는 확신을 나타냄으로써 주님을 더욱 의지하게 됨이 바로 여호와의 위로에 있음을 보여주었다. 부활의 소망(살전4:13 - 18) 속에 살고, 그리스도의 재림(요14:1 - 4)을 대망하며, 주의 인도(사40:10,11)를 받는 기쁨 모두도 더욱 주님을 의지하게 만든다. 왜냐하면 "장차 주 여호와께서 강한 자로 임하실 것이요 친히 그 팔로 다스리시며 목자같이 양 무리를 먹이시며 어린 양을 그 팔로 모아 품에 안으시기"(사40:10,11) 때문이다.

6. 기도로 도우라(11절)

바울은 본문 11절에서 "너희도 우리를 위하여 간구함으로 도우라."고 말한다. 고난 가운데 있는 바울의 일행, 즉 복음을 위해 고난 받는 자들을 기도로 도우라고 성도들에게 권고하고 있다. 왜냐하면 그것이 주 안에서 위로가 되기 때문이다. 주님은 그 기도를 듣고 응답하신다. 그 응답은 기도로서 얻어진 하나님의 은혜이다. 많은 사람들이 기도로 응원하고, 주님은 은혜로 응답한다. 이러한 과정을 통해 성도들은 살아 역사하는 믿음의 모습을 보고 감사하게 된다. 바울의 서신 가운데 이 부분 모두가 찬미와 감사에 해당되는 것은 바로 환난 가운데서 주님의 위로하는 역사가 넘치기 때문이다.

바울의 선교사역은 환난과 고난의 연속이었다. 그는 복음을 전하면서 여러 이방인들뿐 아니라 유대인들의 공격을 받았고, 그가 세운 여러 교회에서마저 거짓교사들의 농간과 자신의 사도적 권위에 도전하는 위험도 있었다. 그는 안팎의 공격과 모진 역경 속에서도 묵묵히 주님의 충성된 종으로 일했다.

그는 환난을 통해서 오히려 위로함을 받았다. 그 위로는 자기 스스로 얻은 것이 아니고 하나님으로부터 나온 것이었다. 그는 하나님이 자기와 함께하셔서 큰 사망에서 건질 것을 믿었다. 그는 주님을 위한 고난이 클수록 위로가 더욱 넘치는 것을 체험했을 뿐 아니라 어려움 중에 있는 다른 사람들을 위로할 수 있는 힘을 얻게 되었다. 그는 지금 고난을 당하면서도 어려운 가운데 있는 고린도 교회 형제들을 위로하고, 그들로 하여금 이 고난과 위로의 역사에 동참하도록 권고하고 있다. 고난받는 형제들을 위해서 기도하라는 것도 바로 위로의 역사에 동참하는 것이다.

그리스도인은 이 땅에서 주님을 위해 헌신해야 하는 종들이다. 종들은 주인으로부터의 위로를 가장 큰 것으로 여긴다. 주님은 오늘도 우리의 고통을 한시라도 잊지 않고 위로로서 채워주신다. 주님은 바로 위로의 하나님이기 때문이다.

제 3 부

불순종의 악순환, 그 고리를 끊는 방법

제 11 장
당신도 실수할 수 있다

'실패는 성공의 어머니'라는 말이 있다. 인간은 누구나 실패의 경험이 있다. 실패를 거울삼아 미래를 보다 바르고 건전하게 설계하면 그 실패가 교훈적 가치가 있지만 실패로 인해 자포자기에 빠지면 그 실패는 참담한 결과밖에 가져다주지 않는다.

우리 신앙의 선배들에게 공통된 점이 있다면 그들 모두 실패를 경험했다는 사실이다. 그들은 실수도 많았고 창피도 당했다. 성경은 인간 실패의 기록이라 할 만큼 실패의 모습들이 한 치 숨김없이 그대로 소개되어 있다. 그러나 그들은 그 가운데서 회개하고 자신의 연약함을 인정하며 더욱 하나님께 나아감으로써 실패의 경험을 통해 그들의 신앙이 더욱 성숙되는 계기가 되었다.

성경은 인간이 하나님의 생각보다 자기의 생각을 앞세우다가는 실패할 수밖에 없음을 가르쳐 주고 있다. 그리고 하나님의 생각, 하나님의 방식으로 돌아와 주 안에서 믿음으로 살도록 일깨워주고 있다. 하나님은 실패를 통해 믿음을 연단시키신다. 그러므로 우리는 실패를 실패로 끝나게 해서는 안 된다. 그것이 미래의 신앙성숙을 위한 도약대가 된다는 것을 인식하고 자신을 더욱 연단시켜 주님 앞에 정금 같은 믿음의 소유자로 설 수 있도록 해야 한다. 우리 신앙의 선배들이 가진 대표적인 경험 몇 가지를 들어 교훈을 받고자 한다.

1. 아브라함의 실수

성경은 아브라함을 한마디로 상습적인 거짓말쟁이로 소개하고 있다. 그는 애굽 왕에게 자기 아내를 누이라 속였다. 속은 것을 안 왕은 단호하게 아브라함을 꾸짖었다. "네가 어찌하여 나를 이렇게 대접하였느냐 네가 어찌하여 그를 네 아내라고 내게 고하지 아니하였느냐 네가 어찌 그를 누이라 하여 나로 그를 취하여 아내를 삼게 하였느냐"(창12:18－19). 이 말씀은 아브라함이 바로 앞에서 창피를 당하고 있음을 보여주고 있다. "네가 어찌하여"라는 말이 여러 번 반복되고 있는 것은 꾸짖음의 강도가 아주 컸음을 나타낸다.

아브라함은 그 소리를 들을 때마다 가슴이 내려앉았을 것이다. 더욱이 하나님을 믿는 사람이 이방사람들 앞에서 거짓말쟁이라는 딱지가 붙게 되었으니 그 창피함은 말할 나위가 없다. 성경학자들은 이후로 아브라함이 애굽에 대해 기가 꺾인 상태로 살았다고 적고 있다. 또는 그는 불레셋 왕 아비멜렉에게도 자기 아내를 누이라 속임으로써 그가 상습적인 거짓말쟁이라는 것을 성경은 입증하고 있다.

아브라함이 거짓말을 하게 된 것은 보기에는 애굽 왕에 대한 인간적인 두려움 내지 공포감 때문이지만 근본적으로는 하나님에 대한 신뢰가 적었기 때문이다. 이것은 그의 믿음이 아직 성숙되지 못했음을 보여준다. 그는 가나안 땅에 기근이 들자 굶어죽지 않기 위해 애굽으로 갔다. 가나안 땅에 기근을 보낸 것은 이 기근 가운데서도 하나님이 너를 보호하신다는 사실을 보여주기 위한 것이었는데 그는 그만 인간적인 생각으로 하나님이 약속한 땅을 떠나 애굽으로 간 것이다. 이 애굽행부터가 잘못된 것이다.

결국 그는 애굽 땅에서 수모와 창피를 겪고 난 다음 가나안 땅으로 돌아왔다. 그리고 다시는 약속의 땅 가나안을 떠나지 않았다. 하나님은 그의 가나안 삶을 복되게 하셨다. 야과 소가 많아 조카 롯을 분가시킬 만큼 물질적인 복을 주셨고 약속하신 후사 이삭도 낳게 하셨다. 아브라함은 이삭을 하나님 앞에 바칠 만큼 신앙도 크게 성숙하였다. 이삭이 족장이 되었을 때 그 땅에 다시 기근이 들었다. 하나님은 그에게 명령하셨다. "애굽으로 내려가지 말고 내가 네게 지시하는 땅에 거하라 이 땅에 유하면 내가 너와 함께 있어 네게 복을 주리라"(창26:2 − 3). 아브라함이 범한 실수를 다시 범해서는 안 된다는 것이다.

2. 다윗의 실수

성경은 다윗이 가는 곳마다 아내를 삼는 한마디로 여자를 밝히는 사람으로 소개하고 있다. 성경은 한 남자에게 한 여자라는 원칙이 하나님의 법칙임을 보여주고 있다. 아담에게도 하와 한 사람뿐이다. 이 원칙은 왕이라 해서 예외일 수 없다. 하나님을 두려워하는 왕일수록 하나님의 법을 더욱 철저히 지켜야 한다.

다윗이 여러 아내를 두었다고 해서 그것이 모범이 되는 것은 결코 아니다. 한 남자가 여러 여자를 거느리는 것은 성경적이 아니기 때문이다. 다윗은 원래 사울 왕의 딸 미갈과 결혼한 유부남이었다. 그런데 그는 나발의 처 아비가일을 그의 아내로 삼았는가 하면 아히노암을 아내로 삼았고 마아가, 학깃, 아비달, 에글라 등을 아내로 삼았다. 그래도 그는 이들을 아내로 맞으면서 결혼이라는 정당한 절차를 밟았다.

다윗은 아내를 삼는 문제에 있어서 결정적 실수를 하기 이른다. 우리아의 아내 밧세바를 강제로 빼앗은 것이다. 우리아는 다윗에게 충성을 바친 용사(삼하23:39; 대상11:41)였다. 그는 이스라엘 사람도 아닌 헷사람이었지만 여호와를 섬겼고, 하나님의 종이라 생각되는 다윗의 편에 서서 열심히 싸웠다. 우리아라는 이름은 '여호와는 나의 빛이다'는 뜻을 가지고 있다. 이 뜻에 비추어 볼 때 그의 열심과 충성은 다윗 개인에게보다는 여호와에 대한 충성이었음을 알 수 있다. 마태복음에 기록된 예수님의 가계에서 솔로몬의 어머니를 밧세바라 하지 않고 '우리아의 아내'(마1:6)라고 한 것은 하나님께서 그의 믿음을 크게 보셨음을 입증하고 있다. 다윗이 밧세바와 사건을 벌이고 있었을 때도 우리아는 암몬과의 전투에서 충성을 다하고 있었다.

밧세바의 임신으로 사태가 심각해지자 다윗은 전선에 있던 우리아에게 휴가를 주어 밧세바와 동침케 하려는 계교를 꾸몄다. 그러나 임무에 충실했던 우리아는 끝내 집에 가서 쉬지 않았다. 우리아의 의지를 꺾지 못하자 우리아에게 술자리를 베풀어 취하도록 한 다음 무의식적으로라도 이 일이 성사되기를 바랐다. 그러나 그 계략도 실패했다. 결국 다윗은 우리아를 최전방에 보내 죽도록 한 다음 밧세바와 결혼함으로써 죄를 범했다.

다윗은 우리아의 죽음으로 모든 것이 일단락된 것으로 착각하고 있었다. 그것은 어느 누구도 알 수 없는 완전범죄였다. 그러나 하나님까지 속일 수는 없었다. 그때까지만 해도 그는 전혀 회개의 빛을 보이지 않았다. 하나님은 나단 선지자를 보내 그의 죄를 엄중히 경고하였다.

"너는 작은 암양 새끼를 딸처럼 키우는 가난한 자의 양을 빼앗은 바로 그 사람이다. 하나님이 처들을 네 품에 두었으며 이것도 부족하며 하나님이 더 주었을 것이어늘 네가 하나님의 말씀을 업신여기고 우리아를 죽게 하고 그 처를 빼앗았으니 칼이 네 집에서 떠나지 아니하리라 너는 은밀히 행하였으나 하나님은 백주에 이스라엘 무리 앞에서 네 처를 다른 사람에게 주어 백주에 그들이 네 처와 동침하리라"(삼하12:1-12). 다윗은 하나님 앞에서 창피를 당했다. 그는 그의 잘못을 인정하지 않을 수 없었다. 다윗은 "내가 하나님께 죄를 범했나이다." 고백하고 죄를 철저히 회개했다. 밧세바 사건으로 태어난 아이의 죽음, 그의 딸 다말에 대한 강간 사건과 이어지는 압살롬의 살인과 반역, 다윗의 열 후궁과 백주에 동침하는 압살롬, 압살롬의 죽음 등은 다윗의 죗값으로 인한 하나님의 진노의 채찍이었다.

다윗은 그 후 이 같은 일을 하지 않았다. 상한 심령으로 회개하고 하나님 앞에 바르게 살고자 함으로써 훗날 하나님은 그를 가리켜 '내 마음에 합한 자'라는 이름을 얻게 되었다. 그는 실패를 성숙의 발판으로 삼은 것이다. 하나님은 은밀한 가운데 행하는 우리의 일들을 살피시고 주시하신다. 우리는 결코 주의 낯을 피할 수 없다. 다윗은 이 사건을 통하여 이것을 깨닫고 이렇게 고백하고 있다. "내가 주의 신을 떠나 어디로 가며 주의 앞에서 어디로 피하리이까 내가 하늘에 올라갈지라도 거기 계시며 음부에 내 자리를 펼지라도 거기 계시나이다 내가 새벽 날개를 치며 바다 끝에 가서 거할지라도 곧 거기서도 주의 손이 나를 인도하시며 주의 오른 손이 나를 붙드시리이다"(시139:7-9). 이 고백의 시는 그가 완전 범죄를 계획했던 모습과는 너무나 다르다. 그만큼 성숙했기 때문이다.

3. 베드로의 실수

베드로는 예수님의 열두 제자 가운데 수제자로 꼽히는 사람이다. 예수님에 대한 그의 충성심은 어느 누구도 따를 수 없을 만큼 그의 말과 행동은 언제나 주님을 향한 열심히 가득 차 있었다. 예수님께서 "오늘 밤 너희가 다 나를 버리리라(나를 인하여 실족하리라)." 하실 때에도 베드로만큼은 "다 주를 버릴지라도(실족할지라도) 나는 언제든지 버리지 않겠나이다." 공언할 정도였다. 누가복음 22장 33절에 따르면, 베드로는 "주여 내가 주와 함께 옥에도, 죽는 데도 가기를 준비하였나이다."라고 말한다. 예수님은 "오늘 밤 닭 울기 전에 네가 나를 세 번 모른다고 부인하리라." 예언하셨다. 베드로는 "내가 주와 함께 죽을지라도 주를 부인하지 않겠나이다." 하고 힘주어 말했다. 다른 제자들도 이와 같이 말했다.

그럼에도 불구하고 베드로는 결정적 실수를 범했다. 예수님이 잡히실 때 그는 다른 제자들처럼 예수를 버리고 도망했고, 예수님이 대제사장의 집 뜰에서 심문을 받고 있을 때도 멀리 서서 그 결국을 보고자 하다가 문 지키는 종이나 다른 여종들로부터 "너도 예수와 한 패"라고 추궁을 당하자 "나는 아니다. 네 말하는 것이 무엇인지 알지도 못하고 깨닫지도 못하겠노라." 하다가 급기야는 맹세하면서까지 "나는 그 사람을 알지 못한다." 했고, 심지어 예수를 부인하고 저주하였다. 그때 예수님이 말씀하신 대로 닭이 울었다.

그 순간 베드로는 예수님의 말씀이 생각났고 통곡하지 않을 수 없었다. 예수님은 평시 제자들에게 "누구든지 이 음란하고 죄 많은 세상에서 나와 내 말을 부끄러워하면 인자도 아버지의 영광으로 거룩한 천사들과 함께 올 때에 그 사람을 부끄러워하리라." 하셨다. 주님을 부끄러워하고 부인하는 것은 결코 작은 죄가 아니다.

사랑의 주님은 부활하신 후에 베드로에게 나타나셨다. 베드로는 밤에 제자들과 함께 갈릴리 바다에서 고기를 잡고 있었다. 그날따라 고기가 잡히지 않았다. 그 가운데 주님이 나타나셔서 "그물을 배 오른편에 던지라 그리하면 얻으리라." 하셨다. 말씀대로 행했을 때 고기가 많아 들 수 없을 정도였다. 그때 한 제자가 "주님이시다."라고 외치자 베드로는 주님이라는 말을 듣고 창피하여 바다로 뛰어내렸다. 차마 주님 앞에 얼굴을 들 수 없었기 때문이었다. 그는 자기의 실수를 익히 알고 있었다. 주님은 "왜 나를 부인하고 저주했느냐?" 따지지 아니하셨다. 오히려 배고픈 제자들에게 153마리의 고기를 잡게 하셨다.

한국의 모나미 회사 사장은 자기에게도 베드로와 같은 사랑을 주신 것에 감사하여 그가 생산하는 볼펜의 트레이드마크를 '모나미 153'이라 하였다. 모나미란, '나의 친구 되시는 주님'이라는 뜻이며 153은 베드로에게 허락한 153마리의 물고기를 가리킨다.

주님은 그의 죄를 묻지 않으시고 그를 다시 주님의 사역자로 삼으셨다. 처음 그를 제자로 삼으실 때 그를 향하여 사람을 낚는 어부가 되게 하시겠다고 하시더니 부활 후 그를 다시 세우시고 "내 양을 치라." 세 번씩이나 명령하셨다. 세 번씩이나 내 양을 치라고 하신 것은 그가 예수를 모른다고 세 번씩이나 부인했던 만큼이나 다짐하고 다짐히는 강한 명령인을 나타낸다.

그 후 그는 크게 달라졌다. 부활하신 예수를 담대히 전파하다 요한과 함께 붙잡힌 베드로는 예수님이 심판받던 그 자리에 담대하게 서서 그들에게 외쳤다. "너희와 모든 이스라엘 백성들은 알라 너희가 십자가에 못 박고 하나님이 죽은 자 가운데서 살리신 예수 그리스도의 이름으로 이 사람이 강건하게 되어 너희 앞에 섰느니라"(행 4:10). 이제 그는 예수를 모른다고 세 번씩이나 부인했던 과거의 약한 자가 아니다. 오히려 주님 때문에 힘을 얻어 전도할 수 있을 만큼 강한 자가 된 것이다. '건강하게 되었다'는 것은, 그가 잃었던 주님을 다시 발견하고 거듭나 전혀 새로운 인물이 되었음을 의미한다.

베드로는 결국 주님을 위해 순교한 위대한 인물이 되었다. 일설에 의하면 네로 당시 기독교인에 대한 박해가 심해지자 그는 피신 길에 올랐다. 로마를 떠나고자 아피안 도로를 따라 황급히 걸어가고 있을 때 그는 문득 십자가를 메고 로마로 가고 있는 주님의 환상을 보았다. 놀란 그는 "주님 지금 어디로 가시나이까?"(Quo vadis)라고 물었다. 주님은 다시 못 박히기 위해 로마로 가는 길이라 대답하셨다. 그때서야 잘못을 깨달은 그는 "주여 내가 당신과 함께 십자가에 못 박히러 로마로 가겠나이다."라고 결심하게 되었다. 베드로가 회심한 그 장소에 지금 도미네(Domine) 교회가 서 있다. 베드로는 주님의 사랑을 감당할 수 없어 십자가에 거꾸로 매달려 순교함으로써 주님을 향한 그의 충성을 입증하였다. 실패의 경험이 그를 더욱 주님의 사람으로 만든 것이다.

인생에서의 실패 경험은 이들에게만 한정된 것은 아니다. 모세도 그랬고, 바울도 그랬다. 그러나 그들이 우리에게 남겨준 교훈은 실패를 통하여 신앙이 성장되고 성숙되었다는 것이다. 우리가 그들과 같은 상황에 처한다면 그들과 같지 않을 사람이 하나도 없다. 오히려 그들보다 더할 것이다.

우리는 지금도 아브라함처럼 애굽으로 내려가고, 다윗처럼 범죄하며, 베드로처럼 피하고 있다. 그리고서도 주님을 아주 태연하게 맞고 있다. 주님이 지적하시기 전까지 다윗처럼 모른 채 할 것인가? 우리는 주 앞에 무릎을 꿇고 "주여 내가 주님 앞에 범죄하였나이다." 고백할 수 있어야 한다.

주님은 고하는 입술, 그 상한 마음을 기뻐 받으신다. 자기 뜻만을 내세웠던 과거의 삶을 회개하고 주님께 돌아오는 그 순간부터 신앙은 자라고 성숙한다. 우리는 실패를 실패로 그치게 해서는 안 된다. 그 실패를 딛고 일어서 주님과 함께 승리할 수 있는 차원 높은 신앙을 소유해야 한다. 우리가 변화된 삶을 보일 때 주님은 기뻐하시고 우리를 받으시며 신앙의 풍성한 열매를 맺게 하신다.

제 12 장
나는 예외라고 생각하지 말라

혹시 나는 영적 문제를 가지고 있지 않다고 생각하지 않는가? 그것은 다른 사람의 문제이며 나와 전혀 상관이 없다고 생각하지 않는가? 다른 사람들에게 어떤 문제가 일어나면 그것은 그들의 문제라고 치부해 버리지 않는가? 그렇다면 그것은 자신을 영적인 무관심 상태에 스스로 빠뜨리는 일이 될 것이다. 성경은 나 자신을 예외에 두지 말라고 하신다.

우리는 흔히 누가 사고를 당하거나 불행한 일을 당하면 그 사람들에게 문제가 있다든가 죄가 많기 때문에 그렇다 치는 버릇이 있다. 더욱이 그들을 비난함으로써 자기는 그러한 부류가 아닌 것처럼 말하기도 한다. 누가복음 13장 1-5절의 말씀은 바로 이러한 인식과 태도가 잘못되었음을 가르쳐 주고 있다.

1. 바리새인들의 문제점, "나는 다르다"

신앙생활에 관한한 어느 누구보다 철저하고 스스로 거룩하고 성별되었다고 생각하는 바리새인들에게 예수는 매우 못마땅한 존재였다.

왜냐하면 그들의 많은 신앙습관과 태도를 질타하고 잘못되었다고 말하기 때문이다. 예수는 그들의 잘못된 생각과 태도를 바로잡아주어 회개에 이르고 그에 합당한 열매를 맺도록 했으나 예수의 지적에 대해 겸손하게 받아들이기는커녕 화를 내고 예수를 죽이고자 하였다.

누가복음 13장 1-5절의 내용은 바리새인들이 가진 여러 문제점 가운데 하나를 든 것이다. 당시 바리새인들은 죄를 지으면 누구든 현세에서 그에 상응하는 벌을 받는다고 생각했다. 즉 불행을 죄의 결과로 본 것이다. 요한복음 9장 2-3절을 보면 제자들마저 소경으로 난 것이 누구의 죄 때문이냐고 묻는 장면이 나온다. 유대 랍비들은 야곱처럼 아기가 모태에서 죄를 지을 수 있고 그 죄 때문에 때로는 육체적인 병을 가지고 태어난다고 가르쳤다. 또는 부모의 죄 때문에 자식이 병을 얻을 수 있다고 가르쳤다. 이것은 인과응보적인 생각이기 때문에 인간의 합리적인 생각으로는 그럴 수 있고, 그런다 해도 어쩔 수 없는 것으로 이해한다. 그러나 이 부분에 대해서도 예수는 단호하게 그 사람이나 그 부모의 죄 때문이 아니라 그에게서 하나님의 하시는 일, 곧 능력과 사랑을 나타내고자 함 때문이라고 가르쳤다. 불행을 죄의 결과만으로 보지 않았다.

그러나 바리새인들은 이와는 달리 그 사람이나 그 부모의 죄 때문에 고통을 당하는 것이며, 사고나 불행으로 죽은 사람들은 자기들보다 더 죄가 많아 죽었다는 교만한 생각을 갖고 있었다. 예수는 교만한 그들의 마음을 꿰뚫어 보고 다음과 같은 두 사건을 통해 회개하도록 촉구하였다. 이 일에 대해서 우리도 결코 예외가 아니다.

2. 빌라도의 피의 제사 사건,
"그들뿐 아니라 너희 모두 죄인이다."

바리새인으로 보이는 두어 사람이 예수를 찾아와 빌라도의 사건을 들어 예루살렘서 일어난 뉴스를 전해주었다. 그들이 이 뉴스를 전한 것은 "이런 일이 있으니 예루살렘에는 올라가지 마시오."라는 경고의 뜻도 포함되어 있었다. 사건인즉 빌라도가 갈릴리 사람들을 죽여 그 피를 그들이 드리는 희생제물과 함께 섞어 제사를 드렸다는 것이다.

로마관헌인 빌라도는 관할지역에 로마군병을 주둔시키고 주민에 대한 생사권·통치권·주요 문제에 대한 결정권을 가지고 있었다. 빌라도가 헤롯의 관장 아래 있는 갈릴리 사람들을 죽인 것은 빌라도와 헤롯 사이가 아주 나쁠 뿐 아니라 빌라도가 얼마나 악한가를 보여준다. 그가 얼마나 많은 사람을 죽였는가는 명기되어 있지 않아 알 수 없으나 제물을 잡듯 각을 떠 죽였을 뿐 아니라 죽은 사람들의 피를 그들의 제물과 함께 섞어 드렸다. 로마식 제사에 따르면 제물(동물)에서 피를 받아 그 피를 태양신에게 드림으로써 신을 경배하고 무사태평하기를 빌며 길흉화복을 점쳤다. 이 제식에서 동물의 피에 사람의 피를 섞어드림으로써 예식의 의미를 강화한 것으로 보인다. 리빙 바이블은 그들이 예루살렘 성전에서 이같이 희생제물을 드린 것으로 기록하고 있는데 이것은 성전 제단이 살육의 장소로 사용됨으로써 성전이 더 이상 거룩한 장소가 되지 못했음을 보여주고 있다. 이것은 또한 빌라도가 얼마나 악했는가를 보여준다.

갈릴리 사람들이 왜 이처럼 죽임의 대상이 되었는가? 이에 대한 기록은 없어 상상을 할 수밖에 없지만 해석은 여러 가지이다. 제일 우세한 해석은 빌라도가 예루살렘 사람이 아니라 헤롯의 사람을 죽임으로써 헤롯에 정치적 보복을 가함은 물론 도전의 의미가 담겨 있다는 것이다. 이 밖에도 몇몇 갈릴리 사람들이 성전에서 제물을 드리는 가운데 빌라도의 군사들에게 살해되자 그들의 피가 제물의 피에 섞이게 되었다든가, 로마의 제사에서는 깨끗한 제물의 피를 드리는데 거기에 사람의 피를 더할 경우 제사의 의미가 더할 것으로 판단했고 그 대상을 갈릴리 사람으로 정함으로써 문제의 심각성을 줄이고자 한 것이라는 것 등이 있다.

이스라엘 사람들은 이 사건을 접하고 처음에는 충격을 받았을 것이다. 어찌 사람을 동물처럼 죽이며 사람의 피를 제물로 드릴 수 있느냐고 개탄했을 것이다. 로마인들로부터 이런 일을 당한 것은 피압박민족이기 때문이라고 분개도 하고 좌절감에 사로잡혀 있기도 했을 것이다. 그러나 시간이 지나면서 빌라도 총독에 대한 원망보다 "왜 하필이면 그들이 죽게 되었을까?"를 놓고 그들이 그럴만한 죄가 있기 때문일 것으로 보기 시작했다. 이러한 생각은 당시 유대인들에게 있어서 보편적인 것이었다. 심지어 우리도 이와 유사한 생각을 하기도 한다. 죽은 사람들이 당한 불행은 그 불행을 당할 만한 이유, 곧 죄가 컸기 때문에 보응을 받았다는 생각이 바로 그것이다. 그들을 죄인으로 몰면서 지금 건재한 자기들은 죄가 없어 그런 일을 당하지 않았다고 자위하는 것이다. 나는 죄가 없다든가 그들보다 낫다고 하는 것은 교만에 해당한다. 바리새인들은 이러한 교만에 빠졌다.

이것은 두 가지 점에서 문제가 된다. 첫째, 결국 그들의 죽음은 마땅한 죽음이거나 피할 수 없는 죽음으로 귀결시킴으로써 빌라도의 행실을 묵인하는 결과를 초래했다는 점이다. 가해자나 권력자를 죄 없다 하고 피해자만 나쁘게 보려는 이러한 태도는 사실상 말도 안 되고 모순되는 것이다. 바리새인들은 이런 모순에 빠져 있다. 둘째, 죽은 사람들을 죄인으로 몰아댐으로써 자기들을 미화시키는 잘못을 범했다는 점이다. 남은 죄인으로 묶어두고 자기를 죄 없는 의인으로 생각하거나 선인으로 행세하는 것은 매우 잘못된 것이다. 예수는 이 교훈을 통해서 우리의 이 같은 마음을 고치도록 하신다.

바리새인들의 의도나 마음의 생각을 잘 아는 예수님은 "너희는 이 갈릴리 사람들이 이같이 해 받음으로써 다른 모든 갈릴리 사람보다 죄가 더 있다고 생각하느냐?" 묻고 "아니다! 너희도 만일 회개치 아니하면 다 이같이 망하게 된다."고 하였다. 예수는 죽은 갈릴리 사람들과 죽지 않은 다른 모든 갈릴리 사람들과 비교하고 죽지 않은 사람들은 죄가 없어 지금 건재한 것이 아니라고 봄으로써 죽은 사람들을 나쁜 죄인으로 몬 일반인들의 생각을 뒤집어 놓았다. 예수는 "그들뿐 아니라 너희 모두 죄인이다."(all of you are sinners)고 못 박고 회개하지 않는 개인·국민·나라는 모두 최후심판 때 영원히 멸망할 것을 강조하였다. 열매 맺지 못하는 무화과나무가 찍어버림을 당하게 될 것을 말하는 예수의 비유(눅13:6-9)는 바로 이것을 가리킨다. 회개하지 않을 경우 영벌, 곧 사망이 기다리고 있으므로 마음을 변화시키고, 죄악의 길을 떠나 하나님께 돌아오라고 그들을 촉구하고 있는 것이다.

미국 민주당 대통령 선거 유세 때 섹스 스캔들 때문에 중도에서 포기하고 얼마 후 재기하려든 게리 하트(G. Hart) 상원의원이 "우리는 모두 죄인입니다. 과거의 잘못을 용서하고 후원해 주십시오."라고 하자 미 국민의 반응은 냉담했다. 사람은 "당신도 똑같은 죄인입니다."라고 말하면 "참 그렇습니다." 긍정하기보다 그렇게 말하는 사람을 싫어하게 된다. 그만큼 우리 마음은 완악하다. 니느웨 사람들은 "너희 죄가 크다."는 요나의 말을 들었을 때 전국적으로 회개하는 운동을 했고, 결국 구원을 받았다. 지금도 이라크의 니느웨 지방 사람들은 요나를 존중하고 그를 기리고 높인다. 우리에게 필요한 것은 이러한 회개이다.

3. 실로암 망대 붕괴사건,
"너희도 회개하지 않으면 망한다"

예수는 빌라도 사건에 대한 언급에 이어 실로암 망대(tower)가 무너져 사람이 죽게 된 사건을 언급함으로써 똑같은 교훈을 주고자 하였다. 이 사건은 예수 당시에 있었던 것으로 앞서의 사건이 일어난 때와 그 시기가 비슷한 것으로 추측되고 있다.

다윗 왕 때 예루살렘에는 기혼 샘과 에느로겔 샘 등 두 샘밖에 없었다. 에느로겔 샘은 '여행자의 샘'이라는 뜻을 가지고 있으며, 압살롬 난 때 다윗의 두 정탐꾼이 머문 곳(삼하17:17)이자 아도니야가 이 근처에서 음모를 꾸민 곳(왕상1:5-9)이다. 기혼 샘은 '강줄기'라는 뜻을 가지고 있는데 에덴동산에 있는 기혼 강(창2:13)과 이름이 같다. 기혼 샘은 솔로몬이 기름부음을 받은 예루살렘 교외의 샘(왕상1:33-45)으로 다윗 성벽 바로 밑 기드론 골짜기에 있으며 히스기야 때 중요한 수원(대하32:30) 역할을 했다. 훗날 히스기야 왕은 땅굴을 파고 지하 수로를 만들어 기혼의 샘물을 예루살렘 성안으로 끌어들이고 실로암 저수지, 곧 실로암 못을 만들었다(왕하20:20;요9:7). 실로암이란 '보냈다.', '도움을 주었다.'는 뜻을 가지고 있다. 예수가 소경의 눈에 진흙을 발라 가서 씻도록 한 곳(요9:1-11)이기도 하다. 실로암 망대는 이 지역의 안전과 보호를 위해 건설된 것이다. 그런데 이 망대가 무너져 열여덟 사람이 치어죽은 사건이 일어난 것이다. 그 죽음은 우연이었고 갑작스런 것이었다. 그들이 죽게 된 원인은 망대의 잘못됨에 있었다. 샘가에 사람들이 모이는 것은 당연하므로 망대관리를 잘 했어야 함에도 불구하고 망대에 대한 수리 및 보존이 잘 되지 못해 사고가 난 것이다.

사람들은 처음에 망대관리를 잘하지 못해 그런 일이 일어났다고 생각했을 것이다. 로마정부가 세금은 곧장 거두어 가면서 왜 이런 것쯤 수리하지 못했는가 하며 정부를 비난도 했을 것이다. 이스라엘이 로마 정부의 손아래 있었기 때문에 제대로 보수될 수 없었다고 자조와 탄식 그리고 분노도 했을 것이다. 그러나 그것은 강한 로마정부에 대한 것이었으므로 함부로 입을 열어 공격할 수 없었다.

사람들은 점차 망대문제는 차치하고라도 "왜 하필이면 그 사람들이 죽게 되었을까?"에 대한 생각에 빠지게 되었다. 유대 랍비들의 가르침대로 그 사람들이 뭔가 크게 잘못했기 때문에, 죄가 컸기 때문에 하나님이 보응하신지도 모른다는 생각이 앞서게 되었다. 잘못을 죽은 사람에게 돌리고 그들을 극악한 죄인들(the worst sinners)로 만듦으로써 자기들은 그런 축에 끼이지 않았고 하나님의 보호를 받은 것으로 위로를 삼았다. 자기들이 이같이 당하지 않은 것은 자기들이 신앙생활을 잘 했기 때문이라 자위하면서 자기를 미화하고 스스로를 의인으로 만들었다. 이것은 사람들이 얼마나 위선적인가를 보여준다.

예수의 태도나 말씀은 이런 사람들의 그것과 전혀 다르다. 예수는 "망대가 무너져 치어 죽은 열여덟 사람이 예루살렘에 거한 (죽지 않은) 모든 사람보다 죄가 더 있는 줄 아느냐?" 묻고 "아니다! 너희도 회개하지 않으면 다 이와 같이 망하게 된다." 하셨다. 예수는 죽은 예루살렘 사람과 죽지 않은 다른 모든 예루살렘 사람들과 비교하고 죽지 않은 사람들은 죄가 없어 지금 살아 있는 것이 아니라고 말함으로써 죽은 사람들을 죄인으로 간주한 일반인들의 생각을 뒤집어 놓았다. 예수는 그들의 죄가 커서 죽은 것이 아니라 너희도 똑같이 다 죄인이라는 것을 지적하셨다. 그리고 스스로 믿음 있다 자족하지 말고 회개해야 한다는 것을 가르치셨다. "꿈에서 깨어나라 이 위선자들아." 이것은 이 세대를 향한 주님의 질책이다.

4. 어떤 교통사고

어떤 교수 부인이 미국에서 교통사고로 죽었다. 그 교수는 믿음이 독실하다는 다른 교수에게 이러한 과거 사실을 말할 기회를 갖게 되었다. 그러자 이 말을 들은 교수는 대뜸 "부인이 죄를 지었기 때문에 하나님께서 치신 것이다. 실로암 망대 사건을 보라. 예수님이 '이와 같이 망한다.' 하지 않았느냐. 죄가 커 망한 것이다."라고 결론을 내렸다. 이 말을 들은 교수는 "죄가 있으면 내가 더 있는데 왜 그 사람만 당해야 하는가? 하나님께서 치신 것이라면 하나님은 공평치 않은 분이다. 도저히 이해가 안 간다. 양 교수는 어떻게 생각하는가?" 물었다.

나는 두 교수의 대화를 듣고 먼저 실로암 사건에 대한 이해를 바로 하여 말씀을 잘못 사용해서는 안 되며 죽은(당한) 사람만 치는 잘못을 범해서는 안 된다고 생각하고 칼빈의 말을 소개하였다. "하나님은 사람을 각가지 모양으로 부르신다. 건강하게 잘 살게 하다가 부르기도 하고, 재난을 당하여 부르기도 하신다. 모두 건강하게 잘 살다가 죽기를 바라고 있다. 하지만 환난 가운데 죽었다고 해서 그렇지 않은 사람보다 죄가 커 죽은 것은 결코 아니다."

세상 사람들뿐 아니라 심어지 믿는 사람들이라 할지라도 그들이 죄가 있기 때문에 이 세상에서 고통을 당한다고 생각한다. 물론 그런 경우도 있을 것이다. 그러나 모든 경우를 그렇게 생각한다면 문제가 아닐 수 없다. 욥이 고난을 당했는데 그것은 그의 죄 때문인가? 풀무 불에 들어간 다니엘의 고통은 그의 죄 때문인가? 예수는 자기의 죄 때문에 십자가의 고난을 당했는가? 결코 그렇지 않다. 칼빈 당시 수만의 유그노들(프랑스 개신교들)이 로마 가톨릭교도들로부터 무참히 살해당했다. 가톨릭교도들은 그들의 죄가 컸기 때문이라고 저주했다. 그러나 하나님은 결코 그렇게 판단하지 않으실 것이다.

5. 남에게 돌린 손가락을 이젠 나에게로

그러면 우리는 어떤 자세를 가지고 있어야 하는가? 그 몇 가지를 살펴보면 다음과 같다.

첫째, 신앙의 오만, 육신의 오만을 버려야 한다. 우리가 잘 살게 되면 가난하고 어렵게 살던 때를 잊어버린다. 우리가 살찌고 부하고 윤택해지면 우리를 살찌게 하고 소중히 돌보아주신 분을 잊어버리기 일쑤다. 마음속에 교만이 들어차 스스로 잘나고, 스스로 흠 없고, 스스로 믿음 있는 체 한다. 남이 잘못되면 속으로 고소해하거나 뭔가 죄가 있었기 때문이라고 예단한다. 교만하게 다른 사람을 정죄하고 자기는 그와는 다르다고 생각한다. 예수는 가르치신다. "비판하지 말라 너희의 비판하는 그 비판으로 너희가 비판을 받을 것이요 너희의 헤아리는 그 헤아림으로 너희가 헤아림을 받을 것이니라"(마7:2). 이스라엘에 대한 주님의 책망 내용은 우리에게서도 나타난다. 주님은 우리가 부를 얻을 때 거만해지지 않도록, 명예를 얻을 때 교만해지지 않도록, 형통하는 복과 건강의 복을 누릴 때 오만해지지 않도록 십자가를 사용하셔서 우리의 이 같은 육신의 오만, 신앙의 오만을 제지하고 진압하신다.

둘째, 나도 그들과 똑같은 죄인인 것을 고백해야 한다. 다른 사람이 화를 당한 것을 보면 그들을 정죄하기 앞서 나도 똑같이 죄인인 것을 인식하고 하나님 앞에 낮아지고 겸손해야 한다. 남의 티를 보기 전에 자신의 들보를 먼저 보는 사람이 하나님 앞에 바른 사람이다. 예수는 너희 모두가 다 죄인인 것을 지적하였다. 무참하게 죽은 갈릴리 사람들이 다른 모든 갈릴리 사람들보다 죄가 많아 죽은 것이 아니며, 망대가 무너져 죽은 사람들이 다른 모든 예루살렘들보다 죄가 많아 죽은 것이 결코 아니다. 우리도 그들 못지않게 큰 죄를 범한 사람들이다. 우리는 주님 앞에 겸손히 나아와 무릎을 꿇어야 한다. 우리는 결코 남과 다르지 않다. 우리는 모두 주 앞에 죄인일 뿐이다. 이러한 고백을 통해 먼저 자신을 돌아보고 자신의 위치를 발견할 줄 알아야 한다.

셋째, 회개를 해야 한다. 죄인에게 필요한 것은 회개뿐이다. 나의 죄인 됨을, 오히려 나의 죄가 더 큰 것을 주께 고백하고 회개해야 한다. 주님은 이 두 사건을 통해서 다음과 같이 결론을 내리신다. "너희에게 이르노니 만일 회개하지 아니하면 망하리라." 주님은 우리에게 회개해야 한다고 말씀하신다. 주님은 지금도 우리가 회개하기를 기다리고 있다. 주님은 지금도 길이 참으시고 우리가 참으로 주님 앞에 돌아오기를 기다리고 있다. 주의 날이 임하기 전에 회개해야 한다. 그때는 이미 늦다.

끝으로, 죽은 영혼(환난 당한 영혼)을 위해 기도할 뿐 아니라 자신도 더 이상 죄 속에 살지 않도록 변화된 모습을 가져야 한다. 스스로 죄악의 길(evil ways)을 떠나 변하여 새 사람이 될 뿐 아니라 더 이상 죄악 속에 살지 않도록 스스로 다짐하고 주께 매달리며 다른 사람으로 하여금 주의 말씀을 듣고 살도록 전도하고 권면해야 할 것이다.

우리 모두 남을 향해 손가락질하던 그 손을 이제부터는 자신에게 돌리는 성숙한 신앙인이 되어야 한다. 그래야 영적인 전환을 맞을 수 있다.

제 13 장
신앙은 시험과 유혹과의 전쟁이다

1. 여기저기 널려 있는 덫

사람은 누구나 완전하지 않다. 그리스도인이라 할지라도 조금만 상황이 달라지면 지금까지 쌓아온 믿음과는 전혀 다른 행동을 할 가능성이 있다. 목회자는 물론이고 신학생, 크리스천 대학생 등도 사건 기사의 주인공이 되어 매스 미디어에 오르내리는 것을 심심찮게 볼 수 있다. 어떻게 그럴 수 있을까 생각하지만 그것이 현실이다. 그만큼 우리는 약하다.

사단은 그리스도인을 넘어뜨리기 위해 끊임없이 우리를 공격하고 있다. 사단은 갑자기 큰소리를 치면서 "예수를 거역하라!" 말하지 않는다. 그렇게 하면 알아차리고 피할 것이다. 오히려 조용히 찾아와 우리의 생각을 누그러뜨리고, 가볍게 여기게 함으로써 하나님의 생각을 잠시 접어두고 세상을 받아들이도록 한다. 사단이 인간을 파탄시킬 때 대수롭지 않게 여기게 하는 일곱 가지 덫이 있다.

- 누구나 하는 것인데 내가 했다고 죄가 될까?
- 아직 젊으니까 신앙은 나중에 나이가 들어서 갖자.
- 아주 미미한 것은 양심에 큰 가책이 없다.

•이번이 딱 한번이니까 괜찮겠지.
•그동안 너무 힘들게 살았으니까 이 정도는 보상 측면에서 괜찮겠지.
•이것이 나에게 주어진 좋은 기회가 아닐까?
•아무도 보지 않으니까 문제없겠지.

이런 것들은 어찌 보면 대수롭지 않을 수도 있다. 그러나 그 미끼에 물리거나 덫에 걸리면 쉽게 빠져나오기 어렵다. 이미 사단은 당신을 전리품 목록에 올려놓았다.

2. 비록 불같은 시험은 아닐지라도

성경은 그리스도인에게 불같은 시험이 있으리라 말하고 있다. 성경이 말하는 시험은 순교를 요구할 정도의 환난을 상정하고 있다. 당시의 시험은 그리스도인이 쉽게 당할 수 있는 것이었다. 세례를 받는다는 자체도 죽음을 각오한 것이었다.

베드로는 말한다. "너희 믿음의 시련이 불로 연단하여도 없어질 금보다 더 귀하여 예수 그리스도의 나타나실 때에 칭찬과 영광과 존귀를 얻게 하려 함이라"(벧전1:7). "사랑하는 자들아 너희를 시련하려고 오는 불 시험을 이상한 일 당하는 것같이 이상히 여기지 말고 오직 너희가 그리스도의 고난에 참예하는 것으로 즐거워하라"(벧전 4:12,13a). 베드로는 그 시련, 그 불 시험을 그리스도인이 당연히 받아야 하는 것으로 알고, 기뻐하며 이기라고 말한다.

지금은 초대교회시대에 겪었던 시련은 우리 주변에서 찾아보기 어렵다. 무슬림 지역에서 그리스도인이 때로 참혹한 일을 당하기도 하지만 우리가 그곳을 일부러 찾아가 그들을 공개적으로 개종시키려

하지 않는 한 위험성은 아주 낮다. 그렇다고 안심할 일은 아니다. 사단은 오히려 우리 주변을 맴돌며 교묘한 방법과 전술로 우리를 무너뜨리고 있다.

3. 우리를 시험에 들게 하지 마옵시고

예수님은 제자들에게 기도하는 법을 가르쳐 주셨다. 기도 중의 기도라 할 수 있는 주기도문이다. 모든 기도의 표준이 되는 기도다. 주님은 이 기도에서도 우리로 하여금 "우리를 시험에 들게 하지 마옵시고 다만 악에서 구하옵소서." 기도하게 하신다. 예수님도 우리가 시험에 들 일이 많음을 이미 아셨다.

시험은 우리 밖에 있는 것들이 우리를 시험하기도 한다. 외적인 시험이다. 하지만 우리 안에 있는 우리 자신의 악의 욕망이 우리 스스로를 유혹하기도 한다. 우리 자신이 유혹자(tempter)가 될 수 있다는 말이다. 내적인 유혹이다. 외적인 유혹보다 내적인 유혹을 다스리기 어려울 때가 많다. 시험에 들 때 우리는 속으로 "그만 둬.(Just stop do it)"라고 말한다. 그러나 그 말이 통할 리 없다. 그렇게 말하기는 쉬워도 행하기 어렵다. 이미 우리의 마음과 생각이 그쪽으로 기울어 있기 때문이다.

우리는 자신의 의지력(willpower)으로 이길 수 있다고 믿는다. 그러나 우리의 의지력은 과도하게 평가되어 있다. 자기 훈련(self-discipline)으로도 죄를 이길 수 없다. 사단은 우리의 약한 부분을 잘 알고 있다. 그래서 사단은 시험거리를 통해 우리의 가장 약한 부분을 치고 들어온다. 사단의 시험은 공정한 게임을 하지 않는다. 남은 것은 이제 어떻게 할 것인가 하는 것이다.

우리에게 남은 것은 하나님을 의지하고 기도하는 것뿐이다. 사단은 어떻게든 염려를 더 키워 우리의 기도를 막을 것이고, 하나님보다 어떤 다른 것을 의지하게 만들 것이다. 그러나 주님은 이러한 시험에서 벗어날 수 있는 길은 기도라고 말씀하신다.

4. 다만 악에서 구하옵소서

"다만 악에서 구하옵소서."는 주님을 향한 우리의 절규이다. 여기서 왜 갑자기 '악'이란 단어가 나올까? 사단과 연관된 것은 모두 악과 관련이 있기 때문이다. 사단이 우리를 하나님으로부터 끊어놓으려 하는 것, 그래서 우리가 그 꼬임에 빠지는 것 자체가 악이다.

미국의 부흥사 빌리 선데이는 이렇게 외치며 살았다. "나는 죄와 싸우겠다. 발이 있는 한 죄를 차 버리겠고, 주먹을 가지고 있는 한 죄를 쳐 버리겠고, 머리를 가지고 있는 한 죄를 받아 버리겠고, 이를 가지고 있는 한 죄를 물어뜯겠다. 내가 늙어서 주먹도 발도 이도 힘도 없을 때라도 영광의 집에 들어가기까지 잇몸으로라도 죄를 이기겠다." 죄와 싸워 이기겠다는 그의 각오와 결단이 얼마나 자랑스러운가. 요한 웨슬레도 "하나님을 두려워하고 죄 외에는 아무것도 두려워하지 않는 사람 100명만 주옵소서. 영국을 바꿔놓겠습니다." 했다.

사단의 시험과 유혹 앞에서 하나님을 의지하고, 자신에게 몰려오는 죄악과 결연히 싸우겠다는 사람들이 있는 한 하나님은 언제나 우리 편이다.

하나님은 말씀하신다. "너는 두려워 말라 내가 너를 구속하였고 내가 너를 지명하여 불렀나니 너는 내 것이라 네가 물 가운데로 지날 때에 내가 함께할 것이라 강을 건널 때에 물이 너를 침몰치 못할 것이며 불꽃이 너를 사르지도 못하리니.”(사43:1b-2) 물과 강과 불꽃은 그리스도인이 당할 수 있는 시험과 환난이다. 그런데 하나님은 자신의 자녀를 이것들로부터 확고히 보장하겠다고 하신다. 우리가 하나님을 의지하는 한 주님은 우리의 피할 바위가 되신다.

“오직 하나님은 미쁘사 너희가 감당치 못할 시험 당함을 허락지 아니하시고 시험당할 즈음에 또한 피할 길을 내사 너희로 능히 감당하게 하시느니라”(고전10:13). 시험이 있다 해도 피할 길을 마련해 주시는 하나님, 이 하나님 외에 우리가 누구를 의지하겠는가.

5. 우리를 향하신 하나님의 본심

예레미야애가에 따르면 인생을 향한 하나님의 본심은 선하다. “이는 주께서 영원히 버리지 않으실 것임이며 비록 근심케 하나 풍부한 자비로 긍휼히 여기실 것임이라 주께서 인생으로 고생하며 근심하게 하심이 본심이 아니시로다”(애3:31-33).

그러나 하나님은 종종 우리에게 멍에를 메게 하신다. 예레미야는 이렇게 말한다. “사람이 젊었을 때 멍에를 메는 것이 좋으니 혼자 앉아 잠잠할 것은 하나님이 그것을 메우셨음이라(애3:27,28). 그때마다 우리를 연단하시려는 하나님의 본뜻을 이해하지 않으면 안 된다.

“여호와가 말하노라 이 온 땅에서 삼분지 이는 멸절하고 삼분지 일은 거기 남으리니 내가 그 삼분지 일을 불 가운데 던져 은같이 연단하며, 금같이 시험할 것이라 그들이 내 이름을 부르리니 내가 들을 것이며 나는 말하기를 이는 내 백성이라 할 것이요 그들은 말하기를 여호와는 내 하나님이시라 하리라”(슥13:8,9).

예수님도 공생애를 시작하기 전 광야에서 시험을 받으셨다. 사단은 예수를 넘어뜨리고자 했지만 예수님은 말씀으로 이기셨다. 마태복음 4장과 누가복음 4장은 이 사건을 잘 기록하고 있다. 하나님은 왜 주님을 시험받게 하셨을까? 하나님 말씀에 더 확고히 서게 하기 위해서다. 그리고 우리로 하여금 세상의 어떤 유혹과 시험에도 이기도록 하기 위함이다.

6. 하나님께 피하라

시험에 들지 않기 위해 우리는 어떻게 해야 하는가? 그리스도인이 취할 유일한 방법은 하나님께 피하는 것이다. 문제가 생기면 종종 사람들의 도움을 받고 싶어 한다. 가까운 사람의 도움을 받아 유혹을 이기는 것도 하나의 방법이다. 규칙적으로 만나는 친구, 밤중에도 걸 수 있는 친구를 가지는 것도 좋다. 그러나 궁극적으로 우리가 필요한 분은 하나님이다. 사람들이 모여 서로 죄를 고백하고 서로를 위해 기도하면서 고침도 받고(약5:16) 위로도 받을 수 있다. 그러나 그보다 더 중요한 것은 우리에게 은혜를 주시는 하나님께 다시 연결되어야 한다는 것이다. 생명의 목적은 사는 것이다. 유혹의 궁극적인 목적은 우리를 하나님으로부터 단절시키고 하나님의 방식이 아니라 우리 방식대로 살도록 하는 데 있다. 사단은 육체는 물론 우리 영혼까지 고사시키고자 한다.

하나님을 의지하고 유혹으로부터 도피하라. 젊은이는 육욕을 자극하는 그 어떤 것으로부터 도피한다(딤후2:22). 유혹은 우리보다 더 강하다. 우리가 약할 때 하나님께 도망하는 것이 사는 길이다.

여기에서 대표적인 인물이 요셉이다. 그는 보디발 아내의 유혹 앞에서 하나님을 생각하며 도망쳤다. 집요한 유혹 앞에서 요셉은 "내가 어찌 큰 악을 행하여 득죄하리요” 하고 맞섰다. 어떤 말에 따르면 여인은 벗은 옷을 애굽 신상에 걸어놓으며 이제 신은 보지 않는다고 계속 유혹했다. 그러자 요셉은 “당신의 신은 보지 못하겠지만 나의 하나님은 보십니다.” 외치며 뛰쳐나왔다. 요셉을 기억하라.

우리가 요셉처럼 할 수만 있다면 무슨 문제가 되겠는가? 오히려 삼손처럼 행동할 가능성이 더 높다. 삼손은 유혹을 피할 수 있는 기회가 있었음에도 불구하고 놓쳤다. 사사기 6장 16절을 보면 드릴라로 인해 ‘번뇌하여 죽을 지경’이라 했다. 이것은 그가 갈등했음을 보여준다. 갈등하는 마음에 하나님의 음성이 들린다. 양심에 가책을 느낀다. 갈등은 신앙이 제 기능을 하고 있다는 것을 보여준다. 이때 하나님께 부르짖어야 한다. 그러나 삼손은 이 기회를 이용하지 않았다.

돌아설 수 있는 기회에 하나님께 구하면 하나님은 우리를 도와주신다. 신실하신 하나님은 우리 각자가 감당할 만한 시험을 주시고 감당케 하신다. 피할 길도 만들어 주신다. 문제는 우리가 하나님 앞에 바로 서고, 하나님이 우리를 위해 만드신 그 길(the way)을 따라 걷느냐 하는 것이다. 그 길을 따라가는 한 우리는 이길 수 있다.

7. 당신의 영혼을 회복하라

유혹에 지면 비참해진다. 머리가 밀리면 거룩의 힘이 떠나고 눈도 뽑힌다. 영적 봉사가 된다. 그토록 소중히 여기던 거룩한 모습은 찾을 수 없다. 삼손은 멧돌을 돌리는 존재로 전락했다. 멧돌 위에는 더욱 무거운 짐이 얹힌다.

현대인은 죄짓는 것을 심각하게 여기지 않는다. 안토니오 반데라스 주연의 영화 ‘팜므파탈’(Femme Fetale)에서는 범죄를 유쾌하고 섹시하며 에로틱하게 표현하여 범죄의 스릴을 맛보게 한다. 청소년들 사이에서는 절도행위마저 용기로 인정하려는 일마저 발생한다. 남의 가정을 파괴해놓고서도 죄의식을 느끼지 않는다. 하나님은 우리에게 선한 양심을 주셨다. 양심을 가진 자라면 하나님을 두려워하고, 죄를 무서워해야 한다. 그래야 우리의 영이 바로 선다.

하나님은 우리의 영혼이 회복되기를 바라신다. 시험은 하나님이 우리를 고치고자 하는 곳이 무엇인가를 진단하는 것과 같다. 약한 부분이 발견되면 그것을 강하게 한다.

삼손의 밀린 머리털이 자란 것에 주목하라. 삼손은 감옥에서 철저히 회개했다. 하나님이 그의 눈물을 보시고 기도를 들으셨다. "다시 일어나라." 하나님은 그를 회복시키셨다. 그리고 깎인 머리털을 자라게 하셨다. 치유받은 것이다.

"만일 우리가 우리 죄를 자백하면 저는 미쁘시고 의로우사 우리 죄를 사하시며 모든 불의에서 우리를 깨끗케 하실 것이요."(요일1:9) 우리 모두는 회복된 전과자이다. 재범가능성이 있는 감시대상자이다. 그러므로 매사에 삼가 조심할 필요가 있다.

유혹은 마귀의 시험이다. 마귀의 유혹을 면죄받은 사람은 아무도 없다. 미국 범죄의 99%가 돈, 섹스, 권력과 연관되어 있다. 누가 이 문제로부터 자유로울까. 사단은 아담은 물론 예수님까지 유혹했다. 유혹 그 자체가 죄는 아니지만 유혹은 나를 전쟁으로 불러내는 것과 같다. 신앙은 유혹과의 전쟁이다. 셰익스피어는 말한다. "유혹은 내 팔꿈치에 있는 마귀다." 그렇게 가깝다. 유혹, 반드시 이겨야 한다. 지면 당신의 거룩함은 물론 모든 것을 잃어버린다.

히브리서 기자는 이렇게 당부한다. "오직 오늘이라 일컫는 동안에 매일 피차 권면하여 너희 중에 누구든지 죄의 유혹으로 강퍅케 됨을 면하라"(히3:13). "두려워할지니 그의 안식에 들어갈 약속이 남아 있을지라도 너희 중에 혹 미치지 못할 자가 있을까 함이라"(히4:1). "그러므로 우리가 긍휼하심을 받고 때를 따라 돕는 은혜를 얻기 위하여 은혜의 보좌 앞에 담대히 나아갈 것이니라"(히4:16).

제 14 장
불순종의 악순환, 그 고리를 끊는 방법

1. 왜 벌써 오셨어요?

교육학자들은 우리 교육의 맹점 중 하나로 금기사항이 너무 많은 것을 꼽는다. 어디에서건 "하지 말라.", "가지 말라." 일색이라는 것이다. 현행 청소년 보호법 역시 그 범주에서 벗어나지 못하고 있다. 그렇게 자란 세대들이어서 반항의식이 몸에 밴 때문인지 금지행위만을 골라서 범하는 사람들이 의외로 많다. 난폭, 과속, 얌체운전을 하는 사람들을 보면 대체로 다 알만한 젊은이들이다.

성경에도 "하지 말라."는 말이 많다. 반항의식이라고 볼 수 없지만 아무런 의식 없이 세상과 타협하고 말씀과 어긋난 삶을 살기 일쑤다. 그렇게 살아도 당장은 아무런 불편이 없기 때문일 것이다.

랍비가 피서를 떠났다. 그런데 그 다음 날 아침 일찍 돌아왔다.

"어떻게 된 거예요. 벌써 돌아오시다니?"

"그렇게 되었어. 내가 이 교구를 오랫동안 비워두면 안 돼. 우리 신도들이 랍비가 없어도 살아갈 수 있다는 것을 알게 되면 안 되거든."

우리는 월요일만 되면 하나님을 휴가 보내고 주일날만 오시라고 하는 것은 아닌지, 은근히 하나님 없으면 더 자유스러울 텐데라고 생각하고 있지는 않는지 물어볼 필요가 있다. 이런 걱정을 하지 않아도 늘 하나님의 말씀을 청종하며 산다면 얼마나 좋은가.

2. 호기심이 문제 될 때

아담과 하와는 에덴에서 "동산 중앙에 있는 나무의 실과는 먹지도 말고 만지지도 말라."는 하나님의 말씀을 청종하지 않다가 인류에게 비극적인 결과를 안겨주었다. 그 나무는 선과 악을 알게 하는 나무라는 점에서 우리는 선악과라 한다. 사과나무 정도가 아니다. 인간으로 하여금 악을 알지 못하게 하려는 하나님의 뜻이 담긴 나무였다. 그러나 아담과 하와는 실패했다. 그것에는 인간의 호기심이 문제이다. "먹음직도 하고 보암직도 하고 지혜롭게 할 만큼 탐스럽기도 한 나무"에 대한 매력을 느꼈기 때문이다.

우리는 아직도 유혹에 약하다. 아담의 호기심이 문제가 되었다는 점에서 우리는 하나님에 대한 청종에 문제가 있을 수 있음을 본다. 호기심이 나쁜 것은 아니다. 창의성은 기본적으로 호기심에서 출발한다고 한다. 그러나 아무리 호기심이라 해도 그것이 해나 악을 불러오는 일에 연관된다면 다시금 생각할 필요가 있다. 현재 우리 호기심 가운데 가장 대표적인 것이 배아줄기 세포에 관한 것이다. 앞으로 미국과 EU는 천문학적 투자를 할 것으로 예측되고 있다. 그러나 그것이 가져다 줄 효과보다는 인류의 미래에 대한 걱정이 앞선다. 그것이 선악과가 될지 모른다는 우려가 깊어진다. 에덴의 사건이 많은 교훈을 주었음에도 불구하고 하나님의 말씀에 대해 100% 청종을 하지 못하는 우리의 모습이 안타깝다.

3. 물질에 대한 시험은 계속된다

사울왕은 불순종의 왕으로 꼽히고 있다. 그는 아말렉 사건에서 물질에 대한 시험을 이기지 못했다. 하나님의 명령은 사무엘상에 기록되어 있다. "아말렉이 이스라엘에게 행한 일 곧 애굽에서 나올 때에 길에서 대적한 일을 내가 추억하노니 지금 가서 아말렉을 쳐서 그들의 모든 소유를 남기지 말고 진멸하되 남녀와 소아와 젖먹는 아이와 우양과 약대와 나귀를 죽이라"(삼상15:2-3). 하나님은 진멸을 명하셨다. 그러나 사울은 청종치 않았다. "사울과 백성이 아각과 그 양과 소의 가장 좋은 것 또는 기름진 것과 어린 양과 모든 좋은 것을 남기고 진멸키를 즐겨 아니하고 가치 없고 낮은 것은 진멸하니라."(심상15:9) 좋은 것은 놔두고 가치 없고 질이 낮은 것만 진멸했다. 그뿐 아니다. 여호와의 목소리를 청종치 않고 탈취하기에만 급급했다. 그는 결국 하나님의 버림을 받는다.

사무엘 선지자는 그를 만나 일침을 가한다. "순종이 제사보다 낫고 듣는 것이 수양의 기름보다 나으니 이는 거역하는 것은 사술의 죄와 같고 완고한 것은 사신 우상에게 절하는 죄와 같음이라 왕이 여호와의 말씀을 버렸으므로 여호와께서도 왕을 버려 왕이 되지 못하게 하셨나이다"(삼상15:22,23). 연변과기대 정진호 교수는 하나님의 사람은 언제나 떡과 전쟁을 해야 한다고 말한다. 사울은 그 전쟁에서 실패했다. 아담에 이어 계속 실패하는 인간을 보시는 하나님의 마음이 얼마나 아프실까.

4. 예레미야 26장이 주는 의미

하나님은 계속해서 선지자들을 보내 하나님의 말씀을 청종하도록 했다. 그러나 우리는 그들을 잡아 죽였다. 하나님이 왜 선지자를 보내셨는가? 예레미야 26장은 한마디로 청종의 장이다. 하나님을 청종하여 어려움 속에서 말씀을 그대로 대언함은 물론 하나님을 떠난 백성들에게 하나님의 말씀을 청종할 것을 강조했다. 하나님에 대한 반영성의 길에서 벗어나 영성의 길로 들어서라는 명령이다. 그러나 그 말씀을 겸허히 받아들여야 할 제사장들이 오히려 반대 입장에 섰다. 성경은 여러 곳에서 하나님의 말씀대로 청종한다는 것이 얼마나 어려운 일이며, 믿음생활을 하는 사람일수록 얼마만큼 고도의 영성이 필요한가를 가르쳐 준다.

먼저 반 영성의 모습을 보자. 유다왕 요시아의 아들 여호야김이 왕으로 즉위한 초에 하나님이 예레미야로 하여금 하나님의 집 뜰에 서서 하나님의 집에 와서 경배하는 사람들에게 한마디도 빼지 않고 전하도록 했다. 하나님이 이토록 하신 것은 그들이 하나님의 말씀을 전하여 듣고 회개하여 악한 길에서 떠나면 악행으로 인해 내리려 했던 재앙을 돌이키시고자 한 때문이었다.

이에 예레미야는 제사장, 선지자, 그리고 모든 백성이 있는 성전 뜰에 나아가 유다에 대해 내리신 하나님의 말씀을 가감 없이 그대로 전했다. "하나님의 말씀이 너희가 나를 청종치 아니하고 하나님의 법을 행치 아니하며 보내고 부지런히 보낸 내 종 선지자들의 말을 듣지 아니하였으며 만일 듣지 아니하면 하나님이 이 집을 실로같이 되게 하고 이 성으로 세계 열방의 저주거리가 되게 하시리라." 그들이 어떤 태도로 나올 것을 알았음에도 불구하고 인간에 대한 두려움은 접어두고 오직 하나님을 경외하는 마음을 가지고 담대히 나아갔다. 그것은 하나님을 향한 그의 영성이 얼마나 크고 강한가를 보여준다.

그 말을 들은 사람들은 분노하기 시작했다. 그것은 자신들을 향한 저주의 선포였기 때문이다. 하나님의 이 같은 말씀을 듣기 싫어한 그들은 예레미야를 반역자로 간주했다. 그들은 예레미야를 붙잡고 목청을 높였다. "네가 반드시 죽으리라. 네가 어찌 하나님의 이름을 의탁하여 예언하기를 이 집이 실로같이 되고 이 성이 황무하여 거민이 없으리라 하느냐." 성전을 지키는 제사장, 자칭 선지자라며 거룩한 척하는 거짓 선지자들, 그리고 하루가 멀다 하고 성전을 찾지만 영적으로 죽어 있는 그들이었다. 우리는 그들이 자기의 영적인 상태를 돌아보며 회개하고자 하는 태도를 전혀 읽을 수 없다. 영적으로 죽은 사람들의 태도가 어떤 것인가를 보여준다.

그들은 예레미야를 붙잡아 어떻게 하면 죽일 수 있을까 궁리하였다. 백성들이 예레미야의 예언을 듣고 분노하고 있다는 소식을 듣고 왕궁에 있던 유다의 방백들이 급히 성전으로 올라와 새문 어구에 앉았다. 그러자 제사장과 거짓선지자들이 예레미야를 고발하며 "이 사람이 이 성을 거슬러 예언했으니 죽는 것이 마땅하다."고 입을 모았다. 하나님은 유다 백성들의 영적인 변화(change)를 원하셨다. 그럼에도 불구하고 그들은 한마디로 하나님의 말씀을 듣기를 거부했다.

이에 예레미야가 그들을 향해 큰소리로 다시 외쳤다. "하나님이 나를 보내사 이 성을 쳐 예언하게 하셨다. 그런즉 너희 길과 행위를 고쳐 하나님을 청종하라. 그리하면 선고하신 재앙에 대해 뜻을 돌이키시리라. 나는 너희 손에 있으니 네 소견에 선한 대로 옳은 대로 하라. 너희가 분명히 알 것은 너희가 나를 죽이면 정녕 무죄한 피로 너희 몸과 이 성과 이 성 거민에게 돌아가리라. 이는 하나님이 진실로 나를 보내사 이 모든 말을 너희 귀에 이르게 하셨음이라."

이 말을 들은 방백들과 백성들은 예레미야를 고발하는 제사장들과 거짓선지자들을 향해 이렇게 외쳤다. "이 사람이 하나님의 이름을 의탁하고 우리에게 말했으니 죽음이 부당하다. 죽여서는 안 된다는 것이다. 반전의 순간이다. 그들 가운데도 고발자들과는 달리 하나님을 향한 영성이 살아 있는 사람들이 있었음을 보여준다.

그때 비록 나이는 들었지만 깬 장로 몇 사람이 일어나 히스기야 때의 선지자 미가(Micah)와 여호야김 때 선지자 우리야(Uriah)의 경우를 들며 그들이 예레미야의 대언을 어떻게 대해야 할 것인가를 제시해 주었다. 이것은 장로가 하나님의 말씀에 대해 어떤 태도 및 영성을 가져야 하는가를 보여준다.

히스기야 왕 때 선지자 미가는 하나님의 말씀을 전하면서 "시온은 밭같이 경작함을 당하고, 예루살렘은 무더기가 되며 성전의 산은 수풀 높은 곳들 같이 되리라."고 했다. 이런 저주스런 말을 들은 사람이라면 미가를 죽이고 싶도록 미워했을 수도 있다. 이 저주가 자신이 속한 나라와 도시 그리고 교회에 던져졌다고 가정해 보라. 그럴 수 없다며 그러나 히스기야 왕은 물론 백성은 달랐다. 오히려 하나님을 두려워했다. 그들은 죄악의 길에서 돌아와 하나님을 힘써 경배했고, 하나님을 향해 자비를 달라고 간구했다. 그러자 하나님은 그들에게 정했던 엄청난 파괴의 뜻을 거두셨다. 잘못을 했다 해도 영적으로 바로 서면 하나님께서는 뜻을 돌이키신다. 문제는 우리가 하나님 앞에 바로 서 있는가 하는 것이다. 장로들은 히스기야 왕의 이 같은 태도를 말하면서 우리가 하나님의 메시지를 전했다는 이유로 예레미야 선지자를 죽인다면 하나님이 우리를 어떻게 하시겠느냐고 반문했다.

장로들은 여기에서 말을 끝내지 않았다. 기럇여아림에서 온 하나님의 참된 선지자 우리야를 어떻게 했는가에 대해서도 말하기 시작했다. 이것은 그들의 아픈 과거였다. 예레미야의 친구이자 선지자였던 우리야가 여호야김 왕 때, 곧 예레미야와 같은 때에 하나님의 이름을 의탁하여 예레미야와 같이 예루살렘뿐 아니라 유대 땅을 쳐 예언하였다. 유다의 잘못을 지적하고 하나님의 말씀을 청종하도록 했다. 하지만 왕은 그의 말을 듣고자 하지 않았다. 왕은 물론 군 지휘관과 방백들이 그 말을 듣고 오히려 우리야를 죽이려 하였다. 이 소식을 들은 우리야는 애굽으로 피신했다. 그러나 왕은 그를 붙잡기 위해 엘라단과 몇 사람을 애굽으로 보냈다. 그들은 우리야를 잡아 왕에게 데려왔다. 왕은 칼을 들어 무참히 그를 죽이고 말았다. 성경은 백정이 동물을 다루듯 그를 죽였다(butchered)고 기록하고 있다. 그리고 그를 아무 표시도 없는 묘, 곧 평민의 묘에 던져 넣었다. 비참한 최후를 맞았다는 것이다.

장로들의 이러한 말에 아히감이 예레미야를 적극적으로 보호했다. 성난 백성의 손에 그를 내어주지 않았다. 그들의 손에 예레미야를 맡길 경우 죽임을 당할 것이 확실하기 때문이다. 위대한 변호다.

그 후 예레미야는 계속 하나님의 말씀을 대언했다. 이것은 하나님이 침묵하지 않으셨다는 것을 의미한다. 하나님의 말씀에 청종할 것을 말하다가 그는 궁중 감옥에 갇히기도 하고, 서기관 요나단 집 토굴 옥에 갇히기도 하고, 시위대 뜰 진흙 구덩이(옥)에 던져 지기도 하고, 수차례 맞기도 했다. 이것은 유다가 얼마나 하나님의 말씀을 청종치 아니하려 했는가를 보여준다. 여호야김과 백성들은 자기들의 죄를 회개하기 싫어했다. 이것은 믿음 생활을 한다고 하면서도 결코 영성적이지 못한 우리의 모습을 적나라하게 보여준다. 하나님은 이에 대해 안보불안을 갖게 하신다. 하나님의 말씀을 청종하지 않으면 국가안위가 위태롭게 된다.

5. 이어지는 불순종

예수님의 비유처럼 주인이 자기의 종들을 보냈지만 오히려 종들을 죽이고, 결국 주인의 아들까지 죽였다. 패역한 우리는 결국 예수님까지 십자가에 못 박는 결과를 빚었다. 예수님 당시 대제사장과 백성들도 주님의 말씀을 듣지 않았다. 우리라고 예외는 아니다. 우리는 지금도 하나님의 뜻을 반역하며 살고 있다. 이것은 에덴에서부터 현재에 이르기까지 하나님이 바라시는 영성에 도달하지 못했음을 말해 준다.

성경 전체는 우리가 하나님의 말씀을 청종하지 않을 경우 영원한 형벌에 처해지게 된다고 말하고 있다. 그러나 하나님께 돌아오면 영원한 생명, 영원한 그 나라의 삶이 주어진다고 약속하고 있다. 우리가 얼마나 주님의 말씀을 청종하는가에 따라 삶의 모습, 삶의 결과가 달라진다.

6. 변명과 거짓, 자기 합리화로 일관하는 역사의 악순환

성경에 나타난 불순종의 여러 모습들을 보면 변명과 거짓으로 일관해 있음을 알 수 있다.

첫 번째 케이스로 아담과 하와를 들 수 있다. 아담은 "하나님이 주셔서 나와 함께하게 하신 여자 그가 그 나무 실과를 내게 주므로 내가 먹었나이다." 하고, 하와는 "뱀이 나를 꾀었으므로 먹었나이다." 말한다. 자기의 과오를 모두 남에게 돌렸다. 그들은 모두 자기 합리화의 원조가 되었다.

두 번째 케이스로 사울 왕을 들 수 있다. 사무엘이 "내 귀에 들어

오는 이 양의 소리와 소의 소리는 어찜이뇨"라고 할 때 사울은 아무렇지 않게 말한다. "무리가 아말렉 사람에게서 끌어 온 것인데 백성이 당신의 하나님 여호와께 제사하려 하여 양과 소의 가장 좋은 것을 남김이요."(삼상15:15) 합리화는 계속된다.

세 번째 케이스로 하나냐를 들 수 있다. 예레미야가 "바벨론 왕의 멍에를 메고 그를 섬기는 나라는 내가 거기 거하게 하리라.", "바벨론 왕의 멍에를 메고 그오 그 백성을 섬기게 하소서 그리하면 살리이다." 예언했다. 그에 대해 하나냐는 그와는 반대되는 거짓 예언을 했다. "하나님이 말씀하여 가라사대 내가 바벨론 왕의 멍에를 꺾었느니라.", "바벨론으로 옮겨간 여호와의 집 모든 기구를 두 해가 차기 전에 닷 이곳으로 가져오게 하리라." 금방 드러날 거짓도 서슴지 않는다.

그 결과는 어떠했는가? 아담과 하와는 에덴동산에서 추방되었다. 그 죄로 인해 모든 인류가 고통을 받았다. 사울은 왕으로부터 내침을 받았다. 그리고 유다는 바벨론에게 망했으며, 70년 동안 이방의 포로가 되었다.

7. 하나님의 경고를 무시하지 말라

미국은 히로시마에 원자폭탄을 투하하기 전날 비행기로 전단을 뿌렸다. "내일 도시에 큰 재앙이 임할 것이니 히로시마를 떠나라." 이 전단을 받아든 많은 사람들은 적군의 심리전이라며 웃어넘겼다. 그러나 이 경고를 듣고 도시를 떠난 사람은 살아날 수 있었다. 청종이 얼마나 중요한가를 보여준다. 하나님은 이미 전단을 뿌렸다. 그러나 지금도 많은 사람들은 이 전단을 심각하게 생각하기보다 웃어넘기고 있다.

마실 수 없는 물은 쳐다보지도 말라. 아무리 갈증이 심해도. 일본에 가스미라고 하는 슈퍼가 있다. 이 슈퍼를 창업한 가미바야시 사장은 태평양 전쟁에 장교로 참전했었다. 그는 뉴기니아에서 큰 태풍을 만나 표류되었지만 기적적으로 살아난 경험을 가지고 있다.

당시 대부분의 군인들은 표류 중 갈증 때문에 바닷물을 마셔 사망했다. 그러나 가미바야시는 약학과 출신이라 아무리 목이 말라도 바닷물을 마셔서는 안 된다는 것을 알고 있었다. 만약 우리가 바다에서 표류가 되어 바닷물을 마시게 되면 혈액의 농도가 높아져 심장이 견디지 못하게 된다. 따라서 갈증이 아니라 심장병으로 죽게 된다.

가미바야시는 죽을 지경이 되었어도 끝내 바닷물을 마시지 않았다. 그는 결국 살아날 수 있었다. 이런 경험 때문에 그는 매일 아침 물을 마실 때마다 "물님, 고맙습니다."며 물을 마신다.

그리스도인은 죄악으로 가득한 세상에 살고 있다. 이 세상에는 온갖 종류의 바닷물로 가득 차 있다. 우리가 이 세상 속에 표류하고 있다 해도 그 물을 마셔서는 안 된다. 갈증이 난다고 그 물을 마시면 죽게 된다. 예수님이 약속하신 생명수 외에 그 어떤 것도 마셔서는 안 된다. 아무리 갈증이 난다 해도. 아무리 보암직하고 먹음직해도 아닌 것은 아니다.

8. 교만이라면 버리라, 하나님이 싫어하신다

혹시 불순종의 원인이 당신 속에 숨어 있는 교만이라면 과감히 척결하라. 지리산 야영금지 구역에서 텐트를 치고 피서를 즐기다가 백 명이 넘는 사람들이 죽거나 실종된 적이 있었다. 왜 굳이 금지구역을 택했는지 안타까운 노릇이다. 한술 더 떠 유족들이 울부짖고 많은 사람들이 동원되어 실종자 수색을 벌이고 있는데도 급류가 피서객들을 휩쓸고 지나간 그 자리에다 다시 텐트를 치고 야영하는 사람들도 적지 않았다. 한 피서객은 취재기자의 걱정 섞인 항의에 "안전문제는 누구보다도 당사자가 더 걱정한다. 나는 베테랑이라 잘 아는데 여기는 안전하다."며 큰소리치는 모습이 TV에 소개되기도 했다. 이만하면 강심장의 표본이 될 만하다.

사악한 유다에 대한 회개를 촉구하는 말씀에서 하나님은 우리가 교만할 때, 그리고 그 교만으로 사로잡힘을 당할 때 어떤 심정을 갖게 되는가를 보여주었다. "너희가 이를 듣지 아니하면 나의 심령이 너희 교만을 인하여 은근히 곡할 것이며 여호와의 양 무리가 사로잡힘을 인하여 눈물을 흘려 통곡하리라"(렘13:17). 이 말씀은 우리가 말을 듣지 않고 교만히 행하면 하나님은 우리의 교만을 보시고 곡하신다. 그리고 교만함으로 인하여 결국 해를 당하게 되면 눈물을 흘리며 통곡하신다는 것을 보여준다. 자식은 부모의 눈물을 빼는 자가 되어서는 안 된다. 우리가 교만함으로 인해 아버지 하나님으로 하여금 통곡하게 한다면 우리는 그만큼 영성을 상실한 것이다.

프란시스가 교황을 알현하기를 청하였다. 프란시스의 말을 듣기 싫은 교만한 교황은 "프란시스에게 전하시오. 나를 보려거든 로마시내에 니기 변소나 치라고." 프란시스는 교황의 명령이 잘못되었음을 알았다. 그러나 그는 그 명령에 순복했다. 지도자에게 복종하는 것이 성경적이라 생각했기 때문이다. 윗물이 흐릴지라도 복종하는 태도를 갖는 것이 선한 태도이다.

평소에 디오게네스를 좋아했던 알렉산더 대왕이 결국 개인적으로 그를 만날 기회가 찾아왔다. 대왕은 너무 기쁜 나머지 "디오게네스 선생님, 당신은 나의 위대한 선생님이십니다. 저는 당신의 제자입니다.

저는 당신을 평생을 두고 따를 것입니다."라고 큰소리로 약속했다.

디오게네스는 자신의 말을 충실히 따르겠다는 그에게 물고기 두 마리를 주며 말했다. "앞으로 두 주 동안 이것을 당신의 호주머니에 넣고 다니시오." 그러자 알렉산더가 더 큰소리로 외쳤다. "이 냄새나는 물고기를 두 주나 가지고 다니라니요. 도대체 그것을 말씀이라고 하십니까? 저는 못합니다."

그 순간 디오게네스는 머리를 흔들며 그에게 말했다. "당신은 그토록 나를 존경했고 앞으로도 나를 따르겠다고 말하지 않았소. 나에 대한 당신의 존경이 이까짓 냄새나는 두 마리 생선만도 못하다는 말이요?"

우리는 말로만 청종한다고 말하는 것은 아닌가. 조금만 불편하면 하나님을 향한 나의 약속을 벗어던지지는 않는가.

그리스도인에게 있어서 순종은 받아들이기 어려운 일에 대한 순종을 포함하고 있다. 순종은 좋은 일, 편한 일, 내가 원하는 일만 순종하는 것은 순종이 아니다. 어렵고 힘들어도, 마음에 들지 않아도 순종하는 것이 참다운 순종이다. 어렵고 힘든 상황에서도 하나님의 뜻에 순종할 때 하나님께서 나를 최선으로 이끄실 것이다. 힘든 일이라 할지라도 그 일을 기꺼이 받아들이고 순종할 때 하나님께서 기뻐하신다. 순종을 통해 하나님의 돕는 손길을 체험하며 살아가는 그리스도인이 되어야 한다.

9. 이성을 뛰어넘는 순종으로 나가라

그리스도인의 청종은 우리의 이성을 뛰어넘는다. 하나님의 명령이 논리적으로 합당하기 때문에 따르는 것 아니다. 우리는 보이는 것을 믿는 것이 아니라 보이지 않는 하나님을 믿는다. 우리가 순종하는 것은 하나님 말씀이기 때문이다. 이스라엘 백성들은 여리고 성을 7바퀴나 돌았다. 하루에 한 번씩. 7일간이나 돌면서 하나님이 왜 이런 비논리적인 일을 시키실까 생각도 할 수 있다. 여리고 성 사람들이 비웃고, 돌을 던졌을 때도 창피함을 느꼈을 수도 있다. 우리가 기껏 할 수 있는 일이 이뿐이라 말인가! 도중에 그만두었더라면 여리고 성이 무너지는 하나님의 기적을 체험하지 못했을 것이다.

루터가 95개조로 내걸며 로마가톨릭에 도전했을 때 누가 감히 이길 수 있으리라 생각했겠는가. 예수님이 십자가에서 피 흘리심이 어떻게 우리의 죄를 씻을 수 있으리라 생각했겠는가. 그것은 모두 논리를 뛰어넘는 일이다. 믿음은 기적을 낳는다. 우리가 주님을 따르고 순종함은 바로 이 논리를 뛰어넘는 위대한 작업이다.

10. 하나님 앞에 무릎을 꿇고, 주님의 이끄심에 순종하라

다윗은 무엇보다 청종의 영성을 가지고 있다는 점에서 위대하다. 우리야의 아내를 범했다는 사실을 선지자 나단이 지적하자 그는 무릎을 꿇었다. 우리도 늘 하나님 앞에 무릎을 꿇고, 주님의 이끄심에 순종하라. 마더 테레사는 수녀로서 한동안 학교에서 가르쳤다. 그러나 그는 점차 가난하고 병든 이들에 대한 관심이 커져 갔다. 길거리에서 죽어가는 아이를 안고 안타까워하는 어머니를 보며 그는 얼른 아이를 안고 병원을 찾아가 살려낸다. 그는 수녀원에 안주시키지 않고 거리로 이끌고 가는 주님의 손길을 느꼈다. 그리곤 "주님이 내 손을 이끄는데 나는 가지 않을 수 없다."며 거리의 수녀가 되기를 청원했다. 거리의 수녀가 되는 것에 대해 본부에서 허락을 얻기 어려웠지만 결국 그는 해냈다. 그리고 교실의 교사에서 거리의 수녀로 힘든 길을 걷게 되었다. 그의 삶에서 중요한 것은 주님의 이끄심을 받았고, 그 이끄심에 순종했다는 것이다.

제물은 움직이지 않는다. 제사장이 놓은 대로 있다. 자기 마음대로 이리저리 움직이면 그것은 제물이 아니다. 성경은 창세기부터 요한계시록까지 순종을 가르친다. 100% 순종하라. 속지 말라. 이런 말에. "30% 순종하면 되겠지", "이 정도 괜찮겠지."

제 15 장
위선과 악으로부터 벗어나기

1. 위선과 위악

한자에 위선(僞善)과 위악(僞惡)이라는 말이 있다. 위선은 선하게 보이는데 전혀 선하지 않다는 말이고 위악은 악하게 보이는데 전혀 악하지 않다는 말이다. 모두가 가짜이기는 하지만 위선과 위악이 가지는 의미는 아주 다르다. 위악이라는 말은 흔히 쓰이지 않지만 위선이라는 말은 우리 주변에서 너무 쉽게 만날 수 있다. 그만큼 우리 주변에는 위선이라는 가짜선이 판을 치고 있다는 설명이 될 것이다. 우리의 위선의 모습들은 생활 속에서도 나타나고 믿음행위 속에서도 나타난다.

생활 속을 들여다보면 우리는 너무나 많은 위선들을 만나게 된다. 자식이 효도를 할 때 부모들은 자식의 그러한 모습을 감사해 하면서도 한편 아쉬운 마음을 감출 수 없다. 그 안에는 돈이라는 것이 있기 때문이다. 돈이 필요해서 그동안 안 하던 효도를 하는 위선을 보이기 때문이다. 대부분 자식들은 상속 때문에 부모에게 효도를 하는 경우가 많다. 부모와 자식의 관계마저 금전관계로 전락되는 모습을 보면서 우리 사회는 위선사회가 되어 가고 있다는 생각마저 든다.

부모에 대한 효도가 점점 식어가는 요즈음 세상에는 비록 위선이 담긴 효도라도 받기 위해서라도 부모들은 임종순간까지 재산을 가지고 있어야 하겠다는 생각마저 들게 한다.

학생들은 학기말이 가까워 올수록 선생들에게 예의를 나타낸다. 학점이 걱정되기 때문이다. 답안지에 선생에 대한 아첨어린 감사표시를 하는 학생도 있고 선생님이 최고라는 위선을 보이기도 한다. 회사에서 부하가 상사에게 잘 보이려는 때가 있다. 인사고과를 할 때나 승진이 기대되는 때이다. 정치인들은 유독 선거철 때면 유권자들에게 굽실거린다. 결혼식이나 회갑연의 청첩장이 고지서로 변한 지 오래되었다. 사람들은 진정한 축하보다 체면 때문에 또는 빚을 갚았다는 인식이 더 강하다. 예식에 참석하여 축하해 주는 것보다 나온 음식에 더 관심이 많다. 결혼식이나 회갑연의 비용을 자비로 하기보다 입구에서부터 세금을 걷듯 참석자들의 호주머니를 노리는 것은 잘못된 상업주의 발상이다. 이 모두 우리가 쉽게 생활 속에서 접할 수 있는 위선의 모습들이다.

위선은 신자들 속에서도 많이 나타난다. 안수집사 권사 장로투표를 할 즈음에 연보를 많이 낸다든지 그동안 잘 나오지 않던 삼일 예배에 참석한다든지 무슨 명목을 붙여 전교인을 집에 초대하여 음식을 대접한다든지 하는 것은 교회 내 위선의 대표적인 모습이다.

2. 교회 내 위선

교회 내 위선은 개인의 차원과 교회 전체 차원으로 나누어 볼 수 있다. 개인 차원은 교인 개개인의 신앙행위에 관련된다. 이것은 구제, 기도, 경건생활 등의 모습에 잘 나타나 있다.

구제는 왼손이 한 것을 오른손이 모를 정도로 은밀히 해야 하나님으로부터 인정받을 수 있는 것이다. 그러나 신앙인들이라 할지라도 남으로부터 인정받기를 좋아한다. 우리는 흔히 구제를 할 때 생색이 나야 할 맛이 있다고 말한다. "생색도 안 나는데."라고 말하는 것은 그 이면에 "알아주지도 않는데 왜 해."라는 뜻이 담겨 있다.

구제연보 등을 하고서 왜 광고하지 않느냐고 서운해 하거나 명단에 자기 이름이 빠지기라도 했으면 왜 빠트렸느냐고 항의하는 모습도 그러하다. 나는 믿음이 있다는 어떤 분의 사무실을 방문하고 놀라지 않을 수 없었다. 사무실의 벽과 장에는 그분에 대한 감사장이 즐비해 있었다. 구제행위를 칭찬하지 않을 수 없지만 자기 행위를 과시하듯 붙여 있는 감사패와 공로패들을 보면서 존경보다는 위선으로 충만해 있다는 것을 느끼지 않을 수 없었다. 그것들은 모두 그에게 자족감 내지 자만을 주기에 충분했다.

나는 그것들을 보면서 그가 나를 향해 "나는 바로 이런 사람이다."라고 말하는 것 같은 태도를 읽을 수 있었다. 나를 더욱이 놀라게 한 것은 그 감사패의 대부분이 교회로부터 주어진 것이라는 점이다. 교회가 위선을 조장한 셈이다. 구제는 하나님의 사랑에 감격해서 내 작은 행위를 통해서라도 하나님의 의를 드러내고자 하는 것이다. 이렇듯 순수해야 할 구제를 자기 이름을 높이고 자기 명예를 위해 사용하는 것은 하나님의 뜻을 거스르는 것임을 알아야 한다. 사람들로부터 인정을 받기 위해서 구제를 하는 것은 너무나 잘못된 것이다.

우리의 기도행위에도 위선이 있다. 바리새인들은 사람들로부터 인정을 받기 위해 사람들이 많이 모이는 곳에서 보라는 듯이 기도하기를 좋아했다. 지금도 유대인들이 길 어구에서 기도문을 들고 몸을 흔들어대면서 몇 시간이고 열심히 기도하는 모습이 보인다. 기도조차 과시의 도구가 되어 버린 것이다. 기도는 하나님을 향한 것이어야 하는데 사람들로부터 인정을 받기 위한 것으로 변해버림으로써 사람을 향한 기도로 변질되고 있는 것이다.

사람으로부터 인정을 받으려다 보니 기도가 길어질 수밖에 없고 결국 중언부언하게 된다. 그래서 주님은 중언부언하는 기도를 하지 말라고 못 박으셨다. 주님은 또한 항상 기도하라고 말씀하셨다. 하루에 세 번 정해놓고 기도하는 바리새인식의 기도는 형식적이 될 수밖에 없기 때문이다. 우리의 생활 모두가 기도가 되어야 한다는 말씀이다. 바울이 쉬지 말고 기도하라는 것도 이에 해당된다.

요사이는 경건을 찾아보기 힘들다. 신학교에서마저 경건이 문제될 정도로 경건이 사라져 가고 있는 현실이다. 신학교의 교직원들을 대상으로 신학생들에 대한 평가를 들어보면 저분들이 나가서 목사가 된다는 것이 믿기지 않는다는 식이다. 나는 신학생시절 신학생들이 공공연히 시험 때 부정행위를 한다는 사실에 실망을 금치 못했다. 일반대학에서 부정행위는 너무 보편화되어 있고 수법 또한 지능적이어서 잡아내기란 그리 쉬운 일이 아니다. 부정행위가 아무리 보편화되어 있다 하더라도 그 행위가 있어서는 안 될 마지막 장소가 바로 신학교라고 생각했는데 그 기대마저 무너진 것이다. 부정행위를 하지말자는 학우회의 움직임에 대해 "그것은 당사자와 하나님의 일인데 왜 참견이냐!"고 거칠게 항의하는 모습을 목격하고 앞으로 교계도 문제가 많겠다는 생각을 하지 않을 수 없었다. 경건이 보이지 않기 때문이다.

성도이기 때문에 또는 신학생이나 목사이기 때문에 경건해야 된다는 것은 아니다. 우리 모두가 하나님의 형상을 가진 사람이고 그 형상이 가지고 있는 본질을 드러내야 할 하나님 나라의 백성들이기 때문이다. 성경은 당시 세대를 가리켜 경건의 모양만 있다고 비판을 했는데 지금 세대는 경건의 모양조차 볼 수 없는 실정이다. 방언 등

은사를 받았다는 사람은 은사받았음을 자랑하기 일쑤고 목사도 불의 사자 무슨 사자 등 자기의 능력을 과대 선전하는 시대로 접어들었다. 가짜박사 학위도 앞 다투어 받고 이름만 거창한 조직의 직함을 마구 만들어 경건을 포장하는 포장시대에 들어섰다. 자기선전, 자기 자랑 속에 무슨 경건이 있는지 묻지 않을 수 없다. 그 속에는 냄새 나는 위선이 가득 들어 있을 뿐이다.

교인이나 목회자들 각자의 위선도 문제이지만 교인들이 목회자를 위선자로 만드는 것도 문제이다. 보기를 들어 목사가 설교를 마치고 나오면 교인들은 "오늘 설교 너무 멋있었어요."라든가 "은혜 많이 받았습니다."라는 인사를 한다. 실제 그러한 경우도 있겠지만 그러한 인사는 대개 겉치레이다. 인사로 그랬거니 생각한 경우 문제가 덜하지만 그런 말을 자주 듣고 자기의 설교가 그런 것으로 생각한 경우 문제를 유발할 가능성이 높다. 이러한 인사는 목사에게 교만한 마음을 심어주기 때문이다. 목사는 어떤 때 칭찬을 받았는가를 염두에 두고 점차 인기에 영합하는 설교를 준비하게 되는 것이다. 하나님의 말씀을 선포하기보다 사람의 요구에 맞추어 설교를 하게 됨으로써 생명이 없는 설교, 인간의 설교를 하게 된다. 그러므로 그러한 인사는 결국 목사를 죽일 뿐 아니라 자신도 죽이는 가장 나쁜 인사일 수밖에 없다. 목사는 인기를 위해 설교하거나 사람의 평가를 받기 위해 설교하는 사람이 아니다. 이 세대를 향해 하나님의 말씀을 선포하는 사람일 뿐이다.

위선이 교회 전체적으로 행해지기도 한다. 교회적 차원의 위선은 대체로 자기교회를 대외적으로 자랑하고 선전하려는 의도에서 비롯된 것이다. 위선적인 행위들은 외적인 구제행위에서도 나타나고 수많은 프로그램 속에서도 나타난다.

교회가 자기들의 선행을 선전하는 행위이다. 미국에 있을 때 그곳

교포신문이 자주 교회들의 구제행위를 알리는 기사를 싣는 것을 보았다. 교회가 남을 돕는 것은 바람직하기 때문에 한편 좋게도 생각했는데 대부분 그 기사가 기자들의 취재기사라기보다 교회 목사님들이 작성하여 보낸 것(press release)이라는 신문사 측의 말을 듣고 실망하지 않을 수 없었다. 구제행위는 마땅하고 또 그 행위가 소리 없이 행해져야 할 터인데 오히려 기사화되어 신문에 나는 것을 바라고 또한 그것이 기사화됨으로써 "우리 교회는 바로 이런 교회다."라고 자랑하거나 그것을 통해 교회가 경쟁적으로 선전되기를 바라는 것처럼 보인다는 설명에는 할 말을 잃었다.

구제행위를 교회자랑이나 선전의 도구로 사용하는 것은 교회가 그만큼 상업화되었음을 보여주는 것이다. 이것은 위선이 아닐 수 없다. 위선은 나팔을 부는 것만 아니다. 소리를 내지 않지만 위선인 경우도 있다. 교회가 구제를 한답시고 기껏 교회를 찾아오는 걸인구제나 크리스마스 때 청소부나 우편배달부에게 조금 생색을 내는 것으로 구제를 한 것으로 생각하는 것도 위선이다.

교회는 각기 자기들에 맞는 프로그램을 실시한다. 프로그램의 내용은 대체로 건전하고 계속되었으면 하는 것들이다. 그런데 상당수 교회들의 행사 프로그램은 위선적 요소가 담겨 있다. 행사기간에만 요란하게 하다가 그 기간이 끝나면 언제 그런 것이 있었느냐는 식으로 생활화와는 전연 연결이 되지 못한다. C교회에서 실시한 H작전이라는 이름의 기독교윤리실천 프로그램은 팸플릿만 만드는데 일억 원을 투입하였다. 이 교회는 이 프로그램 외에도 여러 다른 프로그램을 계속 시행함으로써 전국교회에 미치는 영향을 과신하는 등 자만에 빠졌다. 교인들은 차차 이 프로그램들이 교회갱신에 진정한 목적이 있는 것이 아니라 대외선전에 치우치지 않았나 하는 생각을 갖게 되면서 이 운동의 열기도 식게 되었다. 위선에 찬 교회프로그램은 과감히 제거되어야 한다. 주보나 프로그램 안내가 선전일색의 모습을 나타내고 있는 것은 교회가 전체적으로 위선에 참여하고 있음을 보여주는 것이다. 교회는 밖으로 자기를 자랑하기보다 하나님 앞에 자신의 충실함을 보여주는 것이 바람직하다.

예수님은 위선을 가리켜 누룩이라 하시고 이것을 주의하라 하셨다. 빵을 찌기 전에는 밀가루에 누룩이 들어있는지 없는지 분간할 수가 없다. 그러나 부풀어진 빵에서 우리는 누룩이 있었음을 곧 알게 된다. 누룩은 이처럼 언젠가 밝히 드러나기 마련이다. 우리가 아무리 나의 행위 속에 위선이 없다고 변명한다 해도 결국 하나님 앞에서 드러나지 않을 수 없다. 우리는 우리의 행위 속에 위선이 있다고 말하지 않지만 자신이 잘 알 뿐 아니라 하나님이 아신다. 우리는 자신을 속이고 남을 속일 수 있지만 하나님까지 속일 수는 없다. 예수님이 위선을 누룩이라 하신 것은 위선이 그만큼 죄성이 강하다는 것을 보여주신 것이다. 주님이 우리로 누룩이 안든 무교병을 먹으라는 것은 죄에 감염 안 된 것을 먹으라는 말씀이다. 우리는 위선을 먹고 살아서는 안 된다.

우리는 왜 위선을 하게 되는가? 그것은 결국 사람을 의식하기 때문이다. 그리스도인은 사람을 두려워하며 사는 사람이 아니라 하나님을 의식하며 살아야 할 하나님의 백성들이다. 사도들이나 교부들은 결단의 행위를 하기에 앞서 "내가 사람을 두려워하랴 하나님을 두려워하랴."라는 말을 던지고 사람보다 하나님을 두려워하는 삶을 선택하는 믿음의 본을 보여주었다. 그리스도인들은 이 세상에 살면서 사람으로부터 인정을 받으려고 자기의 의를 나타내는 위선의 모습을 과감히 씻어버리고 하나님의 의만을 나타내는 하나님의 신실한 역군들이 되어야 한다. 남을 의식하여 예배에 마지못해 참석하는 외식이나 남을 의식한 신앙생활의 여러 면모들을 말끔히 닦아내고 하나님 앞에 자기의 순수한 모습, 눈물어린 기도의 모습, 주님 앞에 사랑스런 모습, 곧 우리 안에 한 톨의 누룩도 없는 모습을 보여주어야 하겠다.

3. 악 추방 운동

요즈음 세상은 악으로 가득한 느낌이 들 정도로 사회 구석구석이 부정직, 부조리, 불합리로 오염되어 있다. 정부에서는 이러한 사회악을 제거하기 위해 3불 추방운동을 벌이겠다고 했다. 이러한 운동이 단지 운동으로 끝나지 아니하고 사회를 정화하고 밝게 살 수 있는 사회로 만들 수 있기를 소망한다. 운동을 했다고 해서 악이 근원적으로 뽑혀지리라 생각지는 않지만 적어도 악에 대한 우리의 노력이 있어야 한다는 것을 인식시켜 준다. 악의 제거를 사회운동에 모두 맡겨서도 안 된다. 우리 각자가 해야 할 역할과 부분이 많기 때문이다. 특히 그리스도인으로서 해야 할 일은 너무도 많다. 이러한 관점에서 우리는 왜 악을 버리지 못하는가, 그리고 우리의 현실에서 그리스도인들이 이 악을 버리기 위해 어떤 활동들을 해야 하는가를 살펴보고자 한다.

하나님은 인간을 창조하시면서 언제나 하나님이 기뻐하시는 선의 세계에서 살기를 희망하셨다. 선악과를 따먹지 못하게 하신 것은 바로 인간으로 하여금 악을 알지 못하도록 하신 하나님의 특별하신 배려였다. 그러나 이미 악을 알아버린 사단은 인간을 자신 쪽으로 이끌어 들이고자 노력하였다. 유혹을 한 것이다. 유혹은 그 자체로서 악의 모습을 나타낸다. 집요한 유혹 앞에 인간의 자유의지는 흔들리기 시작했다. 결국 인간은 선악과를 먹음으로써 순식간에 그 마음을 악에 빼앗겨 버렸다. 사랑하는 부모의 품을 떠나 악의 세계로 가출해 버린 것이다.

하나님은 악의 세계로 빠진 인간이 영원히 살면서 악한 행동을 하는 것을 막기 위해, 즉 영원한 악인이 되는 것을 막기 위해 생명나무에 접근하지 못하도록 했다. 악이 무엇인가를 알게 된 인간은 점차 악의 지배를 받아 마귀의 자녀로 행동하기 시작했다. 인간은 에덴으로부터 추방되었다. 아무리 사랑하는 아들일지라도 아버지는 그에게 악한 행동에 합당한 벌을 내려야 했다. 그러나 인간은 악의 세계에서 돌아서기보다 서로 비방하고, 질시하며, 결국 살인하는 지경에 이르게 되었다.

인간은 결국 악을 이기지 못하는 지경에 이르렀다. 죄악 속에 사는 인간의 모습은 마치 늪에 빠져 허우적거리는 사람과 같다. 허우적거릴수록 그가 더욱 늪에 빠져 들어가게 되듯이 죄악 속에 사는 인간은 스스로 자신을 구원할 수가 없다. 악의 세계에서 헤어나지 못하는 인간을 향해 사랑을 베푼 쪽은 하나님이셨다. 사랑의 하나님은 어두운 인간의 땅에 빛을 비추고 악이 더 이상 마음대로 세력을 확장하지 못하게 하기 위해 예수 그리스도를 이 땅에 보내 십자가에서 보혈의 피를 흘리심으로 우리의 죗값을 치루시고 악으로부터 구원하셨다. 우리가 하나님을 먼저 사랑한 것이 아니라 하나님께서 우리를 먼저 사랑하신 것이다. 그리스도를 통한 구원은 악으로부터 해방이자 어둠의 세력을 벗어나 빛의 나라로 나아가는 구원이다. 악을 이기지 못하는 인간에게 하나님께서는 악을 벗어날 기회, 악을 이길 절호의 기회를 주신 것이다.

그리스도의 영접은 바로 빛의 나라로 가는 길로 들어서는 것을 말한다. 빛의 길로 들어섰다는 것은 우리가 어둠으로 돌아가지 않는 한 종국적으로 그 나라에 도달할 수 있음을 나타낸다. 이것은 큰 전환이자 변화요, 바램이다. 이 과정에서도 그리스도에게 패한 마귀는 우리를 집요하게 유혹한다. 빛의 길보다 자기에게 오라고 손짓한다. 그래서 우리는 때로 흔들리고 때로 나쁜 생각을 하기도 한다. 우리 안에 악한 생각이 드는 것은 바로 악의 유혹이 끈질기게 작용한다는 것을 보여준다.

심리학자의 연구에 따르면 사람은 하루에 약 만 번 정도 생각하며 산다고 한다. 어떤 사람이 만 번의 생각 가운데 하루에 세 번만 나쁜 생각을 하며 산다고 하면 우리는 그를 선한 사람이라고 말한 것이다. 그러나 그러한 사람일지라도 일 년이면 약 천 번의 나쁜 생각을 하는 것이고, 70평생을 산다고 할 때는 무려 7만 번의 상습 죄를 짓는 것이다. 그러므로 그리스도인은 악에 대해 처음부터 단호할 필요가 있다. 악에 대한 우리의 단호함은 빛의 나라에 완전히 도달할 때까지 계속되어야 한다.

한때 기업의 경영혁신전략으로 다운사이징(downsizing), 벤치마킹(benchmarking), 그리고 리엔지니어링(reengineering) 방법 등이 사용되었다. 이 방법들은 일본 기업을 경계하고 현저히 생산성이 낮은 미국의 기업조직을 거듭나게 하는 신사고에 입각한 방법에 속한다. 이러한 경영혁신방법이 비록 세속적 영역에서 사용되고 있기는 하지만 우리는 이 방법과 개념을 영적인 영역에 확대시켜 악을 누르고 제거하는 방법으로 활용할 수 있을 것이다.

다운사이징이란 1980년대 초반 미국 IBM 왓슨연구소 직원이었던 헨리 다운사이징의 이름에서 나온 것이다. 다운사이징은 원래 대형 컴퓨터 중심의 중앙집권적 정보체계를 워크스테이션이나 PC 등의 통신망에 연결시킴으로써 정보의 주도권을 최종사용자에게 분산시키는 것이었다. 이러한 작업을 통해 기계중심의 정보화를 인간중심의 정보화로 바꾸며 현실적으로도 엄청난 비용을 절감할 수 있는 효과를 가져온다. 나아가 다운사이징은 사이즈를 다운시킨다는 슬림 경영의 대명사로도 사용되고 있다. 다운사이징은 조직의 군살을 빼어 활동하기 좋은 상태로 만드는 작업으로 이해되는 것은 이 때문이다. 다운사이징은 여러 혁신 방법 가운데 가장 쉽게 사용될 수 있는 방법이다.

다운사이징을 영적인 것에 적용할 경우 비만의 사람이 살을 빼기 위해 운동을 한다든가 다이어트를 하는 등 나름대로 노력하는 것처럼 악의 군더더기를 빼는 영적인 운동을 전개하는 것이 그 보기가 될 것이다. 남이 하라고 해서 기계적으로 하는 것이 아니라 살을 빼야 한다는 것을 절감하고 스스로 피나는 노력을 하는 것이다.

벤치마킹은 그 방면에서 최고라고 생각하는 표준에 맞추어 자신을 개선해 나가는 것을 말한다. 벤치마킹이란 측량할 때 필요한 관측용 푯대를 뜻하는 벤치마크에서 나온 말이다. 벤치마크를 세우고 본다는 의미이다. 기업의 경우 벤치마크는 잘하고 있는, 사표가 되는 회사이고 관측자는 벤치마킹을 하는 사람이 된다. 공익광고협의회에서 내건 절약과 절제를 위한 광고에서 모델로 나온 한 주부는 “저는 독일의 주부를 목표로 삼겠습니다.”라고 말한다. 그 주부는 독일 주부를 사표로 삼고 벤치마킹을 하겠다는 것이다. 벤치마킹은 남이 잘하는 것을 열심히 보고 배워 그를 따라 잡는다는 데 의미가 있다.

벤치마킹은 영적인 활동에도 적용된다. 악을 이긴 성경적 인물이나 살아 있는 모범적 인물을 스승으로 삼고 그 믿음과 행실을 본받는 것은 그 보기이다. 믿음에 있어서 모범이 되는 인물의 신앙을 본받아 영적으로 승리의 생활을 하는 것이다. 그 사람을 스승으로 삼고 열심히 배워 결국 사부를 따돌리고 선두로 나서는 것이다. 벤치마킹은 경쟁에서 사표가 되는 사람을 따라잡는다는 점에서 단순한 배움의 차원이 아니라 배워 이기기 차원에 속한다.

리엔지니어링이란 살아남기 위해서는 완전히 달라져야 한다는 주장이다. 과거 기업경영에서 축적된 지혜를 제쳐두고 오늘의 달라진 시장 환경에 맞는 새로운 방식을 찾아내는 방법이다. 조직의 업무구조, 처리과정 등을 근본적으로 재구조화하는 것은 그 방법에 속한다. 소비자들에게 군림했던 조직과정을 완전히 뜯어 고치는 것도 그 보기에 속한다. 이를 가리켜 프로세스 리엔지니어링이라 한다. 리엔지니어링을 위해서는 과격한 충격을 주어서라도 확 달라지게 해야 한다. 삼성의 이건희 회장의 말처럼 "마누라만 빼고 모두 바꾸는 것"이다. 충격을 줄이기 위해 살살해서는 안 되고 하려면 모조리 해야 한다.

영적인 혁신을 위해 과거의 방법을 사용하기보다 현재의 처한 상황에서 악을 근원적으로 차단할 수 있는 방법을 사용한다. 악을 줄이고 제거하고자 하면 철저히 하고 그렇지 않으면 아예 마는 결단적 행동이 필요하다. 리엔지니어링은 악의 침투를 구조적으로 막고 악과는 살지 않겠다는 점에서 매우 정도가 높은 영적 작업임을 알 수 있다.

다운사이징, 벤치마킹, 그리고 리엔지니어링은 서로 유기적으로 연결되어 있다. 리엔지니어링을 위해서 벤치마킹을 해야 하고, 다운사이징도 이 같은 철학이 없으면 불가능하다. 하나님께서는 우리의 영적인 문제를 근본적으로 해결하기 위해서는 악의 모습을 철저히 배격하도록 하고 있다. 다운사이징, 벤치마킹, 그리고 리엔지니어링은 미국에서 활용되고 있는 기업혁신운동이기는 하지만 악의 체중을 줄이기 위해서 나아가 악의 모습을 과감히 그리고 철저히 버리기 위해서 우리는 이러한 방법을 우리 자신의 영적인 문제에 적용할 필요가 있다. 이러한 방법을 통해서 우리 자신의 행악이 줄여질 수 있다면, 그래서 우리의 가정과 사회가 보다 하나님 나라에 접근될 수만 있다면 더할 나위 없는 보람과 흔쾌한 기쁨을 맛볼 수 있을 것이다.

제 16 장
산지를 정복하는 삶

죄와 실수로 얼룩진 사람들은 주저앉기 일쑤다. 그러나 그대로 주저앉으면 상태는 더 나빠진다. 그 자리에서 분연히 일어나는 것이다. 하나님은 이 시대를 향해 포기하지 않는 신앙, 전진하는 신앙을 요구하신다. 하나님은 퇴보는 말할 것 없고 정체마저 허용하지 않으신다. 전진은 나이에 상관없이 누구에게나 주어진 명령이다.

성경에서 이 신앙을 보여주는 여러 인물들이 있지만 누구보다 갈렙을 들 수 있다. 그는 산지 정복사, 특히 기럇세벨에 대한 공격을 통해 우리가 전진하는 믿음을 가지면 어떤 일이 벌어지는가를 보여주고 있다. 그리고 우리로 하여금 그 산지를 정복하도록 권고하고 있다.

갈렙이 헤브론, 곧 기럇아르바를 점령하고 계속하여 정복을 시도한 곳이 바로 기럇세벨, 일명 드빌이라는 산성이었다. 이 산성의 견고함과 이곳 사람들의 힘세고 장대한 것은 이름이 나 있었다. 이스라엘 민족에게는 가히 두려움을 줄 만한 강한 민족이었다. 더욱이 이미 나이 많은 그가 이 성을 어떻게 할 수 있겠는가.

그러나 믿음의 용장 갈렙에게는 결코 두려움의 대상이 되지 못했다. "하나님이 함께하신다."는 강한 믿음을 가지고 있었기 때문이다.

그러나 아무리 하나님을 향해 강한 믿음을 가진 용장이라 할지라도 믿음만 갖고 아무 준비 없이 싸움에 임한 것은 아니다. 그는 자기 딸을 내어줄 만큼 비장한 각오로 전쟁에 임했다. 이기고 지는 일은 하나님께서 정하실 일이지만 그로서도 최선을 다해야 하기 때문이다. 싸움에 이긴 후 자기 딸에게 샘물을 주는 모습으로 나타난다. 당시 샘물의 귀함은 누구나 인정한다. 우리는 이 샘물을 그리스도의 샘물과 비교함으로써 더 큰 은혜를 받을 수 있다.

이 글은 먼저 갈렙이 정복한 산지에 관해 소개하고, 이어 기럇세벨의 공략과 이를 통해 갈렙이 보여준 전진하는 신앙의 모습을 찾아보고자 한다.

1. 갈렙이 정복한 산지

여호수아 15장과 사사기 1장에 기록된 갈렙의 산지 정복사는 우리에게 여러 교훈을 주고 있다. 갈렙(Caleb)이라는 이름은 원래 '힘이 세다.'는 뜻을 가지고 있다. 아무리 힘센 이름을 가지고 있다 해도 85세의 노구로 특히 험한 산지에 있는 크고 견고한 성읍들을 정복한다는 것, 그리고 그곳에 살고 있는 아낙자손들(Anakim)을 섬멸한다는 것은 더욱 어려운 일이다.

아낙자손들은 신장이 장대하고 강한 사람들(민13:28-33;신2:10,11,21)로서 그들의 거주지는 주로 헤브론이었으며 가사, 가드, 아스돗과 같은 블레셋 땅에도 약간씩 거주해 있었다. 우리가 잘 아는 골리앗도 아낙자손인 것(삼상17:4-17)으로 추정하고 있다. 이스라엘 사람들이 그곳 사람을 가리켜 장대하다고 말하는 것은 그들이 그만큼 두려운 존재라는 것을 말해 준다.

그러나 온전히 여호와 하나님을 섬기는 갈렙은 여호와께서 함께하시면 그들을 쫓아낼 수 있다는 신앙을 가지고 행동에 옮김으로써 승리를 얻었다. 이 승리는 갈렙을 통한 하나님의 역사일 뿐 아니라 여호와를 신뢰하고 그 힘을 갈망하는 모든 성도들에게도 승리의 상징이 되고 있다.

여호수아 15장에는 특히 두 곳의 산지 이름이 등장한다. 하나는 기럇아르바(Kirjath-arba), 곧 헤브론이고, 다른 한곳은 기럇세벨(Kirjath-sepher), 곧 드빌(Debir)이다. '기럇'은 성읍, 도시라는 뜻을 가지고 있다. 여호수아가 기브온에서 승리를 거둔 후 전격적으로 이 성읍들을 공략하여 진멸한 바 있는(수10:36-39) 곳이다. 그러므로 이 성읍들에 대한 갈렙의 공격은 완전 재탈환을 위한 것이기도 하다.

기럇아르바는 헤브론의 옛 이름(창23:2;35:27)으로 '아르바의 도시'라는 의미를 가지고 있다. 아르바는 아낙의 아버지로서 아낙사람 가운데 가장 큰 사람(수14:15)이었다. 그러므로 기럇아르바는 아낙사람 아르바의 이름에서 따온 것으로, 예루살렘에서 남쪽으로 22㎞ 떨어져 있다. 이곳은 성경적으로 보아 일찍이 아브라함이 거주(창13:18)했고, 이삭과 야곱이 우거한 곳(창35:27)이며, 아브라함의 아내 사라가 묻힌 곳(창23:2)이고, 후에 다윗이 맨 처음 수도로 삼은 곳(삼하2:1-4)이며, 압살롬이 다윗을 모반한 곳(삼하15:7-10)이자 르호보암이 요새화한 성읍(대하11:5,10)이기도 하다. 민수기 13장 22절에 따르면 헤브론은 애굽의 소안보다 7년 전에 세워졌다. 그러므로 이 성읍은 세계에서 가장 오래된 성읍 가운데 하나임을 알 수 있다. 정탐 때 이스라엘은 헤브론 근처에 있는 에스골 골짜기에서 포도송이와 석류와 무화과를 취한 바 있다.

기럇세벨은 '책의 도시'라는 뜻이 있다. 이 도시의 또 다른 이름인 드빌은 '전당'이라는 뜻을 가지고 있다. 이곳을 또한 기럇산나(Kirjath‒sannah)라고도 하는데(수15:49), 이는 '가지들의 도시'라는 뜻을 가지고 있다. 이곳은 헤브론에서 서남쪽으로 12마일 떨어진 곳에 위치해 있으며 가까운 곳에 아골(Achor) 골짜기가 있다. 아골이란 '괴롭힌다'는 뜻으로 이 골짜기는 일찍이 아간을 돌로 쳐 죽인 곳(수7:24‒26)이다. 후에 유다지파의 영토 경계지점이기도 하며 하나님이 이스라엘을 위로할 때 소망의 문이 될 곳(호2:15)이기도 하다.

갈렙은 두 산지 성읍에 대한 공격에서 성공을 거두었다. 갈렙은 기럇아르바를 점령하고 아낙의 세 아들 세새, 아히만, 그리고 달매를 그곳에서 쫓아냈다. 세새는 '희끄무레한'이라는 뜻이 있는데 이것은 그의 모습을 나타낸 것으로 보인다. 이 세 사람은 이스라엘 정탐꾼들이 헤브론에서 본 아낙의 거인들로서 두려움의 대상(민13:22)이었다. 여호수아 15장에서는 그들이 갈렙에게 쫓겨난 것으로 기록되었고, 사사기1장에서는 그들이 유다지파에게 살해된 것(삿1:10)으로 기록되어 있다. 이것은 그들이 갈렙에게 쫓김을 당하다가 결국 살해된 것으로 보인다. 기럇아르바는 갈렙에게 기업으로 주어졌으나 레위지파 가운데 그핫 가족에 속한 아론자손(수21:10)으로 하여금 도피성의 하나로 관리하도록 했다. 기럇아르바를 점령하고 기럇세벨을 공격하여 빼앗은 뒤 이 두 성읍을 아론의 자손에게 주어(수21:13,15) 관리토록 했다. 그러므로 갈렙의 이 산지 정복은 사사로운 것이 아니었음을 알 수 있다.

2. 기럇세벨의 공략과 갈렙의 신앙

여호수아 15장 15절 이하에서 우리는 갈렙의 신앙을 배울 수 있다. 첫째, 갈렙은 두려움 없이 전진하는 신앙을 행동으로 보여주었다.

갈렙은 기럇아르바를 점령하는 것으로 그치지 아니하고, 그의 결단을 기럇세벨로 잇는 신앙의 자세를 보여주었다. 15절은 "거기서 올라가서"로 되어 있다. 이것은 기럇아르바를 점령한 후 기럇세벨을 공략했음을 의미한다. 이미 언급한 바와 같이 기럇세벨은 지리적으로 보아 기럇아르바보다 남쪽에 위치해 있으므로 '내려가서'라고 해야 할 것이지만 '올라가서'라고 한 것은 기럇세벨이 산지에 위치해 있으므로 산지에 있는 성읍 기럇세벨을 치러 올라간 것을 나타낸다. "거기서 올라가는" 신앙은 여호와 하나님의 위대하신 권능을 절대적으로 신뢰하고 한차례 더 나아가는 신앙을 보여준다.

이스라엘 자손들이 여리고를 점령할 때 백성들은 "앞으로 올라갔다"(수6:5,20). 제사장들이 양각나팔을 길게 울려 불고 백성이 큰소리로 외쳐 부를 때 성벽이 무너져 내렸다. 백성들은 하나님의 지시대로 각기 앞으로 올라갔다. 그들이 앞으로 나아간 것은 여리고 성을 칼로 점령하기 위한 것이었다. 그들은 여리고 성 사람들을 두려워하지 않고 하나님의 말씀대로 앞으로 올라감으로써 승리할 수 있었다. 아무리 여리고 성벽이 무너졌다 해도 그들이 여리고 백성을 두려워하여 앞으로 올라가지 않았다면 여리고 성을 점령할 수 없었을 것이다. 앞으로 올라가는 행위는 이와 같이 전폭적으로 하나님을 의지하고 믿고 나아가는 신앙이다.

예수님께서 이 여리고를 지나실 때 삭개오를 만나는 장면이 누가복음 19장에 기록되어 있다. 키가 작은 삭개오는 사람이 많아 도저히 예수님을 볼 수 없었다. 그는 예수님을 보고 싶은 마음을 누를 길 없었다. 같은 장 4절은 "앞으로 달려가 보기 위하여 뽕나무에 올라가니"라고 기록되어 있다. 달려가 보고 싶은 마음, 그래서 부자라는 체면도 제쳐두고 뽕나무에 올라가는 삭개오를 상상해 보자. 세상의 눈으로 볼 때 그것은 우스꽝스런 장면일 수 있다. 그러나 믿음의 눈으로 볼 때 그는 '달려가는', '올라가는' 신앙을 가졌다. 때문에 그는 예수님을 하루라도 모실 수 있는 영광을 얻었다.

올라가는 신앙은 중단하지 않고 전진하는 신앙이다. 아브라함이 아들 이삭을 제물로 바치라는 하나님의 명령에 즉시 순복하여 모리아 산에 올라갔을 때 그는 하나님의 축복을 받았을 뿐 아니라 믿음의 조상이요, 열국의 아비라는 호칭을 받을 수 있었다. 신앙은 전진이요, 성취이다. 여리고 성을 점령하기 위해 그곳 거민을 두려워하지 않고 앞으로 올라가는 백성, 산지 기럇세벨을 두려워하지 않고 쳐 올라가는 갈렙, 예수님을 보기 위하여 뽕나무라도 상관치 않고 달려 올라가는 삭개오를 신앙이라는 단어를 빼고 설명할 수 없다.

이사야 40장 31절은 우리에게 이러한 믿음을 가르쳐 주고 있다. "오직 여호와를 앙망하는 자는 새 힘을 얻으리니 독수리의 날개 치며 올라감 같을 것이요 달음박질하여도 곤비치 아니하겠고 걸어가도 피곤치 아니하리로다." 우리는 믿음의 선한 싸움(딤전6:12)을 싸우는 자요 믿음으로 행하는(고후5:7) 자요, 역사하는 믿음(갈5:6)을 믿는 성도들이다. 우리는 믿음의 조상들을 본받아 마땅히 올라가는 신앙을 계속 유지해야 한다.

둘째, 갈렙은 아낌없이 바치는 신앙을 보여주었다. 갈렙은 기럇세벨을 공략함에 있어서 그 성을 쳐서 빼앗는 자에게는 자기의 사랑하는 딸 악사(Achsah)를 주겠다고 공언했다. 이것은 기럇세벨의 공략이 얼마나 어려웠는가를 보여준다.

역대상 2장을 보면 갈렙은 여러 아들을 두고 있었으나 딸에 관해서는 같은 장 49절에 악사만을 언급하고 있다. 갈렙은 이 딸을 주겠다고 공언했다. 아버지가 딸을 주겠다고 하는 것은 자기의 가장 소중한 것을 바치겠다는 각오가 담겨 있다. 이것은 그가 이 공략을 얼마만큼 중시하고 있는가를 보여준다.

갈렙은 하나님께서 함께하실 것을 믿고 기럇세벨을 공략했다. 공략의 성패는 하나님께 달린 것이지만 하나님은 그 일을 성취시키심에 있어서 그들을 게으르게 놔두지 아니하고 최선을 다해 싸우도록 하셨다. 갈렙은 여러 방법을 다 동원했을 것이다. 그리고 이제 자기로서는 마지막 카드가 될 방책을 비장한 마음으로 제시한 것이 바로 딸을 주겠다는 것이었다.

하나님은 믿음을 단련시키기 위해 우리에게 연단하는 시험을 주신다. 우리가 지쳐 쓰러지고 이제 가망이 없다고 생각하는 그 마지막 순간에 하나님은 우리에게 그 문제의 해답을 주신다. 문제의 해결자는 오직 하나님이다. 우리에게 산성이 되고 방패가 되는 분은 오직 하나님 한 분뿐이다. 이세벨의 눈을 피하여 광야로 도망한 엘리야가 로뎀 나무 아래 앉아서 주기를 간구하고 급기야 호렙산 굴에 숨어 살 때 하나님은 그를 만나 힘을 주시고 그 길을 돌이키게 하신 것처럼 하나님은 절망과 좌절에 빠져 있는 우리를 건지신다.

이것은 갈렙에게 있어서도 마찬가지다. 최후의 결정적 순간에 자기의 생명이라 할 가장 귀한 딸을 바치는 그 신앙을 보신 하나님은 결코 내버려 두지 않으셨다. 하나님은 그나스의 아들이며 갈렙의 아우뻘 되는 옷니엘(Othniel)에게 힘을 주사 기럇세벨을 쳐 이기게 하셨다. 옷니엘은 '하나님의 힘'이라는 뜻을 가지고 있다. 기럇세벨을 하나님의 힘으로 쳐서 이겼다는 뜻과 무엇이 다르겠는가.

옷니엘은 갈렙이 공언한 대로 악사를 아내로 맞는 영광을 안았다. 옷니엘은 후에 8년 동안 메소보다미아 왕 구산 리사다임의 치하에서 억눌림을 당하며 사는 이스라엘 백성을 해방시키고 40년 동안 태평을 누리게 한 이스라엘의 맨 첫 번째 사사(삿3:9-11)가 되었다. 그가 메소보다미아 왕과 싸우게 될 때 여호와의 신이 그에게 임하였다(삿3:10)고 기록되어 있는 데 그가 기럇세벨을 쳤을 때 여호와의 신이 임했음은 말할 것도 없다. 그러므로 가랴세벨의 공략은 여호와께서 함께하신 싸움이었음을 알 수 있다. 우리가 아무리 어려운 환경에 처해 있다 할지라도 하나님께서 우리와 함께하실 때 우리는 결국 승리한다는 믿음을 가져야 한다. 그 승리는 우리의 것이 아니라 하나님의 것이므로 영광받으실 분은 오직 하나님 한 분뿐이시다.

셋째, 주님은 순종하는 자녀에게 영생의 물을 주시듯 갈렙은 순종한 딸에게 샘물을 주었다. 하늘의 복을 기업으로 받은 것이다.

성경에 딸에 관한 표현은 여러 가지로 나타나 있다. 롯의 두 딸(창19:30-38)은 방종한 딸로, 번제로 드린 바된 사사 입다의 딸(삿11:36-40)은 충실한 딸로, 오직 왕 되신 주를 경배하는 딸(시45:9-13)은 아름다운 딸로, 이사야 선지자가 내리는 경고 속에 태평무사한 딸(사32:9-11)은 염려 없는 딸로, 그리고 사도행전 21장 9절의 딸은 예언하는 딸로 기록되어 있다.

갈렙의 딸 악사는 입다의 딸과 마찬가지로 아버지의 말씀을 그대로 순종한 딸이다. 성경에 순종의 장면이 기록되어 있지 않지만 입다의 딸의 경우를 빌려 "나의 아버지여 아버지께서 여호와를 향하여 입을 여셨으니 아버지 입에서 낸 말씀대로 내게 행하소서"(삿11:36). 했을 것이다. 하나님께 약속한 것은 꼭 이루도록 해야 하며 그것이 어떤 것이든 감수하겠다는 딸들의 각오는 아버지의 신앙만큼이나 귀하다. 부모의 신앙, 선조의 신앙을 유산으로 생각하고 이를 지키고자 하는 우리의 노력도 아울러 귀하다.

악사가 웃니엘에게 시집갈 때 그는 아버지로부터 복받기 원했다. 여호수아 15장과 사사기 1장에 악사가 아버지에게 구한 것은 밭과 복과 샘물이었다. 순종하는 딸에게 그 이상의 것도 주고 싶었겠지만 성경에는 특히 갈렙이 딸에게 위샘과 아래 샘을 주었다(수15:19)고 기록되어 있다.

농경민이었고 유목민이었던 이스라엘 사람들에게 있어서 가장 귀한 것은 샘이었다. 샘은 잠언 장 15절에서와 같이 물이 흐르는 곳이며 물이 있기 때문에 풀과 나무가 무성하게 자랄 수 있는 곳이다. 야곱은 아들 요셉을 축복하면서 "요셉은 무성한 가지 곧 샘 곁의 무성한 가지라 그 가지가 담을 넘었도다."(창49:22)고 예언하였다. 창세기 13장 10절에는 하나님의 동산에 물이 넉넉했음을 보여주고 있다.

창세기 21장 33절에 아브라함은 브엘세바에서 에셀나무를 심고 거기서 영생하시는 하나님 여호와의 이름을 불렀다고 기록되어 있다. 이 브엘세바는 '맹서의 우물'이라는 유래를 가지고 있다. 아브라함이 우물을 팠다는 것을 인정해 달라는 뜻에서 아비멜렉에게 어린 암양 일곱을 주었고, 두 사람이 거기에서 맹세를 했다는 뜻에서 그곳 이름이 브엘세바가 되었다. 흔히 이스라엘 국토 전체를 뜻할 때 "단에서 브엘세바까지"(삼하17:11)라는 말을 사용한다. 브엘세바가 유다지파에게 할당된 것은 의미가 깊다. 왜냐하면 이곳은 앞서 말한 바와 같이 아브라함이 영원하신 하나님 여호와의 이름을 부르며 예배했던 곳이자 이삭이 거주하고 야곱이 출생한 곳이기 때문이다. 또한 브엘세바는 열국 믿음의 조상 아브라함이 되게 하시려고 이삭을 바치라 명령하셨던 곳이며 이삭에게, 야곱에게, 그리고 엘리야에게 하나님께서 나타나신 장소이기 때문이기도 하다. 하갈이 브엘세바 광야에서 이스마엘과 함께 방황할 때 하나님은 하갈의 눈을 밝게 하여 샘물을 보고 그 물을 아들에게 마시도록 함으로써 이스마엘의 생명을 구해주셨다. 이 샘물을 발견하기 전 하갈은 이렇게 외쳤다. "자식의 죽는 것을 차마 보지 못하겠다"(창21:16). 왜냐하면 가지고 왔던 부대의 물이 떨어졌기 때문이다. 하갈은 이스마엘이 소리 내어 우는 데도 주저앉아 그저 바라볼 수밖에 없었다. 그때 하나님께서 그 아이의 울음소리를 들으시고 당신의 천사를 시켜 하늘에서 하갈을 찾으시고 응답하셨다.

이 시대에 하갈은 누구이며 이 시대에 누가 우리의 눈을 밝히고 영원한 샘물을 마시게 할 것인가? 이 시대의 하갈은 우리 자신들이며 우리의 눈을 밝히고 영원한 샘물을 주실 이는 예수 그리스도이시다. 예수님은 사마리아 여인에게 "내가 주는 물을 먹는 자는 영원히 목마르지 아니하리니 나의 주는 물은 그 속에서 영생하도록 솟아나는 샘물이 되리라."(요4:14) 하셨다. 예수께서 우리에게 주시는 것은 생명수이다. 이사야 선지자는 여호와는 나의 힘이요, 나의 구원이 되므로 우리가 "기쁨으로 구원의 우물들에서 물을 길으리로다."(사12:3) 하며 여호와를 찬송하였다. 하나님은 생수의 근원(렘2:13)이 되시며 이 생수는 하나님의 택한 자로 마시게 할 것(사43:20)이다. 예수님께서는 "나를 믿는 자는 성경에 이름과 같이 그 배에서 생수의 강이 흘러나리라."(요7:38)고 하셨다. 천국에서는 값없이 생명수를 받는다(계22:17). 지금도 주님은 말씀하신다. "누구든지 목마르거든 내게로 와서 마시라"(요7:37).

이 물은 구원(사55:1)을 상징하고, 그리스도(요4:10-15)를 상징하고, 영적인 성장(시1:3)을 상징하고, 성령(겔47:1-12;요7:39)을 상징한다. 악사는 무엇이 필요한지 알았고, 샘물을 축복으로 받았다. 그것이 단순한 샘물이라기보다 생명의 샘일 때 그것이 우리에게 주는 의미는 클 것이다. 하나님은 예레미야 선지자를 통해 이스라엘이 생수의 근원이 되는 여호와를 버리고 스스로 판 웅덩이는 물을 저축치 못할 터진 웅덩이(렘2:13)라 하였다. 예수께서는 사마리아 여인에게 "이 물을 먹는 자마다 다시 목마르려니와 내가 주는 물을 먹는 자는 영원히 목마르지 아니하리라."(요4:13,14) 하셨다. '스스로 판 웅덩이'나 '이 물'은 '생수의 근원'이나 예수께서 주시는 '영원히 목마르지 아니하는 물'과 다르다. 우리는 마땅히 그리스도께서 주시는 영원한 샘물을 사모해야 한다.

갈렙의 산지 정복사는 현대를 살아가는 그리스도인으로서 가져야 할 몇 가지 자세를 가르쳐 주었다.

첫째, 전진하는 신앙이다. 우리는 때를 따라 우리를 도우시는 하나님의 권능을 믿고 예수님을 또한 구주로 받아들이면서도 때로 나태하고 낙심하여 아무 발전이 없는, 살아 움직이지 않는 것과 같은 신앙생활을 하는 때가 있다. 이러한 신앙은 갈렙의 생동감 넘치고, 박력 있는 신앙에 비해 죽어 있는 모습을 보여준다. 우리는 마땅히 병약한 믿음의 생활을 청산하고 하루하루, 순간순간 전진하는 신앙을 유지해야 한다. 갈렙의 신앙에서 우리는 퇴보를 찾아볼 수 없다. 비록 우리가 일시적으로 정체하고 퇴보했다 할지라도 그 퇴보를 딛고 일어설 때 우리의 신앙은 더욱 빛이 날 것이다.

둘째, 우리는 하나님을 위해 우리가 가지고 있는 가장 귀한 것까지 드릴 수 있어야 한다. 갈렙은 귀한 딸을 내놓는 신앙을 보여주었다. 기독교신앙은 예수님께서 말씀하신 대로 자기를 부인하는 신앙이어야 한다. 베드로가 고기를 낚는 대신 사람을 낚는 어부가 될 수 있었던 것은 그가 과감히 배와 그물을 버릴 수 있었기 때문이다. 우리에게 그것은 우리 자신일 수 있고, 우리 재능일 수 있고, 재력일 수도 있다. 그 어느 것이 되든지 그것은 하나님의 영광을 위해 사용될 수 있어야 한다. 그것이 오직 자신만을 위해 사용된다면 하나님을 위한 것이 아님은 분명하다.

끝으로 구원의 우물물을 얻는 기쁨이다. 갈렙의 딸은 샘물을 얻었다. 창세기 27장에 나오는 우물의 분쟁사건에서 볼 수 있는 바와 같이 샘물을 갖는다는 것은 중요한 일이다. 이삭은 세 번이나 우물을 파 샘 근원을 얻었으나 자기 것이라 우기는 족속들에게 화평을 위해 내어줄 수밖에 없었다. 그는 네 번째로 브엘세바에 단을 쌓고 우물을 파 샘 근원을 얻고서도 다른 족속과 화평의 맹세를 한 후에야 안주할 수 있었다. 과학이 발달하지 못한 당시로서 물의 근원을 발견한다는 것은 결코 쉬운 일이 아니었다. 그러나 우리는 지금 생수의 근원되시는 하나님을 믿음으로써 영생하도록 솟아나는 샘물을 값없이 받는다. 이것은 예수를 그리스도로 고백하는 자가 가질 수 있는 특권이요, 구원받는 자의 자랑이다. 우리가 주님으로부터 받은 물은 구원의 우물물에서 얻은 기쁨이다.

우리는 언제나 전진하는 신앙, 우리 자신을 드리는 신앙, 그리고 우리 안에서 영원히 생수의 강이 흘러넘치는 신앙을 가져야 한다. 당신이 그리스도를 사랑한다면 항상 주님을 향해 올라가는 신앙을 행동으로 보이고, 최선을 다하여 끝까지 자신의 가장 귀한 것을 주께 드리며, 영원한 구원을 쟁취하는 사람이 되어야 한다.

제 4 부

세상과 구별되어 살기

제 17 장
하나님이 찾고 있는 사람

철학자 디오게네스는 고린도사람이었다. 그는 대낮에 등불을 켜고 다녔다고 해서 유명하다. 사람들이 왜 대낮에 등불을 켜고 다니느냐고 물었다. 그러자 그는 "이 땅에 사람다운 사람이 있는지 찾기 위해서 등불을 켜고 다니는 것이요."라고 말했다. 당시 고린도사람들은 패역하기로 이름이 나 있었다. 고린도는 부정직, 불의, 부패의 온상이었던 것이다. 이것은 고린도에 국한된 것이 아니다. 하나님은 지금도 "이 땅에 참 그리스도인이 있는가?" 찾고 계신다. "게 누구 없소?"라고 말하는 것이 아니라 "이런 사람 없느냐?"고 말하는 것이다. 사람은 많으나 참으로 사람다운 사람을 찾아볼 수 없기 때문이다.

안병욱은 사람을 악질(bad quality), 저질(low quality), 범질(common quality), 양질(good quality), 특질(super quality) 등 다섯 가지로 나누었다. 악질은 항상 사람을 못살게 굴고 자기뿐 아니라 남도 나쁜 길에 빠지게 만든다. 저질은 남에게 유익을 주지 않는 행동을 한다. 목적도 없이 남의 집 초인종을 눌러대고 도망하거나 발길질하고서도 유유히 걸어간다. 범질은 보통사람이다. 잘하려고 노력하다가도 삼천포로 빠질 때도 있다. 그러나 대체로 이성적인 행동을 하려고 노력한다. 양질은 자기보다 남을 도우려 하고 남에게 해를 주지 않으려

한다. 특질은 예수, 공자, 석가, 나이팅게일, 슈바이처 등과 같이 아주 모범적인 삶을 산 사람들이다.

하나님은 과연 어떤 사람을 찾고 계시는가? 한마디로 하나님의 사람이다. 그저 하나님에 속해서 하나님의 말씀에 순종하고 이 세상에서 그의 뜻을 실천해 나가는 사람이다. 이 사람을 가리켜 양질이라고 해도 좋고 특질이라고 해도 좋다. 그러나 더 좋은 표현은 하나님의 사람, 하나님 나라의 사람이다. 하나님은 지금도 우리 가운데서 자기의 사람을 찾고 계신다. 그를 통해 자기의 일을 시키시고자 하기 때문이다. 하나님이 찾고 계시는 하나님의 사람은 과연 어떤 사람인가? 구약은 하나님의 형상을 가진 사람이라 말하고, 신약은 성령이 충만한 사람이라고 말한다. 그러나 이 모두를 합하면 결국 하나님의 사람이다.

1. 하나님의 형상을 가진 사람

하나님은 에덴을 창조하시고 그 속에 하나님의 형상인 아담과 하와를 두셨다. 그리고 그들로 하여금 에덴을 다스리도록 하셨다. 에덴은 '들' 또는 '기쁨'을 나타낸다. 들이라 함은 지역을 나타내지만 기쁨은 에덴이 기쁨이 충만한 곳임을 의미한다. 기쁨이 충만한 하나님 나라인 것이다. 하나님은 아담과 하와가 그 기쁨의 나라 속에서 살게 하셨다.

아담과 하와를 가리켜 하나님의 형상이라 말함은 그들이 신체적으로 하나님과 같이 생겼다는 것을 의미하지 않는다. 거룩하고 참되고 선하며 사랑으로 가득한 하나님의 속성을 우리 인간이 가지고 태어났다는 것을 의미한다. 따라서 사람도 거룩함과 사랑을 추구할 마음을 언제나 가지고 있다. 우리가 더러운 생활에 빠질 때 그리고 미움의 노예가 될 때 마음이 괴로운 것은 이 때문이다. 그것은 하나님이 흙으로 아담과 하와를 만드실 때 생기를 그 코에 불어넣자 생령이 된 것으로부터 비롯되었다(창2:7). 생령이 되었다는 것은 우리의 생명이 하나님의 영으로 차고 넘치는 사람, 사람다운 사람이 되었다는 것을 의미한다.

하나님이 창조하신 하나님의 나라 에덴에 살 수 있는 사람은 바로 하나님의 속성을 그대로 간직한 하나님의 사람들이다. 하나님의 사람들은 어느 누구보다 하나님의 속성을 나타내며 살아야 할 책임이 있는 사람들이다. 우리가 에덴에서 하나님의 속성을 그대로 나타내며 살 때 그곳이 바로 기쁨의 나라, 기쁨이 충만한 곳이 될 수 있다. 그래서 하나님 보시기에 좋은 것이다. 사람이 하나님을 바라볼 때 기쁘고, 하나님이 사람들 볼 때 기쁜 그 상태의 나라가 바로 하나님의 나라이다. 그래서 하나님은 사람을 향해 "생육하고 번성하여 땅에 충만하라." 하셨다. 땅에 충만하라는 것은 단순히 인구를 많이 늘리는 것이 아니라 하나님 나라가 이 땅에 번성하고 충만할 것을 뜻한다.

그러나 인간이 죄를 지음으로써 거룩한 하나님의 형상도 훼손되고 에덴으로부터 추방되는 결과를 빚게 되었다. 그 죄는 인간의 욕심에서 비롯된 것이었다. 에덴은 거룩한 하나님의 나라이기 때문에 죄로 얼룩진 인간이 살 수 없는 곳이다. 그래서 그들은 떠나야만 했다. 죄는 그만큼 우리를 슬프게 만든다. 하나님도 이 때문에 기쁨을 잃어버리셨다. 하나님의 기쁨의 대상이 되어야 할 우리들이 오히려 하나님을 기쁘시게 못한다는 것은 그만큼 하나님의 영광을 가리는 생활을 했기 때문이다. 그러므로 하나님의 형상을 회복하는 일은 무엇보다 중요한 과제가 되었다.

2. 성령이 충만한 사람

죄로 인해 인간은 더욱 나빠지게 되었다. 스스로 회복되기를 기다렸지만 가망이 없었다. 하나님의 형상을 자기의 힘으로 회복할 수 없게 되자 하나님은 인간의 죗값을 대신 지불하기로 결정하셨다. 그것은 사랑의 하나님만이 하실 수 있는 일이다. 예수님은 바로 죄 속에 있는 우리를 구원하시기 위해 이 땅에 오셨다. 주님은 이 땅에 오셔서 제일 먼저 죄인들에게 하나님의 사랑을 보여주시고 그들에게 회개할 것과 영적인 변화, 곧 거듭남을 강조하셨다. 거듭남을 통해 우리를 죄로부터 자유하도록 하신 것이다. 그리고 하나님 나라의 도래를 선포하셨다. 하나님의 나라가 우리 마음속에, 그리고 우리 가운데 임하셨다는 것이다. 이것은 에덴의 회복이기도 하다. 주님은 산상수훈 등 여러 교훈의 말씀을 통하여 이제부터는 세상나라의 삶이 아니라 하나님 나라의 삶의 방식대로 살도록 권고하셨다. 잃었던 사랑을 회복하고 서로 선을 행함으로써 하나님의 속성을 회복하도록 한 것이다.

우리가 하나님 나라의 삶을 산다고 하지만 그 나라의 삶을 우리 스스로 살 수는 없다. 악의 세력이 우리를 넘어뜨리려고 기회를 엿보기 때문이다. 하나님께서 함께하시지 않으면 안 된다. 그래서 주님은 승천하시면서도 성령님을 보내겠다고 약속하셨다. 성령님은 약속대로 우리 가운데 거하신다. 바울은 성령님이 우리 가운데 충만히 거하도록 해야 한다고 말한다. 충만하지 못하면 자꾸만 다른 생각들이 비집고 자리를 차지하기 때문이다. 충만하다는 것은 하나님과 그분의 뜻에 우리의 자리를 완전히 내드리는 것을 의미한다. 아직도 우리 마음속에, 우리의 생활 속에 하나님이 차지하는 부분이 적다면 그것은 성령 충만한 생활이 아니다.

에베소서는 성령 충만한 사람들은 어떤 사람들인가를 잘 가르쳐 주고 있다. 성령 충만하면 우리는 일반적으로 방언부터 생각하지만 성령 충만은 곧 하나님 충만, 그리스도 충만이다. 하나님 충만이란 하나님의 형상을 그대로 담고 있고 있는 존재를 말하며, 그리스도 충만이란 주님의 뜻, 주님의 말씀과 교훈에 충만한 사람을 가리킨다. 바울은 그리스도의 장성한 분량이 충만한 데까지 이르라(엡4:13)고 말한다. 충만한 삶을 살수록 성도들은 온전해진다. 가정생활도 달라져 남편과 아내들은 피차 복종하게 되고, 자녀들은 주 안에서 부모에게 순종하게 되며 부모들은 자녀를 주의 교양과 훈계로 양육하게 된다. 이웃을 위한 봉사도 열심히 하게 되고 항상 그리스도의 몸을 세우는 데 바쁘다. 바울은 데살로니가 교인들에게 성령을 소멸치 말라고 명령한다(살전5:19). 우리가 성령을 충만히 가지면 가질수록 항상 기뻐할 수 있고, 쉬지 않고 기도할 수 있고, 범사에 감사할 수 있다. 이것이 바로 우리를 향하신 하나님의 뜻이다. 성령 충만하면 에덴의 기쁨이 우리 속에서 되살아나는 것이다.

성령 충만한 사람은 인간관계도 달라진다. 나 자신보다는 남을 더 생각할 줄 알게 된다. 바울은 성령 충만한 사람은 성령으로 기도하라, 다른 사람을 위해 기도하라고 말한다(엡6:18). 성령으로 기도하는 것은 남이 알아듣지 못하게 말을 빨리 하는 것이 아니라 하나님의 마음, 사랑의 마음을 가지고 기도하는 것을 말한다. 자기의 이기적인 기도가 아니라 이웃을 향해 사랑이 충만하고 선한 마음이 가득한 가운데서 그들의 유익을 위해 기도하는 것을 말한다. 악은 모든 모양이라도 버린다. 이렇게 기도하고 생활하면 하나님을 기쁘시게 하고 이웃을 기쁘게 만든다. 하나님은 이런 사람을 축복하신다.

3. 하나님의 사람

　바울은 디모데를 향하여 너 하나님의 사람아라고 불렀다. 이것은 그가 지금까지 하나님의 사람으로 살았던 것에 대한 감사를 뜻하기도 하지만 앞으로도 계속해서 하나님의 사람으로 살아야 한다는 것을 의미한다. 앞서 언급한 하나님의 형상, 성령이 충만한 사람도 결국은 하나님의 사람으로 집약된다. 하나님의 사람은 무엇보다 하나님을 최우선 순위에 놓고 사는 사람들이다. 그분의 뜻이라면 자기의 모든 것을 바칠 각오가 되어 있다. 시편에서 "여호와를 바라는 너희들아."(시31:24)라고 하는 것도 늘 여호와를 앙망하며 살아야 한다는 것을 가르쳐 준다. 이렇게 산 사람들은 결국 하나님으로부터 내 마음에 합한 자라는 이름을 얻는다. 다윗이 바로 그러한 이름을 얻었다.

　그리기 위해서는 세상적인 유혹으로부터 자유로워야 한다. 아담과 하와가 욕심 때문에 망하듯 있는 것을 족한 줄로 여기지 않고 더 가지고자 할 때 문제가 발생한다. 성경은 부하고자 하는 자들은 시험과 올무와 여러 가지 어리석고 해로운 정욕에 떨어져 멸망에 빠진다고 말하고 있다. 돈을 사랑하다 미혹을 받아 믿음에서 떠나게 되고 근심이 자기를 찌르게 된다. 그래서 바울은 디모데를 향해 "너 하나님의 사람아. 이것들을 피하고 의와 경건과 믿음과 사랑과 인내와 온유를 좇으며 믿음의 선한 싸움을 싸우라. 영생을 취하라. 네가 이것을 위하여 부르심을 입었고"(딤전6:11－12)라고 하였다. 어리석음에 빠지면 영생을 얻을 수 없고 하나님의 사람도 될 수 없다. 그러나 하나님의 사람은 다르다.

　성경을 보면 두 가지 대조적인 모습의 사람이 그려지고 있다. 양과 염소, 면양과 산양, 진실과 거짓, 좋은 물고기와 나쁜 물고기, 하나님의 자녀와 마귀의 자녀가 그것이다. 그리고 성도는 마땅히 전자의 것들이 되어야지 후자의 것들이 되어서는 안 된다고 가르친다. 백낙준은 초기 한국교회에 두 가지 종류의 교인이 있다고 말했다. 하나는 개화교인이고 다른 하나는 기독교인이다. 일본제국시대 때 105인 사건으로 기독교가 핍박을 받자 개화교인들은 모두 다 세상으로 돌아가고 기독교인만 남았다. 개화교인은 환난이 다가올 때 다 도망을 쳤지만 기독교인은 그 환난을 기쁨으로 받으며 믿음에서 크게 성숙한 것이다. 백낙준도 허울만 좋은 개화교인보다 진정한 기독교인이 많아져야 한다고 말한다. 우리를 가리켜 '하나님의 사람'이라고 말하는 것은 염소가 아니라 양이요, 마귀의 자녀가 아니라 하나님의 자녀이며, 개화교인이 아니라 진정한 기독교인이어야 한다는 것을 말한다.

우리가 하나님의 자녀가 되고 하나님의 사람이 된 것은 우리가 그만큼 불릴 자격이 있어서가 아니다. 하나님이 거지같이 보잘것없는 우리를 왕자, 곧 하나님의 자녀로 삼으신 것이다. 이것을 가리켜 하나님의 전적인 은혜라고 한다. 거지가 바로 왕자가 되었다고 해서 하루아침에 옛날 버릇을 고칠 수는 없다. 지은 이야기지만 하루는 목사님 한 분이 천국에 들어오자 하나님께서 벌떡 일어서 반갑게 맞이하셨다. 그때 그 광경을 지켜보던 장로님과 집사님들이 "하나님께 차별하시면 안 됩니다. 저희들이 천국에 들어올 때는 가만히 계시지 않았습니까?" 하며 불만을 터뜨렸다. 그러자 하나님께서 "지금까지 장로와 집사, 평신도는 많이 들어왔지만 목사가 들어오기는 처음이잖아. 하도 반가워서 그랬지."라고 말씀하셨다. 그제야 집사님과 장로님들이 이해를 하고 고개를 끄덕였다는 얘기다. 목사 사모들 치고 우리 목사님 정말 목사답다고 말하는 사람은 거의 없다. 다 부족함을 느낀다. 장로도 집사도 예외가 아니라고 생각한다. 사람의 저울에도 이처럼 부족한데 하나님의 저울에는 턱없이 부족할 것은 물론이다. 우리가 지금 비록 철부지 왕자처럼 한심하게 놀고 있지만 하나님은 우리가 점차 하나님이 원하시는 사람으로 성숙되기를 바라고 계신다. 그래도 소망이 있다고 생각하기 때문이다.

한 깡패 두목이 예수님을 영접하고 난 후 자기 부하들에게 이렇게 말했다. "나는 예수님을 구주로 영접했으니 너희들도 회개하고 주님을 구주로 영접하기 바란다. 다시는 과거와 같은 삶을 살지 말라." 그러자 부하들이 말했다. "형님, 걸레는 아무리 빨아봤자 걸레예요. 무슨 말씀을 그렇게 하십니까?" 사람들은 걸레는 걸레일 수밖에 없다고 생각한다. 그러나 주님은 이렇게 말씀하신다. 너희 죄가 아무리 주홍같이 붉을지라도 내가 희게 할 것이요, 다시는 기억하지 아니하리라.

하나님의 사람은 이 세상과 짝한 과거의 삶으로부터 점차 벗어나고자 한다. 성경은 이 세상을 가리켜 은혜와 짝할 수 없는 사악함이 있다고 말한다. 우리가 하나님의 사람이라 해도 이 세상 속에 사는 한 더러워짐을 피할 수 없다. 그러나 우리는 기도의 향불로서 그 죄를 태움으로써 보다 성화된 모습으로 늘 태어나야 한다.

하나님의 사람은 생활 속에서 하나님을 보여주어야 한다. 성도는 하나님을 우리 안에 모신 것 같은 긴장, 두려움, 거룩함이 있어야 한다. 우리의 생활에서, 표현에서 하나님이 우리 중심에 없다면 그는 하나님을 보여줄 수 없다. 예수 믿는 사람들 아무리 보아도 하나님이 보이지 않는다는 말을 들어서는 안 된다. 이를 위해서 우리는 자기만을 위한 삶으로부터 하나님을 위한 삶으로 바꾸어지지 않으면 안 된다. 욕심도 줄이고 보다 진정한 사랑의 모습을 보여주며 그 나라를 실천하는 삶을 살아야 한다.

성도들이 현재 제일 많이 범하는 잘못은 자신의 위로만 찾는다는 것이다. 목사의 설교를 통해서 그리고 이따금 읽는 말씀에서 위로받을 것이 없는지 열심히 찾는다. 어떤 이는 아예 자기의 간지러운 부분을 잘 긁어주는 목사의 설교만 찾아 돌아다닌다. 그런 교회일수록 붐빈다. 이것은 현대 교인의 병폐이다. 하나님의 사람은 자신의 위로만 찾는 사람이 아니다. 하나님을 두려워하고 그분의 말씀에 전적으로 순종했는가 점검하는 삶을 살아야 한다. 이러한 삶을 살 때 하나님이 우리의 생활 속에 나타나 하나님의 사람됨이 증거된다. 우리는 늘 하나님의 영광을 위하여 산다고 말한다. 하나님의 영광을 위해 사는 사람은 그 영광을 입술로만 나타낼 것이 아니라 행동으로 나타내 주님께 기쁨을 줄 수 있어야 한다.

제 18 장
세상과 구별된 사람

그리스도인은 세상에 종속되는 것이 아니라 세상으로부터 자유하고, 세상으로부터 독립하는 사람이다. 세상과 구별된 사람이다. 구별될수록 주님께 가까이 나가게 되고 우리의 영은 주님의 것으로 가득 차게 된다.

시편은 복 있는 사람과 그렇지 않은 사람을 구별하면서 시작한다. 의인과 악인은 다르다고 말한다. 의인이 하나님께 속한 사람이라면 악인은 그 반대다. 그것은 우리가 하나님 앞에 어떻게 서 있느냐, 어떻게 그분의 말씀을 지켜 행하느냐에 달려 있다.

시편은 단순히 시의 모음집이 아니다. 그 안에는 서정적인 흐름과 열정이 담겨 있을 뿐 아니라 압도하는 힘과 장엄함이 함께 있다. 어떤 이는 시내 산의 번개 치는 구름을 뚫고 들려오는 두려운 목소리를 이 시를 통해 듣는다고 말한다. 그런가 하면 어거스틴은 다음과 같이 고백한다.

"오 하나님. 시편을 읽으면서 하나님을 사랑하는 마음이 불같이 타올랐으며 교만한 나의 마음이 당신 앞에 무릎을 꿇어 앉아 겸손을 터득했습니다."

시편은 우리의 오만한 마음을 깨뜨려 주 앞에 겸손히 서게 만든다. 죄로 물든 마음을 씻어 주님의 사람이 되게 한다. 시편은 하나님을 향한 우리의 고백과 함께, 하나님의 사랑과 은총에 대한 감사를 담고 있다.

시편의 여러 편 가운데 제1편은 시편 전체의 서언에 해당한다. 1편에는 지은이나 제목도 없다. 그러나 이 시를 읽어보면 의인과 악인, 의인의 참다운 행복과 악인의 종국적인 비참함이 극명하게 대비되고 있음을 본다. 이 시편 저자는 하나님 없이 사는 사람들, 곧 하나님의 말씀과 명령을 무시하며 사는 사람들이 당장에는 행복한 것처럼 보이지만 여호와의 심판 날에는 비참한 결국을 맞게 될 것이니 모든 경건한 자들이어 하나님의 법을 곰곰이 생각하고 하늘의 지혜를 구하라 외치고 있다.

1. "복 있는 사람은"(1절)

저자는 1편의 첫머리부터 어떻게 해야 참된 축복을 받을 수 있는가를 가르쳐 주고 있다. 사람들은 복받기 원한다. 그러나 대부분 그 복은 의식주의 풍성함 · 무병 · 오래 삶 · 세상적인 출세 · 가정의 단란함 등에 한정되어 있다. 그리스도인이라 할지라도 이런 축복을 외면할 수 없다. 세상이 물질주의에 빠져들수록 기복에 대한 염원은 더욱 늘어가고 있다. 이것이 진짜 참살이(wellbeing)일까? 성경은 이것이 진짜 행복이라 말하지 않는다. 오히려 하나님과의 올바른 관계가 참된 행복이라 가르친다. 이 세상에서 우리가 원하는 기복적인 것들은 영원한 것이 아니라 일시적인 것이요, 본질적인 것이 아니라 피상적인 것이다. 하나님과의 관계를 바로 가지기 위해서는 무엇보다 하나님이 싫어하는 죄를 멀리하고 하나님이 기뻐하는 의의 말씀을 가까이해야 한다.

1절의 '복 있는 사람'은 원래 명사화된 표현이 아니고 "악인의 꾀를 좇지 않고, 죄인의 길에 서지 아니하며, 오만한 자의 자리에 앉지 않는 사람은 복되도다."라는 형용사적인 표현으로 되어 있다. 그러나 70인 역에는 복 있는 사람으로 번역되어 있고, 우리말 성경도 그러하다. 형용사적인 악을 멀리하는 성도의 아름답고 복됨을 강조한 것이다.

많은 사람들은 성도들이 열심히 교회에 다니고, 연보를 하며, 믿음생활을 하느라 세상 락을 멀리하며, 하나님의 말씀을 열심히 읽고 배우는 것을 광신도 행위로 치거나 고지식하다고 한다. 성도들은 불경건한 사람들과 함께 살면서 그들이 누리는 세상의 쾌락과 사치스러움을 보게 되고 그것이 행복이 아닐까 하는 유혹에 잠시 빠지기도 한다. 그러나 이 시편은 이러한 세상적인 것에 넋을 잃지 말라 당부하고 있다. 그들과 함께 살면서 하나님의 율법을 묵상하고 지키며 사는 것이 얼마나 어려운 것인가를 가르치면서 악인들의 무리에서 물러서거나 떨어지라고 경고한다. 이 세상은 타락으로 가득 차 있으며 그 타락이 성도를 오염시킬 가능성이 너무 충분하기 때문에 하나님과 바른 관계를 세우는 첫 단계로서 불경건한 자들과 교제를 끊는 것이 필연적인 것임을 1절은 제시하고 있다.

이러한 오염을 제거하기 위해서 악인의 꾀를 좇지 말라 당부하고 있다. 이 악인은 '레샤임'으로 도덕적으로 행실이 나쁜 사람을 가리킨다. 이런 사람의 조언에 따라 걷지 말라는 것이다. 사단은 조금씩 하나님의 길에서 벗어나도록 유혹한다. 처음부터 하나님을 멸시할 정도로 큰 발을 내딛도록 하는 것이 아니라 일단 악한 조언에 귀를 기울이는 모습을 보이면 차츰 더 나쁜 쪽으로 기울어지게 만들고,

결국에는 공공연하게 하나님을 대적하게 만든다. 여기서 악인의 꾀란 아직 공공연하게 드러나지 않은 악을 가리킨다. 우리는 순간적으로 이 꾀에 빠지기 쉽다. "이 정도쯤이야 하나님께서 이해하시겠지.", "이런 정도로 별일 있을라구.", "내가 이 정도에서 그치지 더 넘어가지는 않지." 하면서 그 꾀에 자신을 허용할 때 이미 오염되기 시작하여 사단 쪽으로 기울게 된다. 이것이 바로 사단이 노리는 첫 번째 단계의 공격이다. 일단 그쪽으로 기울거나 빠지면 헤어나기 어렵다. 사단이 가만 놔두지 않기 때문이다. 거미줄에 걸려 더 옴짝달싹 못하게 만든다.

사단의 두 번째 공격은 성도를 죄인의 길에 서도록 만든다. 여기서 죄인은 '하타임'으로 공공연한 악인들, 곧 하나님의 계명을 공공연하게 무시하는 불법자를 가리킨다. 시편기자는 그들이 서 있는 이 같은 길에 함께 서 있지 말라고 경고하고 있다. 이 길은 순간적인 꼬임과는 다르다. 이 길은 많은 사람이 다니는 넓은 길이다. 많은 사람들이 하나님의 법을 무시하면 따라서 무시하게 된다. 왜냐하면 그렇게 사는 것이 편하기 때문이다. 성도는 세상을 쉽게 살기 위해서 하나님을 택한 사람들이 아니다. 세상을 어렵게 살더라도, 세상이 비웃는다 하더라도 영원히 바른 길, 영광된 길을 택한 사람들이다.

사단은 나아가 오만한 자의 자리에 앉게 한다. 죄인의 길에 다니는 사람들을 불러 자기 사람으로 만들어버린다. 오만한 자란 '레침'으로 하나님을 알면서 거역하는 자, 하타임보다 더 익질직인 사단의 무리를 가리킨다. 오만한 자의 자리에 앉는 것은 그들 자리에 아예 함께 앉는 것을 말한다. 다시 말해서 그들과 한 패거리가 되는 것을 말한다. 시편기자는 힘주어 그들과 함께 앉는 자가 되지 말라 강조하고 있다.

사단은 이와 같이 꾀를 내어 넘어지게 하고, 죄악의 길에 다니도록 만들며, 결국에는 그들 자리에 함께 앉도록 한다. 꼬여서 레샤임으로 만들고, 더 나쁜 하타임으로 만들고, 급기야는 레침으로 만들어 사단과 다름없게 한다. 그래서 시편기자는 그들의 간교한 말을 따르지도 말고, 그들의 길에 서지도 말며, 그들과 한 무리가 되어 함께 앉지 말라 권고하고 있다. "좇지 말라.", "서지 말라.", "앉지 말라."는 이 세 가지 "하지 말라."(don't)는 권고는 성도가 마땅히 지켜야 할 자세이다. 시편기자는 바로 이 권고를 바로 따르는 사람에게 복이 있다고 말하고 있다. 악인의 타락한 태도를 그대로 모방하다 보면 악인을 닮아가게 된다. 성도는 자신을 더럽히는 일에 자신을 내맡기는 일이 있어서는 결코 안 된다.

2. "오직 율법을 즐거워하는 자"(2절)

2절은 1절과는 아주 대조적이다. 악인이나 죄인이나 오만한 자는 한결같이 하나님의 법에서, 하나님의 길에서 벗어나 오히려 하나님을 대적하지만 복 있는 사람은 '오직' 하나님의 법을 즐거워하고 주야로 그 법을 묵상한다. 여기에서 '오직'은 '전적으로'라는 뜻을 가지고 있다. 악인이 하나님의법을 거역하는 일에 '좇고, 서고, 앉는' 것처럼 의인은 오직 하나님의 법을 생각하고 따르는 일에 전적으로 '좇고, 서고, 앉아야' 할 것을 말한다. 여호와의 율법은 좁게는 모세5경을 말하고, 넓게는 하나님이 계시하신 모든 말씀을 의미한다. 이 율법은 성도가 하나님이 주신 표준에 맞게 살도록 구체적으로 제시한 것이다.

시편기자는 먼저 그가 하나님의 법을 '즐거워한다.' 하였다. 즐거워한다는 것은 마지못해서 배우거나 억지로 순종하는 것이 아니라 기쁜 마음으로 율법을 대하고 그것을 생활화함으로써 기쁨을 누리는 것을 말한다. 하나님의 말씀에 대한 이러한 애착과 사랑하는 마음이 없이 믿음 생활을 한다는 것은 앞뒤가 맞지 않는다. 주의 교훈을 기쁨으로 받아들이는 것은 자기를 온전히 주 앞에 내놓고 무릎을 꿇는 것이요, 주님을 자기 안에, 그리고 자기를 주님 안에 거하도록 하는 것이다. 주님이 내 안에 거하여 역사하실 때 그 기쁨은 어느 누구도 빼앗을 수 없다. 그러므로 말씀을 사랑하는 것이 하나님을 사랑하는 방법이며, 주의 말씀 하나하나가 나의 기쁨이 되며, 나의 기쁨이 주의 기쁨이 되는 것이다. 우리가 사랑하는 사람을 만날 때 그를 보기만 해도 기쁘고, 그 말 하나하나가 나의 기쁨이 되는 것처럼 주님의 말씀을 대할 때마다 기쁘고, 그 말씀 하나하나가 나의 기쁨이요, 소망이 되어야 한다.

나아가 시편기자는 주야로 그 율법을 묵상하는 자가 복이 있다고 말한다. 이것은 앞의 글과 연관된다. '그 율법을 주야로 묵상한다.'는 것은 그 율법을 최고로 삼고 언제 어디서나 그 말씀을 읽고 생활화한다는 뜻이다. 묵상은 말씀을 삶에 적용시키기 위해 마음속으로 되새기는 것이다. 이것은 그저 마음에만 두는 소극적인 것을 의미하는 것이 아니라 그 말씀이 자기 생활의 근본, 곧 뼈와 살이 되도록 하는, 그래서 그것을 행동화하는 것까지 포함한다. 이 같은 행동은 하나님의 말씀에 대한 철저한 사랑과 절대적인 기쁨이 없이는 어렵다.

3. "그는 시절을 좇아 과실을 맺는다"(3절)

시편기자는 하나님의 말씀대로 사는 사람은 복 있는 사람으로서 마치 "시냇가에 심은 나무가 시절을 좇아 과실을 맺으며 그 잎사귀가 마르지 아니함 같다."고 말함으로써 하는 일 모두가 형통할 것을 강조하고 있다. 이 말씀은 에스겔 47장 12절과 매우 흡사한 내용을 담고 있다. 두 절의 공통점은 그 나무가 하나님의 말씀이 넘치는 물가에 심기우고, 새 실과를 끊임없이 맺으며, 그 잎사귀조차 시들지 않는다는 점이다.

이 모두는 열매 맺는 신앙을 상징한 것이다. 그 나무가 물길이 좋은 곳, 곧 가장 바람직한 곳에 심기어야 믿음의 열매를 맺을 수 있다. 주님의 말씀이 있는 곳에 심어지지 않을 경우 열매는 물론 생명조차 유지하기 어렵다. 잎사귀가 시들지 않음은 그만큼 그 나무가 살아 있다는 증거다. 우리가 말씀을 호흡하며 그 말씀대로 살 때 우리의 영혼은 살아 있게 되고 시절마다, 곧 제철마다 완전히 여문 열매를 그 결실로 얻게 된다. 이 모든 것은 주님의 축복이다. 우리의 신앙이 예수 그리스도 안에 튼튼히 심기었는지, 주 안에서 순간순간 영원한 생명의 기쁨을 안고 좋은 열매를 맺고 있는지 늘 점검하는 우리가 되어야 할 것이다.

4. "여호와께서는 의인의 길을 인정하신다"(6절)

여호와의 법에 따라 사는 것, 주님이 가르치신 법도대로 사는 것은 의의 길이다. 이 길을 따라 살며 열매를 맺는 사람은 하나님의 백성, 의의 백성으로 인침을 받는다. 주님으로부터 인정을 받는다. 어느 누구보다 주님으로부터 인정을 받는 삶을 사는 것만큼 귀한 것은 없다. 이러한 인정은 심판에 대한 결과이다. 여호와의 날에 "바른 삶을 살았다.", "주의 백성으로 열매를 맺고 살았다."는 판정이 날 때 그것은 세상의 어떤 감격과 비교할 수 없다. 주님이 인정한 사람은 주의 나라에서 영원하며, 주와 함께 영존한다. 이보다 더 큰 영광은 없을 것이다.

5. "그러나 악인은 그렇게 되지 않는다"(4 – 6절)

하나님은 악인의 결국에 대해 혹독한 심판이 있게 될 것을 말씀하신다. "악인은 그렇지 않음이여."라는 것은 의인의 결국과는 정반대라는 것을 의미한다. 악인을 가리켜 "바람에 나는 겨"라 한 것은 열매 맺는 의인과 대조적이다. 알맹이가 없어 바람에 불리어 날아가는, 내용이 없는 쭉정이 모습이다. 주님 앞에 아무것도 내놓을 것이 없다. 의인들 틈에 끼일 수도 없다. 모습도 다르고 생활도 다르다. 악인에게는 멸망만이 기다리고 있다.

그럼에도 불구하고 이 세상에서 악인이 득세하는 것을 본다. 그러나 그것 때문에 실망할 것 없다. 지금 악인이 비록 번창한다 할지라도, 악인이 장엄한 나무처럼 높이 올라가 승승장구하는 것처럼 보인다 할지라도 여호와의 심판 날에 악인의 모습은 쭉정이와 같을 뿐이다. 주님은 악인의 결국을 이와 같이 묘사함으로써 주의 법도대로 살고자 하는 사람들에게 믿음의 눈을 갖고 세상을 이기도록 하신다. "내가 세상을 이기었노라." 하신 주님의 발자취를 우리 모두 힘써 따라가야 할 것이다. 우리가 좇고, 서고, 앉아야 할 곳은 의인의 길이지 악인의 길이 결코 아니다. 시편기자는 바로 이 말씀을 우리에게 주고자 한다.

우리가 잠시라도 악인의 형통을 부러워했다면 이 말씀에 비추어 자신을 일깨워야 할 것이다. 우리는 하나님의 성실한 말씀을 식물로 삼아 여호와와 그의 법도를 기뻐하며 살아야 할 그의 백성들이다. 주 안에 사는 것이 얼마나 큰 축복인가를 다시금 깨닫고 언제나 말씀 속에서 살면서 열매 맺는 생활을 해야 할 것이다. 비록 그 길이 고되고 유혹이 많다 할지라도 주님과 함께 이 세상을 이김으로써 하나님께 영광을 돌려야 할 것이다.

제 19 장
구원의 감격과 기쁨의 회복

1. 그리스도인, 구원의 감격과 기쁨을 가진 자

그리스도인의 특징은 구원의 감격과 기쁨이 있다는 점이다. 이 감격과 기쁨은 세상이 빼앗을 수 없는 감격과 기쁨이다. 이 감격과 기쁨을 가지고 복음을 전한다. 감격과 기쁨이 넘치면 "내가 무엇으로 보답할꼬." 하며 과거에 생각지 못했던 일에 대해 서원을 하기도 한다.

그러나 우리는 때로 이 감격과 기쁨을 잃어버린다. 다윗은 밧세바 사건으로 죄를 범한 뒤 "주의 구원의 즐거움을 내게 회복시켜 주옵소서."(시51:12) 하며 참회의 기도를 했다. 다윗도 죄 때문에 이 기쁨을 잃어버린 것이다. 우리도 잃어버린 기쁨과 감격을 회복케 해 달라고 기도해야 한다.

2. 구원, 구속, 속량

구원과 연관된 단어로 구속 또는 속량이 있다. 구속이란 노예에게 자유를 주기 위해 돈을 지불하는 것을 말한다. 죄의 노예였던 우리를 그 속박으로부터 풀어주기 위해 십자가에서 피를 흘리신 것이다. 우리가 받아야 할 그 영원한 형벌을 주님이 대신 받으신 것이다. 십자가의 공로가 아니면 우리는 결코 죄 사함을 받을 수 없다.

속량(redemption)은 값을 지불하고 찾아오는 것을 말한다. 우리는 전당포에 물건을 맡기고 돈을 빌린다. 돈을 갚지 못하면 물건을 찾아올 수 없다. 돈을 내고 물건을 찾아오는 것을 속량했다(redeemed)고 한다. 주님이 우리를 속량하신 것은 우리가 전당포에 물건을 맡기고 다시 찾는 것과 다소 다르다. 전당포의 경우 우리가 값이 되는 자신의 물건을 맡기지만 우리가 죄를 지어 스스로 팔았다. 아버지 하나님이 값을 지불하고 다시 찾아오셨다. 우리는 그 값을 지불할 능력이 없었다. 만약 하나님 아버지께서 우리를 속량하지 않으셨다면 우리는 아직도 사단의 우리(전당포)에 붙잡혀 있을 것이다. 주님은 우리를 향해 말씀하신다. "너는 나의 것이다."

구원(salvation)이란 죄악이나 죽음처럼 불가항력의 상황에서 인류를 구출하는 것을 말한다. 각 종교는 구원에 대해 나름대로 관점이 있다. 그러나 그 구원관은 기독교의 그것과 매우 다르다.

먼저 불교의 구원관을 보자. '법구경'에 이런 구절이 있다.

'잠 못 드는 사람에게 밤은 길어라
피곤한 사람에게 길은 멀어라
바른 법을 모르는 어리석은 사람에게
생사의 발길은 길고 멀어라.'

이것은 이 땅에 아직도 바른 법을 알지 못하는 사람이 많다는 것을 보여준다. 그 길을 알지 못해 정처 없이 헤매는 사람을 보면 안타깝다는 뜻을 담고 있다. 그러나 그 법은 기독교의 구원과 다르다.

불교는 구원을 수련이나 수행을 통한 자기노력의 문제로 믿는 경향
이 있다. 그래서 불교를 가리켜 자기의 힘으로 구원을 이루는 자력
종교라 하기도 한다. 극락에 들어가거나 지옥에 떨어지거나 모두 다
자업자득의 결과이다. 불교는 우주의 운명에 체관을 가지고 인욕고
행으로 모든 번민과 불안에서 해탈해 열반에 들어가려는 체관의 종
교이고 열반적정의 종교이다.

기독교는 구원의 길을 확실하게 제시해 준다. 기독교는 아담의 원
죄로 말미암아 우주보다 귀했던 인간이 죄인으로 타락했으며 이 죄
의 값은 그 죄의 크고 작음에 관계없이 사망이라고 가르친다. 인간
스스로는 자신을 구원할 어떤 공로도 갖지 못하므로 구원은 전적으
로 하나님의 은혜에 의존한다. 기독교는 타력종교이다.

유대교는 마지막 심판에 거룩한 민족으로 다시 세워질 것이라는
집단 구원론을 신봉한다. 하나님을 사랑하는 것은 곧 그의 율법을
행하는 것이다. 이것이 저들의 구원의 방편이 된다. 그들은 기록된 율
법(written law)과 구전된 율법(oral law)을 가지고 있다. 그들은 613개
의 율법을 가지고 있으며 이 모두를 지키려 노력한다.

기독교의 구원은 율법을 행하는 것으로 의롭다 함을 받는 것이
아니라 예수를 구주로 믿는 믿음이 칭의의 근거가 된다. 예수는 율
법을 폐하러 오신 것이 아니라 그 율법정신을 완성시키려 오셨다.
유대교가 외면적인 것을 강조한다면 기독교는 내면적인 것을 강조한
다. 예수는 유대인들이 외면적인 것을 강조한 나머지 내면적인 것을
간과하는 것을 비판하셨다.

이슬람은 알라에게 복종해 형벌에서 구원을 받아야 한다고 가르친
다. 이슬람은 공덕을 요구하는 자력종교이다. 이슬람교에 따르면 기
도는 알라에게로 반쯤 인도하고, 단식은 알라가 계신 궁전 문까지
데려다 주며, 시물은 알라가 있는 곳으로 들어가게 한다고 믿는다.

이에 비해 기독교는 예수를 구주로 고백함으로써 구원을 받는 타력 종교이다.

불교, 유대교, 이슬람 등 모든 종교에 구원의 개념이 있지만 기독교처럼 확실하게 제시하는 종교는 없다. 기독교는 하나님이 예수 그리스도의 죽음과 부활을 통해 인류를 죄와 죽음에서 건졌으며 이에 따라 구원은 하나님의 선물로 값없이 주어진다고 말한다. "우리가 그리스도 안에서 그의 은혜의 풍성함을 따라 그의 피로 말미암아 구속 곧 죄 사함을 받았으니"(엡1:7).

구원은 우리를 가장 귀한 존재로 대우하셨음을 의미한다. 재판장 빌라도에게도 구원을 주지 않으셨다. 천하를 호령하던 시저도 구원을 받지 못했다. 세계의 많은 석학들도 구원을 받지 못했다. 빌라도, 시저, 석학들에게도 주지 않은 구원을 나 같은 죄인에게 주셨다는 것은 주님이 그만큼 우리를 최고로 대우하셨다는 것을 의미한다.

3. 구원의 열쇠는 믿음

시골에 살던 한 흑인 여학생이 도시 여행을 했다. 그 도시에서 본 것은 형형 색깔로 칠해진 풍선이었다. 그러나 상인들이 가진 풍선에는 검정색이 없었다. 학생은 상인을 찾아가 "검은 풍선은 오르지 않나요?"라고 물었다. 그 뜻을 안 상인은 다음에는 검은 풍선을 갖다 놓겠다고 약속했다. 그리곤 말했다. "애야, 풍선은 색깔로 오르는 것이 아니란다." 풍선(구원)은 색깔(선행)로 오르는 것 아니다. 하나님을 향한 믿음 때문에 오르는 것이다.

구원은 선행으로 얻는 것이라는 주장과 믿음으로 얻는 것이라는 주장은 오랜 역사를 가지고 있다. 가톨릭과 루터교도 이 문제 때문에 대화를 할 수 없었다. 1999년 10월 31일 가톨릭과 루터교가 500년 만에 구원론에 대한 오랜 견해 차이를 해소하는 독일 아우크스부르크에서 칭의 교리에 관한 공동선언에 공식 서명했다. 로마교회와 동방교회의 분열, 종교개혁을 거치며 많은 교파로 나뉘어 있는 기독교는 20세기 후반 들어 화해와 일치, 협력을 위해 이른바 에큐메니칼 운동이 전개되었다. 이 움직임은 1948년 결성된 세계교회협의회(WCC)와 1962-66년 제2차 바티칸공의회를 통해 크게 문호를 개방한 가톨릭을 두 축으로 전개되었다. 특히 기독교 최대교파인 가톨릭은 성공회, 루터파, 정교회 등과 지속적인 대화를 추진해 왔다. 이번에 결실을 거둔 가톨릭과 루터교의 구원론에 대한 견해차 조정은 67년부터 시작되었다.

칭의(justification) 논쟁이라 불리는 이 문제는 "믿음으로 말미암아 구원을 얻는다."고 주장하는 루터교와 하나님에 대한 믿음과 함께 선행을 실천해야만 구원을 받을 수 있다는 가톨릭의 주장이 팽팽히 맞서 합의점을 찾지 못했다. 양측은 합동위원회를 구성한 지 26년 만에 "구원은 신의 은총으로 이루어진다."는 최종합의와 함께 상대방에 대한 파문을 공식 취소하기에 이르렀다.

구원론 논쟁은 1517년 루터가 로마 가톨릭의 면죄부 판매를 비난하며 독일 비텐베르크 성당에 95개조 반박문을 붙이면서 불붙었다. 루터의 반박문은 가톨릭에 염증을 느낀 대중들로부터 엄청난 호응을 얻었다. 당시 루터의 주장은 "인간은 믿음만으로 구원을 받을 수 있다."는 것이었다. 이는 "인간은 믿음과 함께 선행을 쌓아야 한다."는 로마 가톨릭의 구원론에 맞서는 것이었다. 개신교의 구원선물론과 가톨릭의 선행론은 서구사회를 양분해 왔다. 결국 가톨릭과 루터교는 구원론을 둘러싼 종교전쟁을 시작하여 30년 전쟁 등 수백만 명이 종교의 이름으로 죽었다. 1648년 베스트팔렌 조약으로 신구교 선택의 자유가 부분 허용된 뒤에도 이들 교리는 평행선을 달려왔다.

두 교파의 아우크스부르크선언은 "인간의 구원은 선행에 의해서가 아니라 신의 사랑(은총)을 통해 이루어진다."고 천명함으로써 한 치의 양보도 없이 맞서왔던 두 진영을 화해시켰다. 신구교가 500년 만에 화해함으로써 종교화합의 시대를 열었다.

C. S. 루이스에 따르면 인간은 존재론적 딜레마에 빠져 있다. 하나님은 절대 선이다. 절대 선이신 하나님이 우주를 다스리니 우리에게 희망이 있다. 만일 절대 악인 사단이 우주를 통치한다면 우리에게는 희망이 없을 것이다. 그러나 우리는 죄인이다. 죄를 지으며 사는 한 절대 선이신 그분이 두려울 수밖에 없다. 하나님은 결국 우리에게 위안의 대상이면서 공포의 대상이 된다. 우리는 하나님 없이 살 수 없으면서 하나님과 더불어 살 수 없는 딜레마에 빠져 있다. 그래서 하나님과 함께 살고 싶으면서도 그로부터 도망가고 싶은 것이 바로 우리의 존재론적 딜레마이다. 죄를 용서받고 깨끗이 처리하지 않으면 이 딜레마는 계속될 수밖에 없다. 죄로부터 용서를 받으려면 하나님의 존재를 인정하고, 우리를 향한 하나님의 무한한 사랑을 받아들이는 것이다. 이것이 바로 믿음이다. 이 믿음으로 구원의 열차를 탈 수 있다.

4. 성경으로 본 구원의 4가지 원칙

첫째, 구원은 우리의 육적인 배경(행위)에 의해 받는 것이 아니라 하나님의 은혜로 받는 것이다. 성경은 여러 구절을 통해 이 사실을 적시해 주고 있다. "대저 표면적 유대인이 유대인이 아니요 표면적 육신의 할례가 할례가 아니라 오직 이면적 유대인이 유대인이며 할

례는 마음에 할지니 신령에 있고 의문에 있지 아니한 것이라"(롬 2:28, 29). "그러면 어떠하뇨 우리는 나으뇨 결코 아니라 유대인이나 헬라인이나 다 죄 아래 있다고 우리가 이미 선언하였느니라"(롬3:9). "유대인이나 헬라인이나 차별이 없음이라 한 주께서 모든 사람의 주가 되사 저를 부르는 모든 사람에게 부요하시도다 누구든지 주의 이름을 부르는 자는 구원을 얻으리라"(롬10:12,13).

둘째, 구원은 우리의 선택이 아니라 하나님의 약속에 근거를 두고 있다. "육신의 자녀가 하나님의 자녀가 아니라 오직 약속의 자녀가 씨로 여기심을 받느니라"(롬9:7).

셋째, 구원은 우리의 행동이 아니라 하나님의 섭리에 근거하고 있다. "리브가가 우리 조상 이삭 한 사람으로 말미암아 잉태하였는데 그 자식들이 아직 나지도 아니하고 무슨 선이나 악을 행하지 아니한 때에 택하심을 따라 되는 하나님의 뜻이 행위로 말미암지 않고 오직 부르시는 이에게로 말미암아 서게 하려 하사 리브가에게 이르시되 큰 자가 어린 자를 섬기리라 하셨나니 기록된바 내가 야곱은 사랑하고 에서는 미워하였다 하심과 같으니라"(롬9:10–13). "너희가 그 은혜를 인하여 믿음으로 말미암아 구원을 얻었나니 이것이 너희에게서 난 것이 아니요 하나님의 선물이라 행위에서 난 것이 아니니 이는 누구든지 자랑치 못하게 함이니라"(엡2:8–9).

넷째, 구원은 우리의 장점 때문이 아니라 하나님의 자비 때문이다. "그런즉 우리가 무슨 말하리요 하나님께 불의가 있느뇨 그럴 수 없느니라 모세에게 이르시되 내가 긍휼히 여기고 불쌍히 여길 자를 불쌍히 여기리라 하셨으니 그런즉 원하는 자로 말미암음도 아니요 달음박질하는 자로 말미암음도 아니요 오직 긍휼히 여기시는 하나님으로 말미암음이니라"(롬9:14–16). "우리를 구원하시되 우리의 행한 바 의로운 행위로 말미암지 아니하고 오직 그의 긍휼하심을 좇아 중생의 씻음과 성령의 새롭게 하심으로 하셨나니"(딛3:5).

5. 죄인에서 의인으로의 자리바꿈

내가 청문회에 나가면 어떻게 될까? 사단이 둘러서서 나의 죄를 지적하느라 정신이 없을 것이다. 나는 피할 곳이 없다. 죄의 문제를 해결하지 않으면 하나님의 아들이 될 수 없다.

우리 스스로 죄의 문제를 해결할 수 있을까? 히틀러 심복이자 공학자로서 독일의 공장을 풀가동시키는 데 큰 역할을 했던 슈페르는 전범으로 몰려 재판을 받았다. 재판에 서게 된 대다수의 전범들은 자신은 오직 시키는 대로 했을 뿐이라며 발뺌을 했으나 슈페르는 자기의 죄를 인정했다. 그는 20년 형무소 생활을 마쳤다. 형기를 마치고 자신의 죄를 뉘우치는 여러 권의 책을 썼다. 그는 결국 죄책감에 시달려 죽었다. 우리 스스로는 죄의 문제를 해결할 수 없다. 우리 스스로 우리 죄를 처리하지 못한다. 우리의 죄는 근본적으로 이웃을 향한 죄가 아니라 하나님께 범한 죄이기 때문에 내가 독립적으로 해결할 수 있는 것이 아니다.

하나님은 이 어찌 할 수 없는 인간의 죄 문제를 해결하기 위해 "피 없이는 죄 사함이 없다."는 원칙을 정하셨다. 이때의 피는 죄인의 피나 동물의 피가 아니다. 의인의 피여야 한다. 죄 없으신 예수 그리스도를 이 땅에 보내시고 우리를 위해 피를 흘리신 것은 이 때문이다.

> "우리가 그리스도 안에서 그의 은혜의 풍성함을 따라 그의 피로 말미암아 구속 곧 죄 사함을 받았으니"(엡1:7).

"하나님이 죄를 알지도 못하신 자로 우리를 대신하여 죄를 삼으신 것은 우리로 하여금 저의 안에서 하나님의 의가 되게 하려 하심이니라"(고후5:21).

이 말씀은 죄를 알지도 못하고 죄도 없으신 예수님이 죄인으로 십자가에서 피를 흘리심은 죄인인 우리가 주 안에서 하나님의 의를 입기 위함이다. 즉 예수님 자리에 우리를 세우고, 우리 자리에 예수님을 세운다. 루터는 이를 '자리바꿈'이라 부른다. 이 자리바꿈을 통해 우리 죄는 예수의 것이 되게 하고, 예수의 의는 우리의 것이 된다. 예수님이 죄인이 되고, 우리가 의인되는 것이다. 그러므로 우리가 의인이 된 것은 우리의 공로가 아니라 오직 예수님이 우리의 죗값을 치렀기 때문이다.

예수님의 비유에 천국잔치에 초청을 받는 비유가 있다. 초청을 했지만 많은 사람들이 거절했다. 주인은 시장에서 사람들을 데려오도록 했다. 잔치가 시작되었을 때 임금은 예복입지 않은 한 사람을 지목하며 왜 예복을 입지 않았는가 물었다. 그 사람을 밖에 내던지도록 했고, 그가 밖에서 슬피 울며 이를 갊이 있으리라고 했다. 이 예복은 그리스도의 예복이다. 예수님은 이 의로운 의복을 우리에게 입혀주셨다. 이것은 놀라운 은혜이다.

죄 사함 받은 사람을 가리켜 성경은 의인이라 부른다. 그때 의인이란 우리가 진짜 죄 없는 깨끗한 사람이라는 의미보다 용서받은 사람이다. 부모님께 잘못을 하고 용서받은 아들이 아버지께 나아갈 수 있듯이 주님으로부터 용서받은 사람은 하나님 앞에 나갈 수 있다. 이로써 우리는 정죄의 대상에서 사죄의 대상으로 변했다. 구원을 받기 전에는 하나님과 우리 사이에는 뛰어넘을 수 없는 간격이 있다. 그 간격으로 인해 우리는 영벌, 저주, 멸망, 죄인으로 살아야 했다.

그러나 그 간격을 예수 그리스도의 십자가로 메워 영벌, 저주, 멸망으로부터 벗어나고 죄인인 우리가 의인이 된다. "주께서 그 죄를 인정치 아니하실 사람은 복이 있도다"(롬4:6). 그리스도인의 행복은 바로 구원받음에 있다.

이 자리바꿈은 우리에게 많은 변화를 가져다준다. 무엇보다 세상의 시간에 매여 있던 우리가 영원의 시간을 누리는 하늘의 사람으로 변했다. 이 세상의 시간 속에는 눈물과 죽음과 곡과 애통과 아픔이 있다. 그러나 영원의 시간 속에는 그러한 것들로부터 자유롭게 된다. 영원 속에는 눈물과 고통이 없기 때문이다. 시간의 주인공이 되면 지옥의 삶을 살지만 영원의 주인공이 되면 천국의 삶을 살게 된다.

실패의 삶에서 성공의 삶으로의 변화이다. 실패의 삶은 우리가 구원받기 전 나만 알았던 삶이다. 하나님의 뜻에 관심을 두지 않고 자신의 유익을 추구해 왔다. 창조자의 요구를 거부한 삶은 의미 없는 삶이다. 성공의 삶이란 하나님을 기쁘시게 하는 삶이다. 우리의 생각과 관심을 하나님께 집중하며 하나님을 찬양한다. 구원은 이렇듯 실패한 삶의 패턴을 성공한 삶의 패턴으로 바꾸어 준다. 그러므로 예수님이 나를 위해 죽으셨다는 것을 아는 사람은 가장 행복한 사람이다.

6. 베드로가 말하는 구원의 기쁨

베드로는 베드로전서 1장을 통해 구원의 기쁨과 감격을 표현하고 있다. 8절에 '말할 수 없는 영광스러운 즐거움'이라 했다. 믿는 자는 기쁨이 있다는 점에서 보통 사람과 다르다. 우리 마음속에 주님으로 인한 기쁨이 없다면 믿음이 없다는 증거다. '말할 수 없는'(inexpressible)이란 차원이 너무 높아 인간의 말로는 표현할 수 없음을 나타낸다.

이 기쁨이 최상의 기쁨이라는 뜻이다. '영광스러운'(glorious)이란 '하나님을 덧입은, 신적인, 천상의'라는 뜻을 가지고 있다. 이 땅에서 느낄 수 있는 보통 이상의 기쁨이라는 것이다. '즐거움으로 기뻐하니'는 이 기쁨을 강조하고 더 강조하는 뜻을 담고 있다. 이 기쁨은 구원받은 자만이 누릴 수 있는 기쁨이며, 남녀노소 빈부귀천을 막론하고 누구든 누릴 수 있는 기쁨이다.

9절은 이 기쁨이 '영혼의 구원을 받음'에 있음을 밝혔다. 이 기쁨이 우리 마음에서 샘처럼 솟아오르는 것은 크게 두 가지 이유이다.

첫째, 예수님의 사랑 때문이다. 예수님의 십자가에서 보여주신 사랑이 우리를 감격케 하고 기쁨을 준다. 사랑은 기쁨이라는 시녀를 데리고 다닌다. 사랑 가운데 주님의 사랑처럼 크고 아름다운 사랑은 없다. 주님은 그 사랑을 우리에게 다 주셨다. 우리가 그 주님을 안다면 어떤 다른 것보다 주님을 사랑할 수밖에 없다. 눈먼 크로스비는 보이지 않는 가운데서도 이런 가사를 지었다. "주님의 기쁨 누림으로－세상은 간 곳 없고 구속한 주만 보이도다."

둘째, 구원의 기쁨, 곧 구원을 받았다는 확신에서 나오는 기쁨이다. 베드로는 이 기쁨이 믿음의 결국, 곧 영혼의 구원을 받았다는 확신에서 나온다고 말하고 있다. 구원을 받은 자는 하나님의 나라에서 주님과 영원히 함께 살게 된다. 그 나라에는 죄도 없고, 고통도 없고, 영적 전투도 할 필요 없는 주님의 나라이다.

7. 구원받은 자는 어떻게 살아가야 하는가?

무엇보다 구원의 확신을 가진다. 많은 그리스도인이 교회를 다니면서도 구원에 대한 확신이 없다. 사단은 구원에 대한 확신을 무너뜨리려

한다. 그러므로 자신이 구원을 받았는지 안 받았는지 모르겠다고 말하는 것은 겸손이 아니라 사단을 즐겁게 하는 말임을 명심하여 한다.

그러면 구원을 어떻게 확신할 수 있는가? 무엇보다 "믿는 자에게 영생이 있다."는 하나님 말씀이 증거하고 있다. 하나님의 말씀에 의지해 구원을 확신하라. 그다음 성령께서 나에게 구원받았음을 증거하고 있다는 사실이다. 성령은 구원받은 성도로 하여금 하나님을 아버지로, 예수님을 주님으로 고백케 한다. 이것은 아무나 부를 수 없다. 이렇게 부를 수 있다면 이것은 구원을 받았다는 증거이다.

항상 구원의 감격과 감사가 넘쳐야 한다. 하나님이 우리 죄의 문제를 깨끗이 해결해 주셨기 때문에 우리는 적극적으로 하나님께 반응해야 한다. 그 반응은 무엇보다 구원에 감격하고 감사할 수 있어야 한다.

옥한흠 목사는 자신의 이름을 이렇게 풀이했다. 구원을 받기 전에는 '한없이 흠이 많은 옥'이였지만 구원을 받은 뒤에는 '한 개의 흠도 없는 옥'으로 바꾸어 주셨다. 흠 많은 옥을 흠 없는 옥으로 바꿔 주신 우리 하나님께 감사와 찬송을 해야 하는 것은 당연하다. 그리고 감격 속에서 살아야 한다. "나 같은 죄인이 용서함 받아서 주 앞에 옳다함 얻음은 확실히 믿기는 어린 양 예수의 그 피로 속죄함 받았네"(찬189장).

세상의 삶이 고달파 그 감격을 매순간 유지할 수는 없을지 모른다. 세상고난은 순간적이고 지나긴다. 그러나 우리를 향한 하나님의 구속은 영원한 것이다. 우리가 아무리 어렵다고 할지라도 어떤 상황에서나 충분히 감사하고 감격할 수밖에 없는 충분한 이유가 있다.

죄를 범하지 않으려는 의지가 필요하다. 예수를 구주로 고백하면 천국행은 보장된다. 그러나 천국행은 따놓은 것으로 치고 계속해서 죄 가운데 산다면 이것은 근본적으로 잘못된 것이다. 아니면 진실한 고백이 아니라 형식적인 고백이었음을 스스로 입증하는 것일 수 있다. 구원받은 자라면, 구원의 감격으로 사는 사람이라면 죄를 범하지 않으려는 결정적인 의지가 필요하다.

서원의 삶을 산다. 서원은 구원의 감격이 너무 커 주님을 위해 무엇을 하고 싶은 데서 출발한다. 주님을 향해 마음이 뜨겁기 때문이다. 시편 저자는 이렇게 서원한다. "여호와께서 내게 주신 모든 은혜를 무엇으로 보답할꼬 내가 구원의 잔을 들고 여호와의 이름을 부르며 여호와의 모든 백성 앞에서 나의 서원을 여호와께 갚으리로다"(시116:12-14). 구원의 감격이 있는 자들은 하나님께 자신을 드리고자 한다. 그래서 이런저런 서원을 한다. 그 서원들은 기본적으로 하나님의 뜻을 따르고 그분이 기뻐하시는 삶을 살겠다는 것이다. 구원받은 자가 해야 할 일은 그 서원을 지키는 것이다.

삶의 모습에서 그리스도를 드러내야 한다. 중국 선교에 헌신했던 허드슨 테일러는 구원에 대해 이런 말을 했다. "당신이 예수를 믿고 당신의 집안 식구뿐 아니라 집안에 있는 개와 고양이가 모두 기뻐한다면 구원받은 것이 확실하다. 그렇지 않다면 구원을 받았는지 스스로 물어보라." 허드슨의 이 말은 구원받은 자는 자신의 삶의 모습에서 예수의 모습이 드러나야 한다는 것을 말해 준다. 주님의 삶의 모습이 드러난다면 식구들뿐 아니라 집에 있는 동물들도 달라진 모습에 함께 기뻐할 것이라는 것이다.

끝으로, 이 좋은 소식을 다른 사람에게 전해야 한다. 우리끼리만 기뻐하면 안 된다. 살아날 길이 있다는 기쁜 소식을 소리쳐 전할 수 있어야 한다. 하나님으로부터 큰 구원을 받은 자는 고난받는 이웃을 구원할 책임이 있다.

우리의 영혼을 죄에서 구원하신 하나님은 오늘도 우리 삶에 들어오셔서 구원의 손길을 뻗으신다. 그분은 때로 질병에서 우리를 구하기도 하시고, 각종 위험에서 우리를 구하기도 하신다. 하나님의 팔은 그만큼 우리 가까이 있다. 우리가 아픔으로 신음할 때도 주님은 그 속에 오셔서 함께하신다. 그 주님이 우리 곁에 있다는 사실만으로도 우리는 행복하다.

제 20 장
모두를 살리는 섬김, 견고하며 흔들리지 않는 섬김

사도행전 20장에는 사도 바울이 밀레도에서 에베소교회 장로들과 눈물로 이별을 하는 장면이 소개되어 있다. 이제 예루살렘으로 가면 무슨 일이 일어날지 모르고 이것이 마지막이 될지 모른다는 생각 때문이었다. 바울은 장로들에게 자기가 그들에게 어떻게 한 것을 잊지 않도록 했다. "모든 겸손과 눈물이며 유대인의 간계를 인하여 당한 시험을 참고 주를 섬긴 것과 유익한 것은 무엇이든지 가르치고 회개와 그리스도께 대한 믿음을 증거 한 것이라"(행20:19-21). 이 중에 우리는 주를 섬기는 일에 주목할 필요가 있다.

그리스도인의 삶을 가리켜 어떤 이는 나눔의 삶이자 섬김의 삶이라고 말한다. 그래서 선교도 나눔의 선교, 섬김의 선교를 해야 한다고 말한다. 나눔과 섬김은 항상 필요하지만 요즘 더욱 그리스도인의 생활 속에서 이것이 요청되고 있다. 고통은 나눌수록 작아지고, 기쁨은 나눌수록 커지기 때문이다.

섬긴다(serve)는 것은 원래 가치 있는 것에 대한 봉사를 의미한다. 가치가 없는 것, 거짓 것에 대해서는 섬길 필요가 없다. 그리스도인에게 있어서 최상의 가치는 하나님과 그의 뜻이다. 우리가 하나님과 그의 뜻을 따라 섬기면 우리의 생각이 달라지고, 삶의 모습이 달라진다. 그 달라진 삶의 모습을 이웃에게 나타내야 한다. 그럴수록 우리 안에 하나님의 나라가 세워진다. 따라서 우리는 하나님의 뜻을 가장 가치 있게 드러낼 의무가 있다. 섬김은 그만큼 보람 있고 가치 있는 일이자 하늘의 기쁨을 놀랍게 가져다준다.

1. 모두를 살리는 길에 서서

일반적으로 사람들은 자기 성공이나 안전, 권리신장이나 번영만 꿈꾸고 있지 누구를 종처럼 섬기겠다는 생각은 좀처럼 가지려 하지 않는다. 자기중심주의를 벗어나지 못하고 있기 때문이다. 그러나 진정한 그리스도인이라면 자기보다는 남을 섬기는 자세를 가져야 한다. 이것이 일반 사람과 그리스도인을 구별 짓는 중요한 자가 된다. 남을 섬기는 자세로 살아간다는 것은 그리스도 정신을 본받는 삶이자 차원이 다른 삶이다.

그렇다면 자기는 전혀 존중될 가치가 없는 것인가? 그렇지는 않다. 자기의 가치를 진정으로 인정받으려면 남의 가치를 존중하는 데서부터 시작되어야 한다. 우리가 성경의 가르침을 따라 섬김의 삶을 살면 다른 사람의 인격이 세워질 뿐 아니라 자기의 인격까지도 참되게 세워지고, 그로 인해 하나님께서 영광을 받게 된다. 하나님의 인격도 존중받게 되는 것이다. 그런 의미에서 나 자신이 섬김의 삶을 살므로 모두가 살게 되는 결과를 가져온다. 이런 의미에서 섬김의 삶은 귀중한 것이다.

예수님은 섬기는 도리에 대해 말만 하지 않고 실제로 자기의 삶을 통해서 그 본을 보여주셨다. 한마디로 그분은 섬김의 도리를 가르치기 위해서만 아니라 몸소 우리를 섬기기 위해 세상에 오셨다.

그분이 일한 것 가운데 자신을 위한 것은 하나도 없다. 그러나 그분이 섬김의 삶을 삶으로써 우리뿐 아니라 주님도, 하나님도 모두 영화롭게 되었다.

남을 섬겨야 한다는 것은 예수님 당시나 지금이나 이목을 끌지 못하고 있다. 경쟁사회일수록 상대를 넘어뜨리는 일에 혈안이 되어 있다. 데일 카네기(D. Carnegie)는 "친구를 어떻게 이길 것이며 어떻게 자신의 영향력을 확산시키느냐에 따라 인생의 성패는 판가름 난다."고 했다. 이런 말은 섬김의 삶을 살라는 그리스도의 정신에 정면으로 위배된다.

현대에 와서도 예수님은 여전히 섬기는 진리를 굽히지 않고 우리를 향하여 자기와 같은 삶을 살라고 말씀하시고 있다. "무엇이든지 남에게 대접을 받고자 하는 대로 너희도 남을 대접하라"(마7:12). 이 말씀을 우리가 황금률로 삼고 있는 것은 예나 지금이나 섬김의 진리는 변하지 않기 때문이다.

예수님은 섬김의 삶을 시작하는 사람들에게 이렇게 말한다. "누구든지 제 목숨을 구원코자 하면 잃을 것이요 누구든지 나를 위하여 제 목숨을 잃으면 구원하리라"(눅9:24). 자기만 살겠다고 하면 섬기는 자로서 실격이라는 말씀이다. 우리가 섬김의 삶을 살수록 모두가 살 수 있지만 자기만 살려고 하면 자신뿐 아니라 모두를 죽이기 때문이다.

2. 생활 속에서

그리스도인은 한마디로 주의 일에 힘쓰는 사람들이다. 주의 일에 힘쓴다는 것은 다른 말로 말하면 섬김이다. 그리스도인의 섬김은 교회에서만 그치는 것이 아니라 가정이나 직장 등 생활에서 나타나야 한다. 성전중심의 삶을 살았던 구약의 성도들은 회막과 같은 거룩한 곳(출28:43;출29:30), 성전(스7:19)에서의 섬김을 항상 염두에 두었다. 그러나 주님은 그 삶이 성전에 국한된 것이 아니라 그리스도인의 생활 구석구석 모두에 나타나야 한다는 것을 가르쳐 주셨다.

바울도 산제사를 드려야 하며 영적 예배를 드려야 한다고 했다(롬 12:1). 예배는 원래 섬김이라는 뜻을 가지고 있다. 영적 예배, 곧 영적 섬김은 교회에 나와 단순히 형식적인 예배를 드리는 것이 아니라 하나님이 선하시고 기뻐하시고 온전하신 뜻이 무엇인가를 분별하고, 그 뜻을 우리의 생활 속에서 나타내야 한다는 점에서 매우 특이하다. 우리의 예배와 우리의 경건이 생활 속에 그대로 나타나야 산제사, 참다운 예배를 드린다고 말할 수 있다.

그리스도인의 섬김은 크게 하나님에 대한 섬김, 그리고 이웃에 대한 섬김으로 나타난다. 이로보아 그리스도인의 섬김은 하나님에 국한되는 것이 아니라 이웃에 대한 섬김으로 파급되어야 한다는 것을 알 수 있다. 그렇다고 하나님에 대한 섬김이 다르고, 이웃에 대한 섬김에 차이가 있어서는 안 된다. 하나님에 대한 섬김의 자세를 이웃에 그대로 옮겨 놓아야 한다. 예수님을 사랑하는 자는 이웃을 대함에 있어서도 예수님을 대하듯 해야 한다. 이것이 바로 그리스도인의 바른 인(人) 테크다.

하나님을 잘 섬기는 사람이 이웃을 무시하고, 사랑하시 않으며, 관용하지 않는다면 그것은 크게 잘못된 것이다. 성경은 이웃을 섬겨야 한다고 말한다. 그 이웃은 우리에게 중요한 존재, 가치 있는 존재이기 때문이다. 성경은 우리로 하여금 뭇사람을 섬기는 자가 되어야 한다(막9:35)고 말할 뿐 아니라 목자도 성도를 섬겨야 한다(고후8:4;고후9:1)고 말한다. 바울도 '너희'(고후11:8), 곧 교인들을 섬긴다고 말하고 있다. 목사는 원래 섬기는 자라는 뜻을 가지고 있다. 이처럼 일반 교인이든 목사든 우리는 모두 언제나 그리스도 정신 아래서 서로 섬기는 사람들이어야 한다.

3. 영의 새로운 것으로

섬기는 자는 무사안일을 거부한다. 주인이 무엇을 원하는지 주의 깊게 살펴야 한다. 항상 무엇으로 주인을 기쁘게 할 것인가를 생각하며 섬긴다면 그를 보는 주인의 눈은 달라질 것이다. 따라서 우리의 섬김에도 구태의연한 섬김이 아니라 주님을 놀라게 할 만큼 변화된 섬김이어야 한다. 섬기는 자는 달라야 한다.

로마서 7장 6절은 "이제는 우리가 율법에서 벗어났으니 이러므로 우리가 영의 새로운 것으로 섬길 것이요 의문(儀文)의 묵은 것으로 아니 할지니라."고 말하고 있다. 이것은 우리의 섬김이 보다 혁신적이고 새롭고 창조적이어야 한다는 것을 의미한다. 금년의 것이 작년과 같고, 내년도 금년과 같다면 그것은 새로운 것이 아니다. 율법에 매여 구속된 삶을 살면 그것은 아직도 자유로운 상태가 아니다. 부자유, 억압 속에 새로움, 창조가 있을 수 없다. 우리 섬김의 내용이 근본적으로 다르고, 섬김의 태도나 자세가 영적으로 다르면 결과도 달라질 수 있다.

윌리암 캐리는 "하나님을 위해 큰일을 시도하라. 그리고 하나님으로부터 큰일을 기대하라."고 말하였다. 이것은 우리의 섬김의 목표가 보다 질적으로 다르고, 그것을 이루려는 자세가 달라야 함을 의미한다. "태양을 향해 쏜 화살이 50보 밖의 버드나무를 향해 쏜 화살보다 더 멀리 날아간다."는 말이 있다. 하나님의 일을 하는 우리가 매일 50보 밖의 버드나무를 향해 쏘기만 한다면 그 결과는 보나마나다. 주의 일을 힘써 하는 사람은 생각하는 목표도 달라야 하고, 각도도, 태도도 달라야 한다.

4. 기쁜 마음으로

성도는 항상 하나님과 이웃을 기쁘게 해야 하며, 이를 위해서는 자신이 먼저 기쁜 마음을 가져야 한다. 자기 자신이 기쁘지 않고서야 그 기쁨이 정녕 기쁨이 될 수 없기 때문이다. 구약은 기쁨(시100:2)과 기쁜 뜻(대상28:9)으로 하나님을 섬기라 했고, 신약은 단 마음(엡6:7)으로 섬기라 하였다. 이웃에 대해서도 마찬가지다. 로마서 12장 8절에 따르면 "혹 권위(勸慰)하는 자면 권위 하는 일로, 구제하는 자는 성실함으로, 다스리는 자는 부지런함으로, 긍휼을 베푸는 자는 즐거움으로 할 것이니라." 하였다. 기쁨으로 섬기라는 것이다.

기쁨으로 섬기고자 할 때 무엇보다 자원하는 마음이 필요하다. 바울은 빌립보 교인들을 향하여 필요하다면 자기를 관제로 드려도 기뻐할 것이라고 했다(빌2:17). 그만큼 자원하는 마음이 컸다. 마음이 다르면 표정도 다르다. 얼굴 표정도 밝고 그렇게 하는데 힘도 들지 않는다. 이런 말이 있다. 찡그리는 데는 얼굴 근육이 64개가 필요하지만 미소하는 데는 13개만 필요하다.

기쁨으로 섬기는 사람은 가급적 상대에게 자기의 모든 것을 주고자 한다. 그리스도인이 주고자 하는 선물은 일반 선물과는 성격이 다르다. 남에게 줄 수 있는 값지고 귀한 선물목록으로서 이런 것들이 있다. 네 원수에게는 용서를, 적대자에게는 관용을, 친구에게는 마음을, 어린이에게는 훌륭한 모범을, 아버지에게는 순종을, 어머니

에게는 긍지를 갖게 하는 행동을, 자신에게는 존경을, 모든 사람에게
는 사랑을. 성도는 그리스도의 사랑을 기쁨으로 전하는 사람들이다.

5. 큰 자가 먼저

주님은 한마디로 섬김의 삶을 사셨다. 주님 자신도 "인자의 온 것
은 섬김을 받으려 함이 아니라 도리어 섬기러 하고 자기 목숨을 많
은 사람의 대속물로 주려 함이니라."(마10:45) 하셨다. 제자들을 향해
서도 "내가 선생이 되어 너희 발을 씻겼으니 너희도 서로 발을 씻기
는 것이 옳으니라."(요13:14)라고 말함은 물론 "너희 중에 누구든지
크고자 하는 자는 너희를 섬기는 자가 되고"(마20:26)라 하셨다. 베
드로를 향하여 "내 양을 먹이라."(요21:15) 하신 말씀 속에는 '섬기
는 삶을 살라'는 의미가 담겨 있다.

세상에서는 작은 자가 큰 자를 섬긴다. 그러나 그리스도 안에서는
큰 자가 작은 자를 섬긴다. 잔치의 상석과 회당의 상좌와 시장에서
문안받는 것과 사람에게 랍비라 칭함을 받기 좋아하는 서기관과 바
리새인들을 향하여 주님은 모세의 자리에 앉은 자들이라 하셨다(마
23:1-7). 그들은 자기를 큰 자로 생각하고 작은 자들이 마땅히 자기
를 섬겨야 한다고 생각했다. 그러나 주님은 "너희는 랍비라 칭함을
받지 말라, 너희는 지도자라 칭함을 받지 말라고 하시고, 너희 중에
큰 자는 너희를 섬기는 자가 되어야 하리라, 누구든지 자기를 높이
는 자는 낮아지고 누구든지 자기를 낮추는 자는 높아지리라."(마
23:11, 12) 하셨다.

이 땅에서 진정으로 높은 자는 누구인가? 그 사람은 높아지려는
자가 아니라 섬기는 자이다. 이 땅의 많은 그리스도인들이 섬김의

삶을 살기 위해 노력하고 있다. 지체부자유자, 청소년가장을 돌보고 이제는 해외에까지 그 손을 뻗히고 있다. 아프리카에 구호식량을 보내고, 북한에 국수공장을 짓고 있다. 에티오피아 거리에는 "거리에 있는 자식도 우리의 자식들입니다."라는 구호가 이곳저곳에 붙어 있다. 세계 곳곳에서 우리를 부르는 소리들이 높아지고 있다. 그 소리는 우리 주변에서도 많이 들린다.

국문과를 나온 한 여성이 정신박약아를 돕는데 자신의 일생을 바치기로 했다. 목사인 남편을 만나 그늘 속에 버려진 사람들을 위해 함께 헌신하기로 결심하고 불행한 아이들을 모아 들였다. 부부는 처음부터 자기들 아이는 갖지 말자고 합의했고, 버려진 아이들, 대소변도 못 가리는 아이들, 커서 효도도 기대할 수 없는 아이들을 10여 명이나 자기들 호적에 올렸다. 그 사모는 말했다. "이 아이들은 고아가 아니라 우리의 자식들입니다. 그들 뒤에는 하나님의 사랑이 있어요. 다른 사람이 보기에는 우스꽝스러워도 우리에겐 소중한 아이들입니다." 하나님께서는 이런 사람들을 보아서라도 이 땅에다 하나님의 나라를 세우실 계획을 결코 포기하지 않을 것이다.

6. 부지런하여 게으르지 말고

바울은 "부지런하여 게으르지 말고 열심을 품고 주를 섬기라."(롬 12:11)고 하였다. 섬김의 삶을 사는 종은 무엇보다 부지런해야 한다. 종은 마땅히 주인의 것을 늘리는 일에 심혈을 기울이면서 부지런히 일해야 한다. 달란트와 므나를 받은 종처럼.

우리가 가진 므나는 태어날 때부터 하나님께서 주신 근본적인 소유들이다. 우리의 육체, 정신, 힘 등이 다 그것이다. 우리는 이것을 가지고 자기의 것을 늘리는 데 온 힘을 다했다. 이제 우리는 하나님 나라의 것을 늘릴 책임이 있다. 부지런히 일하여 많이 늘리는 자는 하나님 나라를 상속받게 되지만 그렇지 못한 자는 그것마저 빼앗길 뿐 아니라 버림까지 받고 만다.

7. 분요함이 없이 일심으로

섬김의 살다 보면 이런저런 말이 있을 수 있다. 구설수에 휘말려 오히려 섬김의 정신이 위축될 수 있다. 세상에는 총칼에 죽은 사람보다 독설에 죽은 사람이 더 많다는 말이 있다. 주의 일을 하는 데도 독설은 있기 마련이다. 마르다는 집에 온 주님을 섬김에 있어서 그 방법을 놓고 주님 앞에서 마리아를 비판함으로써 불화를 드러내었다. 성공이란 얼마나 높은 지위를 차지했는가가 아니라 얼마나 난관을 극복했느냐에 있다는 말이 있다. 섬김의 삶을 살려면 난관을 잘 극복해야 한다.

성경은 분요함이 없이, 일심으로, 성품을 다하여 섬길 것을 강조하고 있다. 바울은 고린도교인들에게 이런 저런 당부를 한 다음 이렇게 말한다. "내가 이것을 말함은 너희의 유익을 위함이요 너희에게 올무를 놓으려 함이 아니니 오직 너희로 하여금 이치에 합하게 하여 분요함이 없이 주를 섬기게 하려 함이라"(고전7:35). '분요함이 없이'란 '흐트러진 마음 없이 온전히'라는 뜻을 가지고 있다. 섬김은 행위도 중요하지만 마음의 자세가 더 중요하다.

구약의 성도들은 여호와를 섬김에 있어서 기본적으로 흐트러짐이 없어야 한다고 생각했다. 그래서 구약은 성품을 다하여 섬기라(수22:5), 여호와께로 향하여 섬기라(삼상7:3), 여호와를 경외함으로 섬기라(시2:11), 여호와에게 연합하여 섬기라(사56:6), 하나님 밖에 다른 신을 섬기지 말라(단3:28), 일심으로 섬기라(습3:9)고 강조하였다.

신약에서도 마찬가지다. 그 하나님은 조상적부터 섬겨오는 하나님(딤후1:3)이자 참되신 하나님(살전1:9), 살아계신 하나님(히9:14)이며 그 하나님만을 섬겨야 한다고 말한다. 바울은 내 심령으로 섬기는 하나님(롬1:9)이라고 말함으로써 하나님에 대한 그의 일편단심을 나타내었다.

로마서 1장 25절을 보면 우리가 하나님의 진리를 거짓 것으로 바꾸고 피조물을 조물주보다 더 경배하고 섬긴다고 지적하고 있다. 하나님을 섬기고 그 진리를 따라야 할 우리가 오히려 사람을 의식하며 거짓 것에 홀려 섬김의 모습이 기본적으로 잘못되어 있다는 것이다. 참된 그리스도인이 되려면 섬기는 일에 있어서 무엇보다 세속적인 관념부터 버려야 한다.

일심은 기도하는 마음으로 나타난다. 제사장들은 몸을 성결케 하고 구별하여 하나님 앞에 분향하며 섬겼다(대상23:13). 분향은 단순히 향을 피우는 의미보다 기도의 의미가 강하다. 시편저자는 향단의 향처럼 기도를 올린다 하였다. 섬기는 사람은 항상 기도하는 마음으로 살아야 한다.

8. 견고하며 흔들리지 말며

섬김의 삶을 사는 사람은 섬김을 통해 오히려 많은 것을 깨닫게 되었다고 말한다. 기쁨도 크고, 보람도 느낀다. 이것은 섬김이 가져다주는 보이지 않는 효과이다. 성경은 섬김을 사는 사람들에게 다른 효과가 있음을 보여준다.

누가복음 2장에 보면 안나 선지자가 등장한다. 그는 과부된 지 84년이었지만 성전중심으로 살았다. 성경은 그의 삶 이렇게 묘사하고 있다. "이 사람이 성전을 떠나지 아니하고 주야에 금식하고 기도함으로 섬기더니"(눅2:37). 금식하며 기도함으로 일심으로 하나님을 섬기더니 결국 주님을 만나는 영광을 얻었다는 것이다. 이것은 섬김의 삶에 결과가 있다는 것을 의미한다.

요한계시록에 따르면 두아디라 교회에 대해 "믿음과 섬김과 인내를 아노니"(계2:19)라 기록되어 있다. 이 교회는 거짓선지자 이세벨을 용납한 죄를 지적당했지만 섬김의 생활만큼은 인정을 받았다. 주님은 "너희에게 있는 것을 내가 올 때까지 굳게 잡으라."(계2:25)고 말씀하고 있다. 바울은 우리에게 이렇게 권고하고 있다. "그러므로 내 사랑하는 형제들아 견고하며 흔들리지 말며 항상 주의 일에 힘쓰는 자들이 되라 이는 너희 수고가 주 안에서 헛되지 않을 줄을 앎이니라"(고전15:58).

다비(J. N. Darby)의 기도는 이렇게 시작된다.

"오 주 예수여
당신의 발아래 낮은 곳
거기가 내가 서야 할 자리오니
나로 하여금 언제나
거기에만 머물게 하소서.
그 자리에서만 자유를 얻는
깊은 진리를 배울 수 있사오니
나로 하여금 언제나
거기에만 머물게 하소서.
주님 아니면 날 꺾을 자 없습니다.
날 멋대로 두지 마시고

거기에만 머물게 하소서."

우리도 주님의 발아래 낮은 곳, 섬김의 자리, 그 자리가 내가 서야 할 자리인 것을 알고 항상 그 자리에 서도록 기도해야 한다. 섬김의 삶은 이 땅에서만 국한된 삶이 아니다. 계시록 7장 15절에 '성전에서 밤낮 하나님을 섬기매'라는 말씀이 있다. 이것은 우리가 하나님의 나라에 가서도 항상 하나님을 섬기는 삶으로 이어진다는 것을 보여준다. 섬기는 자는 언제 어디서나 스스로 자기를 낮출 뿐 아니라 견고하며 흔들리지 말며, 부지런하여 게으르지 말고, 새로움과 열심으로 주의 일을 힘써야 한다. 진정 섬기는 자가 많아질수록 하나님의 백성은 많아지고, 그 나라는 날로 확장되며, 그 결실은 우리의 상상을 뛰어넘는다.

사람은 크게 세 가지로 나눈다. 쓸모 있는 사람, 있으나 마나 한 사람, 쓸모없는 사람이 그것이다. 그리스도인이라면 자기가 어떤 범주에 속하는가를 심각히 생각해 볼 필요가 있다. 어느 고등학교 교정에 이런 말이 쓰여 있다. "어디서든 나를 필요로 하는 존재가 되자." 세상에서도 누구나 쓸모 있는 사람이 되고자 한다. 그렇다면 신앙세계에서는 말할 나위가 없다. 어떻게 쓸모 있는 사람이 될 수 있을까? 무엇보다 그리스도 안에서 섬김의 삶을 사는 사람, 나눔의 삶을 사는 사람이 되어야 한다.

제 21 장
감사의 생활화와 하나님의 뜻

1. 감사할 줄 모르는 세대

고난과 고통에서 가장 빨리 회복될 수 있는 방법은 감사하는 방법이다. 고난 가운데 있는데 어떻게 감사하란 말인가? 그러나 그 가운데서 감사할 때 더 높은 차원의 삶을 누릴 수 있다. 그것이 바로 그리스도인의 삶의 비결이다.

노스웨스턴 대학이 자랑하는 동문 가운데 에드워드 스펜서가 있다. 그는 1860년 9월 폭풍우가 몰아친 어느 밤, 노스웨스턴 캠퍼스 인근 미시간 호에서 여객선이 침몰해 287명이 사망하는 참사가 터졌다. 수영선수였던 스펜서는 뭍에서 800m 떨어진 침몰 현장을 16차례나 헤엄쳐 오가며 17명을 구조해냈다. 그는 탈진해 쓰러진 뒤 제대로 회복하지 못한 채 평생을 휠체어에 의지해야 했다.

국민적 영웅으로 칭송받은 스펜서가 사망하기 1년 전인 여든 살 생일에 한 신문기자가 그를 인터뷰했다. "그 비극적인 밤 이후 무엇이 가장 기억에 남습니까?" 그러자 그는 매우 무거운 마음으로 다음과 같이 말했다. "내가 구출해 준 17명 가운데 훗날 나를 찾아오거나 내게 감사를 표한 이가 단 한 명도 없었습니다." 그가 받는 마음의 상처는 몸이 입은 타격보다 더 무거워보였다. 오죽하면 도스토예프스키가 인간을 가리켜 감사할 줄 모르는 두 발 가진 동물이라 했을까.

누가복음을 보면 예수님께서 나환자 열을 깨끗하게 하셨는데 그중에 한 사람, 그것도 이방인만 와서 감사를 하고 다른 사람들은 나타나지도 않았다. 그래서 주님은 이렇게 말씀하셨다. "열 사람이 다 깨끗함을 받지 아니했느냐 그 아홉은 어디 있느냐 이 이방인 외에는 하나님께 영광을 돌리러 돌아온 자가 없느냐"(눅17:11–19). 예수님은 스펜서보다는 나을까? 한 사람이라도 찾아왔으니.

로마서를 보면 불신자는 하나님을 영화롭게도 아니하고 하나님께 감사치도 않는다고 쓰여 있다(롬1:21). 그런데 열 문둥이가 나음을 얻고 예수님께 감사표시를 하러 온 사람은 다름 아닌 이방인이었다. 그래서 주님은 '나머지 아홉은 어디에 있느냐?'고 물으셨다(눅17:11–19). 나타나지 않은 아홉은 마땅히 감사 표시를 해야 할 유대인들인 줄 아는데 어이하여 이방인만 못한가 하는 자책의 뜻도 담겨 있다. 불신자와 신자가 구분되는 것은 감사의 여부에 있다. 그러나 요즈음 신자들에게 있어서 조차 감사가 점점 사라져 가고 있다. 우리 자신은 어떤가?

감사할 줄 모르는 것은 예나 지금이나 마찬가지인 모양이다. 20세기의 위대한 시인으로 꼽히는 엘리어트(T. S. Elliott)는 그의 시 '황무지'에서 인간을 가리켜 텅 빈 사람인 동시에 가득 찬 사람이라 묘사하였다. 있어야 할 것은 텅 비어 없고, 없어야 할 것은 가득 차 있기 때문이다. 특히 우리에게는 감사가 있다. 더구나 차원 높은 감사가 없다. 우리에게 감사가 있었다면 우리의 삶이 이처럼 삭막하지는 않았을 것이다. 괴테는 세상에서 가장 쓸모없는 인간은 감사할 줄 모르는 인간이라 했고, 셰익스피어는 세찬 겨울 눈보라도 감사하지 않는 사람의 마음보다 모질지 않다고 했다. 이젠 우리도 감사를 회복할 때가 되었다.

감사는 하나님의 궁정에 들어가는 열쇠이다. "감사함으로 그 문에 들어가며 찬송함으로 그 궁정에 들어가서 그에게 감사하며 그 이름을 송축할지어다"(시100:4). 하나님의 궁전에 들어가는 황금열쇠는 감사다. 감사하면 천국에 종이 울리고 하나님은 그 감사를 받으신다. "하나님은 감사하는 자의 마음에 자리를 잡으신다."는 말이 있다. 이 말은 감사할 때 하나님이 감사를 기뻐하시고, 그 감사에 임재하신다는 것을 보여준다. 기독교를 가리켜 감사의 종교라 한다. 하나님은 때를 따라 우리에게 은혜를 주신다. 감사의 조건이 한두 가지가 아니다. 그러므로 감사하지 않을 수 없다. 은혜를 받은 자가 마땅히 해야 할 의무는 바로 감사이다.

2. 감사는 하나님을 생각하는 것

감사는 기본적으로 하나님께 영광을 돌리는 것이다. 우리가 감사를 하는 것은 은혜를 주신 분을 인정하는 것이다. 자식이 부모의 은혜를 알지 못한다면 그것처럼 배은망덕한 일은 없을 것이다. 하나님에 대해서도 마찬가지이다. 하나님은 우리에게 일용할 양식은 물론 생존의 기쁨을 주신다. 하나님의 은혜 없이 우리는 한순간도 존재할 수 없다. 따라서 우리는 감사의 생활을 통해 우리의 주권자가 누구인가를 바로 인식하고 감사해야 한다. 하나님께 감사를 돌린다는 것은 하나님의 주권, 특히 하나님의 절대주권을 깊이 인정하는 것이다.

감사(thank)는 앵글로색슨어의 'thanc'에서 나온 것으로 '은혜(favor)를 생각한다.(thought)'는 뜻을 담고 있다. 감사절을 thanksgiving day라 하는 것은 하나님의 은혜를 생각하고 하나님께 감사를 드린다는 데서 나온 것이다. 감사는 기본적으로 생각하는 것이다. "생각하라.

그리고 감사하라."다. 신명기 8장은 표현을 바꾸어 "하나님을 기억(생각)하라. 그리고 감사하라."한다. "여호와께서 이 사십 년 동안에 너로 광야의 길을 걷게 하신 것을 기억하라 이는 너를 낮추시며 너를 시험하사 네 마음이 어떠한지 그 명령을 지키는지 아니 지키는지 알려하심이라"(신8:2). '너를 낮추시며'는 목은 곧은 것, 교만한 자아를 꺾기 위함이다. 17절에 "두렵건대 네가 마음에 이르기를 내 능과 내 손의 힘으로 내가 이 재물을 얻었다 할까 하노라." 하였다. '내 능과 내 손의 힘으로'는 자수성가했다며 자고하는 것을 말한다.

그러나 광야는 내 능이 통하지 않는 곳이다. 광야에서 내가 할 수 있는 일은 아무것도 없다. 그런 가운데 육신은 배고프고 영혼마자 갈급하게 된다. 죽게 된 그 자리에서 하나님은 우리 육신의 필요뿐 아니라 영혼의 필요를 채워주셨다. 만나도 주시고 메추라기도 주셨다. 40년 동안 의복이 해어지지 않게 하셨고, 발이 부르트지 않게 하셨다. 육신을 지켜 주셨다. 낮뿐 아니라 밤에도 지켜 주셨다. 나아가 하나님의 말씀으로 우리의 영혼을 지키셨다.

주님은 우리가 결코 자수성가가 아니라 신수 성가했음을 강조하신다. "네 하나님을 기억하라 그가 네게 재물 얻을 능을 주셨음이라 이같이 하심은 네 열조에게 맹세하신 언약을 오늘과 같이 이루려 하심이니라"(신8:18). 지금 우리를 이만큼 잘 살게 된 것은 내 능이 아니라 하나님이 함께하셨기 때문이다. 내 능과 내 손의 힘이 아니라 하나님이시다. 너를 부요케 하신 이는 하나님이다. 그러므로 감사는 내가 받을 상이 아니라 하나님께 돌아가야 마땅하다. 하나님은 "네 하나님 여호와를 기억하라."(신8:18) 하셨고, 네 하나님 여호와를 잊어버리지 말라(신8:19) 하셨다.

하나님은 가나안에 정착한 이스라엘 사람들에게 맥추절과 초막절을 지키도록 명령하심으로(신16:9－17) 감사의 의미를 가르치셨다.

이 절기를 지키면서 애굽에서 어렵게 종살이 하던 때, 가나안으로 인도하실 때 하나님께서 그들을 어떻게 도우셨는가를 기억하도록 하셨다. 은혜를 기억하고 하나님께 감사하도록 하신 것이다.

주님은 열 문둥이 사건을 통해서 "이 이방인 외에는 하나님께 영광을 돌리러 돌아온 자가 없느냐?"고 물으심으로써 감사란 하나님께 영광을 돌리는 것임을 분명히 하셨다. 감사란 하나님께 영광을 돌리는 것이라는 말씀은 정곡을 찌르는 표현이다. 웨스트민스터 대소요리문답에 따르면 인생의 목적은 하나님을 사랑하고 오직 그분께만 영광을 돌리는 것이다. 하나님을 사랑한다는 것은 지나간 모든 일에 만족하고 감사하며 앞으로 다가올 모든 사건을 신앙적으로 소망을 가지고 긍정적으로 바라보는 것이다. 이런 사람이 진정 하나님을 사랑하는 사람이다. 우리가 이렇듯 감사가 넘치는 삶을 살 때 하나님은 영광을 받으신다.

감사절은 미국에 이주한 청교도들이 첫해의 수확을 얻을 수 있게 해 주신 하나님께 감사를 드리는 데서 유래되었다고 하는 것은 너무나 잘 알려져 있다. 히브리어로는 '야다' 그리고 헬라어로는 '유카리스테오'라고 한다. 이는 모두 하나님이 주신 축복에 대한 감사를 뜻한다.

헬라어의 유카리스테오는 기쁨의 원인이 되는 아주 좋은 것, 사람이 기뻐 뛸 수밖에 없는 것에 대한 감사라는 뜻을 담고 있다. 먹고 살기 어려웠던 시절뿐 아니라 먹는 것이 중요한 인간에게 있어서 감사는 일반적으로 먹을 것을 주신 하나님에 대한 감사였다. 우리가 지금도 식사기도를 하는 것은 이러한 전통을 잇고 있다.

그러나 감사의 조건은 이것에 국한되지 않는다. 우리가 가장 기뻐해야 할 것은 나 같은 죄인을 구원해 주셨다는 것이다. 성도는 자기의 잘못에도 불구하고 구원받았다는 사실에 대해 늘 감사하는 마음을 잊어서는 안 된다. 하나님은 그 밖에 우리 삶 모든 구석구석에 이르기까지 감사할 것을 채워주신다. 우리의 삶 모두가 감사한 것으로 가득 차고 넘치게 하신다. 하나님은 이처럼 모든 감사의 원천이 되신다. 우리가 감사의 원천되시는 하나님에 대해 감사를 잊어버리고 산다는 것은 잘못된 것이다. 바울은 하나님을 영화롭게 하지 못하는 삶을 살고 감사할 줄 모르며 허망한 것이나 생각하는 것을 죄악으로 보았다(롬1:21).

3. 감사는 하나님이 바라시는 것

감사는 하나님의 뜻, 곧 하나님의 바라시는 바이다. "항상 기뻐하라, 쉬지 말고 기도하라, 범사에 감사하라, 이는 그리스도 예수 안에서 너희를 향하신 하나님의 뜻이니라"(살전5:16−18). 여기에서 하나님의 뜻(will)이란 우리를 향해 가지신 하나님의 소원 내지 의지가 있다는 것이다. 하나님의 뜻에는 크게 결정적 의지(determined will)와 소원의 의지(desired will) 두 가지가 있다. 결정적 의지란 하나님의 강력한 의지와 절대적 주권으로 당신의 뜻을 이루고자 하는 아주 결정적인 것을 말한다. 예정, 섭리, 능력, 지혜, 권능 등이 이에 속한다. 이에 대해 인간은 어찌할 수 없다. 불가항력적인 것이다. 이에 비해 소원의 의지는 개인적이고 인격적이며 자발적이고 선택적이고 조건적이다. 부모가 자녀를 낳고 그 자녀에게 이름을 지어주며 "너는 장차 이런 사람이 되어 달라."고 소원을 하듯이 하나님께서도 우리 각자에게 소원을 두고 계신다는 것이다.

"항상 기뻐하라, 쉬지 말고 기도하라, 범사에 감사하라."는 우리를 향하신 하나님의 소원 의지다. 성경은 "항상, 쉬지 말고, 범사에"라는 말로써 이를 강조하고 있다. 이 단어들은 어떤 환경에서든지, 어떤 경우에서든지 그렇게 하라는 뜻을 담고 있다. 그러므로 이 소원은 절대적 의미를 가지고 있다. 단순히 원하는 소원 의지의 차원이 아니라 결정적 의지로 바꾸어야 한다는 것이다.

잘되면 기뻐하고 안 되면 낙망하는 것이 아니라 언제나 기뻐하는 생활, 잘되면 기도하고 안 되면 그만두는 것이 아니라 언제나 기도하는 생활, 큰일만 감사하고 작은 일은 넘어가는 것이 아니라 모든 일에 감사하는 생활을 하라는 것이다. 하나님은 우리에게 일관성 있고, 지속성 있는 신앙생활을 원하신다. 변치 않으신 하나님처럼 우리도 그렇게 되어야 한다. 하나님은 우리의 변덕을 기뻐하지 않으신다. 하나님의 도우심을 감사하자. 형통한 것뿐 아니라 광야에서도 하나님이 우리를 버리지 아니하고 함께하심을 감사하자.

바울은 기뻐함과 기도 그리고 감사를 그리스도인이 마땅히 해야 할 신앙의 모습으로 제시하고 있다. 그 세 가지는 따로 떨어져 있는 것이 아니라 하나이다. 기도 없는 기쁨이 있을 수 없고, 감사 없는 기도가 진실일 수 없으며, 기쁨 없는 감사가 있을 수 없기 때문이다. 지금 우리 속에 기쁨이 없고, 기도가 사라지며, 감사가 자취를 감추고 있는가? 주님은 이 순간도 항상 기뻐하는 그리스도인, 쉬지 않고 기도하는 그리스도인, 범사에 감사하는 그리스도인이 되기를 소원하신다. 우리는 주님의 이러한 마음을 알고 하루빨리 주님이 기뻐하시는 자녀가 되어야 할 것이다. 기쁨과 기도와 감사를 진정으로 회복함으로써 하나님께 영광을 돌리는 우리가 되어야 한다. 이런 삶을 살기 위해서는 성령 충만해야 한다. 성령 충만하지 않으면 이런 삶을 살기 어렵다. 바울은 성령을 소멸치 말 것(살전5:19)을 강조했다.

4. 감사는 하나님 나라의 언어

감사는 하나님 나라의 언어이다. 그리스도를 주님으로 영접하는 순간부터 우리의 언어는 감사로 바뀐다. 말이 달라지는 것이다. 감사의 언어는 기도로 나타나고 찬송으로 나타나고 우리의 생활 모두에서 기쁨으로 나타난다. 하늘나라 찬송의 주된 특징도 감사하는 것(계4:9;7:12;11:17)으로 나타난다. 그러므로 이 땅에서 기쁨으로 찬송하고 감사로 찬송하는 생활은 바로 하늘나라의 삶을 산다는 것을 의미한다. 어느 목사님이 "우리가 하늘나라에 가면 어떻게 하며 살까?"를 곰곰이 생각해 보니 이래서 감사하고 저래서 감사한다고 서로 지난날을 간증하며 살 것이라 하였다. 감사할 것이 많기 때문에 그 간증의 시간은 쉬지 않고 계속되리라는 것이다.

우리는 우리의 언어를 이 땅에서도 감사의 언어로 바꿀 책임이 있다. 우리는 하나님의 자녀들이기 때문이다. 바울은 빛의 자녀들은 어리석은 말이나 희롱의 말이 마땅치 아니하니 돌이켜 감사하는 말을 하라(엡5:4)고 당부하고 있다. 하나님의 백성은 그의 언어를 감사의 언어로 바꿔야 한다는 것이다.

5. 감사하지 않는 것은 죄

바울은 이방인의 근본적인 죄는 하나님을 영화롭게 하지 아니하며 감사하지 아니하는 것(롬1:21)에 있다고 말한다. 감사에는 하나님의 존재를 인정하고 그 은혜를 깊이 새긴다는 뜻이 담겨 있다. 그러므로 감사하지 않는 것은 근본적으로 하나님의 존재와 그의 은혜를 부정하거나 무시하는 것이므로 죄에 해당한다.

한 청교도적인 농부가 하루는 늘 무신론을 주장하는 어떤 지식인을 식사에 초대했다. 식사를 하기 전에 농부는 평소와 마찬가지로 기도를 하자고 했다. 그랬더니 그 지식인이 농담조로 그것은 18세기 인간들의 낡은 유물이니까 내버리는 것이 어떠냐고 응수했다. 농부는 하는 수 없이 혼자 기도한 다음 "우리 집에도 당신과 같은 식구가 하나 있다."고 말했다. 그러니까 그 지식인이 "그것 참 다행이군요. 내 동료가 있어 기쁩니다. 누군가요? 대학에 다니는 자제분인가요?" 하고 묻자 농부는 "아니오. 우리 집 돼지들이지요."라고 대답했다. 그리곤 하나님께 감사할 줄 모르는 사람은 돼지와 다를 바 없다고 말했다.

물질적 풍요를 누리는 현대인들은 모든 것이 자신의 힘으로 된 양 교만하기 쉬워 감사하는 마음이 메마르기 쉽다. 로마의 문호 키케로는 감사는 최고의 덕이요, 모든 덕의 어머니라고 말한 바 있다. 성경은 범사에 주를 인정하며(잠3:6) 감사하라(살전5:18)고 가르치고 있다.

6. 자원하는 감사

감사는 말이나 행동으로 표시할 수 있고 금전으로 나타낼 수 있고 몸으로 헌신할 수도 있다. 감사를 우리의 생활 속에서 어떤 양식으로 나타내든 그것은 자발적인 것이어야 한다. 참된 감사는 강제로 인해 마지못해 드리거나 인색한 마음으로 드리는 것이 아니기 때문이다. 자식이 강요에 못 이겨 잘못했다고 말하거나 억지로 한 효도라면 부모가 기쁜 마음으로 받을 수 없을 것이다. 성경은 연보를 자원하는 마음으로 드리라고 말한다. 액수의 고하를 막론하고 자원해서 드려야 드리는 행위 자체만으로도 기쁨이 될 수 있다. 이것은 모두 우리의 감사의 표시가 자발적이어야 함을 의미한다. 감사제(thank offering)를 가리켜 '자원제'라고 말하는 것은 감사의 제사가 마음에서 우러나온 것이어야 함을 나타낸다.

우리에게 향하신 주님의 놀라운 구원의 은총에 감격하여 기쁨으로 드리는 것과 그렇지 않은 것은 질적으로 다르다. 하나님은 자원하여 드리는 마음과 정성이 담긴 감사를 원하시지 형식적으로나 마지못해 드리는 감사를 결코 원치 않으신다. 우리 주님은 자원하지 않은 감사를 받아야 할 만큼 그렇게 궁색한 분이 아니시다. 자원해야 주님도 기뻐 받으시고 우리의 감사 언어나 행동도 기쁨으로 나타날 수 있다.

7. 믿음이 있는 감사

그리스도인들이 다른 사람과 다른 것이 있다면 받은 은혜에 대하여 믿음이 있는 감사를 할 줄 안다는 것이다. 그리스도인들은 주님으로부터 육적인 축복과 함께 영적인 축복을 받는다. 육적인 축복으로는 주님이 우리 각자에게 주신 육적인 축복, 곧 병 고침 받는 것, 먹을 것 주시는 것, 평안을 주시는 것, 위험으로부터 보호해 주시는 것 등을 들 수 있다. 그리고 영적인 축복으로는 죽을 수밖에 없는 우리들을 죄에서 구원해 주시고 하나님 나라의 백성으로 삼으신 것, 때를 따라 은혜를 주시고 하나님의 나라를 전파하도록 하신 모든 것은 영적인 축복이다.

주님은 복음이 가난한 자, 병든 자, 억압받는 자들에게 전파되는 것과 그들이 하나님께 돌아오는 것을 하나님께 감사했다. 바울도 복음이 전파되고 전파된 말씀이 받아들여지며 믿음이 자라나고 은혜가 넘쳐나는 것을 주님께 감사했다. 부족한 우리를 사명자로 택하시고 하나님의 나라를 전파하고 그 나라를 확장하도록 하신 모든 작업과 결과는 영적인 추복이요, 감사해야 할 중요한 것이다. 이 모든 것을 주님으로부터 받는다는 사실을 바로 인식하고 이 모두에 대해 주님께 감사를 온전히 돌리는 것이 믿음이 있는 감사이다.

모든 것이 주께로부터 왔으니 어떤 축복이 중하고 어떤 축복이 경하다 할 수 없다. 모두 귀중하고 감사한 일일 뿐이다. 그런데 사람들은 영적인 것보다 육적인 축복에 대해 매우 민감하고 이 일에 대해서 더 감사한다. 육적인 것은 보이는 것이요, 실감할 수 있기 때문이다. 비그리스도인들은 영적인 것보다 육적인 것에 더 관심을 가지고 이 복을 얻으려 전 생애를 건다. 그렇다고 그리스도인들이 육적인 축복을 무시하거나 이에 대해서 감사하지 말라는 것은 결코 아니다. 우리는 마땅히 주님이 우리를 위해 이 땅에서 베풀어 주신 육적인 은혜에 대해서도 그것이 가진 영적인 의미를 생각하고 감사할 줄 알아야 한다.

그러나 그리스도인이 영적인 것보다 육적인 것에 매달리게 되면 우리가 비그리스도인과 다를 것이 없게 된다는 점을 기억해야 한다. 오히려 비그리스도인들이 그리스도인들을 향해 우리와 자기들이 뭐가 다르냐고 쏘아 붙일 것이다. 이것은 그리스도인들이 그만큼 하나님의 영광에 손상을 입힐 수 있다는 것을 나타내 주고 있다. 그리스도인들은 물질적인 축복 못지않게 영적인 축복에 대해 관심을 가지며 복음이 진전되고 모든 것이 은혜 아래서 자라나게 되는 것을 감사할 줄 알아야 한다. 마찬가지로 교회도 믿음에서 보다 성장하고 복음전파에 보다 헌신하며 영적인 삶을 통해 더욱 성숙했는가를 돌아보고 감사할 줄 알아야 한다. "그러므로 너희가 그리스도 예수를 주로 받았으니 그 안에서 행하되 그 안에 뿌리를 박으며 세움을 입어 교훈을 받은 대로 믿음에 굳게 서서 감사함을 넘치게 하라"(골2:6-7). 믿음에 굳게 선 감사, 이것이 바로 하나님이 원하시는 감사이다.

8. 범사에 감사

우리는 흔히 감사할 일이 하나도 없는 듯이 말한다. 적극적 사고 방식으로 유명한 노만 빈센트 필 목사가 한번은 어떤 젊은이를 만났다. 불만으로 가득 찬 그에게 필은 물었다.

"당신에게는 그렇게도 감사할 일이 없습니까?"

"예, 저는 감사할 일이 전혀 없습니다."

"그러면 당신 아내가 죽었습니까?"

그러자 젊은이가 화를 냈다. "목사님, 무슨 말씀을 하세요. 제 아내가 죽다니요!"

"아 그래요. 건강한 아내가 있으니 감사한 일이네요."

필 목사는 계속 물었다.

"집이 불탔습니까?"

"아니요."

그러자 목사님은 "또 하나 감사할 일이 생겼군요."라고 말했다.

필 목사는 계속했다.

"젊은이의 심장이 멎었습니까?"

"심장이 멎었으면 제가 어떻게 살아 있겠습니까?"

"아 또 한 가지 감사할 일이 있군요."

살아 있는 아내, 온전한 집, 건강한 심장 등 이런 식으로 계속 대화를 하는 가운데 이 젊은이는 자신에게 감사할 일이 불평할 조건보다 더 많다는 것을 발견하게 되었다. 그때부터 세상은 아름답게 보이고 기쁨이 충만하게 되었다. 이처럼 감사는 우리의 생활에 활력소가 되고 밝은 생활을 하게 하는 기적을 낳는다. 감사와 원망은 종이 한 장 차이이다. 이것은 행복과 불행이 마음먹기에 따라 달라지는 것과 같다.

우리에게 감사할 일이 없는 것이 아니다. 공부는 못했어도 건강한 자녀들, 차는 낡았어도 사고 나지 않는 나날, 주님께 충성치 못했어도 여전히 사랑해 주시고 축복해 주시는 은혜, 이 모두 감사할 것뿐이다. 그래서 바울은 다음과 같이 말하고 있다.

- "오직 모든 일에 감사하라"(빌4:6).
- "범사에 감사하라 이는 그리스도 예수 안에서 너희를 향하신 하나님의 뜻이니라"(살전5:18).
- "또 무엇을 하든지 말에나 일에나 다 주 예수의 이름으로 하고 그를 힘입어 하나님 아버지께 감사하라"(골3:17).

우리가 범사에 감사하는 마음을 가질 때 우리의 말이나 행동은 크게 달라진다. 세상이 밝아 보인다. 우리 안에 하나님의 나라가 임하기 때문이다.

"범사에 감사하라."는 말씀 가운데 '범사에'(en panti)는 '어떤 형편에 처하더라도', '모든 일에', '무슨 일이 일어나든지'라는 뜻을 가지고 있다. 감사할 일에만 감사하는 것은 보통의 감사다. 그러나 범사에 감사하는 것은 성숙한 감사다. 왜 그런가?

좋은 일에만 감사하는 것이 아니라 나쁜 일에도 감사하기 때문이다. 자녀를 키우거나 부부로 사는 데 어려움도 있지만 하나님은 그 일을 통해 여러모로 좋은 것을 맛보게 하신다. 우리는 그때마다 하나님께 감사한다. 그러나 더 중요한 것은 나쁜 일에도 감사할 수 있어야 한다는 것이다. 데살로니가 교회는 핍박을 받고 있는 교회이다. 신앙을 가지면 평안해질 것으로 생각하면 안 된다. 핍박은 믿음을 지키기 위해 다른 좋은 것을 다 포기하는 것을 말한다. 주를 위해 맞고, 감옥을 가고, 굶는 것도 감사한다. 진정한 감사는 감사할 수 없는 것까지 감사하는 것이다.

17세기 전반기에 독일은 한창 전쟁 중이었고 기아와 흑사병이 만연했다. 그때 아이렌버그시에 마틴 린칼트(M. Linkart)라는 목사님이 계셨다. 흑사병이 그 도시를 휩쓸고 30년 전쟁이 사람들을 공포에 몰아넣었다. 목사님은 하루에도 장례식을 50번씩이나 치렀다. 장례를 치른 사람들 중에는 목사님 자신의 식구들도 포함되어 있었다. 그 어둡고 절망적인 시기에 린칼트 목사님은 66개의 찬송과 성곡을 지었다. "다 감사드리세."도 그중의 하나이다. 슬픔이 그를 온통 감싸고 있을 때 목사님은 다음과 같이 썼다.

> "다 감사드리세 온 맘을 주께 바쳐
> 그 섭리 놀라와 온 세상 기뻐하네
> 예로부터 주신 복 한없는 그 사랑
> 선물로 주시네 이제와 영원히."

감사는 번영과 평화를 기다릴 필요가 없다. 하나님께서 이루어 놓으신 놀라운 섭리로 인해 하나님을 찬양하는 것은 그때가 언제라도 좋은 때이다. 감사할 때 우리의 슬픔을 변하여 춤이 되게 하실 것(시30:11)이다.

사람들은 무엇을 감사할 것인가를 따진다. 그러나 성경은 모든 일에 감사하라고 말하고 있다(빌4:6). 일반적으로 사람들은 감사는 좋은 일이 생겼을 때만 하는 것으로 생각하고, 나쁜 일이 생겼을 때는 감사할 조건에 해당되지 않는 것처럼 말한다. 감사할 것과 감사하지 않을 것이 분명한 것으로 생각하는 것이다. 그러나 성경은 구분이 없다고 말한다. 심지어 범사에 감사하라고 가르친다. 감사하지 못할 조건이라 할지라도 생각해 보면 감사할 조건이 없는 것은 아니다. 공부는 못했어도 자녀들이 건강하니 감사하고, 차는 비록 낡았어도 그동안 사고가 나지 않았으니 감사할 뿐이다.

감사와 원망은 종이 한 장 차이라는 말이 있다. 행복과 불행이 마음먹기에 따라 종이 한 장 차이인 것과 같다. 사람들은 고통스런 일들만 기억하며 감사를 상쇄하고자 한다. 그러나 성도가 당하는 고통과 환란도 뜻이 있다는 것을 기억하지 않으면 안 된다. 주님이 왜 나에게 그러한 고통을 주시는가 하며 그 뜻을 생각해 나간다면 고통의 의미를 찾을 수 있다. 고통의 의미를 발견한 사람은 고통마저 감사할 수 있다. 그래서 바울은 성도의 환란과 고통도 합력하여 선을 이루신다고 하였다(롬8:28). 오히려 주님께 충성치 못했어도 여전히 사랑해 주시고 축복해 주시는 주님께 감사할 수밖에 없게 된다.

범사에 감사하는 자는 당연한 것으로 여기기 쉬운 것까지 감사한다. 우리는 공기, 몸의 기능, 자녀, 먹을 양식 어느 것 하나 하나님께 빚지지 않은 것이 없다. 모든 것을 감사하되 당연한 것까지 빠지지 않고 감사하는 마음을 가지고 살아야 한다.

사지가 마비된 몸을 가지고 뉴욕 검찰의 총수자리에 오른 정범진은 "단 하루만 걸을 수 있다면 홀로 화장실로 걸어 들어가서 소변을 마음대로 보는 것"이라고 했다. 정상인으로 살아가는 것이 얼마나 감사한 일인가. 우리 인생의 주된 목적은 모든 것을 감사하며 당연한 것을 당연한 것으로 여기지 않는 연습을 하는 것이다.

범사에 감사는 언제나 감사다. 사람들은 언제 감사해야 하는가를 따진다. 자동차사고라도 크게 나서 죽을 뻔하다 살아나야 감사를 한다. 병에 걸려도 감기정도로는 감사하지 않는다. 겨우 살아났을 때 "아이쿠, 하나님 감사합니다." 했다가 얼마 지나서는 "그때는 아마 그 약이 효험이 있었나봐."라고 말하기도 한다. 감사마저 이처럼 간사하고 변덕스러울 수가 없다. 성경은 언제나 감사해야 한다고 가르친다. 어떤 이는 그리스도인의 감사는 전천후감사여야 한다고 말한다. 낮이나 밤이나 맑을 때나 비 올 때나 감사를 해야 한다는 것이다. 박영선 목사는 언제나 감사해야 한다는 것을 이런 조크로 말하고 있다. "오늘도 성전에 나와서 졸고만 왔습니다. 졸고 온 감사한 날입니다.", "주여, 오늘은 제가 나가서 여러 사람을 패고 와서 할 말이 없는 감사한 날입니다." 바울은 주의 부르심을 받고 기뻐 감사하였다. 기쁠 때뿐 아니라 고난을 받을 때도 감사했다. 주님과 함께 고난에 참여하고 있다는 것이 그저 감사했기 때문이다. 그래서 그는 범사에 감사하라고 가르친다. 그는 진정 이 말을 할 수 있는 사람이었다.

모든 일에 감사한다. 우리는 감사를 큰일에만 적용하지만 하나님께서 우리에게 행하신 모든 일에 대하여 감사하는 것처럼 큰 믿음도 없다. 이스라엘백성들은 광야 40년 동안 감사보다는 불평과 불만으로 그들의 주식을 삼았다. 자그마한 고난도 참지 못했다. 불만이 커지자 심지어는 하나님이 하시는 일에 정면으로 대항하는 일마저 발생하였다. 이것은 순전히 인간적인 야심에서 나온 것이었다. 하나님은 분수에 지나친 행동을 간과하지 않으시고 고라자손 중 250명의 생명을 앗아 가셨다. 이 세상은 광야나 다름이 없다. 이 광야 길은 영원한 가나안에 이르기까지 통과해야 할 길목이다. 이 길목에 놓인 수많은 시련과 고통 때문에 하나님을 잃는다면, 이 고통 가운데서 우리를 지키시는 하나님의 역사를 잊고 감사하지 않는다면 크게 잘못된 것이다. 좋은 일이든 안 좋은 일이든, 크던 작던, 양지에서든 음지에서도 감사함 없이 지나치지 말자.

9. 언제 어디서나 감사

감사는 시간과 장소에 구애를 받지 않는다. 감사는 감사절이나 식사 시간에만 하는 것이 아니다. 언제 어디서나 감사해야 한다. 이것은 마치 회개하는 시간이나 장소가 정해 있지 않음과 같다. 루터나 웨슬레는 5분마다 죄를 회개하는 기도를 했다고 하는데 그들의 회개 기도 못지않게 필요한 것이 감사이다. 구원에 대한 감격은 언제나 있어야 하기 때문이다.

박영선 목사는 감사가 언제나 필요하다는 예를 다음과 같이 들기도 했다. "오늘도 성전에 나와서 졸고만 왔습니다. 졸고 온 감사한 날입니다. 주여 오늘은 제가 나가서 여러 사람을 패고 와서 할 말이 없는 감사한 날이올시다." 이 예가 합당하다고 생각지는 않지만 감사는 언제 어디서나 있을 수 있다는 것을 보여주는 데는 성공한 듯하다.

바울은 이렇게 감사하고 있다. "그리스도 예수 안에서 너희에게 주신 하나님의 은혜를 인하여 내가 너희를 인하여 항상 하나님께 감사하노니"(고전1:4). "기도를 항상 힘쓰고 기도에 감사함으로 깨어 있으라"(골4:2). 그에게는 살든지 죽든지, 먹든지 마시든지 무엇을 하든지, 옥에 갇히든지 매를 맞든지 언제 어디서나 감사가 있었을 뿐이었다.

10. 고통이나 환난조차 감사

어려움을 당할 때 감사하기는 매우 어렵다. 그러나 그리스도인은 그 어려움을 오히려 감사할 줄 알아야 한다고 성경은 가르친다. 어려움이 닥칠 때 쉽게 좌절하고 절망하고 하나님을 원망하는 것은 하나님 나라의 백성으로서 취할 태도가 아니라는 것이다. 욥의 인내가 높이 평가받고 있는 것은 그러한 태도가 합당하기 때문이다.

금세기에 위대한 여인 가운데 하나를 꼽는다면 아마 페니 크로스비(Fanny J. Crosby 1820－1915)를 빼놓을 수 없을 것이다. 그는 출생한 지 6주밖에 안되었을 때 안질을 앓았는데 불행하게도 의사의 오진으로 인하여 실명하고 말았다. 그러나 그는 이러한 환경 속에서도 신앙으로 이 어려움을 극복하면서 밝은 면을 보려고 노력하였다. 항상 감사하는 마음을 가졌으며 또 이것을 시로 기록하였다. 마침내 그는 일생 동안 6천 개가 넘는 찬송가 가사를 남겨 놓았다. 우리 찬송가에도 24곡이 소개되어 있다. "예수 나를 위하여 십자가를 질 때", "너희 죄 흉악하나 눈과 같이 희겠네", "예수로 나의 구주 삼고", "주의 음성을 내가 들으니", "나의 영원하신 기업" 등 주옥같은 찬송이 바로 고통조차 감사한 그의 믿음에서 나온 것이다.

순교의 형극을 감사로 극복한 주기철 목사, 두 아들을 잃고도 오히려 감사한 손양원 목사도 우리의 빼놓을 수 없는 감사의 귀감이다. 코티라는 독일의 여성은 위암 수술을 받고 언제 재발할지 몰라 매일 병원에 가야 하는 환경 가운데서도 "주여 제가 어떻게 되든지 주께 감사하고 찬송할 수 있게 해 주십시오."라고 기도했다. 우리가 해야 할 기도는 바로 이러한 기도이다.

11. 이런 때 감사하는 마음이 없다

빚진 의식이 없을 때 감사하는 마음이 없다. 일반적으로 노예나 머슴, 품삯을 생각하는 사람에게는 감사가 없다고 한다. 내가 수고한 대가를 당연히 받는데 무슨 감사냐는 생각 때문이다. 만화 등장인물인 바트 심슨이 식당에서 식사기도를 부탁받았다. 할 수 없이 일어난 그는 이렇게 기도했다. "하나님, 우리는 이 음식 값을 다 지불했습니다. 감사할 것이 없는 것을 감사합니다." 음식 값을 다 지불하고 먹는 것이기 때문에 하나님께 감사할 것이 없다는 것이다. 자기의 권리의식이 강한 사람은 감사하기 어렵다.

그러나 주님이 우리에게 주신 은혜는 우리의 이런 생각을 무너뜨린다. 전혀 대가를 받을 수 없는 우리에게 풍성한 사랑으로 가득 부어주시기 때문이다. 어거스틴은 이렇게 감사의 말을 한다. "머리부터 발끝까지 감사할 것밖에 없다. 할렐루야." 하나님께 빚진 의식을 가진 사람은 모든 것이 감사하다.

자기를 사랑할 때 감사하는 마음이 없다. "하나님을 알되 하나님으로 영화롭게도 아니하며 감사치도 아니하고 오히려 그 생각이 허망하여지며 미련한 마음이 어두워졌나니"(롬1:21). 하나님을 바로 알지 못하는 자, 하나님이 없는 자에게는 감사가 없다. 왜 그럴까? 그것은 하나님보다 자기를 내세우고자 하기 때문이다. 범죄 한 결과 달라졌기 때문이다. "사람들은 자기를 사랑하며 돈을 사랑하며 자긍하며 교만하며 훼방하며 부모를 거역하며 감사치 아니하며 거룩하지 아니하며"(딤후3:2).

그 밖에도 여러 가지가 있다. 부정적 사고에 짓눌러 있을 때 감사하는 마음의 여유가 없다. 우리는 부정적인 면에 먼저 눈길이 간다. 부정적인 면을 자꾸 보게 되면 불만족의 근육을 강화시켜 나갈 뿐이다. 비교의식이 강할 때도 감사를 잃게 한다. 비교의식은 보이지 않는 시한폭탄이다. 유행, 광고는 우리가 그렇게 살지 않으면 뒤떨어지는 것으로 느끼게 한다. 남은 앞서 있는데 왜 나는 이런가 하는 생각이 들 때마다 감사보다는 불만이 앞선다. 광야의 이스라엘은 눈앞에 보이는 어려움 앞에서 감사를 잃었다. 그리고 현재의 광야와 과거의 애굽을 비교함으로써 감사를 땅에 묻었다. 이런 부족함 때문에도 감사를 잃지만 너무 풍요할 때도 감사를 잃는다. 감사보다 즐기는 데 힘을 쏟기 때문이다.

12. 그리스도인의 감사는 다르다

무엇보다 예수 그리스도 때문이다. 그리스도인의 감사는 무엇 '때문에 감사'가 아니라 '예수 그리스도로 말미암아 감사'한다. 초대교인들은 "Deo Gratias"(하나님으로 말미암아 감사합니다) 또는 "Jesus Gratias"(예수님으로 말미암아 감사합니다)하며 인사했다. 그리스도인의 감사는 환경에 의한 감사가 아니라 마음으로부터 솟아나는, 은혜에 대한 감사다.

그리스도인은 그 은혜에 보답하는 삶이 있어야 한다. "여호와께서 내게 주신 은혜를 무엇으로 보답할꼬 내가 구원의 잔을 들고 여호와의 이름을 부르며 여호와의 모든 백성 앞에서 나의 서원을 여호와께 갚으리로다"(시116:12−14). 우리는 '무엇으로 보답할꼬' 하는 감사하는 간절한 마음이 있어야 한다. '여호와의 이름을 부르며'는 궁극적 감사의 대상은 하나님임을 알려준다. '서원을 갚으리로다.'는 약속을 시행하는 것을 말한다. 한나는 아들 주심에 감사하여 사무엘을 아예 하나님께 바쳤다. 다윗은 죽기 전 자기의 모든 물질을 하나님께 바쳤다.

감사는 은혜의 산물이다. 우리가 노력한다고 되는 것 아니다. 데살로니가 이렇게 감사할 수 있었던 것은 구원의 은혜에 대한 감격이 있었기 때문이다. "우리가 어떻게 너희 가운데 들어간 것과 너희가 어떻게 우상을 버리고 하나님께로 돌아와서 사시고 참되신 하나님을 섬기며 또 죽은 자들 가운데서 다시 살리신 그의 아들이 하늘로부터 강림하심을 기다린다고 말하니 이는 장래 노하심에서 우리를 건지시는 예수시니라"(살전1:9-10). 데살로니가 교인들은 구원받은 것과 하나님이 아버지 되신 것을 확신하였다.

나아가 그들은 장차 누릴 영광을 바라보며 오늘 받는 고난조차 기뻐하면서 살았다. 이 땅에서 겪는 고난은 잠시지만 장차 누릴 영광은 영원한 것이기 때문이다. 이 은혜 넘치면 감사할 수 있다. 그러므로 우리는 주님께 "구원의 은혜를 충만히 주시옵소서." 기도해야 할 것이다. 감사를 넘치게 하라. 그러면 그리스도를 더 깨닫게 된다. 그리스도를 깨닫게 되면 불만, 불평으로부터 자유하게 된다.

그리스도인은 시련 가운데서도 감사한다는 점에서 다르다. 감사절의 유래를 보면 감사의 조건이 별로 충분치 않았음을 알 수 있다. 환경은 어려웠고, 수확은 그리 크지 않았다. 그럼에도 그들은 감사했다. 모든 것이 감사했기 때문이다. 추수감사의 기원은 원래 구약시대의 3대 절기 가운데 하나인 초막절(장막절 또는 수장절)에서 비롯된다. 초막절은 7일 동안 지키는데 이때 땅에서 나는 모든 곡식과 포도주와 기름을 거둬들이고 이렇게 수확하게 하신 하나님의 은혜에 감사를 드렸다. 초막절이 의미하는 바와 같이 이 절기는 초막을 짓고 옮겨 다녀야만 했던 시기를 기억하고 감사하는 정신을 반영하고 있다. 그 어려움 가운데서도 자기들을 보호하신 하나님께 감사한 것이다.

추수감사절은 플리머스에서 시작되었다. 영국에서 청교도들이 신앙의 자유를 위해 1620년 11월 29일 미국 매사추세츠 주의 플리머스에 상륙했다. 그해 겨울은 너무 추워서 대략 반 정도만이 겨우 살아남았다. 이듬해 봄, 인디언들에게서 얻은 밀과 옥수수를 20에이커 정도의 땅에 뿌렸고 마침 기대 이상의 수확을 올리게 되었다. 이것이 감사해서 드린 예배가 바로 오늘날의 추수감사절이 되었다.

워싱턴 대통령과 링컨 대통령이 이날을 국가공휴일로 지정한 이래 계속 절기로 지켜지게 되었다. 청교도들의 삶은 지금 우리에 비하면 너무 열악한 환경조건에 있었고, 사람은 자꾸 죽어가고 있었다. 그런 가운데서도 그들은 하나님께 감사할 수 있었다. 어려운 처지에서 더욱 감사한 그들의 믿음이 큰 것이다.

욥기 1장 20, 21절을 보면 욥은 시련 가운데서도 하나님을 원망하지 않고 경배했다. 경배는 감사 포함하고 있다. 욥은 이미 궁전에 들어가 있었다. 그리스도인의 감사는 육신의 감사가 아니라 영혼의 감사이다. 영혼으로 감사하면 하나님은 길을 열어 주신다. 힘들고 어려워도 '내 평생소원은 늘 찬송하면서 감사'하며 사는 것이다.

13. 감사하면 삶의 모습이 달라진다

무엇보다 관계가 달라진다. 감사는 삶의 윤활유 역할을 한다. 오늘의 감사는 내일의 삶의 윤활유 역할을 한다. 사람과의 관계는 물론이고 하나님과의 관계에 있어서도 감사는 윤활유처럼 잘 굴러가게 한다.

사람이 달라진다. 감사는 여러 모로 우리의 삶의 모습을 달라지게 한다. 감사는 인생의 밝은 면을 보게 하고 적극적으로 생각하게 한다. 세상에는 어두운 면이 있지만 밝은 면도 있다. 어두운 면을 중심으로 인생을 보면 인생은 분명히 고해이다. 그러나 감사의 안경을 끼고 세상을 바라보면 모든 것이 밝고 감사하게 보인다.

하나님으로부터 더 큰 은혜를 받는다. 감사는 하나님의 은혜를 더 크게 받을 수 있는 최선의 방법이다. 스펄전 목사는 이렇게 말한다. "별빛을 주신 하나님께 감사하자. 그러면 달빛을 주실 것이다. 달빛을 주신 하나님께 감사하자. 그러면 햇빛을 주실 것이다. 햇빛을 주신 하나님께 감사하자. 그러면 달빛도 햇빛도 필요 없는 영원한 천국의 영광의 빛을 주실 것이다."

14. 감사를 하려면 나 자신부터 변화되어야

전능하신 하나님을 향한 신앙을 바로 가져야 한다. 우리는 먹구름이 덮인 이 세상만 바라볼 것이 아니라 그 위에는 언제나 빛나는 태양이 있음을 알아야 한다. 이것이 바로 신앙이다. 이 신앙 없이는 검게 보이는 세상의 일들이 오색찬란한 빛깔로 변하는 이적은 일어나지 않는다.

하나님께서 사랑하신다는 확신을 가져야 한다. 인생을 변화시키는 역사는 하나님의 사랑을 깨달았을 때 일어난다. 그러므로 우리는 하나님께서 우리를 사랑하신다는 확신을 굳게 가질 필요가 있다. "우리가 알거니와 하나님을 사랑하는 자 곧 그 뜻대로 부르심을 입은 자들에게는 모든 것이 합력하여 선을 이루느니라"(롬8:29).

구원에 대한 감격을 가져야 한다. 감사 중의 감사는 구원에 대한 감사이다. 이 감사야말로 차원이 높은 감사이다. 우리는 너무나 큰 은혜를 받았고 또 귀한 약속까지 받았다. 하나님은 지금도 우리가 그리스도 안에서, 말씀 안에서, 성령 안에서 이 은혜를 알고 이 귀한 은혜와 감사를 밖으로 내보내고, 이 은혜로 살아가기를 바라고 계신다.

감사의 궁극적인 원천은 모두 하나님께 있다. 특히 주님은 영 죽을 나를 대신해서 십자가를 지셨고 나로 영생을 얻게 하셨다. 감사와 감격의 찬송이 터져 나오지 않을 수 없다. 불평과 원망 대신 승리와 찬양의 차원으로 감사의 차원을 높여야 한다. 감사는 나의 생각이 어느 정도 나 자신을 맴도는 것이지만 찬송은 이보다 더 높은 면에 위치하고 있다. 왜냐하면 찬송은 나 스스로를 떠나 온전히 하나님의 위엄, 권능, 은혜, 구속을 찬송하는 것이기 때문이다. 그러므로 감사를 찬송으로 나타내는 것은 감사의 상태를 더 승화시키는 것임을 알 수 있다.

15. 감사를 생활화하라

감사는 머리로 되는 것이 아니라 몸으로 체화되어야 한다. 체화는 감사의 생활화를 의미한다. 그렇게 될 때 감사는 우리 곁을 떠나지 않게 된다. 마틴 루터 킹은 밤거리 청소를 하면서도 감사했다. "주님. 이 밤, 당신은 홀로 거리를 쓸고 있습니다. 아무도 보지 않고, 아무도 알아주지 않는다 해도 거리를 깨끗하게 하시는 하나님께 감사를 드립니다."

일상의 건강에도 감사하라. 휠체어가 5천만 원 하는 것이 있다. 계단을 오를 수 있어서 그렇게 비싸다. 두 발로 어디든 계단을 마음껏 오를 수 있다면 당신은 5천만 원을 이미 번 것이나 다름이 없다. 시각장애인이 경보음을 내는 지팡이를 사는 데 6백만 원이 든다. 길을 가다 앞에 돌부리가 있어서 피해갈 수 있다면 당신은 이미 6백만 원을 번 것이나 다름이 없다. 손과 발이 없는 사람에게 가짜 손과 발을 다는 데 1억 원이 넘게 든다. 손가락과 발가락이 움직인다면 당신은 1억 원을 넘게 벌고 있다. 우리는 몇 억 원은 달고 다닌다. 그런데도 온갖 불평을 달고 다닌다. 사지가 멀쩡한 것만으로도 우리는 감사해야 한다. 평생 하나님께 감사해야 한다.

동행해 주심(companion)을 감사하라. 특히 우리가 외로울 때 우리와 동행해 주시니 감사한다. "그가 친히 말씀하시기를 '내가 과연 너희를 버리지 아니하고 과연 너희를 떠나지 아니하리라.' 하셨느니라"(히13:5). 주님은 늘 우리와 동행해 주신다. 주님은 친히 우리와 친구가 되어 주시겠다고 하셨다. 하나님이 우리와 함께하심은 우리에게 기쁨을 주고 용기를 부어주신다.

자신감 주심에 감사하라. 주님은 우리가 염려 가운데 있을 때 약속과 확신을 심어주심으로 하나님을 향해 자신감(confidence)을 갖게 하신다. 그러한 확신으로 염려를 물리쳐 주시니 감사할 일이다. "네가 물 가운데로 지날 때에 내가 함께할 것이라 강을 건널 때에 물이 너를 침몰치 못할 것이며 네가 불 가운데로 행할 때에 타지도 아니할 것이요 불꽃이 너를 사르지도 못하리니 대저 나는 여호와 네 하나님이요 네 구원자이심이라"(사43:2-3). 물이든 불이든 어떤 어려움과 고난 가운데 있다 할지라도 주님은 우리와 함께하신다. 주님은 우리가 염려할 때 강한 보호 장치를 통해 안정감을 갖게 하신다.

도우심에 감사하라. 하나님은 우리를 도우시는 분(counselor)이시다. 우리가 시험 당할 때 도와주심을 감사한다. "우리가 감당할 시험 밖에는 너희에게 당한 것이 없나니 오직 하나님은 미쁘사 너희가 감당치 못할 시험 당함을 허락지 아니하시고 시험 당할 즈음에 또한 피할 길을 내사 너희로 능히 감당하게 하시느니라"(고전10:13). 시험은 모든 사람에게 일상적으로 있는 일이다. 하나님은 우리가 감당치 못할 시험은 주지 않으신다. 또 시험이 오면 피할 길을 내고 감당하게 하신다. 우리가 시험 당할 때 도우시는 하나님, 그 하나님께 감사치 않을 수 없다.

용기주심에 감사하라. 우리가 낙심할 때 하나님은 우리를 위로하시고 용기를 주신다. 하나님은 우리의 위로자(comforter)시다. 그 하나님께 감사하자. "주께서 내 영혼을 사망에서, 내 눈을 눈물에서, 내 발을 넘어짐에서 건시셨나이다 내가 생존 세계에서 여호와 앞에 행하리로다―여호와께서 네게 주신 모든 은혜를 무엇으로 보답할꼬"(시116:8―12). 하나님은 나의 모든 형편을 아신다. 하나님은 눈물의 상황에서 그 눈물을 그치게 하셨으며 나의 패배의 상황에서 패배하지 않도록 돌보셨다. 우리가 의지할 수 있는 분은 오직 하나님뿐이시다.

순간순간 이기게 하심에 감사하라. 춘원 이광수가 쓴 「사랑」의 주인공 안빈 박사의 모델은 장기려 박사이다. 70년대 후반 친구의 간곡한 재혼 권유를 물리치고 친구 사무실을 나오면서 계단에서 발을 헛디며 아킬레스건이 끊기는 사고를 당했다. 백병원에 입원한 그는 그 와중에서 하나님께 다음의 3가지를 놓고 감사를 드렸다. 수술은 기적적으로 잘 되어 아킬레스건이 잘 이어져 테니스까지 칠 수 있게 되었다.

- 하나님의 도우심으로 재혼 권유 이겨낸 것을 마치 자기 힘으로 이겨낸 것처럼 생각했던 불경죄 깨닫게 해 주신 것을 감사합니다.
- 병원에 있으면서 친구와 세사들을 많이 만날 수 있는 것 감사합니다.
- 그동안 읽지 못했던 책을 읽게 된 것을 감사합니다.

아직도 감사할 조건이 없다고 생각하는가? 그리스도인은 모든 것을 가진 자이다. 왕자가 평민 복을 하며 정찰하는 이야기를 상상해 보라. 우리도 잠시 평민 복을 하고 있을 뿐이다. 감사할 줄 모르는 신도들, 감사를 잊어가고 있는 성도들에게 가장 필요한 것은 감사의 회복이다. 감사할 줄 알도록 만드는 것이다. 하나님을 향한 감사의 회복은 무엇보다 중요하다.

감사하는 자가 건강한 자이다. 감사를 많이 할수록, 사랑을 많이 할수록 육적으로 건강하게 된다. 감사와 사랑의 말을 하면 부교감 신경계를 자극해 건강하게 된다. 영적으로 건강할 것은 말할 필요가 없다. 감사지수가 높으면 건강지수도, 행복지수도 높아진다. 감사하지 않는 것은 파멸의 노를 젓고 있는 것과 같다. 감사하는 공부를 먼저 하라.

교회는 출애굽공동체이다. 광야 같은 죄악세상에서도 불기둥과 구름기둥으로 인도하시는 하나님의 은혜 아래 사는 사람들이다. 오늘을 사는 유대인들에게 출애굽한 이스라엘 사람들이 몇 명이나 되느냐고 물으면 숫자를 헤아릴 수 없다고 말한다. 그 이유를 물으면 그들은 지금도 출애굽하고 있는 숫자가 늘고 있기 때문이라고 한다. 출애굽사건을 과거의 사건으로만 생각하는 것이 아니라 오늘 기억하고 그곳에 모두 동참한다고 생각하며 살아가고 있기 때문이다.

우리도 이 출애굽사건에 동참하고 있다. 이 사건은 지금도 하나님의 은혜 아래 진행되고 있다. 이 일을 생각하면 순간마다 감사하지 않을 수 없다. 아울러 우리는 이 땅에 살면서 하나님의 뜻이 무엇인가를 헤아리며 그 뜻을 바로 지켜야 한다. 성경은 감사가 우리를 향하신 하나님의 뜻임을 분명히 하고 있다. 그저 입술의 감사만 드릴 것이 아니라 성령이 충만한 가운데 신령한 노래와 기쁨 그리고 마음속 깊은 곳으로부터 하나님께 감사를 드려야 할 것이다.

주님은 지금도 감사하는 마음, 감사를 나타내는 손, 감사하는 가정, 감사하는 교회를 기뻐하신다. 감사는 하나님과 커뮤니케이션할 수 있는 가장 좋은 채널이다. 감사할 때 우리를 향하신 하나님의 은혜와 자비가 얼마나 풍성한가를 알게 되고 감사함으로써 하나님께 영광을 돌리게 된다. 그러나 우리의 감사행위를 돌이켜 볼 때 너무나 세상적이고 문제가 많다. 주님이 얼마나 주셨는지 조건을 따지고 그래서 감사할 것이 없다고 말하기도 하고 하나님을 원망하기도 한다. 감사의 표정이 밝지 못하고 연보를 해도 마지못해서 한다. 사람이 단지 그가 가지고 있는 물질적 소유 때문에 감사한다면 그것은 하나님의 은혜에 감사로 응답하는 것이 아니라 세상방식대로 하겠다는 것이다.

그리스도인은 하나님 나라에 사는 사람이다. 그러므로 감사도 하나님 나라 백성답게 해야 한다. 믿음의 눈을 가지고 감사하고, 자원하는 마음으로 기쁨 충만한 감사를 하고, 범사에 감사하고, 언제 어디서나 감사하고, 고통까지도 감사할 줄 알아야 한다. 사람은 조금만 어려움에 처해도 낙심하고 좌절한다. 그 속에서 감사를 찾을 수가 없다. 그러나 주님은 어떠한 환경에서든지 감사할 줄 알아야 한다고 가르친다. 우리가 주 안에서 살 때 우리는 결국 감사할 수밖에 없음을 발견하게 된다. 주님이 언제나 어디서나 우리와 함께하시고 이김을 주시고 육적으로나 영적으로 풍성하게 만드시기 때문이다. 감사는 금전으로만 하는 것이 아니다. 말이나 행동, 헌신, 우리의 생활 모두를 통해 감사를 드러내야 한다. 그리고 감사는 한번으로 끝나는 것이 아니라 영원히 계속되어야 하는 것이다. 그래서 기독교를 가리켜 감사의 종교라 말하기도 한다. 주님은 지금 이 시간도 바로 여러분의 감사가 있는 통화를 기다리고 계신다.

제 5 부

하나님으로부터 인정받는 사람 되기

제 22 장
살아 움직이는 그리스도의 군사 되기

오늘 그리스도인으로서 살아가는 당신, 정말 살아 있는가? 이 질문에 대해 자신 있게 '그렇다.'라고 대답할 수 있는 사람들은 그리 많지 않을 것이다. 교회의 여러 곳에서 병적 증상이 나타나고 그 가운데 상당수는 회복이 불가능하다고 생각되기 때문이다. 활력을 잃어가고 있는 것이다. 활력을 잃는다는 것은 그만큼 죽어가고 있다는 것을 입증한다. 우리가 주 안에서 온전히 회복하기 위해서는 언제 어디서든 살아 움직이는 그리스도의 군사가 되는 것이다.

교회만이 아니다. 우리 자신도 문제가 많다. 그리스도인이 활력을 잃으면 그가 속한 가정이나 교회는 죽어간다. 그리고 가정이나 교회가 활력을 잃으면 그 민족은 죽어간다. 성경은 그리스도 안에서 활력이 넘치는 생활을 해야 한다고 가르치고 있다. 그리스도인은 살아 있어야 하고 그렇게 되도록 노력해야 한다. 우리에게 필요한 것은 진정 회복이다. 그리스도 안에서의 회복.

1. 젊음을 오히려 주님께 바치라

어떤 사람은 젊었으면서도 늙었고 어떤 사람은 늙었으면서도 젊은 사람이 있다. 젊은 사람이 그 젊은이다운 행동을 하는 것은 마땅한 일이다. 그렇지 않은 것은 오히려 문제가 된다. 젊은이가 패기가 없고 의욕이 없으며 삶의 의미를 잃는다는 것은 문제가 되지 않을 수 없다. 하나님은 레위인을 뽑아 성막봉사를 하게 할 때 나이 25에서 50에 이르는 젊은이로 하여금 일하게 했다. 젊음을 하나님께 바치라는 뜻이 담겨 있다.

우리의 경우 젊을수록 교회를 떠나 산다. 교회는 늙어서나 가는 곳이라는 인식이 팽배해 있다. 교회에는 젊은이보다 나이 드신 분이 많다. 예배 때 그러한 현상은 뚜렷이 들어난다. 어르신들은 많아도 젊은이들은 손꼽을 정도이다. 주일 저녁예배나 수요 예배 때 그 현상은 더욱 심각하다. 바쁘다는 이유도 있지만 하나님의 일보다 더 바쁜 것이 어디에 있는가. 더 깊이 들어가면 젊어서 세상을 마음껏 즐기다가 늙어서 회개해도 늦지 않다는 얄팍한 인간의 속셈이 담겨 있다. "노세 노세 젊어서 놀아 늙어지면 못 노나니."라는 세시풍속이 그대로 작용하고 있는 것이다. 그러나 하나님은 젊었을 때에 더 주의 일을 많이 하라고 가르치신다. 일할 수 없는 나이가 도적같이 이르고 일할 수 없는 밤이 속히 이르기 때문이다. 우리가 하나님 앞에서 자랑할 수 있는 것은 젊어서 얼마나 질펀하게 놀았는가 하는 것이 아니라 주님을 위해 얼마나 충성 봉사했는가 하는 것이다.

2. 나이 들수록 더 주님을 위해

레위인의 경우 나이 50이 지나면 일단 젊은이가 할 수 있는 일에서 벗어나 다른 영역에서 하나님께 봉사한다. 육체적으로 힘든 일에서 벗어날 뿐 계속 하나님의 일을 한다. 나이가 들어서도 하나님께 봉사해야 한다는 태도에는 변함이 없다. 그러므로 그리스도인들은 젊어서나 늙어서나 나이에 관계없이 주님의 일을 해야 한다.

여호수아와 갈렙은 80이 넘은 나이에도 가나안의 여러 산지들을 공략하는 힘을 보여주었다. 산지공략은 자신의 일이라기보다 하나님의 일이다. 하나님의 일이었기 때문에 그들은 죽음조차 두려워하지 않았다. 그들이 신체적으로 거구라든가 누구 못지않은 어떤 강한 힘을 가지고 있기 때문은 결코 아니다. 그들이 그 나이에도 노익장을 내보일 수 있었던 것은 어느 누구보다도 여호와 하나님을 위하는 마음, 하나님을 의지하는 마음이 강했기 때문이다. 하나님을 향한 강한 마음이 산지공략으로 표출된 것이다. 그리스도 안에 사는 사람은 패배와 상실의 삶이 아니라 주 안에서 항상 새 힘을 얻어 용기 있게 살아야 한다. 나이가 들수록 하늘을 뚫고 비상하는 독수리의 힘을 가지고 있어야 한다.

그러나 우리의 경우를 보면 늙어서도 인생의 남은 때를 많이 즐기고 존경을 받으며 건강하게 오래 살 생각은 많이 하면서도 정작 하나님의 일을 열심히 할 생각은 하지 않는다. 몸에 좋다는 것 많이 먹을 생각은 많이 하지만 주의 일을 많이 할 생각은 하지 않는다. 칼빈에 따르면 주의 일에는 은퇴란 없다. 나이 들수록 더 일을 해야 한다는 것이다. 주님의 일을 하기에 인생은 너무 짧기 때문에 삶 모두를 주님께 바쳐도 모자란다. 그러므로 우리는 젊으나 늙으나 주님 앞에 서는 날까지 주님의 일을 성실히 해야 할 청지기라는 것을 잊어서는 안 된다. 아브라함의 늙은 종은 말년에 이르러 오히려 하란 땅에 파견되어 이삭의 아내를 모셔오는 중대한 임무를 수행했다. 그 늙은 종이 바로 장로의 모범이 되고 있다. 주님의 일에 은퇴란 없다. 우리가 주님 앞에 서는 그 순간까지 주님의 일을 하다가 가야 한다.

3. 힘은 하나님으로부터 온다

우리는 대부분 자기를 내세우려는 욕망이 강하여 그 힘조차 자기에서 나오는 것으로 착각하고 있다. 나는 너보다 힘이 있다 자랑하며 기회만 있으면 그 힘을 과시하려고 한다. 프롬은 이것을 가리켜 인간의 시장적 성격이라 한다. 자기를 내세우고 자기를 선전하여 나는 이런 사람임을 과시함으로써 다른 사람들로부터 인정을 받으려 한다. 그리스도인들마저 자기를 신뢰하고 자랑하는 버릇을 버리지 못하고 있다.

그러나 그리스도인의 활력, 그 힘은 나로부터 나오는 것이 아니라 하나님으로부터 나온다. 하나님께서 힘을 주시는 것이다. 우리가 두려움을 이기고 어려움을 극복할 수 있는 것은 하나님께서 우리에게 이길 수 있는 힘을 주시기 때문이다. 우리가 주의 일을 열심히 할 수 있는 것도 하나님께서 우리에게 힘을 주시기 때문이다. 이와 같이 우리의 힘의 원천은 하나님이시다. 그러므로 나를 자랑해야 하는 것이 아니라 하나님을 자랑하고 그 힘을 주신 하나님께 감사를 드려야 한다. 인간은 연약하지만 하나님께서 생기를 불어넣어 주심으로 우리가 생령으로 살아 있고 힘을 갖게 되었다. 그러므로 우리가 그 힘을 주신 하나님께 감사하고 그 힘을 하나님을 위해 사용함으로써 하나님께 영광을 돌리는 삶을 사는 것은 당연하다. 그리스도인이 남과 다른 것은 바로 나의 모든 것의 원천은 하나님임을 철저히 의식하는 것이다. 불교는 그 힘이 인간에게서 나온다고 믿는다. 그래서 자신과 끊임없는 싸움을 한다. 유교는 그 힘이 조상으로부터 온다고 믿는다. 그래서 조상의 은덕을 생각하고 조상께 그토록 잘 하려고 한다. 그러나 그리스도인은 그 모든 것이 연약한 인간에게서 나오는 것이 아니라 하나님으로부터 온다고 믿는다. 나 자신이나 조상에게서 의미를 찾는 것이 아니라 하나님에게서 의미를 찾는 것이다.

4. 자기만 생각하면 힘을 잃는다

그리스도인에게서 생기가 없다면 그리스도인이 아니다. 그런데 우리는 하늘을 날듯 원기가 왕성하다가도 때로는 의기소침하고 아예 생기 없이 살아가는 때가 있다. 교회 일을 하는데도 힘이 없고 이웃을 생각하는데도 기쁨이 없다. 살 재미가 없어졌다고 말하기도 한다. 그 원인을 살펴보면 대부분 문제는 자신에게 있다. 일을 해도 알아주지 않는다든지 일에 대한 반대급부가 없다든지 도대체 자기에게 돌아오는 것이 무엇이냐는 푸념이 깔려 있다. 죽도록 일해 봤자 소득이 보이지 않는다는 것이다. 이러한 생각은 매우 인간적인 소치에서 나온 것이다. 세상 사람들은 그렇게 생각할 수 있다. 그러나 그리스도인은 달라야 한다. 보이는 인간으로부터의 칭찬보다 보이지 않는 하나님으로부터의 인정이 중요하고 자기의 유익보다 하나님의 유익이 더 중요하다. 우리는 하나님 나라의 백성이기 때문이다. 이렇게 생각하지 않는다면 그것은 하나님에 대한 거부요, 그것은 죄이다. 그래서 성경은 우리가 죄악에 빠졌을 때 힘을 잃는다는 것을 가르쳐 주고 있다. 다윗조차도 "내 기력이 나의 죄악으로 약하며 나의 뼈가 쇠하도다."(시31:10)라고 고백하고 있다. 우리가 하나님보다 자신을 내세우고자 할 때 그리고 이웃의 아픔보다 자신의 아픔만을 강조하고자 할 때 주님이 우리에게 주신 생기를 잃을 수밖에 없다. 왜냐하면 주님이 우리에게 허락하신 생기는 나 자신보다 하나님의 나라를 위해 사용해야 하기 때문이다. 따라서 우리가 힘을 잃지 않고 살기 위해서는 하나님을 향해 한 점 부끄럼 없고 이웃이나 자신을 향해서도 부끄러울 것이 없어야 한다.

5. 힘을 잃었을 때 하나님을 찾으라

그리스도인이 힘을 잃고 좌절하고 허무감에 휩싸이며 열등감 내지 패배감을 갖는 것은 옳지 못하다. 힘을 잃었을 때 우리는 속히 그 힘을 회복해야 한다. 그 방법은 여호와를 앙망하는 길 외에 다른 길이 없다. 왜냐하면 여호와는 우리의 힘의 원천이 되기 때문이다. 여호와를 앙망하는 자에게 하나님은 새 힘을 주신다. 성경은 여호와를 앙망하는 자, 그에게 피하는 자에게 하나님께서 힘을 주고 복을 주실 것을 강조하고 있다. 왜 그러시는가? 그것은 그 마음속에 죄를 회개하는 마음이 있기 때문이다. 우리가 자신의 잘못된 생각을 통회하고 하나님을 향해 자신의 잘못됨을 고하며 그것을 바로 고치고자 할 때 하나님은 문을 여시고 더 강한 힘을 부어 주신다.

그러므로 우리가 문제가 있을 때 우리가 맨 먼저 해야 할 것은 끝까지 자신을 고집할 것이 아니라 빨리 하나님의 보좌 밑으로 나아가는 일이다. 말씀을 통해 자기를 충전하고 하나님께 기도하고 자신의 리듬을 하나님의 리듬에 맞추어야 한다. 하나님의 박자와 일치하는 삶을 살지 않을 경우 하나님 나라의 삶을 살 수 없기 때문이다. 우리가 힘을 지니려면 전능하신 하나님의 기본 리듬과 그분의 모든 일에 자신의 방법을 맞추지 않으면 안 된다. 교회에 나와 열심히 봉사하는 것도 하나님의 리듬에 맞추기 위한 것이다. 자기의 리듬만을 강조하면 교회생활도 멀어진다. 자기의 리듬을 고집하면 자기가 살 것처럼 보이지만 오히려 죽는다. 왜냐하면 하나님께서 힘을 주시지 않으시면 인간은 죽을 수밖에 없기 때문이다. 인간의 힘은 한계가 있다. 그러나 하나님께서 주시는 힘은 광대하고 무한하다. 하나님만이 우리 힘의 원천이 되기 때문이다.

6. 사해보다 갈릴리가 되라

어떤 사람은 힘을 좋은 방향으로 사용하는가 하면 어떤 사람은 그 힘을 나쁜 방향으로 사용하고자 한다. 좋은 방향이란 그 힘을 하나님께서 기뻐하시는 방향으로 사용하는 것을 말하고 나쁜 방향이란 그 힘을 자신의 유익을 위해 이기적으로 사용하는 것을 말한다. 하나님께서 우리에게 힘을 주실 때는 그 힘을 하나님 나라를 위해 사용하라고 주신 것인데 우리는 그것을 자신을 위해 사용하고자 한다. 부모가 자식에게 많은 것을 희생하고 유산까지 주는데도 자식은 그 부모에 대해 매우 인색한 마음을 갖고 그 모든 것을 자기의 유익을 위해 사용하고자 하는 것과 같다. 부모가 자식을 위해 100을 주었는데 자식은 부모나 이웃을 위해 10을 쓰는데도 아까워하고 손을 떠는 것이다.

하나님께서 우리에게 새 힘을 주시는 것은 우리가 무엇을 잘했기 때문이 아니라 오직 그리스도의 은혜 때문인 것을 기억하지 않으면 안 된다. 하나님의 사랑이 우리를 감싸기 때문이다. 그럼에도 불구하고 그 힘을 자신의 것으로 삼고 그것을 과신하고 자랑하며 그 힘을 자기만을 위해 사용하고자 한다. 심지어는 자기를 알아주지 않는다고 불쾌하게 생각하는 잘못까지 범하고 있다. 우리는 하나님이 공급해 주시는 힘을 자신의 영광을 드러내는 데 사용해야 하는 것이 아니라 오직 하나님의 영광을 드러내는 데 사용해야 한다.

이스라엘에는 요단강을 끼고 두 개의 큰 호수가 있다. 하나는 사해이고 다른 하나는 갈릴리이다. 사해는 글자 그대로 죽은 바다이다. 사해는 들어오는 물을 받기만 하지 내어줄 줄 모른다. 결국 그 바다는 자신마저 죽어 있을 뿐 아니라 주변에도 생명 있는 것이 자라지 못하게 한다. 모두를 죽게 하는 것이다. 이에 반해 갈릴리는 히브리어로 '살아 있는 바다'라는 뜻을 가지고 있다. 갈릴리 바다는 높은 산에서 물을 받아 아래로 준다. 받기만 하고 남에게 주지 않는 이기주의인 사해와는 전혀 성격이 다르다. 남에게 베풀며 사는 것이다. 그래서 갈릴리는 자신도 살아 있을 뿐 아니라 그 물이 닿는 곳은 어디에나 생명이 있도록 만든다.

그리스도인은 사해가 아니라 갈릴리여야 한다. 남으로부터 받고 살기만 하면서 그 자신을 알아주지 않는다고 불만하며 살아온 자기의 잘못된 성격을 고치고 오히려 다른 사람들에게 사랑을 계속 공급함으로써 더욱 만족하는 삶을 살아야 한다. 그리고 영광받으실 분은 자기가 아니라 오히려 하나님임을 고백하는 삶을 살아야 한다. 그리스도인은 주신 힘을 하나님이 기뻐하신 바대로 사용하여 하나님께 영광을 돌려야 할 책임이 있는 사람들이기 때문이다.

7. 나의 뜻보다 주의 기쁘신 뜻대로

그리스도인의 힘은 어디서 오는가? 우리는 왜 힘을 잃어가고 있는가? 힘을 잃었을 때 어떻게 해야 하는가? 힘을 어떻게 사용해야 하는가? 그리스도인이라면 마땅히 이러한 질문을 순간순간 던지며 살아야 한다. 자신을 점검하고 성찰하는 신앙생활이 필요하기 때문이다. 우리가 이러한 성찰적 삶을 살지 못하면 나 자신뿐 아니라 가정, 교회, 직장, 사회 모두가 문제에 직면하게 된다. 왜냐하면 우리는 나 위주의 동물적 삶을 살기 쉽기 때문이다.

그리스도인의 힘은 내가 아니라 주님으로부터 나온다. 그러므로 우리는 자만해선 안 된다. 주님이 주신 주님의 것이기 때문에 나보다 주님을 위해 사용해야 한다. 인간적인 나를 내세울 때 우리는 힘을 잃게 된다. 주님은 그러한 삶을 원하시지 않으므로 더 이상 힘을 공급하시지 않기 때문이다. 그러나 우리가 잘못됨을 뉘우치고 주님을 향해 고개를 들면 신실하신 주님은 우리를 생각하고 새 힘을 넘치게 부어 주신다. 주님이 우리에게 힘을 주셨을 때는 우리를 향하신 뜻이 계셨기 때문이다. 그러므로 우리는 그 힘을 우리 자신의 욕심을 채우는 데만 급급할 것이 아니라 오직 주의 기쁘신 뜻을 나타내는 데 투자해야 한다.

우리는 하나님 나라의 삶을 사는 그리스도의 군병이지 육신의 안목과 이생의 자랑을 위해 사는 사단의 군병이 아니다. 그리스도 군병은 지금도 살아 역사하셔서 이 땅에 하나님 나라를 세우시고자 하는 그리스도를 위한 강한 군사이지 자기의 욕심만을 채우는 사악한 병사, 주님 없이 살아가는 패잔병이 결코 아니다.

제 23 장
하나님을 피상적으로만 알지 않고 깊이 알기

오늘 나와 하나님의 관계는 어떤 날씨인가? 흐린가, 비가 오는가, 아니면 청명한가. 그리스도인은 날마다 청명한 관계를 유지해야 한다. 이를 위해서는 하나님을 피상적으로 알지 않고 길이 알아야 한다. 그래야 회복이 빨라진다.

이제 우리나라에는 많은 그리스도인들이 있다. 네 사람이 길을 가면 한 사람은 기독교인이라고 한다. 그리스도인이 많다고 하는 것은 기쁜 일이다. 그러나 한편으로는 이 땅에 그토록 그리스도인이 많으면서도 아직 사회는 어둡고 수없이 일어나는 사건 가운데 기독교인들이 주범으로 등장할 때마다 고개를 들 수 없는 지경에 이르게 되었다. 뿐만 아니라 아무리 오랫동안 교회를 다녔다고 할지라도 우리의 생활 하나하나를 살펴보면 신앙생활이라 말하기에는 너무나 부끄러운 면모를 보여주고 있다. 하나님 보시기에 기쁜 생활을 하고 있는 것이 아니라 이와는 아주 반대되는 생활을 하고 있다. 우리 자신이 실망을 금치 못하고 있는데 하나님이 우리를 어떻게 보실까 하는 것은 물어보나 마나한 일이 아닐 수 없다. 우리가 왜 이런 지경에 이르게 되었는가? 이에 대한 해답은 여러 가지일 수 있지만 근본적인 원인은 입으로는 하나님, 하나님의 말씀, 성령 충만을 말하지만 실제로는 그 모두가 나의 것이 되지 못한 데 있다. 하나님을 아는 것과 하나님에 대해서 아는 것은 바로 이러한 삶의 차이를 보여주고 있다.

1. 하나님을 아는 것과 하나님에 대해서 아는 것

하나님을 아는 것과 하나님에 대해서 아는 것은 별로 다른 것이 없어 보이지만 이상과 실제만큼 차이가 있다. 하나님을 아는 것이란 하나님이 나의 하나님이 되시어 내 속에서 역사하시고 나의 생활 가운데서 주인이 되시며 나 자신이 하나님께서 원하시고 기뻐하시는 바를 전폭적으로 실현시켜 나가는 삶의 양태를 가리킨다. 그러나 하나님에 대해서 아는 것은 하나님에 대해서 이것저것 많이 들어 알고 있기는 하지만 그 모두가 자기의 것이 되지 못하기 때문에 하나님이 나의 하나님이라는 것을 실감하지 못할 뿐 아니라 나의 실제 생활은 하나님의 말씀과 거리가 먼 것을 가리킨다. 하나님이 원하시고 그리스도인이 지향하는 삶은 바로 하나님을 아는 것이다. 그러나 실제에 있어서 우리의 모습은 하나님에 대해서 아는 것으로 만족하고 하나님께서 원하시는 삶과는 거리가 먼 생활을 하고 있다.

우리는 매주일 교회에 출석하여 설교를 듣고 그 밖에 구역예배다 새벽기도회다 금요기도회다 벧엘 성서대학이다 크로스웨이 성경공부다 QT다 무슨 성경공부다 하여 성경을 읽고 말씀을 배우는 데 열심이다. 성경도 옛날처럼 말씀만 쓰여 있는 성경이 아니라 톰슨 성경, 오픈 성경, 라이프 성경, 아멘 성경 등 이른바 묵직한 스터디 바이블(Study Bible)을 가지고 있다. 이 모든 모임과 스터디 바이블을 통하여 우리는 하나님에 대해서 너무나 많이 배워 잘 알고 있다. 그러나 정작 그 배운 바를 실행에 옮기거나 하나님과 동행하는 삶은 살지 못하고 있다. 우리나라의 교인들은 하나님이 어떤 분이시고 그분이 우리로 하여금 어떤 삶을 살기를 원하시는가에 대해서는 너무나 잘 알고 있음에도 불구하고 행동은 엉망이다. 머리만 크고 손이나 다리는 퇴화되고 있는 것이다. 한국교인들은 이처럼 기형아와 같은 모습을 하고 있다. 그럼에도 불구하고 자기가 기형아라고 자각하는 사람은 하나도 없다. 이것이 바로 한국교회와 교인들의 비극이다. 요절을 외우고 성경상식을 높이는 것은 중요한 것이다. 그러나 더 중요한 것은 하나님께서 원하시는 바를 생활 속에 실현시키는 것이다. 즉 하나님에 대해서 아는 것이 중요한 것은 사실이지만 더 중요한 것은 하나님을 나의 하나님으로 아는 것이다. 하나님은 우리가 하나님을 지식적인 하나님으로만 인식하지 않고 지금의 나의 삶 속에 역사하시고 함께하시는 하나님임을 체험하여 아는 하나님이어야 한다고 말씀하신다. 우리의 머릿속에 가득 채워져 있는 하나님에 대한 것들이 나의 손과 다리에 연결되어 하나님이 원하시는 바대로 움직여져야 한다는 것이다.

2. 야곱의 하나님

성경을 보면 성경의 여러 인물들이 머리로만 하나님에 대해서 알고 있다가 실제로 하나님을 체험하고 알게 되는 것을 볼 수 있다. 그 대표적인 보기가 야곱의 경우이다. 야곱은 아버지 이삭으로부터 하나님에 대해서 많이 들어 알고 있었다. 하나님은 전능하신 분이시고 약속을 지키시는 분이시며 공의로우시며 자기를 사랑하는 자에게 복을 넘치게 부어 주시는 분이시라는 것을 귀가 아프게 들어 알고 있었다. 하나님이 그의 할아버지 아브라함에게 어떻게 하셨으며 자기 아버지 이삭에게 어떻게 하셨던가를 들어 그분들의 역사를 익히 알고 있었다. 그가 하나님에 대하여 잘 알고 있기는 했지만 그 하나님은 아직 자기의 하나님이 아니었다.

그러나 그는 자신의 체험을 통해 하나님을 알게 되었다. 그가 하란으로 가는 길에 돌을 베개 삼아 누워 있었을 때 하나님은 그를 찾으셨고 보호를 약속하셨다. 야곱은 그때서야 "여호와께서 과연 여기 계시거늘 내가 알지 못하였도다."(창28:16)라고 고백하였다. 야곱이 하나님을 알게 되는 순간을 성경은 그의 고백과 함께 감격적으로 묘사하고 있다. 지금까지 머리로서만 알아온 하나님이 그의 하나님이 되신다는 사실을 체험함으로써 하나님을 몸소 알게 된 것이다. 그는 계속되는 앎의 과정을 통하여 부분적으로만 알았던 하나님을 전체적으로 알게 되었다. 아브라함의 하나님, 이삭의 하나님이 야곱의 하나님이 되신 것이다. 아브라함의 하나님, 이삭의 하나님, 야곱의 하나님이라는 명칭은 명목적인 명칭이 아니라 생활 속에서 살아 계신 하나님을 깊이 체험하고 하나님의 사람으로서 살아온 사람들에게만 붙여지는 가장 실감나는 명칭이다.

3. 룻의 하나님

룻은 하나님을 알고 하나님을 전적으로 신뢰한 믿음의 모범이다. 시어머니 나오미가 한사코 떨어져 고향으로 돌아가기를 권하자 그는 다음과 같이 말하였다. "나로 어머니를 떠나며 어머니를 따르지 말고 돌아가라 강권하지 마옵소서 어머니께서 가시는 곳에 나도 가고 어머니께서 유숙하시는 곳에 나도 유숙하겠나이다 어머니의 백성이 나의 백성이 되고 어머니의 하나님이 나의 하나님이 되시리니 어머니께서 죽으시는 곳에서 나도 죽어 거기 장사될 것이라 만일 내가 죽는 일 외에 어머니와 떠나면 여호와께서 내게 벌을 내리시고 더 내리시기를 원하나이다"(룻1:16－17). 나오미는 룻의 단단한 결심을 알아차리고 더 말리지 않았다.

룻의 이 같은 신앙은 그의 동서 오르바와 전적으로 다른 것이었다. 오르바는 나오미가 권할 때 그대로 떨어져 나갔다. 하나님에 대해서 머리로서만 아는 사람은 어려움에 처할 때 이처럼 쉽게 떨어져 나간다. 그러나 하나님을 진정으로 사랑하고 아는 사람은 룻처럼 굳건함을 보여준다. 룻은 어머니의 하나님이 나의 하나님이 되시리라고 말하였다. 어머니의 하나님은 바로 야곱의 하나님을 가리킨다. 그 하나님이 나의 하나님이어야만 한다는 그의 강한 소망은 나오미와 함께하고자 하는 열망 속에서 뚜렷이 나타고 있다. "내가 죽는 일 외에 어머니를 떠날 수 없다."는 것이다. 우리는 가끔 노사문제가 발생할 때 노조원들이 "죽을 수는 있어도 물러날 수는 없다."는 구호를 내건 것을 볼 수 있다. 그만큼 결심이 단단하다는 것을 보여주는 것인데 이 구호의 원조가 바로 룻이다. 하나님에 대한 룻의 열망은 결국 그의 혈통을 따라 예수 그리스도가 나심으로써 성취되었다. 어머니의 하나님이 나의 하나님이 되신 것이다.

4. 하나님을 아는 사람의 삶의 모습

하나님을 아는 사람과 하나님에 대하여 아는 사람이 보여주는 삶의 모습은 너무나도 차이가 있다.

하나님에 대하여 아는 사람은 말로는 그리스도인이지만 실제로는 그리스도인다운 점이 크게 결핍되어 있다. 아무리 기독교인의 숫자가 늘어난다 해도 말로만 기독교인인 사람들이 많아진다면 그것은 기독교인이 많아진 것이 결코 아니다. 하나님의 나라는 조금도 확장되지 않았기 때문에 사회는 계속 어두워진 대로 남아 있게 된다. 한국사회가 계속 어두움 속에 남아 있는 것은 교회가 이 같은 신자들로 가득 차 있기 때문이다. 그들은 설교나 성경공부를 통해서 성경에 대한 지식을 습득하고 성경에 대해 많이 알고 있기는 하지만 아직도 하나님의 존재에 대한 확신을 가지지 못한 채 하나님이 있는지 없는지조차 알 수 없다고 말한다. 그러니 하나님의 말씀이 귀에 들어올 리 없고 그 말씀을 따라 산다는 것은 더구나 기대할 수 없다. 교회는 그저 사람 만나 이야기하고 적당히 지나며 남에게 욕 안 먹는 정도로 얌전히 지나면 신앙이 좋은 신자라는 이름을 얻는 것으로 만족한다. 교회는 거의 빠짐없이 다녔고 연보도 할 만큼 했으니 아무리 신앙이 없다 하더라도 하나님이 봐주실 것이라는 막연한 기대도 해 본다. 주일날 예배에 참석했으니 남들은 신자로 보겠지만 주중의 생활에서는 전혀 신자다운 점을 찾아볼 수가 없다. 하나님이 원하시는 그리스도인은 이러한 그리스도인은 결코 아니다. 이러한 그리스도인은 하나님에 대해서 이런저런 것들을 알고 있기는 하지만 그와 하나님은 사실상 하나도 상관이 없다. 하나님은 이러한 신자들이 늘어나는 것을 절대로 원치 않으신다.

하나님을 아는 사람은 사이비 신자가 아니라 참신자이다. 그는 하나님과 단단한 끈으로 연결되어 있고 주일날뿐 아니라 매일 매순간의 삶을 통해 하나님과 동행하는 삶을 살고 있다. 문제가 있을 때 그 문제가 크던 작던 하나님 앞에 가져가고 행동 하나하나가 주님의 말씀에 따라 점검되어 주님 앞에 흠과 티가 보이지 않도록 노력한다. 자신뿐 아니라 행여나 식구 가운데 한 사람이라도 주님의 뜻에 어긋난 삶을 살지나 않는지 염려하고 주님의 도우심을 간구한다. 하나님의 나라가 자기 가정, 교회, 사회 모두에 확장되도록 기도하고 그 실현에 앞장을 선다. 성경을 읽을 때 '어찌할꼬.' 하며 마음을 찢고 자기의 죄로 인해 하나님 나라가 손상되지 않을까 염려한다. 이렇듯 하나님 앞에 자신을 낮추며 하나님의 뜻을 하나라도 더 이행하려는 열심이 있을 때 주위는 밝아지지 않을 수 없다. 하나님을 아는 사람은 주인의 뜻을 아는 사람일 뿐 아니라 그 뜻을 한 치 어긋남 없이 실현시키는 사람이다. 그 속에는 얼버무림이나 지나침이 없다. 하나님을 아는 것은 확연한 삶이며 진지한 삶이자 가장 궁극적인 삶이다.

　하나님은 처음부터 우리로 하여금 하나님을 힘써 알며 그 뜻대로 살기를 바라셨다. 하나님이 우리를 하나님의 형상대로 지으셨음은 우리로 하여금 거룩하신 하나님처럼 거룩하게 살고 의로우신 하나님처럼 의롭게 살며 사랑의 하나님처럼 서로 사랑하기를 바라셨기 때문이다. 하나님께서 우리에게 그의 영을 부어주시고 성령 충만한 삶을 살게 하며 그리스도의 영을 소유하도록 하신 것도 우리로 하여금 하나님의 형상을 가진 자로서 그의 나라 안에서 풍성한 삶을 살도록 바라셨기 때문이다. 그러므로 하나님의 형상, 성령 충만, 그리스도 영의 충만, 하나님 나라의 삶 모두는 하나님을 아는 삶과 깊게 연관된 중요한 개념임을 알 수 있다. 성령 충만은 단순히 불같이 뜨거운 어떤 감각적인 느낌이 아니라 하나님을 보다 깊이 알고 그분의 뜻을 한 치 어긋남 없이 실현하고자 하는 강한 열의와 실천으로 충만해 있음을 나타내는 것이다. 그것은 하나님의 형상됨의 실현이자 하나님 나라의 확장이기도 하다.

　우리는 모두 그리스도인이라고 말한다. 그러나 하나님은 하나님과 전혀 상관없이 교회만 나온다고 해서 그리스도인이라고 믿는 것은 환상이라고 말씀하신다. 칼빈도 교회 안에 거짓 신자가 있음을 언급한 바 있다. 그런 사람은 구원받을 수 없다. 교회에 열심히 그리고 오래 출석했기 때문에, 연보를 많이 했기 때문에, 그리고 성경에 대해서 많이 알고 있기 때문에 자동적으로 구원열차를 탈 수 있다고 생각한다면 그것은 잘못된 생각이다. 중요한 것은 하나님이 나의 하나님이 되는 신앙고백과 신앙실천이 있어야 한다는 것이다. 하나님에 대해서 알고 있는 것으로 자위하는 차원을 벗어나 하나님을 진정 나의 구주로 알고 그분의 뜻대로 사는 차원 높은 삶이 무엇보다 요구되고 있다. 우리가 말로만 그리스도인이라는 불명예스런 딱지를 과감히 청산할 때 하나님께서 기뻐하실 뿐 아니라 우리 사회는 한층 밝아질 것이다.

제 24 장
많은 정금보다 말씀을 더 사모하기

회복을 원하는 사람은 항상 하나님의 말씀에 귀를 기울인다. 말씀에 길이 있기 때문이다. 말씀의 효과를 아는 사람은 세상의 그 어떤 것보다 말씀을 사랑한다. 오래전 하와이를 방문한 적이 있었다. 공항에서 한 교수님을 만나 안내를 받게 되었다. 그분은 은퇴를 하고, 하와이에서 남은 생애를 보내고자 하셨다. 그분의 아파트에 초대되어 갔을 때 나는 놀랐다. 그분의 소박한 책장에는 오직 성경 몇 권만이 자리하고 있었다. 교수를 지냈기 때문에 으레 전문서적이 많을 줄 알았다. 그러나 그의 전공서적은 한 권도 없었다. 호기심에 물었다. "교수님, 전공서적이 안 보이네요." "네. 앞으로는 하나님 말씀만이 저의 전공서적입니다." 그렇다. 많은 정금보다 말씀을 더 사모하라.

정금보다 하나님 말씀을 사모하도록 하는 성경말씀으로 시편 19편을 들 수 있다. 이 시편은 하나님이 만드신 자연세계도 하나님의 영광을 드러내고, 하나님께서 특별히 우리에게 주신 율법이나 교훈도 영혼의 눈을 밝혀 주를 바라보게 하니, 주를 향한 주의 종의 신앙도 온전히 주 앞에 열납되기를 바란다는 뜻을 담고 있다. 여기의 주의 종은 일차적으로 이 시를 지은 다윗을 가리켜며, 이차적으로는 성도 개개인을 가리킨다.

이 시의 전반부는 하늘·궁창·낮과 밤·해 등 자연만물이 하나님의 영광을 선포하고, 그의 하시는 일을 보여주며, 온전히 그의 장중에서 움직인다는 것을 나타냄으로써 비록 언어가 없는 자연세계라 할지라도 그의 말씀에 따라 움직인다는 사실을 장엄하게 표현하고 있다. 중반부는 하나님의 말씀의 온전하심·바름·정결함을 나타내 보여줌으로써 우리가 사모해야 할 것은 바로 그 말씀임을 증거하고 있다. 하반부는 자신도 오직 여호와만을 바라며 살 것을 다짐하는 신앙으로 맺고 있다.

여기서 우리는 자연만물은 하나님의 자연계시이며, 그의 율법과 교훈은 그의 특별계시임을 알 수 있다. 계시란 감추어졌던 것이나 모르는 것을 드러내 보인다는 뜻을 가지고 있다. 보자기로 덮여 있는 상자 속에 무엇이 들어 있는지 모를 때 그 보자기를 벗기면 그 안에 무엇이 들어 있는지를 아는 것처럼 하나님은 자연만물을 통해서, 그리고 말씀을 통해서 자신을 보여주고 계신다.

인간은 지혜의 한계 때문에 하나님을 온전히 알 수 없다. 그러나 하나님은 자연계시와 특별계시를 통해서 하나님의 능력과 축복과 영광됨을 보게 하고 알게 하신다. 시편기자는 자연과 율법에 나타난 하나님의 오묘한 섭리를 새롭게 인식하고 찬양의 노래를 시로서 적고 있다. 이것을 통해서 경계를 받고 온전히 주 안에서 살기를 다짐하고 있다.

1. 자연세계의 움직임(1-6절)

1) 하늘이 하나님의 영광을 선포한다(1절)

하늘은 문자 그대로 하늘이라는 좁은 의미와 전체 피조물을 통칭하는 하늘(창1:1)이라는 넓은 의미를 가지고 있다. 어떤 의미이든 간에 하나님께서 창조하신 자연세계(하늘이라 해도 좋다)가 하나님의 영광을 드러낸다는 사실이다.

여기서 강조하고 싶은 것은 자연세계를 그냥 보지 않고 믿음의 눈으로 보았다는 점이다. 믿음의 눈으로 보지 않을 경우 하늘은 그저 맑고 푸른 자연 그대로의 객체일 따름이다. 자연이 하나님의 영광을 드러낸다고 말할 수 있는 것은 우리가 하나님을 바라볼 때 인식되는 믿음의 경지이다. 이것은 매우 중요한 문제이다. 우리가 하나님을 인정하게 될 경우 하찮은 자연물에서조차 그분의 지혜와 능력이 나타나 있음을 보게 되며, 결국 그 자연물을 통해서 그분의 오묘하신 섭리를 깨닫고 하나님께 감사하고 영광을 돌리게 된다.

여기서는 보여주고 있다든가 드러내고 있다는 것보다 "선포하고 있다."고 말함으로써 우리에게 더 깊고 진한 감동을 안겨주고 있다. 언어가 없는 자연물이 생생한 목소리로 영광을 선포한다는 사실은 영적인 세계에서 주님의 목소리를 듣는 듯한 감동을 준다. 그것들이 주님의 손으로 창조되었음을 믿을 때, 그리고 주님이 자연 및 우주의 모든 것을 만드시고 지금도 섭리하신다는 것을 믿을 때 대자연과 온 우주가 입을 모아 하나님의 영광을 크게 선포하는 대합창을 하고 있음을 느낄 수 있다. 이 감격을 체험한 시편기자는 그 순간 "하늘이 하나님의 영광을 선포한다."고 적고 있는 것이다.

2) 궁창이 그 손으로 하신 일을 나타낸다(1절)

궁창이란 일반적으로 지구를 둘러싸고 있는 대기권의 넓은 공간을 의미한다. 궁창을 '넓은 공간'(expanse)으로 보는 것은 궁창이 원래 히브리어 가운데 '넓히다', '펼치다', '확대하다', '팽창하다'는 뜻을 가진 동사에서 나왔기 때문이다. 하늘의 넓은 공간, 곧 하나님이 지으신 우주를 바라볼 때 천체의 진로와 아름다운 배열, 경이적인 다양성, 그리고 그 속에 있는 아름다움과 장엄함이 그분의 섭리를 명백하게 증거하고 있음을 알 수 있다.

하나님이 이에 대해서 비록 한마디 말씀하지 않으셨다 하더라도 천체 그 자체가 하나님의 손에 의해서 만들어졌음을 큰소리로 분명하게 선포하고 있다. "선포하고 나타낸다."는 말을 원문에서 찾아보면 끊임없이 계속하여 선포하고 나타냄을 뜻하고 있다. 믿음의 눈으로 볼 때 자연은 이처럼 하나님의 영광과 그 위대하신 사업을 언제나 찬송하고 있는 것이다.

3) 날은 날에게 말하고, 밤은 밤에게 지식을 전한다(2절)

"날은 날에게 말 한다."는 것은 원문에 "날은 날에게 샘솟듯 말한다."는 현재형으로 되어 있다. 이것은 낮과 밤이 하나님의 섭리대로 한결같이 움직일 뿐 아니라 계속 이어지는 날은 하나님의 존재와 그 완전하심에 대해 증거하고 있음을 의미한다. 즉 낮과 밤의 질서 정연한 진로와 회전을 하나님께서 주관하고 조정할 뿐 아니라 그것의 정연한 연속은 하나님의 영광을 웅변적으로 선포하고 있다는 말이다. 그러므로 낮과 밤은 교대하면서도 하나님의 진실하심과 신실하심을 증거하고 그분의 영광됨을 샘솟듯 전해 주고 있다.

낮과 밤이 말하고 전하는 것이 곧 하나님에 관한 것이라는 시편 기자의 표현은 얼마만큼 그의 마음이 하나님을 향해 있는가를 보여준다. 우리가 비록 자연의 언어를 이해할 수 없다 해도 그 영적인 소리가 온 땅에 편만하고 세계 끝까지 이름(3-4절)을 느낄 수 있다. 4절의 '그 소리'는 '글 줄', '글'이라는 뜻을 가지고 있다. 글이든 소리든 그 내용은 하나님의 영광을 선포함에 있다.

4) 해는 그 길을 달리기 기뻐하는 장사 같다(5-6절)

4-6절은 해를 대표적인 증거로 나타내 보이고 있다. 하나님은 방에서 나온 신랑 같은 모습의 해를 만들어 하늘에 두셨다. 그리고 그 해는 언제나 하나님의 섭리하는 그 길을 기쁨 가운데 순종하며 따르는 장사(strong man) 또는 운동선수(athlete) 같이 빈틈없이 제자리를 지켜 나아가며, 그 온기를 온 누리에 줌으로써 하나님의 사랑과 능력을 증거하고 있다. 생물이 그 온기를 통하여 생명을 얻듯 모든 피조물은 하나님을 통하여 새 생명을 얻는다.

이와 같이 하늘이나, 궁창이나, 낮과 밤이나, 해 모두가 말없이 하나님의 권능과 사랑을 드러내며 하나님께 영광을 돌리고 있는데 유독 사람들만이 그 자연 가운데 살면서도 하나님을 알지 못하고 그를 섬기지 않고 있다. 이것은 인간이 교만하여 죄를 지은 탓으로 영안이 어두워져 하나님을 의식하지 않기 때문이다. 하나님은 우리 마음의 눈을 열어 하나님을 알게 하도록 특별계시인 하나님의 말씀을 주셨다. 이 말씀인 성경을 통해서 하나님을 알게 하셨다. 이 말씀을 겸손하게 받아들일 때 하나님은 언제나 우리와 만나 주신다. 주님과 만나면 우리의 영안이 열려 하나님의 영광을 선포하는 자연의 합창을 들을 수 있게 되고, 자신도 하나님의 영광을 함께 찬송함으로써 본래의 상태를 회복하게 될 뿐 아니라 하나님 나라의 일원으로 살게 된다.

2. 하나님 말씀의 위대함(7-9절)

1) 여호와의 율법은 완전하여 영혼을 소성케 한다(7절)

자연이 하나님을 섬기게 하고 인간을 복되게 하는 것이라면 율법, 곧 하나님의 말씀은 인간을 깨우치고 가르친다. 하나님의 법, 곧 주의 법은 인간의 법과는 달리 완벽하다. 시편기자는 하나님의 율법에 대해서 완전하다는 찬사를 보내고 있다. 왜냐하면 사람이 제대로 그 율법(말씀) 속의 가르침을 따른다면 그 이상의 어떤 지혜도 필요 없기 때문이다.

사람의 글에서 때로 유익한 내용을 얻을 수 있지만 그것은 완전한 것들이 아니어서 완전하고 절대적인 하나님의 법을 따르는 것이 완전하다. 이 완전한 법을 따를 때 우리의 죽은 영혼이 소생함을 얻을 수 있다. 영혼이 회복된다는 말은 우리가 태어날 때부터 비참한 상태, 즉 죄의 상태에 있음을 보여준다. 여호와의 율법이 완전하다는 말은 그것이 완전한 진리라는 말씀이다. 변함이 없는 완전한 진리는 오직 하나님 안에서만 찾을 수 있다.

2) 여호와의 증거는 확실하여 우둔한 자로 지혜롭게 한다(7절)

여호와의 증거가 확실하다는 함은 율법의 완전성과 그분의 진실성, 곧 신실성을 다시 강조하는 것이다. 하나님의 말씀은 너무나 확실한 것이어서 그대로 안내를 받으면 딴 길로 갈 위험이 전혀 없다. 왜냐하면 그분이 자기의 백성을 안전하게 구원으로 안내하기 때문이다. 따라서 아무리 단순하고 우둔한 사람이라 할지라도 말씀에 따라 바로 순종하면 지혜롭게 생명의 길을 가게 된다.

틴데일 성경에는 "갓난아이까지 지혜를 주시도다."라고 표현하고 있다. 갓난아이처럼 단순한 사람도 말씀을 받으면 지혜로운 자가 가는 길을 걷게 된다. 이러한 지혜를 얻을 수 있는 것은 바로 말씀에 의지하는 데서 비롯된다. 스스로 교만하면 이러한 경지에 이를 수 없다. 어린아이의 수준까지 낮아져 하나님의 말씀에 굴복할 때 얻을 수 있는 것이 바로 이 지혜이다.

3) 여호와의 교훈은 정직하여 마음을 기쁘게 한다(8절)

교훈은 사람을 바른 길로 가게 한다. 여호와의 교훈은 어느 교훈보다 바른 삶의 길을 가도록 하는 정직한 삶의 표준이 된다. 여기서 '정직하다.'는 말은 '바르다.'는 뜻을 가지고 있다. 바르지 못한 우리의 모습을 이것에 비추어 본다면 여호와의 교훈이 얼마나 바르고 완전한가를 상대적으로 느끼게 될 것이다. 그 가르침은 바를 뿐 아니라 소망이 있는 것이기 때문에 그 가르침을 받는 사람의 마음은 그것으로 인해 기뻐하지 않을 수 없다. 불완전하고 바르지 못한 자신의 것에 비해서 완전하고 바른 하나님의 규례가 마음을 기쁘게 만든다. 그것은 우리에게 기쁨이 될 뿐 아니라 하나님께도 기쁨이 된다.

4) 여호와의 계명은 순결하여 눈을 밝게 한다(8절)

시편기자는 하나님의 말씀이 맑고 순결하여 그것을 통해 하나님의 능력을 밝게 볼 수 있음을 강조하고 있다. 우리의 눈을 밝게 한다는 것은 하나님의 말씀이 그 도를 밝게 비추어 주므로 어둠 속에서 갈 길을 몰라 헤매던 우리의 눈을 뜨게 하고 알게 한다(enlighten)는 것이다. 이것은 우리가 선과 악에 대해 확실한 구별을 찾을 수 있는 곳은 오직 하나님의 말씀인 것을 가르쳐 주고 있다. 우리는 하나님께서 비춰 주신 빛을 갖기 전에는 언제나 어둠 속에서 배회할 수밖에 없다. 따라서 하나님의 말씀은 우리의 등불이 되고 빛이 되신다. 하나님이 주신 계명, 곧 율법은 우리가 가야 할 길을 가르쳐 주는 선도자의 역할을 한다. 그 길은 바로 우리가 하나님을 찾고 만날 수 있는 하나님 나라의 길을 말한다. 이 빛 된 길에서 하나님의 영광을 보게 될 때 우리의 소망은 기쁨으로 바뀌게 될 것이다.

5) 여호와를 경외하는 도는 정결하여 영원까지 이른다(9절)

여기서 도란 영원으로 인도하는 진리를 가르친다. 원문에는 '여호와를 경외하는 도'를 '하나님을 두려워하는 경외심'으로 표현함으로써 하나님에 대해 성도들이 경외심(reverence, fear)을 드러냄에 있어서 어떠한 방법을 취해야 하는가를 가르쳐 주고자 하는 데 뜻을 두었다. 사람들 가운데는 깨끗하고 정결한 마음과 태도로 하나님을 경외하는 사람도 있을 것이고, 거짓된 신앙과 타락한 태도를 위장하면서 불순하게 경외하는 사람도 있을 것이다. 다윗은 거짓되고 불순한 공경 태도를 지적하고 정결한 마음으로 하나님을 경외하라고 가르치고 있다. 깨끗한 양심으로 깨끗하게 하나님을 경외할 때 그것은 영원한 행복의 보화가 된다.

영원까지 이른다는 말은 하나님께서 원하시는 것은 깨끗함이며, 깨끗한 경외는 하나님께서 영원토록 받으신다는 뜻이다. 예수께서 우리 마음이 가난하게 되는 것을 바라시는 것도 바로 이것과 맥을 같이한다.

6) 여호와의 규례는 확실하여 다 의롭다(9절)

여호와의 규례는 하나님께서 선포하신, 그리고 우리가 지켜야 할 법(ordinance)이다. 이것은 심판, 곧 공의로운 판단(judgments)의 기초가 된다. 따라서 주님의 판단은 바르고 옳다. 확실하다는 것은 진실되다(true)는 것이며, 의롭다는 것은 옳다는 것이다. 이것은 우리가 하나님의 법을 규범으로 삼아야지 우리 마음대로 우리가 원하는 쪽으로 독단적인 생각을 하게 되면 바르지도 않고 옳지도 않은 결과를 초래한다는 것을 의미한다. 그러므로 우리의 삶의 표준은 하나님의 말씀에 있고, 우리의 삶의 방향은 하나님을 향해 있어야 한다는 것을 알 수 있다.

이 구절에서 '다'(altogether)라는 말을 사용하고 있는데 이것은 하나님의 법이 다양하게 표현되고 있지만 이 모두가 하나의 예외도 없이, 곧 극히 작은 것에서부터 가장 큰 것에 이르기까지 빠짐없이, 아무런 흠도 잘못도 없이 절대적으로 완전하고 바르다는 것을 의미하고 있다.

다윗은 이와 같이 율법을 증거·교훈·계명·도·규례 등 다양하게 표현하면서 율법의 기능을 여러 모양으로 설명할 뿐 아니라 율법을 통해 하나님과 인간의 관계가 어떠해야 하는가를 밝혀주고 있다. 이 시에서 율법을 계명 그 자체에 국한시키는 것보다 하나님께서 우리에게 주신 말씀 모두를 포함시킬 때 더 의미가 깊어진다. 다윗은 이 시를 통해 오직 여호와만을 바라보는 삶을 살도록 권고하고 있으며, 이러한 삶이 바를 뿐 아니라 완전하여 마음이 기쁘고 눈이 밝게 되는 축복을 얻는다고 말함으로써 그가 얼마나 하나님 중심의 삶을 살고 있는가를 보여주었다. 나아가 그는 하나님 말씀에 대한 태도와 각오를 다음과 같이 적고 있다.

3. 성도의 자세(10 – 14절)

1) 금 곧 많은 정금보다 더 말씀을 사모하라(10절)

다윗은 하나님의 말씀을 정금보다 더 사모하라고 가르치고 있다. 금이나 정금은 인간이 가장 귀하게 여기는 보화를 의미한다. 특히 정금은 정금술에 의해 더 제련되어 그 값이 더 나가는 금을 가리킨다. 그러므로 이 말씀은 인간이 가진 그 어떤 값진 것보다 오히려 더 하나님의 말씀을 사모하라는 뜻이다. 왜냐하면 금은 어떤 위기에 재정적으로 도움을 줌으로써 잠시 육적인 문제를 해결해 줄지 모르지만 죄의 문제나 죽음의 문제를 궁극적으로 해결해 주지 못하기 때문이다. 그러나 하나님의 말씀은 사죄와 참된 평안, 그리고 영원한 생명까지 갖게 하신다. 그러므로 우리는 금을 갖기보다는 오히려 말씀을 깨닫고 그 뜻대로 살아야 할 것이다.

다윗은 이 시를 통해서 우리가 세상의 모든 재물보다 하나님의 말씀을 더 좋아하지 않는다면 우리는 그것을 제대로 귀하게 여기는 것이 아니라고 가르치고 있다. 하나님의 말씀은 이와 같이 재물에 대한 무절제한 욕망으로부터 우리를 해방시키는 힘을 가지고 있다.

2) 꿀이나 송이 꿀보다 더 달게 여기라(10절)

다윗은 하나님의 말씀을 사랑하고 애착을 가지라고 말한다. 우리가 말씀을 사랑할 때 하나님은 더 깊고 단 사랑을 주시기 때문이다. 그 사랑은 바로 약속이 있는 그리스도의 사랑이다. 꿀은 달다. 그리고 꿀벌 집에서 뚝뚝 떨어지는 송이 꿀은 보기만 해도 단맛을 넘치게 한다. 그런데 시편기자는 하나님의 말씀과 그 말씀의 결국이 꿀이나 송이 꿀보다 더 달다고 말함으로써 말씀을 통해 하나님의 은혜가 풍성하게 넘칠 것을 보여주고 있다. 꿀보다 더한 하나님의 은혜와 사랑은 그리스도를 통한 사죄의 사랑 그것이다. 말씀이 이 사랑에서 떼어져 있다면 우리는 쓴맛을 볼 수밖에 없다. 그러나 말씀을 받게 되면 세상의 그 어느 것도 이 사랑에서 떼어놓을 수 없다. 하나님의 사랑은 달 뿐 아니라 그만큼 강력하다.

3) 이로 경계를 받고 이를 지키라(11절)

다윗은 말씀으로 경계를 받고 말씀대로 지키면 상이 클 것을 스스로 다짐하고 있다. 왜냐하면 11절의 '주의 종'은 일차적으로 시인 자신을 가리키고 있기 때문이다. 그러나 넓게는 주의 백성 모두를 가리킨다. 인간은 죄로 물든 마음을 가지고 있기 때문에 그릇 행하기 쉽다. 그러므로 우리는 언제나 말씀에 비추어 자신을 판단하는 삶의 태도가 필요하다. 하나님의 말씀을 채찍으로 삼아 자신을 항상 경계하여 숨은 죄는 파헤치고 아는 죄는 끊어버려야 한다. 이러한 작업을 할 때 그 수고가 헛되지 않다. 말씀에 순종하고자 하는 거룩한 노력을 주님은 의로서 받아주시기 때문이다.

4) 죄가 나를 주장하지 못하게 간구하라(13절)

다윗은 죄, 특히 고범 죄를 짓지 않도록 자기를 도와달라는 기도를 올리고 있다. 고범 죄(presumptuous sins)란 교만하여 의식적으로 말씀을 거역하는 죄를 가리킨다. 그는 "짓지 말게 하사" 또는 "나를 주장치 못하게 하소서."라는 표현을 사용함으로써 육신은 죄 성향이 지독하여 하나님께서 보호해 주지 않으면 당장 그것을 향해 줄달음치게 될 것이므로, 하나님의 강력한 보호와 인도가 필요하다는 것을 보여주고 있다.

성령에 의해 거듭난 성도라 할지라도 육신의 반역이 그만큼 크므로 항상 하나님의 도우심을 간구해야 한다. 그렇지 않을 때 우리는 다시 쉽게 죄의 수렁에 빠지고 하나님을 잊거나 멸시하는 죄를 범하게 된다. 다윗은 하나님께서 함께하실 때 죄에서 벗어날 수 있음을 확신하고 있다.

5) 주의 앞에 열납되기를 바라라(14절)

시인은 "내 입의 말과 마음의 묵상", 곧 말과 생각 모두를 주께 오로지 바쳐 주님께서 기뻐 받으시기를 소원하고 있다. 이것은 오직 말씀에 의지하여 살아가려는 시인의 진실한 결단이 담겨 있다. 그의 표현을 다시 고쳐 본다면 "주님, 비옵건대 저를 외적인 범죄에 빠지지 않도록 도와주실 뿐 아니라 나의 혀와 마음의 틀을 오직 당신의 뜻에 맞도록 만들어 주옵소서."이다. 아무리 완전한 사람이라 할지라도 자기의 말과 생각을 완전히 제어하기란 어렵다. 따라서 성도는 항상 주님의 도우심과 성령의 함께하심이 필요하다. 열납되기를 원하는 것은 그가 얼마만큼 하나님을 생각하고 그분을 기쁘게 해드리고 싶어 하는가를 보여준다. 그가 하나님을 "나의 반석이시오 나의 구속자"라 부른 것은 자기의 간구가 주님의 도우심으로 이루어질 것을 확신하고 있기 때문이다.

우리는 영의 눈이 어두워 자연세계의 움직임을 보고서도 그 속에 하나님의 영광이 선포되는 것을 의식하지 못했다. 또한 주님은 우리의 영혼을 위하여 말씀을 주셨지만 우리는 그것을 하나님의 영광을 위해서가 아니라 자신의 영광을 위해 사용하는 잘못을 범했다. 우리는 다윗의 이 시를 통하여 영의 눈을 뜨고, 하나님을 바라보는 삶의 태도를 갖도록 자신을 크게 채찍질해야 할 것이다. 말씀에 의지하여 살도록 간구하고, 말씀을 정금보다 더 사모하는 심령을 갖도록 기도해야 할 것이다. 그리고 언제나 말씀에 따라 지혜를 얻으며, 주님 앞에 열납되는 삶을 살도록 주님께 간구해야 할 것이다.

제 25 장
하나님으로부터 인정받는 사람 되기

그리스도인이 지향해야 할 것은 사람으로부터 인정을 받는 것이 아니라 하나님으로부터 인정을 받는 것이다. 하나님으로부터 인정을 받으면 자연 사람으로부터도 사랑과 존경을 받게 된다. 어떤 사람이 하나님으로부터 인정을 받을 수 있을까? 그것은 우리 스스로 얼마나 하나님의 사람인가를 깊게 생각하고, 우리와 함께하시는 주님의 뜻을 따라 행동할 때 가능하다. 하나님은 그런 사람을 인정하고 찾으신다. 그리고 그와 함께하신다. 하나님이 함께하신다면 두려울 것이 없다. 삶에 자신감이 넘친다. 고난의 통로 가운데 있다 해도.

사무엘상은 다윗이 사울 왕으로부터 고통을 당하고 쫓겨 다니는 장면을 소개한다면, 사무엘하는 사울이 죽고 난 다음 그가 얼마나 영광스럽게 그의 왕권을 확립하고 있는가를 소개하고 있다. 다윗은 왕이 되어 범죄하고 회개하는 왕으로 부각되는 면도 있지만 그가 왕이 되기 전, 적어도 사울로부터 쫓김을 당하던 시절에는 죄를 범한 모습을 찾아보기 어렵다. 이것은 단적으로 말해서 다윗은 사울에 대해서마저 죄를 범하지 않은 순결한 양심을 가지고 있었음을 보여준다. 자기를 악착같이 죽이려 한 사울에게 충분히 보복할 수 있었던 순간에도 하나님으로부터 기름부음 받은 왕을 해하지 않는 것은 그가 사울에 대해서라기보다 오히려 하나님께 얼마나 순전하고 열심이 있는 믿음의 사람인가를 보여준다.

사무엘상 18장을 보면 기이하게도 사울이 다윗을 두려워하게 된 이유 3가지를 소개하고 있다. 이것은 다윗이 가지고 있는 강점이기도 하다. 사울이 다윗에 대해 두려움을 가지고 있었다는 사실은 다윗이 골리앗을 죽인 사건 이후 급등하는 다윗의 인기와 그에 대한 사울의 불쾌감이 노골화되면서 "왜 사울이 다윗을 더욱 시기하고 죽이고 싶어 했는가?"에 대한 자그마한 후속 설명이 될 것이며, 아울러 하나님으로부터 버린바 된 사울에게 두려움을 안겨 주는 다윗을 만듦으로써 하나님이 어떻게 사울을 넘어뜨리는가를 보여준다. 사울이 다윗의 어떤 점에 대해서 두려워했는가를 살펴보면 다음과 같다.

1. 하나님이 다윗과 함께하시므로

사무엘상 18장 12절을 보면 "여호와께서 사울을 떠나 다윗과 함께하시므로 사울이 그를 두려워한지라."라고 적혀 있다. 즉 사울은 하나님께서 다윗과 함께하신다는 사실을 확인하고 두려움을 갖게 되었다는 것이다. 다윗에 대해 미움과 시기가 가득한 사울이 수금을 타고 있는 다윗을 향해 두 번이나 창을 던졌지만 하나님이 다윗과 함께하시므로 그 위기를 모면하도록 하셨다. 이 사건을 통해서 사울 왕은 여호와께서 다윗과 함께하시고 자기로부터는 떠나셨다는 것을 확인하게 되었다. 다윗은 하나님으로부터 인정을 받았지만 사울은 인정을 받지 못했다는 증거다.

유대인들에게 매우 중요한 것은 여호와께서 함께하신다는 신앙이다. 그들은 출애굽과정을 통해서 여호와께서 함께하심이 얼마나 큰 위력이 있는가를 실제로 체험하고, 그들의 삶 속에서 그 신앙을 구현해 나가고자 하였다. 이것은 임마누엘 신앙으로 이어진다.

다윗은 그 누구보다 임마누엘 신앙을 가진 사람이었다. "여호와는 나의 목자시니 내가 부족함이 없으리로다."(시23:1)라고 고백할 수 있었던 것도 "주께서 나와 함께하심"(시23:4)이라는 임마누엘 신앙이 있었기 때문이다. "환난 날에 응답하시고 시온에서 붙드시는 여호와"(시20:1,2)라든가, "나의 힘이 되신 여호와"(시18:1)라고 고백할 수 있었던 것도 여호와께서 그와 함께하신다는 강한 신념을 갖고 있었기 때문이다. 이와 같은 신앙은 다윗뿐 아니라 모세·여호수아 등에서도 강하게 나타나 있다.

그리스도인이 이 세상의 삶 속에서보다 자신감을 가지고 살 수 있는 것은 바로 하나님께서 우리와 함께하신다는 믿음 때문이다. 우리의 삶 속에 주님이 좌정하시고 이길 힘을 주신다. 따라서 우리가 이러한 믿음을 강하게 가질 때 우리를 넘어뜨리려는 사단의 세력은 두려움을 갖게 된다. 그러므로 그리스도인에게 있어서 무엇보다 중요한 것은 하나님에 대한 강한 의뢰이다. 우리가 주님을 전적으로 의뢰할 때 주님은 우리와 함께하고 이기게 하신다.

2. 다윗이 크게 지혜롭게 행하므로

창을 던져 다윗을 죽이려 한 사건이 있은 뒤 다윗을 자기 곁에 둘 수 없다고 생각한 사울은 그를 천부장으로 삼았다. 그러나 어떻게 하면 그를 죽일 수 있을까만 궁리했다. 이처럼 불안한 환경임에도 불구하고 다윗은 모든 일을 지혜롭게 하였다. 아무리 사울 왕이 자기를 미워한다 해도 사울은 기름부음 받은 왕이다. 그러므로 왕에 대한 예우를 잊지 않는 것이 하나님의 뜻이라 생각했다. 하나님이 세운 왕을 인간인 자신이 어떻게 무시할 수 있겠는가. 왕에 대한 무시는 곧 하나님을 경외하지 않는 것이 아닌가. 이것은 다윗이 행동을 함에 있어서 인간적인 생각에 따라 자의대로 행동하지 않았음을 보여준다.

성경은 다윗이 모든 일을 행할 때 지혜롭게 했을 뿐 아니라 여호와께서 그와 함께하셨음(삼상18:14)을 보여주고 있다. 다시 말하면 여호와께서 그와 함께하시므로 그는 하나님이 주신 지혜를 가지고 행동함으로써 오히려 다윗이 잘못하기를 기대했던 사울을 실망시켰을 뿐 아니라 다윗을 두려워하게 만들었다. 사무엘상 18장 15절은 사울이 다윗의 크게 지혜롭게 행함을 보고 그를 두려워하였다고 밝히고 있다.

다윗의 행동은 사울로부터 인정을 받았을 뿐 아니라 블레셋 왕으로부터도 인정을 받았다. 사울을 피해 블레셋 땅에 망명해 있었던 다윗은 블레셋과 이스라엘과의 싸움을 앞두고 블레셋 장관들로부터 다윗이 결국 이스라엘 편을 들 것이라는 의심을 받았으나 블레셋 왕 아기스는 적극적으로 다윗을 변호하였다. 아기스 왕은 다윗에 대해 "그가 나와 함께 있은 지 여러 날 여러 해로되 그가 망명하여 온 날부터 오늘까지 내가 그의 허물을 보지 못하였노라."(삼상29:3)고 변호하였고, 장관들을 설득하기 어렵게 되자 다윗에게 오히려 "네가 정직하여 내게 온 날부터 오늘까지 네게 악이 있음을 보지 못하였고"(삼상29:6), "네가 내 목전에 하나님의 사자같이 선한 것을 내가 알지만"(삼상29:9)이라고 다윗을 달래기까지 하였다. 이러한 모습은 다윗이 얼마나 정직하고 선하고 지혜롭게 행동했는가를 보여준다.

주님의 사람은 어느 경우나 누구에 대해서든 하나님이 주신 지혜를 가지고 정직하고 선하게 행동해야 한다. 이처럼 하나님의 사람으로 행동할 때 대적도 나를 두려워하게 된다. 시편기자는 다음과 같이 적고 있다. "내가 주의 모든 계명에 주의할 때에는 부끄럽지 아니 하리이다"(시119:6), "행위 완전하여 여호와의 법에 행하는 자는 복이 있도다"(시119:1). 또한 다윗은 다음과 같이 말한다.

"내가 나의 완전함에 행하였사오며 요동치 아니하고 여호와를 의지하였사오니 여호와여 나를 판단하소서"(시26:1).

"여호와여 주의 장막에 유할 자 누구오며 주의 성산에 거할 자 누구오니이까 정직하게 행하며 공의를 일삼으며 그 마음에 진실을 말하며 그 혀로 참소치 아니하고 그 벗에게 행악지 아니하며 그 이웃을 훼방치 아니하며"(시15:1 – 3).

3. 사람들이 다윗을 사랑하므로

다윗이 가진 큰 무기는 하나님과 사람으로부터 사랑을 받았다는 점이다. 하나님은 다윗을 가리켜 "내 마음에 합한 자"라고 말씀하셨다. 다윗을 향해 '하나님의 사람' 또는 '여호와의 종'이라고 부르는 것도 따지고 보면 그가 얼마만큼 하나님의 사랑을 받고 있었는가를 단적으로 입증한다. 사무엘상 18장 16절은 온 이스라엘과 유다가 다윗을 사랑하였다고 기록하고 있다. 다윗이 얼마만큼 사람들로부터도 인정과 사랑을 받았는가를 여실히 보여준다.

다윗에 대한 사랑은 사울의 집안에서도 입증되고 있다. 사울의 아들 요나단은 다윗을 자기의 생명과 같이 사랑하였고(삼상18:3), 아버지 사울 왕을 향하여 죄 없는 다윗을 죽이지 말 것을 여러 차례 간구했으며(삼상19:4;20:32), 사울 왕이 다윗을 죽이기로 결심한 것을 안 이

후에는 다윗을 만나 피차 입 맞추고 같이 울며 여호와께서 다윗과 함께하시기를 기도하였다(삼상20:41,42). 사울의 딸 미갈도 다윗을 사랑하여 결혼에 이르게 된다. 사울은 결혼을 미끼로 하여 다윗으로 하여금 블레셋 사람을 죽이도록 함으로써 그 과정에서 다윗이 죽도록 바랐으나 하나님은 다윗과 함께하셨다. 사울은 그의 딸 미갈을 다윗에게 주지 않을 수 없었다. 사울의 딸 미갈도 다윗을 사랑하므로 사울이 다윗을 더욱 더 두려워하고 다윗을 미워하게 되었다(삼상18:29)고 성경은 기록하고 있다.

베드로는 "애매히 고난을 받아도 하나님을 생각함으로 슬픔을 참으면 아름답다."(벧전2:19)고 가르친 바 있다. 다윗은 사실 무고히 사울로부터 고난을 받았으나 오히려 하나님과 사람들로부터 인정을 받고 사랑을 얻게 되었다. 바울은 아무리 고난을 받더라도 "종말로 형제들아 무엇에든지 참되며 무엇에든지 경건하며 무엇에든지 옳으며 무엇에든지 정결하며 무엇에든지 사랑할 만하며 무엇에든지 칭찬할 만하며 무슨 덕이 있든지 무슨 기림이 있든지 이것들을 생각하라."(빌4:8) 가르쳤다. 그리스도인은 이렇듯 바르게 행함으로써 하나님으로부터 그리고 사람들로부터 귀중히 여김을 받아야 할 것이다.

지금까지 사울이 다윗의 무엇을 두려워하는가를 사무엘상 18장을 통해 살펴보았다. 사울과 다윗의 관계는 사단과 하나님과의 대립적 관계를 여실히 드러내고 있으며, 그리스도인이 사단을 두렵게 하기 위해서 어떤 삶을 살아야 하는가를 가르쳐 주고 있다. 그리스도인은 하나님과 함께하는 삶을 살아야 하고, 지혜롭게 행해야 하며, 하나님과 사람들로부터 사랑을 받아야 한다. 이 모든 것은 하나님께서 우리와 함께하실 때 가능하다. 이를 위해서는 먼저 하나님으로부터 인정을 받는 사람이 되어야 한다.

제 6 부

당신의 자리에 사랑과 배려 넘치게 하기

제 26 장
회복되어야 할 봉사자 정신

이 글은 성경 속에 나타난 바람직한 그리스도인(평신도) 상을 살펴보고 그 상에 나타난 기본정신이 우리의 신앙생활 속에서 보다 체질화되도록 하는 데 목적을 두고 있다. 우리는 모두 하나님의 백성으로서 하나님 나라의 삶을 이 땅에서 구현시켜야 할 책임이 있는 존재들이다. 이 책임은 하나님께서 우리에게 요구하시는 것이라는 점에서 인간이 부여한 책임과는 그 성격이 다르다. 이것은 우리가 해도 되고 안 해도 되는 아디아포라(adiaphora)적인 것이 아니라 마땅히 수행되어야 하고 종국에 가서는 그 결과에 대해 셈을 해야 하는 우리로서는 피할 수 없는 책임이라는 점에서 궁극적인 책임(ultimate responsibility)에 속한다.

현대교회와 교인들은 변혁시대에 살고 있다. 이 변혁은 가속도가 붙은 변혁이어서 과거의 변혁 속도와는 전혀 나르다. 과거에는 시간을 두고 대처방안을 찾아도 문제가 되지 않았지만 이제는 그 방안을 찾고 문제를 해결하는 데 아주 빠른 시간이 필요하다. 정보가 중시되는 것은 보다 정확하고 바른 그리고 빠른 이해가 필요하기 때문이다.

그러나 아무리 시대가 바뀌어도 하나님의 뜻과 그분의 방법은 변하지 않는다. 우리가 변화하는 환경 속에서도 말씀 속에서 하나님의 방법을 찾고 그것을 통해 해결함을 받으려 하는 것은 바로 이 때문이다. 변하는 것은 사람이지 하나님은 아니시다. 인간은 자기의 유익을 위해 이런저런 생각을 하지만 하나님의 목표는 하나이시고 그 목표는 예나 지금이나 변함이 없다. 그것은 바로 하나님 나라의 성취이다. 그래서 하나님은 예나 지금이나 우리로 하여금 하나님 나라의 백성으로서 바로 살기를 원하신다. 우리가 성경 속에서 바람직한 그리스도인의 상을 발굴하려는 것도 하나님의 뜻과 연관되어 있다.

1. 잘못된 평신도 개념

평신도(laity)라는 단어는 백성을 뜻하는 헬라어 라오스(laos)에서 나온 말이다. 이때 백성이란 엄밀하게 말해서 하나님의 백성을 가리킨다. 어원적으로 볼 때 하나님의 백성은 비성직자에 국한되는 개념이 아니라 성직자나 비성직자 모두를 포함시킨 매우 포괄적인 단어임을 알 수 있다. 그럼에도 불구하고 평신도라 하면 성직자가 아닌 일반 교인을 가리키는 단어로 사용되고 있다. 이것은 엄격히 말해서 잘못된 것이다.

평신도가 하나님의 백성 모두를 지칭하는 것임에도 이것이 일반 교인을 지칭하게 된 데에는 성직자와 비성직자를 구분시키려는 오랜 역사성 때문이다. 특히 로마 가톨릭 교회와 동방 정교회는 성직자와 평신도를 철저히 구분시켰다. 로마 교회와 희랍 정교에서는 교회법을 통해 성직자와 평신도를 엄격히 구별할 뿐 아니라 평신도는 가르침을 받고 복종하며 헌금을 통해 재정을 부담하도록 하고 있다.(로마교회법 971조) 결국 평신도라는 단어는 성직에 임명을 받지 않은 일반 신자들을 가리키는 말로 널리 사용되기에 이르렀다. 이렇듯 평신도에 대해 복종을 강요하며 차별적 태도를 취하는 교회들에 대해 평신도들의 불만이 없을 리 없었다. 교회국가와 평신도들 사이에 분쟁이 일게 되었고 아직도 이 문제는 해소되지 않고 많은 사람들의 마음속에 반성직권주의(anti-clericalism)로 깊이 자리를 잡고 있다.

프로테스탄트 교회에서는 로마교회와 같이 성직자와 평신도를 계급적으로 구분하지 않고 기능상으로 직분자와 평신도를 구분하여 사용해 왔다. 그러나 우리나라 교회는 유교적 위계의식을 청산하지 못한데다 점차 의식 및 의례가 중시되면서 평신도라는 말 속에 계급적 구분의 성향이 전차 짙어가고 있다. 따라서 우리는 평신도라는 말을 사용할 때 주의를 기울이지 않으면 안 된다. 신약에서 라오스가 제사장(chleros)과 구별되어 사용된 보기도 없지는 않지만(히7:5,27) 대체로 하나님의 백성을 전체적으로 나타낼 때 그리고 평신도의 제사장 직분을 나타낼 때 이 단어가 사용되었다(벧전2:9,10;계1:6). 베드로전서 2장 9절에 따르면 모든 그리스도인은 제사장이요, 모두 하나님의 백성이다.

이 사상을 초대교부들이 그대로 계승했다. 어거스틴은 그가 쓴 「하나님의 도성」에서 베드로전서의 이 말씀을 인용하면서 "하나님이면서 사람 되신 그리스도의 백성 된 자는 누구나 다 그리스도께서 제사장이라고 부르셨다."라고 말하였다.4) 특히 루터를 비롯한 종교개혁자들은 이에 입각하여 만인 제사장을 강하게 주장하였다. 로마 교회에 의해서 박탈된 평신도 제사장직을 종교개혁자들이 되찾아 준 것이다. 이 성경 말씀은 계급적 차별에 따라 평신도라는 말을 사용하는 것에 대해 아무런 정당성을 부여하지 못하게 하고 있다. 그러므로 프로테스탄트 교회가 성직자와 일반 성도를 구분하기 위해서, 또는 직분자와 일반 성도를 구별하기 위해서 평신도라는 말을 사용

---

4) Augustine, *De Civitate Dei*, XVII, V.5.

하는 것은 바람직하지 않으며 성도나 신도 등 일반적 명칭으로 사용하는 것이 바람직하다. 요즈음 프로테스탄트 교회가 가톨릭화되고 있다는 비판을 받고 있는데 이 비판 속에는 목사들이 스스로 자신들과 평신도를 구별시키려 한다는 것도 포함되어 있음을 인식하지 않으면 안 된다.

2. 회복되어야 할 평신도 정신

칼빈은 평신도의 역할에 대해 이렇게 쓰고 있다. 교회는 주님만 지배하시고 감독하셔야 하며 거기서 으뜸이 되셔야 하고 또한 주님의 말씀으로만 활동하고 관리되어야 한다. 주님은 이 목적을 위하여 사람을 택하사 자기의 대리로 봉사케 하신다. 그러나 주님의 주권과 명예를 그들에게 양도하신 것이 아니라 그들의 입을 통해 자기 일을 하게 하신다. 그것은 어떤 기술자가 일을 할 때 도구를 사용하는 것과 마찬가지이다.[5] 평신도는 모두 하나님의 백성이요, 하나님께서 맡기신 일을 충실히 해야 할 하나님의 도구들이다.

하나님은 세우신 평신도로 하여금 하나님의 일을 적극적으로 할 것을 요구하시고 능동적인 삶을 살도록 하셨다. 그러나 역사적으로 보면 교회의 여러 제도들은 평신도를 직분자와 구분시키고 그들로 하여금 하나님의 일을 적극적으로 하도록 구조하기는커녕 오히려 수동적인 존재로 묶어 놓고 말았다. 이것은 교회가 평신도들에 대해 얼마나 많은 잘못을 저질렀는가를 보여준다. 평신도의 위치는 로마 교회에 의해 크게 격하되었지만 종교개혁은 이것을 회복시키는 촉매

---

5) Calvin, *Institutes*, Ⅳ, iii.1.

역할을 했다. 그러나 개신교에서도 평신도는 여전히 수동적인 위치에 머물러 있었다. 요즈음 현대교회들 속에서 평신도 운동이 전개되고 이른바 평신도 신학이라는 단어가 새로이 등장하고 있다. 평신도 신학은 어느 면으로 볼 때 전통적인 교회들에 대한 비판이자 새로운 개혁의 시도이며 교회에서 하나님의 백성으로서의 위치를 되찾으려는 운동이다. 제도 속에서 잃어버렸던 평신도 정신을 원래의 정신으로 회복하려는 것이다.

평신도는 직분자이든 직분자가 아니든 모두 다 교회의 봉사자(minister)라는 짐에서 공통되며 그리스도를 위한 사역자로서 적극적으로 교회 활동에 참여해야 할 책임과 의무를 가지고 있다. 교회의 본질로서 선교의 사명을 강조하고 교회교육을 중시하는 현대교회에서 교회 교육과 전도, 청지기로서의 다양한 봉사활동은 평신도가 수행해야 할 중요한 임무들이다. 이제 교회는 평신도가 참다운 하나님의 백성이 되어 하나님 나라를 이루는 일에 적극적으로 참여할 수 있도록 문을 열어 주고 마음껏 꽃을 피울 수 있도록 만들어 주어야 한다. 이제 우리 속에 전통적인 성직자 및 평신도 개념이나 그리스도의 중보자 자리를 차지하려는 성직자 상위 개념일랑은 아예 배제해 버리고 모두가 온전히 주님이 맡기신 일을 충실히 수행하고 하나님께서 원하시고 기뻐하시는 뜻에 따라 하나님 나라를 이루어 가는 네 힘을 합해야 할 것이다.

3. 성경 속에 나타난 바람직한 평신도상

앞서 평신도는 직분자에 한정되지 않는다는 것을 언급했다. 하나님의 백성이라면 모두 평신도이기 때문이다. 그러나 이 글을 씀에 있어서 성경 속에 나타난 모든 사람을 거론하며 글을 쓴다는 것은 너무나 무리이고 가능하지도 않다. 따라서 가급적 위대한 믿음의 선각자들을 다루기보다 덜 알려졌으면서도 우리에게 귀감이 된다고 생각되는 숨은 일꾼들을 찾아내고 이들을 중심으로 다루는 것이 바람직하다고 생각된다. 이 인물들을 선정함에 있어서는 가급적 직분을 가진 사람을 제외시켰다. 그렇다고 평신도가 이러한 인물들에 국한되는 것은 결코 아니다. 그 보기를 들면 다음과 같다.

1) 종으로서 모범적 삶을 산 아브라함의 늙은 종 엘리에셀

창세기 24장은 이삭의 아내 리브가가 어떻게 선택되었는가를 매우 적나라하게 표현하고 있다. 이 장면에서 조역의 역을 맡기는 했지만 아브라함의 가정에 며느리를 택하는 중요한 일까지 담당한 아브라함의 늙은 종을 발견할 수 있다. 성경은 그를 가리켜 "아브라함이 자기 집 모든 소유를 맡은 늙은 종"(창24:2)으로 소개하고 있다. 이 한 줄의 표현은 그가 아브라함으로부터 얼마나 신임을 받고 있는가를 보여주고 있다. 이 늙은 종은 엘리에셀로 알려져 있다. 그는 아브라함이 자기의 상속자로 지명했던 바 있던 아브라함의 신실한 종이었다(창15:2). 그는 다메섹 사람이었지만 일찍부터 아브라함으로부터 인정을 받은 사람이었다. 아브라함이 아들을 갖지 못했을 때 아브라함은 하나님께 이렇게 말하였다. "나는 무자하오니 나의 상속자는 이 다메섹 엘리에셀이니이다. 주께서 내게 씨를 주셨으니 내 집에서 길리운 자가 나의 후사가 될 것이니이다"(창15:2,3). 앗수르의 누지라는 곳에서 다량으로 발굴된 서판들에 따르면 당시와 같은 고대 사회에서 자식이 없는 부부는 자신의 노후와 장례를 책임지겠다는 조건 아래 종을 양자로 삼고 그를 상속자로 삼는 풍습이 있었다.

여기서 아브라함은 엘리에셀을 하나님 나라의 약속된 후사로 받아들여도 좋을지를 제안하고 있는 것이다. 엘리에셀은 아브라함의 충성된 종이었고 아브라함은 당시까지 아들이 없는 상태였다. 하나님은 엘리에셀이 아니라 아브라함의 몸에서 난 사람이 후사가 될 것이라고 말씀하셨다. 엘리에셀은 비록 그의 후사가 되지는 못했지만 아브라함을 위해 종으로서 평생을 보냈다. 그를 후사로 삼고자 한 아브라함의 의도를 그가 알고 있었는지는 알 수 없다. 그러나 그는 그 결과에 아랑곳하지 않고 종으로서 사명을 다했다. 그리하여 그의 생애 가운데 그리고 아브라함의 가정에서 가장 중요한 일인 이삭의 아내를 택하는 일을 맡게 된 것이다. 만일 그가 인간적인 면을 내세운 삶을 살았다면 결코 이러한 지위를 유지할 수 없었을 것이다. 그가 옛날의 사건을 아쉽게 생각하고 있었다면 아마 메소포타미아로 가라는 명령조차 달갑게 생각하지 않았을 것이다. 그러나 창세기 24장은 그가 얼마나 주인을 위해 신실했고 하나님을 의지했는가를 보여준다. 그의 선한 성품과 신앙, 주인에 대한 충성심, 주어진 일을 끝까지 책임 있게 수행하는 확고한 자세 등이 크게 돋보인다.

엘리에셀은 메소포다미아에서 하나님께 매우 구체적인 기도를 드린다(창24:12-14). 자기의 약대에게도 신경을 써 물을 주는 여인을 주님이 정하신 이삭의 배필로 알겠다는 내용이다. 그의 기도는 매우 겸손한 것이었다. 우리는 그의 기도를 통하여 하나님의 주권적인 역사가 우리의 삶 속에 개입하는 것을 알 수 있다. 바라던 일이 성사되었을 때 대부분의 사람들은 자만에 빠지기 쉽지만 참된 신앙인은 오히려 더욱 겸손함을 보인다. 아브라함의 늙은 종은 먼저 하나님을 찬송하고, 다음에 주인을 위해 감사했으며, 맨 마지막에 자신을 언급하였다(창24:26-27). 바울은 자신을 이렇게 표현하였다. "맨 나중에 만삭되지 못하여 난 자 같은 네게도 보이셨느니라 나는 사도 중에 지극히 작은 자라 내가 하나님의 교회를 핍박하였으므로 사도라 칭함을 감당치 못할 자로다 그러나 나의 나 된 것은 하나님의 은혜로 된 것이니 오직 나와 함께하신 하나님의 은혜로라"(고전15:8 - 10). 늙은 종의 하나님을 향한 경배는 그의 길을 인도하신 이는 바로 하나님임을 확신하는 믿음을 보여준 것이었다. 그의 이름인 엘리에셀(Eliezer)은 원래 '나의 하나님은 나의 도움이시다.'라는 뜻을 가지고 있다. 이 사건과 그의 이름을 견주어 볼 때 그는 그의 이름에 합당한 삶을 산 셈이다. 그는 라반을 만나서도 자신의 신분을 분명히 밝히는 것으로 시작하여 상대방의 분명한 의사를 묻는 것으로 끝이 난다. 그의 진술 속에는 조금의 아첨도, 과장도, 허영도, 속임수도 없이 솔직하고 분명했다. 하나님의 섭리와 그 뜻에 자신의 삶을 맡기면 맡길수록 그 삶은 더욱 분명하고 진실해질 수밖에 없다.

하나님의 백성의 삶은 하나님의 인도하심 아래 있다. 하나님은 자기 백성들의 삶 속에 개입하셔서 세심하고 자상하게 돌보아 주신다. 문제는 우리의 불신앙과 욕심으로 인해 하나님의 사랑과 은혜를 삶 속에서 발견하고 느끼지 못하기 때문이다. 아브라함의 늙은 종 엘리에셀은 비록 후사가 되지는 못했지만 주인을 위해 충성의 모범을 보인 종이었다. 아브라함이 하나님의 신실한 종으로서 살았던 것 못지않게 그의 늙은 종은 주인과 하나님을 향해 신실함을 나타내었다. 그의 신실함은 비록 아브라함이라는 큰 인물에 가려져 있었지만 오히려 우리는 소리 없이 일한 그를 평신도의 귀감으로 삼아야 할 것이다. 여러 신학자들은 그를 장로라 부르고 그 귀감으로 삼고 있다. 그만큼 모범되는 삶을 살았기 때문이다.

2) 제2인자의 삶을 산 유스도

우리는 흔히 용의 꼬리가 되기보다는 닭의 머리가 되라고 가르침으로써 제1인자를 강조해 왔다. 결국 우리 사회는 남을 섬기기보다 섬김 받기를 원하고 최고가 아니면 안 되는 사회가 되었다. 그러나 이것은 하나님이 기뻐하시는 삶의 태도가 결코 아니다. 섬김을 받기보다 오히려 섬기는 삶이 바로 하나님께서 요구하시는 삶의 태도이기 때문이다. 이에 관해 우리가 본받을 만한 평신도상으로서 유스도(행1:21-26)를 들 수 있다. 김 의원에 따르면 그는 제1인자가 되기보다 제2인자의 삶을 산 사람이다.[6]

예수를 배반한 유다의 후임 사도를 뽑는 초대교회의 첫 번째 선거가 실시되었다. 사도의 지위는 매우 귀중한 지위이기 때문에 120명의 사람이 함께 기도하면서 뽑고 뽑아 마지막에는 맛디아와 유스도가 남았다. 두 사람은 예수님의 세례로부터 부활까지 목격한 사람들이었고 사도로서의 자격은 막상막하였다. 그러나 결과적으로는 두 사람 중에 한 사람인 맛디아가 뽑혔다. 유스도는 역사적인 선출에서 탈락하고 말았다. 뽑혔더라면 사도가 되고 역사 속에 중요한 인물이 될 수 있었을 터인데 탈락을 했기 때문에 인간적으로는 무척 섭섭했을 것이다. 이런 마음은 요즘도 교회의 장로나 안수집사 투표에서 떨어진 사람의 마음속에서 읽을 수 있다. 우리는 누구나 제1인자가 되고자 하므로 눈에 띄는 일에는 애써 나서려고 하지만 눈에 띄지 않는 일에는 선뜻 나서려고 하지 않는다. 그러나 유스도는 제1인자로 선출되지는 못했을지라도 제2인자로서 열심히 그리고 묵묵히 살았음을 성경 속에서 발견할 수 있다. 사도로 선출된 맛디아는 성경에 당선을 알리는 기록 이외에는 단 한 번도 거론되지 않았지만 낙

---

6) 김의원, '제2인자', 새한교회, 1990년 5월 6일 설교.

선된 유스도는 성경 두 군데서 언급되고 있다. 이 말씀들을 상고해 보면 그가 얼마나 위대한 사람이었는가를 알 수 있다.

사도행전 18장 7절에 보면 하나님을 공경하는 디도 유스도라 하는 사람의 집에 들어가니 '그 집이 회당 옆이라'라고 기록되어 있다. 이 유스도가 사도행전 1장의 유스도와 같으냐 그렇지 않느냐에 대한 논란이 있을 수 있다. 그러나 만일 이 인물을 같은 인물이라고 간주한다면 이 유스도는 엄청난 일을 하고 있음을 알 수 있다. 유스도는 유대인들이 바울을 죽이려 할 때 바울을 자기 집에 유하게 하고 말씀을 전파하게 했다. 바울은 유스도 집에서 일 년 반을 보내며 전도 사명에 열중했다. 여기서 유스도의 차원 높은 신앙을 볼 수 있다. 그의 집은 회당 옆이었다. 그러므로 바울을 숨긴다는 것은 보통 믿음으로는 할 수 없는 일이다. 그는 사도가 아니기 때문에 그렇게 할 필요도 없고 또한 직분자가 아닌 평신도인데다 집이 회당 옆이라 모실 수 없다고 할 수 있었지만 그는 핑계하지 아니하고 최선을 다했다. 어떤 환경에서도 신앙의 본분을 다하는 참으로 하나님 앞에서 손색이 없는 사람이었다. 그는 결코 자기 체면을 유지할 정도만큼만 신앙생활하지 않았다. 그는 제1인자에서 탈락된 것에 대한 인간적 섭섭함을 인하여 얼마든지 뒤로 빠질 수가 있었음에도 불구하고 앞서서 일한 위대함을 보여주었다. 신앙인은 절대로 자기의 모습을 핑계하지 않아야 한다. 인간이 최고로 자기의 가치를 발휘할 수 있는 것은 자기가 처한 어떤 환경이나 어떤 위치도 핑계하지 아니하고 최선을 다하는 것이다.

골로새서 4장 11절에 보면 다시금 유스도가 등장하고 있다. "유스도라 하는 예수도 너희에게 문안하니 저희는 할례당이라 이들만 하나님 나라를 위하여 함께 역사하는 자들이니 이런 사람들이 나의 위로가 되었느니라." 물론 여기에 나타난 유스도도 사도행전 1장의 그와 동일 인물인가에 대해 많은 논란이 있지만 만약 같은 이라고 한다면 그의 행적은 놀라운 모습으로 나타나 있다. 1인자인 사도 바울의 그늘 밑에서 이름이 드러나지 않은 2인자로서 환난과 어려움 가운데서도 바울의 위로가 되었다는 사실이다. 유스도는 그의 신앙을 지키기 위해 끝내는 바울과 함께 체포되고 감옥에서 함께 고생했다는 사실을 말씀을 통해서 알 수 있다. 바울은 그를 소개하면서 하나님 나라를 위하여 함께 일한 사람이라고 말하고 이런 어려움 속에서도 자기에게 위로가 되었다고 소개하고 있다. 바로 이런 삶은 예수님을 따라갔던 삶이었다.

사도 바울은 빌립보에 보낸 편지에서 디모데를 소개하는데 내 주위에 많은 사람이 있고 내 앞에 와서 자기 이름들과 자기의 업적들을 이야기하고 자기 신앙이 얼마나 좋은가를 내보이려는 사람들을 향해 저희가 다 자기 일을 구하는 자라고 말하고 그러나 디모데만큼은 그러한 사람이 아니라고 하였다. 디모데는 드러내놓고 일하지는 않았지만 때가 되어 빛을 보게 된 것이다. 그러므로 2인자라 해서 항상 2인자가 아닌 것을 알 수 있다.

유스도가 분명히 1차 시험에 떨어진 것처럼 보이지만 이와 같은 여러 성경구절을 보고 평가한다면 우리는 선출된 맛디아보다 오히려 바람직한 삶을 산 것으로 평가할 수 있다. 그는 우리의 바람직한 평신도상이 아닐 수 없다.

3) 동역의 모범인 아굴라와 브리스길라 부부

아굴라(Aquila)는 본도 출신의 유대인이며 브리스길라와 결혼한 직후에는 로마에서 살았다. 그의 부인인 브리스길라는 로마의 귀족 가문인 브리스가 가문(gens Prisca)과 연관이 있는 것으로 알려져 있다.

사도행전에는 브리스길라로 나오지만 바울 서신에서는 이 이름의 단축형인 브리스가로 나타나 있다(롬16:3;고전16:19;딤후4:19). 성경에서는 항상 이 부부의 이름이 동시에 언급되고 있어 이 부부의 관계가 무척 원만할 뿐 아니라 하나님의 사역을 위해서도 함께 노력했음을 보여주고 있다. 아굴라와 브리스길라 부부는 장막 만드는 일에 종사하였다. 장막 만드는 일이란 가죽으로 천막을 만드는 것으로 알려지고 있다. 그 부부는 클라우디우스 황제가 A.D. 49년에 모든 유대인들에게 로마시를 떠나라는 칙령을 선포하자 고린도로 이주했다. 만일 황제의 칙령이 유대사회에서 일어난 유대교와 기독교와의 충돌로 인하여 선포된 것이라면 이 부부는 로마에 있을 때부터 그리스도인이었을 것으로 판단된다. 고린도로 이주한 아굴라 부부는(행18:2) 제2차 전도여행 중에 고린도를 방문한 사도 바울과 만나게 되었다. 그들이 만나게 된 동기는 바울과 아굴라가 같은 직업인 천막 제작업에 종사했기 때문이었다. 이 당시 바울은 아굴라의 집에 기거하였으며 아굴라의 집이 교회가 되었다(고전16:19). 아굴라 부부는 바울과 함께 고린도에서 에베소로 건너갔으며 그곳에서 그들은 아볼로에게 하나님의 도를 자세히 풀어 가르쳐 주었다(18 – 26절).

황제가 죽자 그가 선포한 칙령이 더 이상 효과를 발휘하지 못하였다. 그래서 그 부부는 다시 로마로 돌아오게 되었으며 자기 집에서 가정교회를 시작하였다. 바울은 로마교회 성도들의 안부를 물을 때 아굴라 부부의 소식을 맨 먼저 물었다(롬16:3). 그들은 사도 바울을 위하여 어떠한 위험이라도 감당하려 하였기에 바울과 이방인의 모든 교회가 그들에게 감사를 보냈다(롬16:4). 아굴라 부부에 대한 바울의 마지막 언급은 디모데후서 4장 19절에 있다. 이때 아굴라 부부는 에베소에 있었던 것으로 보인다. 바울은 로마 감옥에 있으면서도 에베소에 있는 아굴라 부부의 소식을 궁금해 했다.

성경에서 아굴라 부부는 직분을 가지지 않은 평신도였지만 그들의 역할은 대단한 것이었다. 그들의 역할 가운데 나타난 몇 가지 본받을 만한 점들을 살펴보면 다음과 같다.

첫째, 그들은 전문적인 사역자 못지않게 하나님의 말씀을 익히 알고 있었다는 점이다. 그들은 박식한 것으로 이름난 아볼로에게 성경을 지도할 정도였다. 이것을 보아 평신도는 하나님 말씀을 바로 알고 바로 믿으며 바로 살아야 한다는 것을 알 수 있다. 나아가 이것은 비록 직분이 없는 평신도라 할지라도 하나님의 말씀을 아는 데는 결고 남에게 뒤저서는 안 된다는 것을 일깨워 주고 있다.

둘째, 그들은 주의 일에 열심히 동참한 사람이었다. 아굴라 부부는 장막을 만드는 일에 종사하면서도 바울을 만나 열심히 그의 일을 도왔고, 에베소에 있을 때나 로마에 있을 때 그의 가정이 교회가 되어 주의 일이 결코 중단되지 않도록 했다. 성경은 이들의 가정생활이 어떠했다는 것을 구체적으로 언급하고 있지는 않지만 부부가 항상 아름다운 사역을 한 것으로 보아 주님에 대한 열심이 대단했음을 알 수 있다.

셋째, 바울의 마음을 항상 평안하게 해 주었다. 바울은 아굴라 부부를 가리켜 저희는 내 목숨을 위하여 자기의 목이라도 내어 놓았나니(롬16:4)라고 말하고 있다. 바울에 대한 그들의 사랑이 얼마나 컸는가를 읽을 수 있다. 바울뿐 아니라 당시 어려운 교회들을 도운 그들의 모습은 다른 충직한 평신도들과 마찬가지로 바울과 당시 모든 교회들의 마음을 시원케 하기에 충분한 것이었다. 바울은 바로 이런 자들을 알아주어야 할 것이라고 말한다(고전16:18). 그들은 모범된 사역을 통해서 섬김의 도리가 무엇인가를 일깨워주고 있다.

4. 평신도, 어떤 삶을 살아야 하는가?

엘리에셀, 유스도, 아굴라 부부 등은 평신도의 사표가 될 수 있는 사람들이다. 물론 이들 이외에도 하나님과 동행하는 삶을 산 에녹이나 양보의 모범을 보여준 아브라함, 선조보다 앞선 믿음을 가진 고라자손 등 많은 분들이 있다. 사표가 될 수 있는 성경 속의 인물들의 삶을 통해 오늘을 사는 평신도가 배워야 할 점들을 살펴보면 다음과 같다.

1) 자신을 하나님께 바쳐라: 에녹

성경에는 에녹(Enoch)이라는 이름을 가진 두 사람이 등장한다. 하나는 가인이 낳은 아들 에녹이 있고, 다른 하나는 셋의 육대손 에녹이 있다. 에녹이란 이름은 원래 바쳐진 이라는 뜻을 가지고 있다. 가인의 아들 에녹은 세상 쪽으로 바쳐졌고, 셋의 후손 에녹은 하나님 쪽으로 바쳐졌다. 가인이 살인자였는데 그가 낳은 아들 에녹의 후손 가운데 살인자 라멕이 나온다. 이 에녹의 후손들에게서 하나님을 경외하는 모습을 찾아볼 수가 없다. 그러나 셋의 후손 에녹의 경우는 전혀 다르다. 셋이 여호와의 이름을 부르며 살더니 에녹이 하나님과 동행하는 삶을 살았으며 그 믿음의 줄기를 따라 많은 믿음의 선각자들이 태어났다. 우리는 이 두 에녹을 통하여 우리가 어디로 자신을 던지며 살아야 하는가를 알 수 있다.[7]

우리는 언필칭 하나님을 향해 자신을 던지며 살아간다고 말한다. 그러나 우리의 모습을 보면 말로만 던지고 있음을 알 수 있다. 이스

---

7) 양창삼, 믿음과 구원에 이르는 징검다리(예찬사, 1992), 77－81쪽.

라엘 사람들은 자기들이 이스라엘 사람임을 자랑하지만 예수님은 그러한 그들을 향해 참 이스라엘 사람이 아니라고 말씀하시고 오히려 저주의 대상임을 말씀하신다(마10:6,15). 우리도 그러한 사람들이 아닌지 살펴보아야 할 것이다. 평신도는 말만의 하나님의 백성이 아니다. 매 순간마다 우리 자신을 하나님께 던지는 헌신의 사람이어야 한다.

2) 구별된 삶을 살아야 한다: 레갑 자손

성도는 세상 방식을 따르는 사람이 아니라 하나님 나라의 삶의 방식을 따르는 사람들이다. 이것은 평신도의 삶의 방식이 세상 방식과 구별된 것이어야 한다는 것을 의미한다. 성도의 어원을 따져보면 이것의 성격을 뚜렷이 나타내고 있다. 성도는 거룩함을 나타내는 라틴어 '상투스'(sanctus)에서 그 어원을 찾아볼 수 있다. 이것은 일반적으로 성화되려고 노력하는 또는 성화된 거룩한 사람을 의미한다. 이 성화는 히브리어로 '콰다쉬'(quadash), 곧 '자른다'(cut)는 뜻을 담고 있다. 이것은 성도가 이전의 어둡고 부패한 삶의 방식을 완전히 잘라내고 새 사람으로 태어남을 의미한다. 성도는 이처럼 구별된 삶을 살아야 할 사람들이다. 그러므로 우리는 삶의 모든 부분에서 하나님이 기뻐하시는 삶을 살아 하나님 나라를 이 땅 위에서 실현시켜 나가야 한다.

그 보기로 레갑 자손의 삶을 들 수 있다. 선지자 예레미야 때 이야기이다. 그는 하나님의 말씀에 따라 레갑 자손을 하나님의 집 한 방에 들여놓고 포도주가 가득한 사발과 잔을 들이대며 마시라고 권하였다. 그러나 그들은 술 마시기를 완강히 거절하면서 "레갑의 아들 우리 선조 요나답이 우리에게 명하기를 너희와 너희 자손은 영영 포도주를 마시지 말며 포도원도 재배하지 말고 두지도 말라 그리하면 너희 우거하는 땅에서 너희 생명이 길리라 하여 우리와 우리 아내, 우리 자녀가 평생 포도주를 마시지 아니하며 포도원도 두지 아니 하였나이다.”(렘35:6 – 10)라고 말하는 것이었다. 이것은 이스라엘이 하나님을 청종하지 않은 것에 식상하신 하나님께서 레갑 자손은 이렇듯 선조의 말을 잘 청종하는데 이스라엘은 왜 하나님의 말씀을 청종하지 않는가에 대한 한탄의 보기이다. 하나님께서는 “요나답의 자손은 그 선조의 명령을 준행하나 이 백성은 나를 듣지 않는구나 레갑의 아들 요나답에게서 내 앞에 설 사람이 영영히 끊어지지 아니하리니 그들이 선조의 명령을 순종하여 그 모든 훈계와 명령을 지켰음이라.”(렘35:18 – 19) 말씀하심으로써 그들을 축복하셨다.

　레갑 자손은 이렇듯 구별된 삶을 살았다. 다른 사람들이 다 가는 그런 삶을 산 것이 아니라 좁고 험난한 길을 택한 것이다. 예수님께서도 우리들에게 당부하신다. “좁은 문으로 들어가라 멸망으로 인도하는 문은 크고 그 길이 넓어 그리로 들어가는 자가 많고 생명으로 인도하는 문은 좁고 길이 협착하여 찾는 이가 적음이니라”(마7:13 – 14). 여기서 ‘좁은’이란 일직선, 한 길이라는 뜻을 가지고 있다. 우리는 세상길을 택할 것이 아니라 하나님이 세우신 한 길을 따라 일직선으로 가야 한다. 이 길만이 생명의 구원에 이르는 길이 되기 때문이다. 바울이 푯대를 향해 앞만 보고 나아가고자 하는 것은 이러한 삶이 얼마나 값지고 보람이 있는가를 인식했기 때문이다. 이 말씀들을 살펴볼 때 성경은 우리가 나가야 할 방향이 무엇인가를 뚜렷하게 보여주고 있다.

　우리는 이러한 삶의 방식을 생활 속에 나타내야 한다. 직장에서나 개인의 시간활용에서 그리고 정치활동에 이르기까지 우리는 삶의 모든 과정에서 하나님의 뜻을 이루어 나가는 삶을 살아야 한다. 하나님의 백성은 바로 하나님이 요구하시는 삶을 살아야 그 백성으로써 책임을 다하는 것이기 때문이다. 그렇지 않고서 자신을 가리켜 하나님의 백성이라 말할 수 없을 것이다. 하나님을 아는 것이 지혜의 근본이라고 말씀하셨는데 지혜는 단지 지식으로써 아는 것에 그치지 않는다. 하나님의 뜻을 힘써 알 뿐 아니라 그 뜻을 힘써 행하는 것까지 포함되어 있다. 지혜를 가리키는 '호크마'가 지식과 적용을 아울러 말하고 있는 것은 이 때문이다. 평신도는 하나님을 힘써 알고 그 뜻을 힘써 지키는 사람들이어야 한다. 이 길 이외에 다른 길이 있을 수 없다. 다른 길을 찾거나 지름길을 찾으려는 것은 힘써 일하지 않고도 잘 살아보려는 불한당이나 하는 짓이다. 하나님의 나라에서는 이러한 불한당의 잔꾀를 결코 허용하지 않는다. 시편기자는 이렇게 말하고 있다. "눈물을 흘리며 씨를 뿌리는 자는 기쁨으로 거두리로다 울며 씨를 뿌리려 나가는 자는 정녕 기쁨으로 그 단을 가지고 돌아오리로다"(시126:5-6). 지금도 오창수 교수가 학생들에게 들려준 말을 잊을 수 없다. "젊은이의 하루하루의 삶은 자기 목숨만큼 절실하고 핏빛보다도 진하여야 한다. 편한 길을 택해 가면 그 대가를 꼭 받는다. 편한 길은 젊은 사람을 망친다. 젊어서 끊임없이 추구하고 몰두하고 부딪치고 깨지고 일어서는 사람이 되어야 한다." 이 말은 우리 성도들에게 그대로 적용되어야 할 것이다. 괴테는 이렇게 말한다. 눈물 섞인 빵을 먹어보지 않은 자는 인생을 논할 가치가 없다.

3) 성숙한 삶을 살라: 고라 자손

성도는 전과 다르고 다른 사람과 다르고 이전의 사람과 달라야 한다. 성도는 이처럼 조금씩 달라진 모습을 사는 사람들이다. 이것은 그만큼 과거의 삶으로부터 차별화되고 성숙되었음을 의미한다. 성도의 아름다움은 외면적인 아름다움에 있는 것이 아니라 내면적인 믿음의 성숙에서 발견되는 것이어야 한다.

고라 자손은 그들의 선조 고라와는 전혀 다른 삶을 살았다. 모세 때 고라는 당을 지어 모세를 대적하였다. 그들은 모세 형제가 정치적 지도권과 종교적 지도권을 독식한다고 생각하고 이스라엘 사람들을 선동하여 모세 형제의 지휘체계를 무너뜨리고자 하였다. 그들은 하나님보다 인간의 힘을 믿고 그 힘으로 밀어붙임으로써 일을 마무리 지으려 했다. 그러나 하나님은 회중의 힘을 빌려 세력을 장악하려고 했던 고라의 인간적 계획을 무너뜨리셨다. 고라 자손은 그들의 선조 고라의 길을 택하지 않았다. 보다 성숙한 믿음의 모습을 보여주었다. 회막에서 수종 드는 일, 회막에서 찬송하는 일, 그리고 성막 문지기를 맡는 일 등을 오히려 귀하게 생각하였다. 고라는 이런 일들을 하찮은 것으로 생각하였다. 그러나 고라 자손은 그 일들을 귀중하게 보았다. 고라는 외면적인 것을 중시했지만 고라 자손은 내면적인 것을 중시했다. 고라 자손들은 여러 시편을 통해 그들이 가지고 있는 성숙된 믿음을 보여주고 있다. 그 면모를 몇 가지 살펴보면 다음과 같다.8)

　　가) 하나님을 바라는 신앙: "너는 하나님을 바라라 그 얼굴의 도우심을 인하여 내가 오히려 찬송하리로다"(시42:5). "주께 힘을 얻고 그 마음에 시온의 대로가 있는 자는 복이 있나이다"(시84:5).
　　나) 성전 중심의 신앙: "주의 궁정에서 한 날이 다른 곳에서 천 날보다 나은즉 악인의 장막에 거함보다 내 하나님 문지기로 있는 것이 좋사오니"(시84:10). "주의 장막이 어찌 그리 사랑스러운지요 내 영혼이 여호와의 궁정을 사모하여 쇠약함이여"(시84:1-2).
　　다) 감사하는 생활: "하나님이여 주께서 우리 열조의 날 곧 옛날에 행하신 일을 우리 귀로 들었나이다 우리가 종일 하나님으로 자랑하였

---

8) 양창삼, 위 책, 81-86쪽.

나이다 우리가 하나님의 이름을 영영히 감사하리이다"(시44:1,8).

라) 찬송하는 생활: "너희 만민들아 손바닥을 치고 즐거운 소리로 하나님께 외칠지어다 찬양하라 하나님을 찬양하라 우리 왕을 찬양하라"(시47:1, 6). "여호와는 광대하시니 우리 하나님의 성 거룩한 산에서 극진히 찬송하리로다"(시48:1).

마) 의를 사모하는 생활: "주의 나라의 홀은 공평한 홀이니이다 왕이 정의를 사랑하고 악을 미워하시니 그러므로 하나님, 곧 왕의 하나님이 즐거움의 기름으로 왕에게 부어 왕의 동류보다 승하게 하셨나이다"(시45:4 – 7).

이 모두는 고라 자손의 믿음을 스스로 나타낸 믿음의 편린들이다. 고라 일파가 모세와 아론에게 도전했을 때 모세는 그들에게 이렇게 경고하였다. "레위 자손들아 너희가 너무 분수에 지나치느니라 하나님이 이스라엘 회중에서 너희를 구별하여 자기에게 가까이하게 하사 여호와의 성막에서 봉사하게 하시며 회중 앞에 서서 그들을 대신하여 섬기게 하심이 너희에게 작은 일이겠느냐"(민16:7,9). 고라는 성막에서 봉사하는 일을 작은 일로 치고 대제사장의 직분은 큰일로 생각하는 인간적인 명예와 이기심에 사로잡혀 있었다. 지금도 상당수의 성도들은 성전에서 남모르게 봉사하는 일을 작은 일로 여기고 장로나 목사 등 특정 직분자가 되는 것을 큰일로 치는 잘못을 범하고 있다. 높은 지위를 지향하는 것은 인간 심리에서 빼놓을 수 없는 욕구 가운데 하나이다. 그러나 하나님 앞에서는 모두 평등하다. 지위의 높음과 낮음도 없다. 다만 하나님께서 원하시는 삶을 얼마나 충실하게 살았는가 하는 것이 중요할 뿐이다. 이런 점에서 고라의 생각을 극복하고 보다 성숙한 삶을 산 고라 자손들의 삶은 우리에게 좋은 귀감이 아니 될 수 없다. 우리는 고라의 태도에서부터 벗어나 고라 자손의 신앙으로 성숙되어야 한다.

평신도란 무엇이며 그 평신도는 어떠한 삶을 살아야 하는가? 우리는 이러한 물음을 통해 우리의 평신도관이 잘못되어 있음을 알았고 평신도의 삶이 얼마나 귀중한 삶인가를 인식하게 되었다. 우리는 지금까지 평신도를 위계적 개념에서만 파악하려 한 잘못을 범하고 있다. 그러기 때문에 평신도란 직분자들에게 고분고분하고 무조건 복종하며 사는 것만이 신앙생활인 것으로 생각해 왔다. 그래서 너나없이 빨리 그리고 쉽게 장로가 되고 싶어 하고 심지어는 목사 되는 것을 무슨 출세인 것처럼 행세하려 드는 사람마저 있다. 이것은 우리의 평신도관에 문제가 있음을 드러내는 것이다.

성경은 하나님의 백성을 가리켜 평신도라 부르고 있다. 목사도 장로도 집사도 일반 성도 모두도 하나님의 백성이라는 점에서 모두 평신도이다. 직분자든 아니든 하나님 앞에서는 모두 평신도이다. 하나님의 백성은 하나님께서 원하시는 삶을 살아야 한다. 하나님의 백성은 하나님을 중심으로 하나님 나라를 이루어 가는 사람들이다. 그러므로 세상과는 구별되어야 하고 달라져야 한다. 세상 사람과 전혀 구별되지 않은 생각을 하고 행동도 그렇게 한다면 그 사람은 하나님 나라에 속하지 않았고 하나님 나라의 백성이라 말할 수 없다. 성경은 우리가 하나님 나라의 백성으로서 하나님 나라가 요구하는 삶을 살도록 요구하고 있다. 하나님께서 기뻐하시는 삶을 산 에녹, 묵묵히 하나님의 뜻을 실천하는 아브라함의 늙은 종 엘리에셀, 무엇이 성숙한 믿음인가를 보여준 고라 자손, 한 길로만 달려간 레갑 자손, 제2인자로서 제1인자 못지않은 삶을 산 유스도, 어려움 속에서도 주님이 기뻐하시는 일을 먼저 하려 한 아굴라 부부 이 모든 분들이 평신도의 귀감이 되는 것은 이 때문이다. 물론 우리의 귀감은 이 분들에 한정되지 않는다. 그러나 더 중요한 것은 바로 우리 자신이 후대에 귀감이 되는 일이다. 하나님께서는 언제 어디서나 우리가 하나님 나라의 삶을 살 것을 바라시고 또 그러한 삶을 기뻐하시기 때문이다. 우리는 자기의 이기적 삶에 철저할 것이 아니라 그리스도에 철저해야 할 평신도들이다.

제 27 장
서로 사랑하고 존중하는 가정 이루기

가정은 사회의 가장 기본이 되는 단위이다. 즉 사회를 이룸에 있어서 가장 기초되는 구성단위가 바로 가정이다. 하나님은 아담을 지으신 후 곧 이브를 지어 가정을 이루게 하심으로써 가정은 하나님이 세우신 최초의 기관이 되었다.

우리가 가진 많은 문제들 가운데 가정과 연관된 것이 한둘이 아니다. 가정이 화목하면 문제가 없다고 할 정도로 가정은 매우 중요한 위치를 차지하고 있다. 성경은 이 가정들이 어떻게 하나님과의 관계를 이루어 나가는가를 밝히는 중요한 내용을 담고 있다. 바울은 에베소서 5장 22-23절을 통해서 남편과 아내의 관계를 그리스도와 교회의 관계로 설정함으로써 가정의 관계가 바로 교회의 관계로 이어짐을 보여주었다. 이렇듯 중요한 가정을 어떻게 이루어나가야 할까를 생각하는 것은 매우 중요한 문제이다.

1. 가정이란 무엇인가?

가정(family)의 어원은 라틴어의 '파무루스'(famulus)로서 '섬기는 종'(servant)라는 뜻을 가지고 있다. 이것은 크게 두 가지 의미를 가지고 있다. 첫째, 가정의 성원이 주인과 노예의 종속관계로 이루어져 있음에 근거한 것으로 이것은 가정에서 겸손한 복종이 중요하다는 것을 가르쳐 준다. 가정은 예나 지금이나 부모-자식이라는 종적 관계를 유지하고 있다. 부모와 자식, 남편과 아내 등의 관계는 모두 일종의 관계이며 이 관계는 순종을 통해 질서가 세워지고 평안을 유지할 수 있다. 둘째, 그 순종은 상호 존중의 섬김을 바탕으로 하고 있다. 남편이 아내를 사랑하기보다 무조건 아내의 복종만을 강요한다면 이것은 군림이다. 그리스도인의 가정은 서로 존중하는 데 있다. 남편이 아내를 존중하고, 부모가 자식을 존중하고 사랑할 때 가정이 가정다울 수 있다.

바울은 가정의 기본 흐름을 복종과 사랑에서 찾고 있다. 아내는 남편에게 복종(엡5:22)하고, 자녀는 부모에게 순종(엡6:1-3)함으로써 가정이 복종관계로 이어져 있음을 알 수 있다. 그러나 이 복종은 단순한 권위나 위계만을 강조하는 것이 아니라 아래로는 사랑이라는 또 다른 흐름이 있다. 사랑이 있음으로 해서 가정이 생명력을 유지할 수 있게 된다. 가장 윗자리에는 하나님이 자리 잡고 있으며 아버지-어머니-자녀의 역할이 구분된 가운데 서로 복종함(고전11:3)을 통해 엄연한 질서를 유지하는 것이 바로 그리스도인의 가정이다.

서로 존경하고 복종할 때 가정은 기초가 튼튼하게 된다. 가정 성원 모두가 하나님의 말씀에 따라 서로 겸손한 자세를 취하게 될 때 위로부터 내리는 하나님의 복을 풍성히 받게 된다. 피차 존경하고 복종할 수 있게 만드는 것은 그 안에 그리스도의 사랑이 있기 때문이다. 사랑은 기본적으로 나보다는 다른 사람을 더 생각하는 것이다. 사랑을 가리켜 '주는 것'이라 말하는 것은 이 때문이다. 사랑을 주지 않고 받기만 하려할 때 그 속에 '나'가 크게 자리 잡게 되어 문제를

일으킨다. 어떤 이는 죄(sin)란 나를 크게 부각시키는 것(sIn)이라고
말한다. 이것은 매우 의미 있는 지적이다. 즉 가정 속에서 나만을
부각시키려 할 때 이기적으로 변하여 결국 가정의 결속 관계는 깨지
게 된다. 결속관계가 깨지면 순종과 사랑 대신 반항과 미움이 자리
잡게 된다. 현대 가정에 문제가 생기는 것은 이 때문이다.

2. 만남과 결혼

인간 사이에서 두 사람이 서로 만나 결혼에 이르는 과정은 매우
중요하고 큰 관심의 대상이 되어 왔다. 성경은 여러 가지로 부부의
만남에 대해서 소개하고 있다. 그리스도인으로서 중요한 것은 어떠
한 만남이 있어야 하는 것인가 하는 것이다.

성경은 부부의 만남에 대해서 양립성을 보이고 있다. 창세기 2장
8절에 따르면 하나님은 사람이 독처하는 것을 좋지 않게 여기고 아
담을 위해 돕는 배필을 지으셨다. 아담과 이브의 만남에 하나님의
섭리와 간섭이 있었음을 알 수 있다. 우리의 만남도 그 연장선상에
있다.

그런데 바울은 자기와 같이 그냥 지내는 것이 좋다(고전7:8)라 했
고, 남자가 여자를 가까이 아니함이 좋다(고전7:1)고 말한다. 하지만
그는 절제할 수 없거든 결혼하라(고전7:9) 말한다. 정욕이 불같이 일
어나 음행의 죄를 범하기보다는 차라리 결혼하라는 것이다.

이 두 가지 가르침은 우리에게 혼란을 가져다준다. 그러나 이것은
죄가 인간에 들어오기 전과 그 후의 관계를 살펴볼 때 충분히 납득
할 수 있는 제시이다. 죄가 있기 전 부부 만남의 모습은 선하고 아
름답고 보완적이었으며 음행의 요소가 배제되어 있다. 그러므로 부

부가 결합하는 것은 자연스럽고 바람직한 것이었다. 죄가 들어옴으로 인해 인간 속에 음행이 있게 되고 그 관계도 복잡해졌다. 종말적인 삶을 살아가는 그리스도인에게 있어 결혼은 하나의 문제영역이 되었다. 그래서 결혼을 부정적으로 본 것이다. 그렇지만 결혼을 하지 않음으로써 오히려 정욕을 이기지 못하고 범죄 하는 경우보다는 차라리 결혼하는 것이 바람직하다고 생각한 것이다.

그렇다고 바울이 결혼 자체를 부인한 것은 아니다. 오히려 결혼 과정을 통해 서로 거룩함에 이르라(고전7:14)고 강조하고 있다. 성경은 기본적으로 주 안에서의 맺어짐을 기뻐하고 있다. 그러나 주를 위해 결혼하지 않는 것도 긍정적으로 보기 때문에 부부의 만남에 대해서 두 관점 모두가 양립됨을 알 수 있다.

두 사람의 만남은 성숙한 인격체, 하나님의 형상들의 만남이므로 만남에서 결혼에 이르기까지 그리스도인으로서의 성숙성·거룩함·바름·아름다움을 보여주어야 한다. 만남은 아브라함·이삭·야곱의 경우에서, 그리고 이스라엘 자손에 대한 하나님의 경고에서 볼 수 있는 것처럼 주 안에서의 만남이 제일 먼저 고려되어야 한다.

부부가 되는 것은 자식을 낳고 사는 것 이상의 의미를 가지고 있다. 결혼생활을 통해서도 하나님의 영광을 드러내야 하기 때문이다. 만남의 과정에서 그 대상이 믿지 않는 형제일 수도 있다. 이럴 경우 그 형제의 영혼을 사랑하고 그를 주 앞으로 인도할 책임이 주어져 있다는 것을 생각하고 몇 배의 노력과 기도가 있어야 한다. 결혼에서의 혼수는 양쪽 집안 모두 감사와 기쁨을 나누는 것이어야 한다. 요즘처럼 과다혼수로 사회적 물의를 빚는 것은 지탄받아 마땅하다. 결혼은 장사가 아니다. 생명과 생명, 영혼과 영혼의 결합이므로 보다 신중하고 보다 성결해야 한다.

성경은 부부 만남에 대해서 여러 보기를 제시하고 있다. 이 가운데 몇 가지를 살펴보면 다음과 같다(Strauss, 1985).

먼저 아담과 이브를 보자. 그들의 만남은 결혼 그 자체만을 볼 때 매우 이상적이고 완전하다. 하나님의 초자연적인 간섭으로 이루어진 이 만남은 하나님의 형상, 곧 하나님을 닮은 인격체들의 결합이라는 점, 하나님 뜻 안에서 이루어졌다는 점, 순결하고 깨끗한 관계라는 점, 자신들뿐 아니라 하나님과 화평한 가운데 이루어졌다는 점에서 특이하고 이상적인 만남이자 결합이었다. 그들의 보금자리는 즐거움(delight)이라는 뜻을 가진 에덴에 세워졌다. 아담은 이브를 향해 "내 뼈 중의 뼈요 살 중의 살"(창2:23)이라 고백할 만큼 사랑이 충만했다. 그들은 둘이 한 몸이 되는 결속(공동체)의 만남이었다.

이삭과 리브가는 어떨까? 아브라함 부부는 이삭을 기르는 재미에 빠진 나머지 그들이 열국의 조상이 되기 위해서는 이삭에게 부인이 필요하다는 것까지 잊고 있었다. 사라가 죽은 후에야 비로소 아브라함은 아들의 배우자를 찾기에 이른다. 아브라함은 이삭이 가나안 족속의 사람과 맺어지는 것을 원치 않았다. 이것은 믿는 자와의 결혼이 중요하다는 것(고전7:39; 고후6:14)을 가르쳐 준다. 그는 그의 늙은 종을 파견했고, 결국 리브가를 며느리로 맞았다. 창세기 24장은 이 장면을 매우 감미롭게 묘사하고 있으나 이 일이 모두 여호와께로 말미암은 것임(창24:50)을 보여주고 있다.

조용하고 사색적인 이삭은 매우 밝고 재치 있는 리브가를 만나 사랑하고 위로를 얻게 된다(창24:67). 이 과정에서 남자 쪽에서 오히려 여자 쪽에 좋은 것을 준비하여 주는 모습을 보게 된다. 패물은 단지 감사와 은혜의 표시일 뿐 믿음과 하나님의 뜻 순종하는 것이 더 중요하다는 것을 알 수 있다.

사랑하면 야곱과 라헬을 빼놓을 수 없다. 라헬에 대한 야곱의 사랑은 첫눈에 반한 사랑이었다. 야곱에게 있어서 라헬이 없는 삶이란 무가치한 것으로 느껴질 만큼 그녀에 대한 사랑이 전부였다. 성경은 야곱이 라헬을 위하여 7년 동안 봉사하였으나 그를 연애하는 까닭에 7년을 수일 같이 여겼다(창29:20)고 적고 있다. 이렇게 하여 그는 하나님을 경외하는 족장 중에 중혼을 하게 된 첫 번째 인물이 되었다. 중혼은 온전한 하나님의 뜻은 아니다. 하나님은 한 남자를 위하여 한 여자를 만드셨기(창2:24;레18:18;딤전3:2) 때문이다. 이삭과 리브가의 만남이 중매결혼의 본보기라면 야곱과 라헬의 만남은 연애결혼의 표본이 되고 있다. 라헬은 늦게까지 태의 문이 열리지 않음으로써 문제를 갖게 된다.

다윗과 밧세바의 만남은 음욕의 결과였다. 음욕의 결과로 낳은 아들은 죽게 되었다. 성경은 다음과 같이 적고 있다. "하나님의 뜻은 이것이니 너희의 거룩함이라 곧 음란을 버리고 각각 거룩함과 존귀함으로 자기의 아내 취할 줄 알고"(살전4:3 – 4).

아합과 이세벨의 만남은 성경적으로 볼 때 매우 저주스러운 만남이었다. 아합왕은 정치적인 목적을 달성하기 위해 의도적으로 이세벨과 결혼하였다. 이세벨은 페니키아 왕의 딸로서 바알과 아스다롯을 열광적으로 숭배하며 자란 인물이었다. 이세벨은 이스라엘에 자기의 종교를 심는 데 앞장섰을 뿐 아니라 여호와 경배의 모습을 완전히 지워버리고 하나님의 선지자들을 죽였다. 그들의 만남으로 하나님 보시기에 악한 많은 일들이 벌어진 것을 볼 때 하나님 안에서의 만남, 하나님의 영광을 위한 만남이 얼마나 중요한가를 일깨워 준다.

성경은 여러 모양의 만남과 결혼의 모습을 소개해 주고 있다. 어떤 만남은 하나님 보시기에 좋은 것이었고, 어떤 만남은 그렇지 못했다. 만나서 어떤 생활을 하느냐 하는 것도 중요하지만 첫 만남부터 중요하다는 것을 가르쳐 준다. 첫 단추를 잘 꿰어야 옷을 바르게 입을 수 있는 것처럼 첫걸음부터 하나님의 길에서 벗어나면 문제가 커지게 된다. 그러므로 그리스도인은 만남을 준비하는 과정에서부터 하나님을 향한 자세를 바르게 가질 필요가 있다. 만나는 과정, 그리고 결혼에 이르는 모든 과정에 하나님 보시기에 좋고 하나님을 기쁘게 해야 함(살전4:1)은 말할 필요가 없다. 주님은 이처럼 만남의 순간부터 좋은 것이 되도록 기대하신다. 우리가 이러한 자세를 가질 때 하나님께 영광이 될 뿐 아니라 우리 자신에게도 유익이 된다.

3. 성경적 결혼관 확실히 하기

그리스도인은 성경에 입각한 바른 결혼관의 정립이 필요하다. 결혼은 육욕의 해결이나 우발적인 해프닝이 결코 아니다. 우리는 결혼에 대해 보다 진지하고 조심스런 접근이 필요하다. 그리스도인으로서 결혼을 어떻게 생각하고 어떻게 결심해 나가야 할까?

라이트(N. Wright)는 결혼을 "하나님 앞에서, 그리스도 안에 있는 두 남녀가 전 생애를 함께하기로 인격 전체를 드려 언약하는 전적 헌신(total commitment)이다."라고 정의했다. 오츠(W. Oates)도 책임 있는 사랑과 회개와 용서의 교제에 대한 언약을 결혼이라 했다. 기독교에서 보는 결혼은 전적 헌신과 언약이 내재되어 있는 결단임을 알 수 있다. 왜 결혼을 하는가? 이 동원에 따르면 그 이유는 3가지다.

첫째, 고독의 해결(companionship)이다. 창세기 2장 18절은 사람이 독처하는 것이 좋지 못하다는 것을 보여주고 있다. 하나님께서 세상을 창조하신 뒤 보기에 좋았다고 말씀하셨는데 유독 아담의 외로운 모습을 보고는 처음으로 독처하는 것이 좋지 못하다고 하신 것이다. 이것에 대해 밀턴(J. Milton)은 "고독은 하나님이 보시기에 처음으로 좋지 못한 것이었다."고 말한다. 결혼은 인간의 고독성에 대한 하나님의 처방임을 알 수 있다.

둘째, 서로 인격을 보완하여 성숙하게 만들기 위함(completeness)이다. 창세기 2장 18절에 따르면, 하나님이 아담을 위하여 돕는 배필을 지으리라 하셨다. 돕는 배필이란 부부가 결혼을 통하여 서로 부족한 것을 메우고 보완하여 하나님의 형상을 거룩하게 유지하는 파트너임을 보여준다.

셋째, 미래의 세대를 계승하기(procreation) 위함이다. 하나님은 인간에게 복을 주시며 "생육하고 번성하여 땅에 충만하라."(창1:28) 하셨다. 이 명령을 수행하기 위해서는 결혼이 무엇보다 필요하다. 이러한 주요 이유들을 성취하기 위하여 사람이 그 부모를 떠나 그 둘이 한 몸이 되는 것(창2:24;마19:5)이다(이동원, 48).

나아가 그는 성경적 결혼을 위해 다음과 같이 제안했다(이동원, 48－49). 이것은 가정을 이루기 전 얼마나 영적으로 성숙해야 하는가를 가르쳐 준다.

1) 영적인 접근을 하라

결혼(사랑)에는 두 가지 접근방법이 있다. 하나는 육적인 접근이요, 다른 하나는 영적 접근이다. 육적 접근은 하나님을 의식하지 않고 이 세상의 방식을 따르는 것이다. 육적 접근은 인간의 이기성, 동물성, 편협성 등이 자리 잡고 있어 문제를 일으킨다. 결혼이 자기에게 유익이 되지 못한다고 생각할 때 쉽게 파혼하거나 이혼한다. 파혼이나 이웃의 사유도 육적인 것이 대부분이다. 하나님이 짝 지워 주신 것을 사람이 나누지 못한다(마19:6)는 말씀처럼 결혼이 지상에 사는 동안 하나님 앞에서 깨어질 수 없는 언약이라는 확신이 결핍되어 있어 결혼에 대한 태도와 경중이 다르다.

영적인 접근은 두 사람 모두 하나님과의 바른 관계를 유지하면서 서로의 신앙 성장을 위해 도전하고 방향을 잡아가는 방법이다. 결혼에 대해 확고한 신념을 가지고 믿음을 따라 행동한다. 그리스도인의 결혼은 영적인 접근을 통해 이루어져야 한다. 육적인 접근을 할 때 실패하기 쉽다.

2) 신앙적인 면을 고려하라

그리스도인은 하나님 중심으로 사는 사람들이므로 결혼 상대에 있어서 신앙을 함께할 수 있는 인물인가를 우선적으로 고려한다. 바울은 "너희는 믿지 않는 자와 멍에를 같이 하지 말라."(고후6:14) 하였다. 리브가는 아들 야곱이 하나님을 알지 못하는 족속과 결혼해서는 안 된다는 강한 신념을 가지고 이를 밀고 나갔다. 그리스도인이 믿지 않는 형제와 결혼할 수 없는 것은 아닐지라도 신앙을 우선하는 그리스도인이라면 이것은 결코 쉽게 간과할 수 없다. 바울은 이혼을 금하면서도 "혹 믿지 아니하는 자가 갈리거든 갈리게 하라."(고전 7:15)고 함으로써 결혼생활에서 믿음의 중요성을 부각시키고 있다.

3) 결혼 문제에 대해 기도하고 준비하라

결혼은 평생의 영적 반려자를 구하는 일이므로 신중하게 준비할 필요가 있다. 결혼이 중요하다고 인식하면 할수록 그에 따른 물질적, 도덕적, 영적 준비가 있어야 한다. 결혼을 신중하게 생각하지 않고 해치워버리는 결혼, 화풀이 결혼, 우발적 충동으로 인한 결혼 등으로

막을 내린다면 후회와 파경은 쉽게 찾아온다.

4) 공동의 삶의 목표를 위해 함께 헌신할 수 있는 자를 찾으라

성경은 "두 사람이 의합지 못하고야 어찌 동행하겠느냐"(암3:3)라고 가르친다. 뜻이 안 맞아도 돈만 있으면 된다든가 상대방이 예쁘기만 하면 된다는 식의 사고는 일찍 버려야 할 생각들이다. 부부는 삶의 공동목표를 함께 추구해 나가야 할 동역자들이다. 삶은 헌신을 필요로 하므로 함께 이 일에 참여할 수 있는 사람이어야 한다. 결혼은 돈이나 외모와 하는 것이 아니라 인격과 하는 것이다.

5) 결혼에 대한 환상적 태도를 버리라

많은 사람들은 결혼을 연애의 무덤이라 말한다. 결혼한 후 상대방의 태도가 그 전보다 아주 다른 것을 느끼고 사람이 달라졌다고 푸념한다. 결혼을 환상 속에 계속 묶어두기 때문이다. 결혼은 환상의 세계로 들어가는 것이 아니라 실제 삶의 세계로 함께 들어가는 것이다. 결혼하면 모든 것이 요술처럼 해결되는 것이 아니라 그때부터 고된 노력이 필요하다. 환상과 결혼하면 쉽게 좌절하고 넘어진다. 결혼에 대한 현실감각을 빨리 가질 필요가 있다. 결혼을 비현실적인 기대와 묶어둘수록 실망이 앞서게 된다. 그렇다고 결혼생활에 대한 비전을 가지지 말라는 것은 결코 아니다. 보다 현실적이고 실제적인 미래 설계가 필요하다는 것이다.

6) 열린 커뮤니케이션을 하라

부부는 평생 대화해야 할 상대자이다. 입으로도 하고 눈으로도 하고 마음으로도 한다. 부부관계가 바람직하게 형성되기 위해서는 마음을 열고 서로 바람이 통할 수 있는 대화의 마당이 항상 열려 있어야 한다. 이를 위해서는 커뮤니케이션의 통로를 모두 열어놓고 다양한 대화방법이 동원되어야 한다. 하나님께서는 성도와의 교제를 위해 말씀과 기도를 그 방법으로 사용하신다. 대화는 함께하는 삶에 있어서 의미와 보람을 가져다주는 중요한 도구이다. 두 사람 사이에 커뮤니케이션이 단절될 경우 서로의 이해뿐 아니라 믿음의 교제도 어렵게 된다.

7) 결혼 때까지 순결을 지켜라

바울은 결혼의 모든 과정에서 하나님의 형상으로서 거룩함을 유지하도록 당부하고 그것이 하나님의 뜻이라고 말한다. "하나님의 뜻은 이것이니 너희의 거룩함이라 곧 음란을 버리고 각각 거룩함과 존귀함으로 자기의 아내를 취할 줄 알고"(살전4:3,4). 그리스도인은 결혼뿐 아니라 삶의 모든 영역에서 주의 거룩하심을 나타내야 하는 존재들이다.

8) 양가의 축복 속에 결혼하라

바울은 자녀들로 하여금 모든 일에 부모에게 순종할 것과 이것이 주 안에서 기쁘게 하는 것(골3:20)임을 밝히고 있다. 이 모든 일 속에 결혼도 포함되어 있다. 결혼은 당사자들끼리만 하는 것이 아니라 양가의 결합이라는 것을 잊어서는 안 된다.

9) 하나님의 뜻을 이루라

결혼의 모든 과정을 통해서 하나님께 영광되고 그를 기쁘시게 함으로써 하나님 자녀로서 하나님의 뜻을 이루는 데 앞장서야 한다. 우리가 이러한 자세를 견지할 때 하나님은 그의 자녀를 사랑하시고, 함께하시고, 하늘의 복을 풍성하게 가져다주신다.

4. 그리스도인의 가정과 하나님의 나라

그리스도인의 가정(Christian family)이란 하나님 나라의 소단위이다. 다시 말하면 가정에서부터 천국을 이루어 나가야 한다는 것이다. 가정이 천국이 되지 못하면 그 가정들의 집합체인 교회가 하나님의 나라를 이룰 수 없다. 그리스도인의 가정이란 예수께서 가족 구성원들의 마음속에 계실(요1:12;고후6:14;골2:6)뿐 아니라 주님께서 성령님을 보내어 그들을 다스리기(엡5:18;롬14:17;갈5:22) 때문에 이 일이 가능해진다. 예수 그리스도를 주님으로 모신 가정은 말씀을 기초로 부부관계(엡5:22-33;골3:18,19;벧전3:1-7), 부모와 자녀관계(엡6:1-4;골3:20,21), 나와 다른 가족들(형제, 시부모, 친척)과의 관계를 유지해야 한다. 감독(딤전3:1-7)을 세우거나 집사(딤전3:8-13)를 세울 때 가정을 잘 다스리는 자를 꼽는 것은 그 가정부터 하나님 나라를 이루고 있느냐 하는 것을 묻는 것이다. 가정에서 천국의 삶을 누리지 못하는 사람이 어떻게 교회를 하나님의 나라로 만들 수 있느냐 하는 것이다.

이를 위해서는 가족 모두가 가정이 하나님이 세우신 영적 사역의 기초단위라는 것을 철저히 인식하고 모두 하나님 앞에서 바로 생각하고 바로 행동하며 바로 서야 할 것이다. 하나님 나라는 하나님을 가장 윗자리에 모시고 우리 모두가 그의 백성, 그의 자녀가 되는 삶의 형태를 말한다. 우리가 하나님보다 우리 자신의 이익을 앞세우게 되면 순종의 질서가 깨지며, 하나님의 사랑도 실현할 수 없게 된다. 그리스도인의 가정이 하나님 중심의 삶을 살아야 한다는 것은 바로 이 때문이다.

5. 그리스도인의 가정 문제

현대 그리스도인의 가정은 일반 가정 못지않게 많은 문제점을 가지고 있다. 이것을 부부관계, 그리고 부모와 자식과의 관계를 통해서 살펴보고, 그 해결책을 함께 생각해 보도록 한다.

1) 부부관계의 문제

가) 성경적 관계의 결핍

성경은 "각 남자의 머리는 그리스도요 여자의 머리는 남자"(고전 11:3)라고 말함으로써 하나님(그리스도)-남편-아내-자녀의 일관된 종적 관계를 제시하고 있다. 성경은 아내들에게 남편에 대한 복종을 명하고 있으며 남편들에게는 아내에 대한 사랑을 명하고 있다. 오늘

날 그리스도인의 가정에 문제가 발생하는 것은 남편으로서의 지도력 부족(lack of leadership)과 애정의 결핍(lack of love) 때문이다. 즉 복종의 관계와 사랑의 관계에 문제가 발생함으로써 가정이 균형을 이루지 못하는 것이다.

복종관계가 깨지는 주된 이유는 무엇보다 남편이 남편으로서 기대되는 모범을 보여주지 못하기 때문이다. 남편이 남편으로서 존경을 받고, 아내가 아내로서 사랑을 받는 것은 그 지위에 부여된 역할을 원만하게 수행하는 것을 전제한다. 남편이 남편으로서 존중을 받지 못하는 것은 그 기대에 훨씬 미치지 못하기 때문이다. 남편이 아내에 대해서나 가족에 대해서 그 책임을 다하려는 자세를 보이기보다는 군림하려는 자세로 일관한다든가 자포자기의 태도를 보일 때 그 가정은 문제가 있다. 특히 그리스도인의 가정에 있어서 남편이 신앙인으로서의 바른 자세를 보여주지 못할 때 문제가 발생한다. 루터는 부부관계에 있어서 무슨 일이 있을 때 항상 "예수님이라면 어떻게 하실까?"를 생각하고 신앙의 바른 모습 찾기를 원했다. 부부는 서로를 존중하고 사랑할 때 건전한 관계를 유지할 수 있다. 서로를 무시하거나 서로 자기만을 내세우면 그 가정에 하나님 나라가 임할 수 없다. 서로가 예수님 대하듯 존경하고 사랑하면 어떤 어려움도 참고 이길 수 있다.

나) 영적 무장의 결핍

부부가 영적인 무장을 철저히 하지 않으면 그 가정의 행복은 지켜질 수 없다. 부부는 가족의 주춧돌 역할을 하기 때문에 그 역할에 대한 비중은 가족 가운데 어느 누구보다 크다. 죄는 개인뿐 아니라 가정을 파괴하는 가장 무서운 적이다. 따라서 남편은 남편으로서, 아내는 아내로서 깨끗하고 성결하여 주님 앞에서 그리고 서로에 대해서 한 점 부끄러움이 없어야 한다. 세상은 악하여져서 죄악의 물결이 가정까지 침범하고 있다. 우리는 이러한 흐름을 용납하기보다는 과감히 거부하여 주의 자녀로서 참된 부부의 모습을 보여주어야 한다. 성경은 "마귀의 궤계를 능히 대적하기 위하여 하나님의 전신갑주를 입으라."(엡6:11)고 명령하고 있다.

다) 표현의 결핍

한국인은 사랑을 표현하는 데 매우 인색하다. 하나님의 백성은 사랑의 표현을 보다 적극적으로 할 필요가 있다. 특히 부부관계는 이것을 금할 하등의 이유가 없다. 그리스도인의 아가페 사랑의 본질은 주는 것(요3:16)이므로 우리는 사랑의 표현을 보다 줌의 자세로 구체화할 필요가 있다. 하나님의 나라인 가정 속에는 언제나 사랑의 고백과 함께 기쁨이 넘쳐야 한다.

라) 용서의 결핍

우리는 자기를 쉽게 용서하면서도 남은 용서하지 않으려 한다. 남편은 아내를, 아내는 남편을 설 믿고 용서하는 마음이 필요하다. 바울은 말한다. "서로 인자하게 하며 불쌍히 여기며 서로 용서하기를 하나님이 그리스도 안에서 너희를 용서하심과 같이하라"(엡4:32). 서로 용서를 구하고 용서하는 일에 인색해서는 안 된다. 이웃을 용서하지 못하면서 어찌 용서해달라고 기도하겠는가. 주 안에서 마음을 넓게 여는 훈련이 필요하다.

마) 대화의 결핍

가정은 대화가 꽃피는 곳이어야 한다. 가정이 안식처가 되기 위해서는 서로가 서로를 이해하고 마음을 편안히 해 주며 위로가 넘치는 곳이 되어야 한다. 가정의 언어도 주님의 언어, 천국의 언어로 바뀌어야 한다. 과격한 말보다 유순한 말을 사용(잠15:1)해야 한다. 언어의 폭력도 삼가야 한다. 다투면서 큰 집에 사는 것보다 차라리 움막에서 혼자서 사는 것이 낫다(잠21:9, 19)는 말씀은 하나님의 나라가 다툼에 있지 않음을 보여준다.

바) 수용의 결핍

우리는 가끔 남편(아내)아니 자식을 다른 사람의 그것과 비교하기를 좋아한다. 다른 남편(아내)은 안 그런데 왜 당신은 그러냐는 식이다. 통계에 따르면 아내나 남편, 그리고 자식은 다른 아내가 남편, 또는 자식과 비교하는 것을 가장 싫어하는 것 가운데 하나로 꼽히고 있다. 비교의식은 비교된 대상과 자신에 대한 이중의 증오와 혐오감을 가져온다. 있는 그대로를 받아들이고 수용하는 것이 부부관계에서 매우 중요하다. 있는 그대로를 존중하고 귀하게 볼 줄 알아야 한다. 행복한 부부생활의 최대 금언은 "변화시키려 하지 말고 그대로 받아들이라."는 것이다. 건전한 대화는 남과의 비교보다 상대에 대한 긍정적인 수용에서 출발한다.

사) 성숙의 결핍

부부는 성숙한 인격체들의 만남에서 비롯된다. 성경이 결혼을 가리켜 "사람이 그 부모를 떠나"(창2:24)라고 표현하는 것은 부모의 슬하를 떠나 건전하고 건강하고 성숙한 인격체로서 독립한다는 것을 의미한다. 정신적으로 부모에게서 떠나지 못한 남편이나 아내의 의식 속에서 성숙을 기대할 수는 없다. 성숙이 결핍된 곳에는 심리적 갈등과 오해와 다툼이 쉽게 자리를 잡는다.

아) 절제의 결핍

부부는 가정의 경영자이다. 가정은 합리적으로 경제적으로 경영되어야 한다, 무절제한 소비나 과시형 소비는 그리스도의 가정에 합당하지 않다. 성경은 빚지고 사는 부채인생을 책망(잠22:7;롬13:8)하고 있다. 주님은 오병이어의 기적 가운데서도 남은 조각을 거두고 버리지 않는 절제의 태도를 보여주셨다. 그리스도인의 가정은 재물에 지나치게 얽매여서는 안 되며 있는 것도 효율적으로 사용할 책임이 있다.

2) 부모와 자식 사이의 문제

가) 영적 교육의 결핍

잠언 기자는 "마땅히 행할 길을 아이에게 가르치라 그리하면 늙어도 그것을 떠나지 아니라 하리라."(잠22:6)고 말함으로써 가정교육의 중요성을 강조하고 있다. 답슨(J. Dobson)에 따르면 부모가 자녀에게 가르칠 다섯 가지는 하나님에 대한 경외, 이웃에 대한 사랑, 권위에 대한 존경, 말씀에 대한 순종, 자기에 대한 절제이다. 그는 가정에서 이 다섯 가지 교훈을 배운 자녀들이 잘못되는 것을 아직까지 본 일이 없다고 자신하고 있다.

영적 교육의 결핍현상이 보이는 것은 부모가 바빠서라든가 그 밖에 여러 가지 이유가 있지만 가장 두드러진 이유는 부모 자신이 신앙의 모범이 되지 못하거나 가르침이 생활화되지 못했기 때문이다. 흔한 말로 윗물이 맑지 못함이 주범이다. 손봉호는 비록 윗물이 흐리다 할지라도 아랫물은 맑아야 한다는 주장을 폈지만 윗물이 맑지 못할 때 아랫물이 맑기를 기다리는 것은 자연스러운 모습이 아니다. 영적 교육은 무엇보다 부모가 모범을 보일 때 가능하다. 만일 예수님이 우리에게 모범을 보이지 않으셨다면 많은 점에서 전혀 다른 결과를 초래했을 것이다. 부모는 삶의 모든 환경을 교육의 기회로 삼아 부모의 도덕의식, 영적 의식을 분명히 제시하고 가르칠 책임이 있다.

나) 하나님 자녀라는 의식의 결핍

우리는 흔히 자녀를 하나님의 자녀라는 생각보다는 내 자식이라는 생각을 한다. 부부가 자녀를 낳았기 때문에 부부는 자녀를 자기의 것으로 생각하기 쉽다. 그러나 이 일은 하나님의 섭리와 간섭이 없이는 불가능한 것이다. 즉 그 원인이 하나님에게 있고, 하나님이 우리를 하나님의 형상으로 만드셨기 때문에 하나님의 것이다. 부모는 단지 하나님의 자녀를 맡아 기르는 청지기일 뿐이다. 그러므로 우리는 자녀를 마땅히 하나님의 자녀, 하나님의 형상으로 생각하고 길러야 할 의무를 가지고 있다. 내 자식이나 내 마음대로 하는 것이 아니라 하나님의 자녀이니 하나님의 자녀답게 바르게 키워야 한다.

자녀를 하나님의 자녀로 간주할 때 그를 하나의 인격체로 생각하고 성장하도록 배려하는 태도를 가지게 되지만 그러한 의식이 결핍되어 있을 경우 나의 소유물로 간주하고 나의 방식, 나의 원하는 바대로 강요하고 강제하는 태도를 취하게 된다. 그를 하나의 인격체로 대하지 않을 때 그는 부모로부터 소외되고 결국 가정을 혐오하게 된다. 한 조사에 따르면 한국청소년들의 부모에 대한 만족도에서 3분의 1이 부모에 대해 강한 불만을 나타내고, 커서는 자기 부모와 같은 사람이 되지 않겠다고 대답했다. 소년원을 찾아간 기자는 한 소년이 어머니를 그리는 모습을 보고 어머니가 보고 싶어 그리느냐고 물었다. 그러나 그 소년은 그 그림에다 '악질 어머니'라 쓰고 다시는 보고 싶지 않다고 말했다. 자녀는 부모의 이용물도 아니고 화풀이 대상도 아니다. 우리의 자녀는 하나님의 자녀이다. 우리는 자녀를 주님의 자녀로서 바르게 키우고 주의 말씀과 교양으로 키울 책임이 있다.

다) 독립적 개체의식의 결핍

자녀는 각각 그 나름대로 독립적이고 개성이 있는 존재들이다. 각 지체의 몸속에 하나님의 뜻이 담겨 있다(고전12:18). 그러므로 부모는 자녀의 독특성을 인정하고 있는 그대로 수용할 필요가 있다. 다른 아이들과 비교하는 것은 그리스도인의 가정에서 있어서는 안 될 사상(고전12:12 - 27) 가운데 하나이다. 사람의 눈에 어떤 아이는 부족해 보이고, 어떤 아이는 아름다워 보이지만 하나님 보시기에는 그 모두가 하나님의 지체들로서 아름답고 요긴한 자녀들이다. 우리는 자녀를 인간의 눈으로만 볼 것이 아니라 하나님의 눈으로 볼 필요가 있다. 다 똑같은 자녀인데 "남자는 중하고 여자는 아무짝에도 소용 없다."는 식의 생각도 고쳐야 한다.

그리스도인의 가정이라 할지라도 문제가 많음을 고백하지 않을 수 없다. 우리는 "우리의 주변 지역과 한국을 복음화하고, 세계를 복음화한다."는 말을 많이 사용하지만 가정의 여러 문제점들을 살펴볼 때 가장 먼저 복음화될 필요가 있는 곳이 우리 각자가 속해 있는 가정임을 알 수 있다. 가정이 바로 복음화되지 못해 이러한 문제들이 생겨나기 때문이다. 하나님의 나라가 가정에 임하지 못하는 것은 하나님의 말씀을 입으로만 받고 생활화하지 못하기 때문이다. 우리는 가정이 하나님 나라의 기본적 구성단위, 곧 요소단위라는 것을 인식하고 주 안에서 서로 존중하고 사랑하는 모습을 보여야 하겠다.

제 28 장
영혼을 사랑하고 가꾸는 교역자 되기

문제는 평신도에만 있는 것이 아니다. 교역자들도 문제를 가지고 있다. 교회의 지도자들인 이들의 문제는 여러 모로 영향을 미친다는 점에서 우선적으로 다뤄질 필요가 있다.

1. 한국의 교역자, 무엇이 문제인가?

우선 자기의 위치를 잘 인식하지 못하고 있다는 비판을 받고 있다. 교역자란 세상 속에서 그리스도의 일을 하는 일꾼을 말한다. 교역자에게는 양 무리가 있다. 이 양 무리는 교역자의 것이 아니라 주님의 것이다. 교역자도 주님에게 속한 양 무리 가운데 한 사람이지만 이 양 무리 가운데서도 주님을 도울 수 있도록 부름을 받은 자들일 뿐이다. 그러나 우리 주변의 많은 교역자들은 교인들을 자기의 양 무리로 착각하고 주님의 일보다는 자기의 일을 위해 양 무리에게 온갖 나쁜 짓을 다하는 사람들이 있다.

현재 많은 사람들이 교역자를 지망하고 있다. 그러나 그 동기가 선하지 못한 경우가 많음을 본다. 주님을 위한 헌신보다 교인들로부터 물질적 대우 또는 예우를 기대하고 있다. 우리 주변에 바람직하지 않은 교역자가 많이 양산되고 있는 것도 결코 이 흐름과 무관하지 않다. 이런 사람들일수록 이기적이고 권위주의적이어서 교인들에게 고압적인 목회를 한다. 이 같은 사람들은 주님을 도우는 사람이라기보다 자기가 주님이 된 셈이어서 사실상 주님께 부담을 주는 사람임을 알 수 있다. 교역자는 무엇보다 주님과 그분에게 속한 양 무리에 대해서 바른 태도를 가질 필요가 있다. 자기가 누구인가를 인식하지 못하는 교역자는 한마디로 교역자가 아니다. 비양심적인 교역자가 많아질수록 우리 교회는 어지러워지고 사회는 어두워지게 된다.

나아가 하나님의 사랑에 근거한 목회가 필요하다는 지적을 받고 있다. 독일어로 목회나 목양을 가리켜 '젤조르게(Seelsorge)'라고 하는데 이것은 '영혼(Seele)을 돌봄(Sorge)'이라는 뜻을 가지고 있다. 영어의 pastoral care도 양을 돌봄이라는 뜻을 가지고 있다. 교역자는 바로 양을 돌보는 자인데 이것은 모두 예수의 목양자로서의 목회에 바탕을 둔 것이다. 이 단어에서 우리는 몇 가지 점에 주목할 필요가 있다.

첫째, 목회는 영혼을 돌보는 것이나 그 영혼은 전 인격체 또는 그의 신앙생태를 가리킨다는 점이다. 우리는 독일어에서 영혼과 영어에서의 양에 주목할 필요가 있다. 칼 바르트는 영혼이란 육체를 무시하지 않는 전인을 가리킨다고 말했다. 그러므로 우리는 영혼을 단순히 보이지 않고 알 수 없는 차원이 아니라 전 인격적인 인간 모든 것임을 인식할 필요가 있다. 양은 바로 전 인격체이며 그 양의 신앙상태 모두를 가리킨다. 그러므로 교역자는 주님 소유인 전 인격체들의 신앙의 문제에 관심을 두어야 한다. 다른 것에 관심을 두는 것은 영혼을 돌보는 것이 아니다.

둘째, 영혼을 돌봄에 있어서 무엇보다 필요한 것은 하나님의 말씀이지 인간의 지식이 아니라는 점이다. Seelsorge와 구별되는 것이 있는데 그것은 Seelenpflege이다. Seelenpflege를 가리켜 영혼치료라고 말하는데 이것은 심리학이나 일반상식에 바탕을 두어 사람들의 문제를 풀어가는 것을 말한다. 그러나 Seelsorge는 인간의 지식이 아니라 하나님의 말씀에 따라 사람들의 문제를 풀어간다. 이런 점에서 이 둘은 접근방법이 다르다. 그런데 요즈음 교역자들 가운데 양들의 문제를 풀어감에 있어서 Seelsorge보다 Seelenpflege를 택하는 사람들이 많아지고 있다는 점이다. 하나님의 말씀에 의지하기보다 인간의 지식을 내세우는 것은 목회가 아니다.

셋째, 영혼을 돌본다는 것은 양 모두에게 사랑을 투입하는 것이다. 라틴어 '큐라'(cura)는 치료(cure)라는 뜻을 가지고 있기도 하지만 돌봄 또는 관심(care)이라는 뜻도 함께 가지고 있다. 특히 care는 주님의 사랑에 근거한 돌봄이라는 점에서 의학적 치료와는 다르다. 의학에서 간호도 사랑이 투입되어 있다. 간호(看護)라는 말 속에 손, 눈, 말이 들어 있는 것은 사랑이 있음을 보여준다. 그러나 그것은 인간의 사랑에 근거한다. 하지만 목회는 주님의 사랑에 근거한 care라는 점에서 차이가 있다. 희랍어로 '포이멘'(poimen)은 '양 무리를 먹이고 돌본다.'는 뜻을 가지고 있다. 이 단어는 집을 잃은 한 마리 양(마18:12-14), 이스라엘집의 잃은 양(마9:36), "내 양을 치라."는 주님의 명령(요21:15-19) 등 여러 곳에서 찾아볼 수 있다. 목자 없는 양과 같이 방황하는 사람들을 돌보라는 주님의 명령 속에는 특히 방황하는 양들에 대해 하나님의 사랑을 골고루 그리고 풍성히 베풀라는 사상이 짙게 깔려 있다는 것을 잊어서는 안 된다.

또한 그들만을 사랑하라는 것도 아니다. 목회학을 poimenics라 하는 것은 양 무리를 돌봄에 있어서 하나님의 사랑이 반듯이 골고루 투입되어야 한다는 것을 가리킨다. 그러나 상당수 한국 목회자들은 자기를 사랑하는 사람을 집중적으로 사랑하고 자기를 반대하고 조금만 괴롭힌다고 생각되는 교인들에 대해서는 무관심을 보인다. 심지어 "그 같은 성도들이 어서 떠나면 좋을 텐데." 하는 이기적인 목회자들도 많다. 이런 목회자는 엄밀히 말해서 삯꾼목자이지 주님이 원하시는 진정한 목자는 아니다.

끝으로, 남녀에 대한 차별적 인식이 잘못되었다는 지적이다. 우리는 오랫동안 남성 위주의 사회에서 살아 왔다. 법이나 규범, 사회적인 모든 관습이 남성 위주로 되어 있다. 그래서 남성은 자기가 존대받는 것을 당연시하고, 여성은 남성과 경쟁하는 것을 가급적 피하려한다. 이러한 사회적 인식이 교회 안에서도 그대로 적용되고 있다. 성경에 나타나는 여러 사회적 행태 속에서도 남성주도의 모습들이 나타난다. 그러나 이러한 생각은 인간의 차별적 생각일 뿐 하나님의 생각은 아니다.

하나님은 남성이든 여성이든 모두 하나님의 형상으로 창조했다. 남자만 하나님의 명령을 받은 것이 아니라 여성도 함께 받았다. 교역자는 남성이든 여성이든 모두 그리스도 안에서 하나이자 동등한 하나님의 일꾼이다. 다만 역할에 있어서 차이가 있을 뿐이다. 역할의 차이나 분담을 차별의 도구로 사용해서는 안 된다. 이런 의미에서 모든 교역자는 남녀를 불문하고 주님을 위한 팀 사역자라는 점을 인식해야 한다. 남교역자가 여교역자에 대해 우월감을 갖는 것은 잘못된 생각이다. 여교역자는 보다 높은 자긍심을 가지고 하나님의 일을 할 필요가 있다. 나아가 일반교인들도 남녀 모두 그리스도 안에서 하나요, 동등한 양 무리라는 점을 인식할 필요가 있다. 그리스도 안에서는 차별이 없다. 모두 하나가 되어 하나님의 일을 할 뿐이다. 인간이 차별적으로 의식하려는 것은 자기를 신격화하려는 교만에서 비롯된 것이다. 인간은 어느 누구도 신이 될 수 없다.

2. 교인들은 교역자를 어떻게 보는가?

교인들은 교역자의 허물을 좀처럼 용서하지 않는다. 아무리 다른 사람들이 잘못을 해도 교역자만큼은 잘못을 하지 않을 사람, 말을 해도 남보다 다른 사람, 그리고 인정과 심성이 다른 사람. 교인은 교역자를 이렇게 본다. 교역자도 사람이다. 따라서 얼마든지 실수를 할 수 있다. 그럼에도 교인들은 교역자란 달라야 한다고 생각하고 기대한다. 이러한 생각과 기대 때문에 교역자는 항상 주목을 받고 있다.

교역자가 교인으로부터 이러한 주목을 받듯이 교인들은 세상 사람들로부터 이러한 기대를 받고 있다. 따라서 그리스도인들은 항상 주목받고 있다는 점을 깊이 인식하고 바르게 처신하도록 노력하지 않으면 안 된다. 그리스도인으로서 처신을 바로 하지 못하면 돌아오는 것은 비난뿐이다. 교회가 시끄러운 것은 대체로 교역자가 잘못 처신한다고 생각하기 때문이다. 교인들은 교역자 앞에서는 존경의 예를 표하지만 뒤에서 욕하는 사람이라는 것을 잊어서는 안 된다. 비방을 영어로 backbiting이라고 하는데 이것은 뒤에서 문다는 뜻을 가지고 있다. 당사자가 없는데서 헐뜯는 것은 고약한 짓인데 교인들은 거의 예외 없이 교역자를 놓고 backbiting을 한다. 목회자는 양들의 허물을 모두 용서하지만 양은 목회자의 한 가지 허물도 용서하지 않는다는 사실을 기억할 필요가 있다.

나아가 교인들은 교역자가 세상적으로 부요한 것을 참지 못한다. 교역자는 사람을 차별해서는 안 된다. 그러나 교역자는 항상 다른 사람으로부터 차별을 당할 준비가 되어 있어야 한다. 사람들은 언제나 자기의 부, 자기의 영예를 확대하는 데 관심을 가지고 있다. 좀 더 많은 것, 좀 더 좋은 것을 갖고 싶어 한다. 그러나 그들은 교역자들이 그들과 똑같은 행동을 하는 것을 허용하지 않는다. 그저 영적으로 부유해지기만을 바란다. 만일 교역자가 고급 승용차를 가지고 있다면 그 교역자는 필시 교인들의 입방아에 오르게 되고 경우에 따라서는 그 문제로 교회를 떠나야 하는 문제까지 낳는다. 일반 교인들 상당수가 좋은 차를 가지고 있다 해도 교역자가 고급차를 갖는다는 것을 교인들은 허용하지 않기 때문이다. 교인들 각자는 좋은 집에서 살면서도 교역자가 호화주택에 살면 싫어한다. 그들은 기본적으로 교역자가 물질적으로 풍족하기보다 영적으로 풍족해지기만을 바란다. 교역자도 가족을 가지고 있고 다른 사람과 똑같은 욕구를 가지고 있다고 말해도 통하지 않는다. 한마디로 교역자는 달라야 한다는 것이다.

이것은 교역자는 더 이상 개인적이 될 수 없고 공인이라는 것을 말해 준다. 일반적으로 공인은 보통사람과는 달라야 한다고 생각한다. 대통령을 비롯해서 여러 공직자들이 재산공개를 하고 도덕성이 판단되는 것은 공적인 인물은 달라야 한다고 보기 때문이다. 교역자에게는 세상의 공인보다 더 높은 윤리적 기준이 요구되고 있다. 교역자들이 교회 안에서나 사회에서 입방아에 오르게 되는 것은 이런 사회적 기대 때문이다. 교역자는 차별을 받고 있다. 그 차별은 어두운 이 세상에서 그래도 거룩함을 유지해야 하는 마지막이 교역자라는 사회적 기대에서 나온 것이므로 인내하지 않으면 안 된다. 하지만 교역자는 단지 인간을 실망시키지 않기 위해서가 아니라 하나님의 거룩함을 나타내기 위해서 인내해야 한다.

3. 교역자는 어떻게 행동해야 하는가?

하나님과 사람의 관계에서 우월성을 보여줘야 한다. 그 무엇보다,

그리고 언제나 하나님 중심으로 생활해야 한다. 교역자의 힘은 하나님에게서 나온다. 그러므로 교역자는 언제나 하나님과의 관계를 바로 가질 필요가 있다. 이스라엘 지파 가운데 유독 레위인이 하나님을 위해 선별된 것은 그들이 하나님 편에 섰기 때문이다. 교역자는 먼저 하나님을 생각하고 하나님 편에 서서 외치는 자가 되어야 한다. 이를 위해 자신은 언제나 오직 하나님만 섬기는 종임을 인식하고 하나님 앞에서 늘 자기의 신발을 벗는 자가 되어야 한다. 교역자가 하나님보다 세상을 생각하고 자기의 인간적 성공을 염두에 둔다면 그는 주님을 생각하는 사람이 아니다.

교역자는 하나님으로부터 인정을 받는 사람이 되어야 한다. 교역자는 어느 누구보다 하나님으로부터 신뢰받는 사람이 되어야 한다. 교역자는 그리스도의 날에 주님으로부터 내가 너희를 도무지 알지 못하노라라는 말씀을 들어서는 안 된다. 그럼에도 불구하고 상당수 교역자들은 하나님의 일을 함에 있어서 하나님보다 사람의 눈치를 더 보며 일하는 모습을 보여주고 있다. 이것은 확실히 잘못된 것이다. 목회는 교회에서 세력을 가지고 있는 어느 누구를 의식하며 일하는 것이 아니라 하나님의 일을 하나님의 기준에 맞추어 당당히 일하는 것이다. 교역자는 이런 당당함을 가지고 있어야 한다.

그러나 하나님의 일을 함에 있어서 주님은 교역자에게 기쁨도 주시지만 때로 눈물도 주신다. 억울한 말을 들을 때 이 직을 집어치우고 싶은 때가 한두 번이 아니다. 그러나 주님은 항상 우리를 주시한다는 것을 기억하지 않으면 안 된다. 참음으로 어려움을 이겨나갈 때 우리에게 더한 기쁨과 감격을 주신다. 하나님은 교역자에게 고난을 주심으로 영적으로 성장하게 만드신다. 하나님이 자기의 일꾼을 인정하시는 것은 기쁨의 일보다 고난의 일을 통해서 더욱 나타난다. 그러므로 교역자에게 무엇보다 필요한 것은 그리스도 안에서의 오래 참음이다. 하나님께서 인간에 대해 길이 참으시는 것처럼 교역자도 참아야 한다. 그러나 그 참음은 자기의 인내력에서 나온 것이 아니라 하나님께서 나를 아시며 나에게 그 힘을 주신다는 믿음의 확신에서 비롯된 것이어야 한다. 교역자는 하나님의 사람이므로 그 주인 되시는 하나님으로부터 인정받는 것이 무엇보다 중요하다.

사람과의 관계에 있어서 교역자는 무엇보다 긍정적 자아상을 가져야 한다. 사람은 누구나 조금쯤 두려움을 가지고 산다. 세상을 자신감 있게 사는 사람은 별로 없다. 콤플렉스를 전혀 느끼지 않는다는 것은 거짓말이다. 그럼에도 불구하고 인간관계에 있어서 무엇보다 필요한 것은 긍정적 자아상을 가지는 일이다. 긍정적 자아상을 가진다는 것은 자기의 모든 면이 완벽하기 때문이 아니라 부족한 가운데서 보다 밝은 마음을 가지고 세상을 보다 밝게 보면서 살아가고자 하기 때문이다. 긍정적 자아상을 가지면 남의 밝은 면을 먼저 보게 되고, 그래서 대화도, 인간관계도 나아질 수 있다. 긍정적 자아상을 가지면 남의 단점보다 장점만을 보고 격려하게 된다.

교역자는 음지에서 일한다는 각오를 하라. 중앙정보부에는 "우리는 음지에서 일하고 양지를 지향한다."는 구호가 새겨진 큰 돌 하나가 있다. 보이지 않는 곳에서 일하지만 나라를 보호하는 일을 한다는 것이다. 교역자는 음지에서 일하는 사람들이다. 영적으로 병든 곳, 썩은 곳들을 찾아 일을 해야 하기 때문이다. 이를 위해 교역자는 무엇보다 썩을 씨가 되어야 한다. 교역자가 썩지 않으면 교회에 생명의 싹은 없다. 교역자가 자기의 몸 윤택해지기를 바라고, 자기의 명예를 좇으려 한다면 썩지 않았음을 보여주는 것이다. 자기의 지식, 학문, 신학을 내세워 교인을 누르려 하는 것도 종의 의식의 없음을 보여주는 것이다. 교역자는 종이지 군림하는 자가 아니다. 나아가 교역자는 뿌리 같은 사람이 되어야 한다. 사람들은 모두 잎이나 꽃이 되어 사랑받고 싶어 한다. 그러나 뿌리가 되고 싶어 하지는 않는다. 눈에 띄지도 않을 뿐 아니라 아무리 일해도 인정을 받지 못하기 때문이다. 그러나 성경은 뿌리 같은 존재가 되어야 한다고 말한다. 뿌리는 숨은 일꾼이다. 보이지 않게 숨은 봉사를 한다. 생수의 근원을 찾아 열심히 일한다. 나무는 뿌리가 튼튼해야 산다. 만일 뿌리의 존재가 무시된다면 그 나무는 소망이 없다.

교역자는 사람을 키울 줄 아는 사람이 되어야 한다. 한국인의 병폐 가운데 하나는 사람을 키울 줄 모른다는 것이다. 사촌이 논을 사면 배가 아픈 민족이라서 그런지 다른 사람이 잘되는 꼴을 잘 보지 못한다. 그러나 우리는 이러한 태도를 버려야 할 뿐 아니라 오히려 사람을 키우는 교육자의 역할을 해야 한다. 선생만 교육자가 아니라 모든 인간관계에서 남을 키우는 자세를 가지고 있으면 모두 다 교육자 역할을 하는 것이다. 영혼을 생각하는 선생처럼 가치 있고 보람 있는 일을 하는 사람은 없다. 잠자는 영혼, 잠자는 신도를 깨우는 교역자야말로 하나님을 위해 바르게 일하는 교역자이다.

교역자는 항상 말에 주의할 필요가 있다. 교역자는 무엇보다 말을 잘해야 하지만 말함에 있어서 주의해야 할 점들이 너무 많다. 그 가운데 몇 가지를 살펴보면 다음과 같다.

첫째, 말하기보다 듣기를 잘하라. 현대는 말을 잘하는 사람보다 듣기를 잘하는 사람이 좋은 사람으로 친다. 대체로 민주적이고 인격적인 사람들은 자기의 말을 하기보다 상대방의 말을 경청하는 자세를 취한다. 반면에 권위주의적이고 자기자랑을 좋아하는 사람은 상대방이 무슨 말을 하든 관계없이 자기말만 하는 성향이 있다. 김대중은 그의 자전적인 책, 「새로운 시작을 위하여」에서 다음과 같이 말한다.

"미국이나 일본 또는 독일과 같은 민주주의 나라의 지도자들은 자기 말을 하는 것보다 상대방의 말을 더 많이 들으려고 합니다. 그런데 과거 독재정권의 통치를 받으며 반독재투쟁을 하다 갓 해방된 나라의 지도자들과 대화를 해 보면 이분들은 주로 자기 말만 하고 상대방에게는 말할 기회를 좀처럼 주려고 하지 않습니다. 루마니아에서 수상과 약 한 시간 15분 동안 면담시간을 가졌습니다. 정말 성실하고 진지한 사람이었습니다. 그런데 한 시간 이상을 그분이 혼자 말하는 것이었습니다. 그리고 마지막에 '간단하나마 이 정도로 말을 줄이겠다.'고 하더군요."

교역자는 대체로 말을 잘한다, 또는 말을 많이 한다는 평을 듣고 있다. 어디서든 나서기 좋아하고 대접받고 군림하고 싶어 한다. 그러나 가장 좋은 교역자는 자기 말만 하는 사람이 아니라 상대의 말을 주의 깊게 경청하고 그의 입장에 서서 이해하는 사람이다. 주님은 바로 죄인의 입장에 서신 분이시다. 교역자는 자기 입장만 내세우는 사람이 아니라 남의 입장에 서는 사람이 되어야 한다. 최선의 커뮤니케이션은 말하는 것이 아니라 듣는 것임을 잊어서는 안 된다. 성경도 "듣기는 속히 하고 말하기는 더디 하며 성내기도 더디 하라."(약1:19)고 말씀하고 있다.

둘째, 말함에 있어 항상 조심성이 있어야 한다. 교역자는 이 일에 있어서 교역자가 명심해야 할 것들이 몇 가지 있다. 무엇보다 비교하지 말아야 한다. 유대인들은 자녀교육에 있어서나 인간관계에 있어서 상대를 남과 비교하여 말하지 않는다. 각자마다 고유한 특성이 있음을 인정하고 개성을 살리는 쪽으로 말한다. 비교하여 말하는 것은 듣는 사람의 자존심을 상하게 하고 일의 의욕을 꺾는다.

또한 흑백논리를 버려야 한다. 우리는 자기의 자를 가지고 남을 판단할 때가 많다. 그래서 저것은 틀리고 이것은 맞다고 생각한다. 판단하기를 좋아하기 때문이다. 그러나 성경은 판단하지 말도록 가르치고 있다. 판단(judging)은 재판장이 되어 심판을 하는 것을 의미한다. 판단하실 이는 오직 하나님 한 분뿐이시다. 한경직 목사를 찾아가 이런저런 이야기를 하면 자네 말도 일리가 있고 이 사람 말도 일리가 있어라고 대답하신다고 한다. 그리스도인이 얼마나 성숙한가는 남을 판단하기보다 폭넓게 포용할 줄 아는 데서 달라진다.

나아가 지나친 간섭은 의욕을 잃게 한다. 격려는 좋은 것이지만 그것이 간섭이 되어서는 안 된다. 격려한다고 일에 간섭하거나 지시하는 태도를 취하면 하던 일도 놓고 싶고, 하고 싶은 일도 하고 싶지 않으며, 능력은 더욱 위축당하게 된다. 끝으로 비판에 앞서 인격을 생각해야 한다. 우리는 비판(critics)을 함에 있어서 먼저 상대방의 입장이나 장점을 인정해 주는 비판을 해야 하며 상대방의 인격을 훼손하는 비방은 절대 해서는 안 된다. 남이 있는 앞에서는 절대로 꾸짖지 말고 조용히 단둘이 있을 때만 꾸짖고 이 사실을 남에게 발설하지 않아야 한다. 비판에 앞서 상대방의 인격을 생각하는 태도가 무엇보다 중요하다.

셋째, 말에 힘이 있어야 한다. 단기지교(斷機之敎) 또는 단기지계(斷機之誡)라는 말이 있다. 이 말이 태어난 유래를 보면 여성은 때로 단호함, 곧 힘을 보일 수 있어야 한다는 것을 가르쳐준다. 맹자가 공부를 하기 위해 집을 떠나 있었다. 어머니가 보고 싶어 집을 찾아오게 되었다. 오래간만에 온 귀한 아들인데도 어머니는 반가운 기색은 보이지 않고 계속 베를 짜고 있었다. 어머니는 대뜸 "공부는 다 마쳤느냐?"고 물었다. 맹자는 "끝마치다니요. 어머님이 하도 보고 싶어 잠시 다녀가려고 왔습니다."라고 대답했다. 그러자 어머니는 옆에 있는 칼을 집어 들더니 짜고 있던 베를 싹둑 잘라버렸다. 베틀의 여러 기구들이 방바닥에 흩어지고 더 이상 베를 짤 수 없게 되었다. 너무 뜻밖인 맹자는 놀라 "어머님 왜 그러십니까?"라고 물었다. 어머니는 "네가 도중에 공부를 그만두는 것은 내가 짜고 있던 베를 다

마치지 못하고 끊어버리는 것과 같다. 사람이 학문을 닦지 않으면 도둑이 되거나 남의 심부름꾼밖에 될 것이 없다."고 잘라 말했다. 학업을 도중에 그만두고 오는 것은 베의 날을 끊는 것과 같이 아무런 이익이 없다는 것이다. 그러므로 학업을 중단해서는 안 된다는 것이다.

이 고사성어의 중심적인 뜻은 중간에 그만두는 일은 없어야 한다는 것이지만 우리는 맹자 어머니의 단호함에 주목하지 않으면 안 된다. 그 어머니는 아들의 배움을 위해 세 번이나 집을 옮긴 단호함을 보였으며 아들이 공부함에 있어서도 중단해서 안 된다는 것을 베틀 교훈을 통해 가르침으로써 위대한 맹자를 만들었다. 맹자의 뒤에는 그의 어머니의 단호함이 있었다는 것을 잊어서는 안 된다. 융에 따르면 이것은 여성 속에 있는 남성다움이다. 이러한 단호함이 자식을 자식답게 하고, 남편을 남편답게 만들고, 교회를 교회답게 만들 수 있다는 것을 잊어서는 안 된다. 여자는 언제나 나긋나긋해야 한다는 것은 잘못된 고정관념이다. 단호함은 여교역자에게만 필요한 것이 아니라 남교역자에게도 필요하다. 단호함을 가진 사람의 말은 그렇지 않은 사람의 말보다 더 존중을 받는다.

교역자는 윤리적으로 흠이 없는 교역자가 되어야 한다. 교역자는 하나님뿐 아니라 사람들로부터도 신뢰를 받아야 한다. 특히 교인들로부터 흠이 없는 교역자로서 인정을 받아야 한다. 흠이 많아 믿을 만한 사람이 못 된다는 말을 들으면 인간관계는 어려워진다. 교역자도 사람이므로 흠이 없을 수 없다. 그러나 잘못된 점이 드러날 때 자기의 잘못을 솔직하게 시인하고 개선하는 모습이 있어야 한다. 교인들은 교역자들이 잘못을 시인할 때 그를 지탄하기보다 존경한다. 그럼에도 불구하고 대부분의 교역자는 자기의 잘못을 시인하기보다 합리화하기에 급급하다. 교역자라면 자기를 합리화하기보다 차라리 수모를 당하는 쪽이 낫다. 합리화할 만큼 잘한 일이라면 그 결국이 밝혀질 날이 올 것이기 때문이다.

나아가 내 식구와 나 자신으로부터 인정받는 사람이 되어야 한다. 가장 나를 잘 아는 사람은 집안의 사람들이요, 나 자신이다. 그들을 두려움으로 대하고 항상 경건한 모습을 잃지 않아야 한다. 이를 위해서 교역자는 가정적으로도 존경받을 수 있도록 처신하지 않으면 안 된다. 사람은 가까울수록 존경하고 두려워할 줄 알아야 한다. 가까운 사람들로부터 인격적으로 존경을 받지 않으면 먼 곳으로부터의 존경을 기대할 수 없다. 인정을 받는 것은 말보다 그에 대한 깊은 신뢰에 바탕을 두고 있다. 우리가 존경받을 만큼 처신을 하지 않으면 신뢰는 결코 형성되지 않는다.

교역자는 미래와의 관계도 생각해야 한다. 이를 우선 능력을 배양하는 것이 중요하다. 요사이 신세대 여성들은 남성을 선택할 때 주로 다음과 같은 세 가지 점을 고려한다고 한다. 첫째는 능력이 있는 남자, 둘째는 나만을 사랑하는 남자, 그리고 셋째는 다리가 긴 남자다. 모두가 자기의 이기심을 채우려 함을 드러내는 것이기는 하지만 이것이 보통 사람들의 한결같은 마음이라 생각된다. 우리가 여기서 주목해야 할 것은 능력이다. 지금뿐 아니라 앞으로도 남자다 여자다 할 것 없이 능력이 있어야 자기 목소리를 낼 수 있는 사회로 가고 있다.

어떤 조직이고 요사이는 전문성과 능력배양에 초점을 맞추고 있다. 교역자들이 보다 신임을 받고 자기 자리를 찾기 위해서는 자기의 사역분야에서 최고가 되는 노력들이 있어야 한다. 앞으로는 많은 전문용어들이 쏟아져 나오게 되어있다. 교역자들이 그 전문용어를 다 알 수 없다 해도 최소한 남들이 하는 말 정도는 이해할 수 있어야 읽고 대화할 수 있다. 때로 우리는 "나는 너무 늦었어."라고 말한다. 그러나 그때가 가장 빠른 때라는 사실을 잊어서는 안 된다. 배움에는 끝도 없고 때도 없다. 죽는 날까지 배우는 것이 삶이며 언제나 그리고 누구로부터 배워야 하는 것이 공부다. 늙어서는 어린이로부터 배운다고 하듯이 교역자도 어린 학생들로부터 배울 수 있는 자세를 가지고 있어야 한다.

교역자는 미래의 삶의 방식에 정확한 답을 줄 수 있어야 한다. 21세기는 변화의 시대다. 무엇보다 세계화, 정보화가 빨라지고 기술의 발전도 놀랍게 발전하고 있다. 이러한 흐름에 대해 교역자들은 보다 민감한 태도를 가지고 성도들이 미래의 변화에 어떻게 적응해 나가야 할 것인가를 말해 줄 수 있어야 한다. 옛날에는 교역자가 사회가 돌아가는 것을 모르면 순진하다 해서 칭찬을 받았지만 앞으로는 다르다. 교역자가 문화적 변혁에 대해 문맹이 되면 미래의 삶에 대해 말할 수 없게 된다. 과학기술이 발달하면 발달할수록 상대적으로 요구되는 것이 종교이다. 과학이 충족시킬 수 없는 마음을 종교가 가슴 가득히 채워주어야 하기 때문이다. 그 마음을 채워줄 수 있는 것은 인간이 만든 종교가 아니라 하나님의 말씀이다. 하나님의 말씀만이 현재와 미래, 급격한 변화, 그리고 인간이 지향해 나가야 할 방향에 대해서 대답을 줄 수 있기 때문이다.

교역자는 무엇보다 하나님 앞에 바로 서고, 사람을 그리스도의 형상으로 대하며, 변화하는 상황에서 책임 있는 답을 해 주어야 할 위치에 선 사람들이다. 교역자는 하나님이 아니다. 단지 하나님이 필요에 의해 택한 하나님의 도구일 뿐이다. 교역자는 사람 위에 군림해서는 안 되며 자신도 하나님 앞에서 늘 깨어지고 주의를 들어야 할 부족한 사람임을 인식해야 한다. 교역자는 다른 사람과 절대 다르지 않다. 그러나 한 가지 다른 것이 있다면 잠자는 영혼을 깨우는 하나님의 일꾼이라는 사실이다. 자는 자의 영혼을 깨우는 자가 스스로 잠을 자고 있다면 그는 하나님의 일을 하는 교역자라 말할 수 없다.

교역자는 이러한 자가 되지 않도록 순간순간 자기를 채찍질하며 하나님 앞과 사람 앞에 똑바로 서는 작업을 해야 할 책임과 의무가 있는 존재임을 잊어서는 안 된다.

제 7 부

예수와 십자가 중심의 삶

제 29 장
네 안에 예수 그리스도의 피가 흐르게 하라

1. 주님 질문 있습니다. "내 안에 무엇이 있나요?"

코카콜라의 전략 가운데 '세계인의 피 속에 코카콜라가 흐르게 하자.'는 것이 있다. 그렇다면 그리스도인 안에는 예수의 피가 흘러야 하지 않겠는가. 입을 열 때마다 예수의 말을 하고, 걸을 때도 예수의 걸음을 걷는다면 그는 정말 이 땅에서 하늘의 삶을 사는 행복한 사람이다.

그리스도인 안에는 무엇이 있을까? 내 안에는(in me) 과연 무엇이 있을까? 육적인 질문이 아니다. 내 안에 있는 영의 문을 열고 들어서면 무엇이 있을까 궁금하다. 내 영을 들여다볼 수 있는 것이 아니어서 더욱 궁금하다. 그 안이 화려하지 않아도 좋다. 그러나 주님이 주시는 것, 주님이 기뻐하시는 것으로 풍성하다면 얼마나 좋을까.

성경을 읽으면서 그 물음에 대한 답을 찾기로 하자. 성경은 우리 안에 이미 주님의 것이 많이 채워져 있음을 보여주고 있다. 문제는 우리가 그것을 절실하게 인식하지 못하고 있다는 데 문제가 있다. 성경은 우리 안에 예수 그리스도가 있고, 성령이 내주해 계시며, 주님의 사랑과 하나님의 약속이 있음을 가르쳐 주고 있다. 이 많은 것을 보면서 "아. 내 잔이 넘치나이다."는 느낌과 함께 감격으로 벅차게 된다.

2. 예수 그리스도

바울은 먼저 이렇게 말한다. "너희가 믿음이 있는가 너희 자신을 시험하고 너희 자신을 확증하라 예수 그리스도께서 너희 안에 계신 줄을 너희가 스스로 알지 못하느냐 그렇지 않으면 너희가 버리운 자니라"(고후13:5). 예수 그리스도께서 우리 안에 계신다는 것이다. 놀라운 일이 아닐 수 없다. 그는 우리 안에 예수님이 있는지 확신하려면 우리가 주님에 대한 믿음이 있는가를 알아보고 스스로 확증하라 한다.

주님을 향한 믿음이 있는 자라면 먼저 우리 안에 예수님이 계신지 생각해 볼 필요가 있다. 주님을 말해도 아무런 감동이 없고, 마음에 감격이 없으며, 주님을 사랑하는 마음이 없다면 우리 마음속에 주님은 없다. 그러나 예수님 한 분만으로도 만족한다면, 섬길수록 더 귀한 주님이라 고백한다면 주님은 이미 우리 안에 계시고, 살아 역사하신다는 것을 알 수 있다.

예수 그리스도를 생각하고 기뻐하는 것만으로도 이미 우리 안에 주님이 계심을 알 수 있다. 중요한 것은 내 안에 있는 그리스도를 풍성하게 느끼고 그 주님을 생활 속에서 드러내는 일이다. "내가 그리스도 안에서 참말을 하고 거짓말을 아니 하노라"(롬9:1).

홀랜드의 코리 템플은 나치수용소에서 자기가 가진 것을 모두 빼앗겼다. 성경까지도 가져갔다. 그런 가운데서 그는 말했다. "그들이 성경까지 빼앗아 갔지만 내 안에 있는 예수 그리스도는 빼앗아갈 수 없습니다."

에클리(A. H. Ackley) 목사는 이렇게 찬송을 지었다(찬송 151장). "예수 예수 늘 살아계셔서 주 동행하여 주시며 늘 말씀하시네 예수 예수 내 구세주 예수 내 맘에 살아 계시네 늘 살아계시네"

3. 성 령

바울은 우리를 향하여 "성령을 소멸치 말며"(살전5:19)라고 권면한다. 이것은 우리 안에 성령이 내주해 계심을 의미한다. 주님은 예수를 그리스도로 고백하는 사람들에게 성령을 이미 주셨고, 그 성령은 우리 안에 내주해 계신다. 성령은 먼 하늘에 있는 것이 아니라 이미 우리 안에 계신다. 그럼에도 불구하고 우리는 성령을 달라고 기도한다. 하나님은 "주었는데 왜 모르느냐?"고 말씀하신다. 성령이 내주해 계시는데도 "성령이여, 지금 오시옵소서."라고 기도하고 찬양하는 것은 잘못된 것이다. 불신자라면 몰라도 성도들에게는 적합한 말이 아니다.

구약시대에는 성령이 방문했다. 그러나 신약은 성령이 우리 안에 내주하신다고 말씀하고 있다. 구약시대에는 기름(향수)부음을 받았다. 밖에서 향수를 붓는다. 얼마 후 향수의 냄새가 없어지면 효과가 더 이상 나지 않는 것으로 간주하고 다시 기름을 부었다. 그러나 신약에서는 그리스도가 우리 안에 내주해 계신다. 성령(기름)이 우리 안에 풍성한 것이 이를 나타낸다.

구약시대에는 건물성전을 성전이라 불렀다. 그러나 그리스도가 우리 안에 있은 다음부터는 우리 자신을 가리켜 '성령의 전'이라 부른다. 그러므로 우리는 안테나를 밖으로 꼽을 것이 아니라 안으로 꼽아야 한다. 그리스도의 영이 우리 안에 계시기 때문이다.

"믿을 때 성령을 받았느냐?" 우리는 예수를 그리스도로 고백했을 때 이미 성령을 받았다. 이제 받은 성령을 밖으로 내놓을 줄 알아야 한다. 하나님은 우리에게 성령을 잠시 사용한 후 끝날 전지로 주지 않았다. 우리 안에 전지공장을 만들어 주셨다. 문제는 우리가 그 공장을 얼마나 가동시키고 있느냐 하는 것이다.

내 안에 성령이 있음을 믿고 그 성령을 삶 속에 내 놓는 것이 바로 믿음이다. 문제는 우리가 성령을 어떻게 활용할지 모르고 있다는 점이다. 아마존 강에서 보트를 타고 있는 사람이 물을 마시지 못하고 기진맥진하여 죽어가고 있었다. 마침 큰 배가 지나가고 있어 물을 달라고 요청했다. 그러자 그 배에서 큰소리로 외치는 것이었다. "여기는 아마존 강입니다. 강물이에요. 마시세요." 그들이 기진한 것은 아마존 강물이 바닷물이 아니라 강물이라는 것을 알지 못하기 때문이었다. 우리는 매일 우리 안에 있는 성령의 가르침과 인도를 받으며 살아야 한다. 성령으로 인해 내 배에 있는 생수의 강이 날마다 삶의 현장에서 넘치도록 해야 한다.

성령이 보다 풍성히 나타나기 위해서는 더 이상 육체를 위해 심는 자가 되지 않고 성령을 위해 심는 자가 되어야 한다. "자기의 육체를 위하여 심는 자는 육체로부터 썩어진 것을 거두고 성령을 위하여 심는 자는 성령으로부터 영생을 거두리라"(갈6:8). 그리하면 성령도 우리를 위해 힘써 일하신다. "마음을 감찰하시는 이가 성령의 생각을 아시나니 이는 성령이 하나님의 뜻대로 성도를 위하여 간구하심이니라"(롬8:27).

4. 하나님의 사랑

바울은 우리 안에 하나님의 사랑이 가득 채워져 있다고 말한다. "소망이 부끄럽지 아니함은 우리에게 주신 성령으로 말미암아 하나님의 사랑이 우리 마음에 부은바 됨이니"(롬5:5). 성령은 하나님의 사랑을 우리 마음에 풍성히 부어 가득 차게 하였다.

복음 성가에 이런 구절이 있다. "하나님의 사랑이 영원히 함께하리. 십자가의 길을 걷는 자에게." 이것은 그리스도인에게 하나님의 사랑이 영원히 함께한다는 고백이다.

요한은 하나님의 사랑을 가진 자의 삶이 달라야 한다고 가르친다. 무엇보다 말씀을 지킨다. 사랑하는 자는 사랑하는 자의 말을 듣는다. "누구든지 그의 말씀을 지키는 자는 하나님의 사랑이 그 속에서 온전케 되었나니 이로써 우리가 저 안에 있는 줄을 아노라 저 안에 거한다 하는 자는 그의 행하시는 대로 자기도 행할지니라"(요일2:5,6).

사랑의 하나님은 그리스도를 통해 용서의 삶을 가르치셨다. 그분을 우리 안에 모시고 사는 우리가 남을 용서하지 못한다면 그것은 우리 안에 하나님의 사랑이 없는 증거이다.

요한은 또한 하나님의 사랑이 우리 안에 있다면 세상을 사랑해서는 안 된다고 가르친다. "이 세상이나 세상에 있는 것들을 사랑치 말라 누구든지 세상을 사랑하면 아버지의 사랑이 그 속에 있지 아니하니"(요일2:15). 세상을 사랑하면 하나님의 사랑이 그 안에 있지 않다는 말에 주목할 필요가 있다.

5. 보배롭고 지극히 큰 약속

베드로는 우리가 하나님의 '보배롭고 지극히 큰' 약속을 갖고 있다고 말한다. 하늘의 약속을 소유한 백성이라는 것이다.

"그의 신기한 능력으로 생명과 경건에 속한 모든 것을 우리에게 주셨으니—이로써 그 보배롭고 지극히 큰 약속을 우리에게 주사 이 약속으로 말미암아 너희로 정욕을 인하여 세상에서 썩어질 것을 피하여 신의 성품에 참예하는 자가 되게 하려 하셨으니"(벧후1:3,4).

베드로는 이 약속을 가진 사람은 "정욕을 인하여 세상에서 썩어질 것을 피하여 신의 성품에 참예하는 자"가 되어야 함을 역설하고 있다. 하늘의 큰 약속을 가진 그리스도인은 달라야 한다는 것이다. 하나님은 우리에게 이미 새 차를 주셨다. 그런데도 우리는 옛 차만 굴리고 있다. 우리는 기쁜 마음으로 늘 나와 함께하시는 성령의 새 차를 타야 한다. 옛 차는 이미 기능을 다했다.

바울은 이렇게 기도하고 있다. "그 영광의 풍성을 따라 그의 성령으로 말미암아 너희 속사람을 능력으로 강건하게 하옵시며 믿음으로 말미암아 그리스도께서 너희 마음에 계시게 하옵시고—하나님의 모든 충만한 것으로 너희에게 충만하게 하시기를 구하노라"(엡3:16,17,19).

그의 기도는 다음과 같이 요약된다. 이것이 바로 새로운 언약의 삶(new covenant life)이다.

- 성령으로 우리의 속사람을 강건하게 하옵소서(16절).
- 믿음으로 말미암아 그리스도께서 너희 마음에 계시게 하옵소서(17절).
- 하나님의 모든 충만하신 것으로 우리 안에 충만하게 하옵소서(19절).
- 우리 가운데 능력으로 역사하게 하옵소서(20절).

하나님이 주신 큰 약속은 마치 언젠가 피어날 생명의 씨앗과도 같다. 그리스도의 생명이 내 안에 살아 있다면 어느 누구든 그의 삶 속에서 그리스도의 생명이 언젠가 태어날 것을 기대해도 좋을 것이다. 때로는 나의 겉모습, 나의 겉생활만 보아서는 정녕 어떤 태어남이 있을 것 같아 보이지 않지만 그러나 주님이 내 안에 계시는 한 나의 삶 속에서 강하게 역사할 것을 믿는다.

윌리엄 브라이언은 이집트를 여행하다가 3천 년 된 미라 속에서 말라빠진 밀 알갱이를 발견하고 이것을 한 움큼 가져다가 집에서 심어보았다. 그랬더니 이게 어떻게 된 일인가. 한 달이 지나자 그 밀 알에 싹이 나고 잎이 나서 그 이듬해 다른 밀 종자와 같이 수확을 했다. 3천 년을 건너뛴 생명의 탄생이요, 놀라운 수확이었다. 그 후부터 브라이언은 이곳저곳을 다니면서 "3천 년 묵은 밀 알갱이에서 새 생명을 솟아오르게 하는 하나님이 만물의 영장인 인간을 죽음에서 부활시킬 수 없겠느냐." 전도하며 다녔다. 인도에서는 6백 년 된 곡식을 발견하고 이것을 생명으로 틔어 낸 사건도 있었다. 아무리 시간이 오래 지났다 해도 그 안에 생명이 있다면 어느 땐가 그 생명을 틔울 수 있게 된다.

"예수를 죽은 자 가운데서 살리신 이의 영이 너희 안에 거하시면 그리스도 예수를 죽은 자 가운데서 살리신 이가 너희 안에 거하시는 그의 영으로 말미암아 너희 죽을 몸도 살리시리라."(롬8:11) 부활의 소망, 하나님 나라의 소망을 갖게 하신다.

그리스도인은 예수의 생명을 가진 사람들이다. 겉으로 말라빠진 것처럼 보인다 할지라도 우리 안에 예수의 생명이 살아 있는 한 희망이 있는 사람들이다. 때가 되면 사람들에게 그리스도의 싹이 나고 잎이 나며 열매를 거둘 수 있기 때문이다. 중요한 것은 우리 안에 예수의 생명이 살아 있는가 하는 것이다. 지금 나는 어떤 생명을 가졌는가? 곰곰이 생각해 보자.

6. 우리는 어떻게 살아가야 하는가?

1) 주님을 기뻐한다

주님을 기뻐하는 것이 내 안의 힘이다. 이 기쁨을 가지려면 내 안에 주님이 계신 것을 믿어야 한다. 바울은 주님이 자기 안에 있다는 확신을 가지고 있었기 때문에 투옥되고 매 맞고 피를 흘리는 가운데서도 기뻐하며 우리를 향해 "항상 기뻐하라."며 편지까지 쓰셨다. 주님이 우리 안에 계신다는 믿음이 없이는 이런 말을 할 수 없다.

예수 그리스도가 내 안에 있는 사람은 긍정적으로 살아야 한다. "주 예수 내 맘에 들어와 계신 후 변하여 새 사람 되고 – 물밀 듯 내 맘에 기쁨이 넘침은 주 예수 내 맘에 오심"(찬송 208장)이라 고백해 놓고 변하여 새 사람 된 모습이 전혀 보이지 않고 마음에 기쁨이 없다면 문제가 아닐 수 없다.

2) 진리대로 산다

예수 그리스도가 내 안에 있는 사람은 진리대로 살아가야 한다. 진리대로 사는 사람을 주님이 기뻐하시기 때문이다. 우리는 무엇보다 주님이 "내 안에 계신다, 우리와 함께 계신다."는 믿음을 가져야 한다. 그리스도인은 감정으로 사는 사람이 아니다. 전기나 전율의 감동이나 감정이나 느낌으로 사는 사람이 아니다. 주님이 지금 우리 안에 계신 것을 믿고 확신하면서 진리 안에서 행동하도록 해야 한다. 그래야 우리가 하나님의 전이라는 것을 증거 하게 된다. 믿음은 감정이 아니라 확신이며 행동이다. 우리는 진리를 알고 행동하기 위해 성경을 읽어야 한다. 성경은 진리의 말씀을 가득 담고 있다. 성경은 우리가 매일 찾고 참고해야 할 달력과 같다.

3) 하나님이 능력 주심을 믿는다

하나님이 우리에게 능력을 주시지 않고서는 무엇을 하라고 말씀하지 않는다. 율법은 우리에게 아무 능력도 주지 않으면서 지키지 않으면 정죄한다. 그러나 주님은 우리에게 성령을 주시고, 능력과 힘도 주신다. 쉽게 갈 수 있도록 파워스티어링(주님방식의 멍에)까지 마련해 주셨다. 이것은 하나님이 우리에게 주신 보배로운 은혜이다.

우리가 주님이 주신 힘으로 주님이 기뻐하시는 방향을 향해 가기 위해 시동만 걸면 주님은 엔진을 움직여 주신다. 문제는 우리가 시동조차 걸려고 하지 않는다는 점이다. 우리에게 이렇듯 힘과 능력을 주셨는데 그것을 활용하지 않으면 하나님은 우리를 체포하기 위해 경찰을 부르실 것이다.

4) 하나님의 영광을 위해 살라

일단 시동이 걸린 다음에 어디로 가느냐 하는 것은 우리에게 달렸다. 주님이 기뻐하시는 방향으로 달리면 주님이 기뻐하시고 하나님께 영광을 돌리는 일이 될 것이며 그렇지 않으면 문제가 커질 것이다. 사무엘상을 보면 하나님의 영광이 이스라엘로부터 떠날 때(삼상4:21) 블레셋에게 언약궤를 빼앗긴다. 엘리의 가족도 몰락한다. 엘리의 가정이 여호와 보시기에 악을 행했기 때문이다. 그러나 주님을 붙잡고 나갈 때 그 영광은 늘 구름기둥과 불기둥으로 임한다. 주님이 가정을 지키고 민족을 보호하신다.

7. 최춘선 할아버지의 가슴속에는 무엇이 있었을까?

김우현 감독이 낸 「팔복, 심령이 가난한 자는 복이 있나니」의 주인공 최춘선 할아버지, 정확히는 맨발의 천사 최 목사의 지하철 전도 모습이 우리를 감동의 도가니로 빠뜨렸다. 한 학생은 '기독교와 현대사회' 클래스에서 그에 대해 발표하면서 울었다. "주님, 저는 너무 부끄럽습니다. 그토록 많은 것을 가졌으면서 불만하며 살았습니다."

최 목사는 이 시대의 이사야처럼 살고 간 인물이다. 이사야가 벌거벗은 몸으로, 맨발로 이스라엘을 향해 절규했듯이 그는 맨발로 걸으며 사람들을 일깨웠다. 그는 30년 넘게 신발을 신지 않았다. 차디찬 겨울 튼 발을 보며 사람들은 "할아버지, 신발을 신으시지요?"라고 부탁했다. 그러나 그는 괜찮다며 "통일되면 신을게요."라는 말만 했다. 그는 조국 통일의 날까지 맨발로 살기를 결심하고, 죽는 날까지 주님의 사랑에 메어 증거자로서의 삶을 살았다. 그는 결국 통일을 보지 못하고 갔다.

최 목사는 와세다 대학 재학 중인 22세 때 예수 그리스도를 만났다. 주님이 주신 은총을 깊이 깨달은 그는 일평생 조국의 통일과 주님을 전하려는 열정으로 살고자 다짐했다. 그는 임시정부에서 섭외부장을 맡아 활동을 했던 인물로 해방 후 김구 선생과 함께 중국에서 귀국했다. 통일에 대해 남달랐던 이유가 있었던 이유도 그 때문이다. 그는 전도를 하면서 여성을 보면 "미스 코리아 유관순, Why two Korea?", 남성을 보면 "미스터 코리아 안중근, why two Korea" 하며 접근했다. 당신이 유관순이나 안중근이라면 한국이 왜 두 동강

이가 났겠느냐는 것이다. 그리곤 말한다. "당신은 진짜 유관순, 가짜 유관순 아니요." 진짜 유관순이 되라는 것이다.

그는 예수 그리스도의 정신을 따라 그 많던 소유를 가난한 이웃들에게 나눠주었다. 성경대로 나눔의 삶을 산 것이다. 그는 유산을 많이 받았다. 김포에 많은 땅을 가지고 있었다. 그러나 그는 그 땅을 가난한 사람들에게 나누어 주었다. 죽는 순간까지 가난한 사람을 돕고, 자원봉사도 하며 살았다. 그는 주님의 말씀대로 살았다. "내 돈이 아니고 하나님의 돈이요." "잘 대접하면 기쁨이 있는 거예요." 그는 하늘의 기쁨을 아는 사람이었다.

최춘선 할아버지의 가슴에는 무엇이 있었을까? 그것은 예수님이었다. 사람들은 그에게 물었다. "할아버지, 무슨 힘으로 그렇게 하세요?" "예수는 나의 힘이요. 세상 날 버려도 예수 날 안 버려. 우리 하나님은 사랑이십니다." 사람들은 그를 미친 사람 취급했다. 그러나 그는 말한다. "진리는 고독해도 날로 위대합니다."

그리스도를 품고 사는 사람은 뭔가 다르다. 사람들은 그를 광인취급하고 조롱했지만 그는 더 이상 광인이 아니다. 지하철 역무원들에게 끌려 나가는 모습 속에서 우리는 어린 양 예수의 모습을 본다. 최 할아버지의 말은 힘없이 들리지만 더 이상 조용한 속삭임이 아니다. 지금 그의 말은 영혼의 큰 울림이 되어 우리의 메마른 가슴을 치고, 세상을 흔들고 있다.

8. 우리 속에는 예수의 피가 흐르고 있다

그리스도인은 누구인가? 바울은 "내가 그리스도의 심장으로 너희 무리를 어떻게 사모하는지"(빌1:8)라 하였다. 그리스도인은 그리스도의 심장을 가지고 있다는 말이다. 우리는 예수의 DNA를 가지고 있으며, 우리의 피 속에는 예수의 피가 흐르고 있다. 지금도 내 안에 계셔서 우리의 생각과 행동을 지켜보고 계시는 예수 그리스도, 우리 안에 내재하셔서 우리를 아픔 가운데서 일으키시고 거룩하게 하시는 성령님, 그리고 우리와 영원히 함께하시고 보배로운 약속을 주시는 하나님의 사랑을 잊어서는 안 된다. 내 안에 사는 이, 그분이 있어 홀로 있어도 외롭지 않고, 환난 가운데서 기뻐할 수 있다. 어제도 오늘도 우리와 함께, 우리 안에 계신 이는 앞으로도 영원히 우리와 함께하시고 우리를 지키실 것이다. 우리가 어떤 형편에 있든지 하나님께 감사하고 또 감사하지 않을 수 없는 이유가 바로 여기에 있다.

제 30 장
성령의 능력을 받고 영적으로 달라지기

　그리스도의 사람은 한마디로 예전과 다른 사람이다. 변화하고 성장하고 발전하는 사람이다. 선생은 학생을 가르친다. 선생은 학생이 잘 배우고 깨우치기를 바란다. 몇 년이고 가르쳤지만 아는 것이 없다면 선생의 마음은 아플 수밖에 없다. 성도도 마찬가지이다. 예수를 믿었으면 해가 갈수록 영적으로 깨쳐 있어야 하는데 10년 전이나 지금이나 마찬가지로 그저 맴도는 신앙을 가진 사람이 있다. 이처럼 성장하지 못하는 성도는 그 누구보다 하나님의 마음을 아프게 한다.

　우리가 변하고 영적으로 성장해야 한다는 것은 당연한 일이다. 그런데 아무리 오래 교회를 다녔어도 왜 교회를 다녀야 하는지, 주님이 왜 십자가에 달리셔야 했는지 제대로 알지 못하는 사람이 의외로 많다. 어떤 이는 도덕적 교훈을 받기 위해 교회에 나온다 하고, 어떤 이는 시집 장가를 잘 가기 위해, 심지어 세상의 복을 많이 받기 위해 나온다고 말하는 사람조차 있다. 이 유형에 속한 모든 사람들은 한마디로 주님이 왜 이 땅에 오셔서 십자가 위에서 죽으시고 부활하셨는가를 깨우치지 못한 사람들이다.

1. 베드로, 그도 원래 깨닫지 못한 사람이었다

베드로는 예수님의 말씀을 직접 듣고, 두 눈으로 본 사람이었다. 시쳇말로 예수님의 오리지날 사운드를 가장 가까이서 듣고 본 사람이었다. 그는 3년 동안 예수님과 함께 생활하면서 너무 생생하게 체험을 하고 그분의 가르침을 받았다. 갈릴리 해변 가에서, 가버나움에서, 산에서 그는 회개, 하나님 나라, 주님이 죽으실 것 등에 관해 많은 것을 들었다. 그러나 정작 가장 중요한 것, 곧 예수님이 이 세상에 오신 이유와 그의 죽으심에 대해서만큼은 도무지 이해할 수 없었다. 그는 주님을 향해 "주는 그리스도시요 하나님의 아들이니이다." 라고 고백해 칭찬까지 받았지만, 부활을 직접 목격하기도 했지만 그리스도를 이해하지 못한 가운데 신앙생활을 했다.

예수님은 가끔 "내가 십자가에 달려야 하리니" 하시는가 하면 "죽은 다음 사흘 만에 부활할 것이다."라고 말씀하셨다. 베드로는 주님께서 왜 종종 그 말씀을 꺼내시는지 헤아릴 길이 없었다. 그가 주님을 이해하지 못했다는 사실은 주님께서 십자가에서 죽으실 것을 말씀하자 "주여 그리하지 마옵소서." 했다가 즉시 주님으로부터 "사탄아 물러가라." 할 만큼 된 핀잔을 받은 사건을 통해 단적으로 드러난다. 주님이 죽으셔야 한다는 부분만큼은 도저히 이해할 수 없어 그런 행동을 하게 된 것이다. 그는 주님을 어느 누구보다 사랑했다. 그런데 그분이 죽으셔야 한다는 말은 무슨 말인가? 주님이 왜 십자가 위에서 죽으셔야 하는가? 왜 부활하셔야 하는가? 예수님께서 십자가에 달리시고, 부활하셨어도 그는 그 사건의 자초지종에 놀랐을 뿐 이 의문에 대한 해답은 풀리지 않았다. 그래서 이제 예수님도 계시지 않으니 갈릴리로 나가 어부나 되자고 했다.[9] 이 모든 것은 그가 아직도 변화되지 못했음을 의미한다.

2. 예수님은 그를 만나 다짐할 필요가 있었다

예수님은 부활하신 후 아직도 방황하는 베드로를 만나 이야기할 필요를 느끼셨다. 베드로가 지금까지 예수님을 곁에서 모시고, 만나고 있었지만 이번 만남은 의미가 전혀 다른 것이었다. 지금까지는 사건 속의 만남이었지만 지금의 만남은 베드로와의 인격적인 만남, 변화를 위한 만남이었다. 그 만남에서 주님은 그의 상처를 건드리시지 않았다. 주님은 얼마든지 과거를 건드리며 "왜 나를 세 번씩이나 부인했느냐?"고 따질 수 있었다. 그러나 주님은 따지지 않으셨다. 오히려 시장한 베드로를 향해 "먹으라."고 하셨다. 그 후 주님은 베드로를 향해 "나를 사랑하느냐?" 물으시고 "내 양을 치라." 말씀하셨다. 주님은 그를 정죄하지 않으시고 오히려 격려하고 새로운 임무를 주신 것이다. 도망가다 허기진 엘리야가 로뎀 나무 아래에 앉아 있을 때 "왜 도망가느냐?"고 나무라지 않으시고 먹을 것을 주신 다음 임무를 부여하신 것처럼 주님도 베드로에게 똑같이 하셨다.

주님은 인간의 약함, 베드로의 약함을 너무도 잘 아셨다. 그래서 성령님의 도우심이 아니면 그가 왜 그 일을 해야 하는지, 그 임무를 어떻게 수행해야 하는지 이것까지도 모른다는 것을 아셨다. 그래서 주님은 다음과 같이 명령을 내리셨다. "예루살렘을 떠나지 말고 내게 들은 바 아버지의 약속하신 것을 기다리라. 요한은 물로 세례를 베풀었으나 너희는 몇 날이 못 되어 성령으로 세례를 받으리라. 오

---

9) 예수님은 최후의 만찬을 마친 후 감람산으로 가시면서 "내가 살아난 후에 너희보다 먼저 갈릴리로 가리라."(막14:28) 말씀하셨다. 어떤 이는 이것을 근거로 요한복음 21장에 베드로가 디베랴(갈릴리) 바다로 간 것은 예수님의 명령에 따라 간 것으로 해석하기도 한다. 하지만 부활 후 제자들이 예수님의 이 말씀을 기억하고 그곳으로 간 것으로 보기 어렵다는 주장도 있다.

직 성령이 너희에게 임하시면 너희가 권능을 받고 예루살렘과 온 유대와 사마리아와 땅 끝까지 이르러 내 증인이 되리라"(행1:4-8). 성령을 받기까지 이곳 예루살렘을 떠나지 말 것과 성령님의 도우심에 따라 임무를 확실히 알고 수행하라는 것이었다.

예수님은 왜 베드로에게 보혜사 성령을 받으라고 명령하셨는가? 그것은 그의 몰이해를 깨치기 위한 것이었다. 주님은 평소 자신이 십자가 위에 죽으시고 부활하신 다음 보혜사 성령님을 보내 주시겠다고 말씀하셨다. 주님께서는 보혜사 성령님이 오시면 그 성령님께서 우리가 이해하지 못한 모든 부분을 환히 알게 하실 것이라고 말씀하셨다. 성령님의 오심은 근본적으로 말씀에 대한 이해를 위한 것이며, 그 진리의 말씀을 이해한 제자들이 할 일은 그 진리에 대한 전파이다. 사도행전이 성령님을 통해 권능받음을 강조하고 있는 것은 이 모든 내용을 포함하고 있다. 이해하지 못하고 어떻게 전도하겠는가? 그럼에도 불구하고 우리는 지금까지 불같은 성령의 임함만 강조했지 진리를 깨우쳐 주시고 그 깨우친 바를 힘써 전하도록 하시는 성령님의 작용에 대해서는 관심이 없었다. 사도행전과 바울서신의 모든 장절들은 이러한 성령의 역할을 강하게 보여주고 있다. 성령님께서 진리를 알지 못하는 사람을 어떻게 깨우치시는가, 진리를 아는 그리스도인들이 어떻게 복음을 전하고 그 복음에 합당한 생활을 하는가를 보여주고 있는 것이다. 그러므로 성령을 받는 제일의 목적은 주님의 말씀을 바로 알게 하고, 그 말씀을 바로 전하게 하는 데 있음을 알 수 있다. 그저 왠지 뜨거워져야 하겠기에, 남도 하는 방언을 하기 위해 성령을 받는 것이 결코 아니다.

3. 약속하신 성령님이 오시고 깨우침을 주셨다

예수님의 제자들은 주님의 명령에 순복했다. 그들은 예루살렘을 떠나지 않고 약속하신 성령을 받기 위해 함께 모여 열심히 기도했다. 제자들이 그전에 성령체험을 하지 않은 것은 아니다. 그들은 예수님께서 전도대로 파송했을 때 성령님의 도우심을 입어 병든 자를 고치고 귀신을 물러나게도 하였다. 그들은 그런 일을 경험하고 너무도 신기하였다. 그러나 주님께서는 그런 일보다 너희의 이름이 하늘의 생명책에 기록된 것을 더 기뻐하라고 말씀하셨다. 베드로는 성령님의 도우심을 입어 주님을 향한 위대한 신앙고백을 할 수 있었다. 그러므로 우리는 오순절 성령강림 사건을 제자들의 첫 번째 성령체험으로 간주하는 것은 잘못된 생각임을 알아야 한다. 성령님은 하나님께서 천지를 창조하실 때 동참하셨고, 구약 때도 여러 선지자들에게 임하셨다. 신약 때 사가랴와 엘리사벳도 성령이 충만하여 하나님의 구원을 찬송하였다. 그러나 오순절 성령강림은 주님께서 특별히 약속하신 것이고, 새로운 임무를 주시기 위한 것이므로 그들에게 있어서는 매우 특이한 것이다.

약속하신 성령이 오셨다. 약속하신 성령이 오셨다는 것은 약속의 성취라는 점에서 매우 중요하다. 구약에는 초림약속이 있고, 신약에는 성령약속과 재림약속이 있다. 신앙이란 이 약속을 믿는 것이다. 그런데 주님이 오심으로 초림약속이 지켜졌고, 오순절 성령강림으로 성령약속이 지켜지게 된 것이다. 이제 남은 것은 재림약속뿐이다. 우리는 지금도 그 재림약속을 믿고 기도하는 마음으로 기다리고 있다. 성령님은 아무도 모르게 오시지 않았다. 급하고 강한 바람 같은 소리로 들리게 오시고, 불의 혀처럼 갈라지듯 보이게 오시고, 그리스도가 내 안에 충만하게 채워지듯 느끼게 오셨다. 성령님이 오심으로 벌어진 매우 놀라운 것은 지금까지 그들이 주님에 대해 이해하지 못했던 점, 깨우치지 못한 모든 것들에 대한 의문이 한꺼번에 확 풀리기 시작한 것이다. 지금까지 그들은 자기들의 입장에서 예수님을 보았다. 그래서 예수님을 이해할 수 없었다. 그러나 성령님이 그들 안에 들어오심으로써 이제 예수님의 눈으로 예수님을 바라볼 수 있고, 예수님을 이해할 수 있게 되었다. 십자가의 의미, 부활의 의미도 알 수 있게 되었다. 이것은 성령님이 그들 안에 거하사 예수님을 바로 알 수 있는 영적인 은혜를 그들 한 심령, 심령 속에 풍성히 내려 주심으로 가능하게 된 것이다.

4. 깨우침의 증거들은 놀라웠다

베드로를 비롯하여 깨우침을 얻은 제자들은 주님의 죽으심과 부활하심의 의미가 너무나 감격하여 가만히 앉아 있을 수 없었다. 그 놀랍고, 풍성한 은혜에 감격해서 그들은 뛰쳐나갔다. 그리고 성령이 말씀하심을 따라 입을 열어 주님에 대해 담대히 전하기 시작했다. 전도의 말문이 열리자 성령님은 그동안 그들이 배우지 못했던 언어로도 복음을 전할 수 있게 하셨다. 이것이 이른바 방언이다. 당시 예루살렘에는 이방나라에 살면서 절기에 성전을 찾는 유대 사람들이 있었다. 주님께서는 그들에게도 말씀을 전해야 된다고 생각하셔서 잠시 제자들에게 외국어 사용허가를 내리신 것이다. 제자들이 배운 적도, 한 번도 사용해본 적도 없는 외국어들이었다. 외국에 사는 사람들이 자기 나라의 말로 복음을 듣게 되는 것은 진정 놀라운 일이 아닐 수 없었다. 그래서 그들은 "우리가 우리 각 사람의 난 곳 방언으로 듣게 되는 것이 어찜이냐?"며 놀라워했다. 그 방언은 알 수 없는 잡다한 소리가 아니라 '하나님의 큰 일'(행2:11), 곧 예수님에 관한 말씀이었다.

제자들이 외친 내용은 중언부언이 아니라 예수님은 선지자들이 그처럼 오시리라 예언하신 바로 그 메시야시며, 이스라엘 백성이 십자가에 못 박은 예수, 부활하신 예수가 바로 그리스도라는 사실이다. 오순절 사건 이후 수천 명을 회개시킨 베드로의 그 위대한 설교도 바로 이 내용을 담고 있다. 그가 이처럼 예수님의 죽으심과 부활을 설교했다는 사실은 그가 그토록 이해하지 못했던 사실을 성령님의 힘을 통해 확실히 이해했음을 말해 준다. 그는 이 사실을 사람들 앞에 명백히 증거함으로써 그간 예수님에 대해 가지고 있었던 자신의 몰이해를 깨끗이 지워 버렸다. 성령님께서 그의 눈을 밝히 열지 않으셨다면 이것은 불가능하다. 많은 사람들은 사도행전에 기록된 베드로의 설교내용을 두고 "내용이 없다, 별거 아니다, 다 아는 사실을 왜 길게 늘어놓았느냐."며 빈정대기도 한다. 그러나 이것은 베드로를 잘 이해하지 못한 데서 나온 생각이다. 베드로의 이 설교내용이야말로 그가 완전히 변화되어 예수님의 오심과 죽으심을 하나님의 놀라운 구원 사건으로 확실히 인식했음을 단적으로 보여주는 위대한 변화의 메시지이다. 이 설교는 예수님에 대한 그의 뚜렷한 신앙고백의 절정을 이루고 있다. 그는 이 설교를 마친 다음에도 "예수 그리스도를 믿어 구원을 받으라, 이 패역한 세대에서 구원을 받으라."고 강력히 권면하였다. 그의 이러한 강한 권면이 수천의 사람을 회개에 이르게 하고 "우리가 어찌할꼬." 하며 마음을 찢게 만들었다. 한 사람의 바른 깨우침이 이처럼 놀라운 결과를 낳는다.

이 결과는 베드로에 국한되지 않는다. 여러 제자들의 전도 속에도 나타났다. 빌립과 바울은 대표적인 보기들이다. 사마리아에 피하여 복음을 전하던 빌립에게 에디오피아 내시 간다게를 만나 예수님을 설명해 주라는 명령이 떨어졌다. 빌립은 내시가 읽고 있던 말씀, 곧 "저가 사지로 가는 양과 같이 끌리었고 털 깎는 자 앞에 있는 어린 양의 잠잠함과 같이 그 입을 열지 아니하였도다."라는 선지자 이사야의 하신 말씀이 바로 예수 그리스도를 두고 하신 말씀임을 증거하였다. 사도 바울이 이방에 전한 복음은 한마디로 예수 그리스도의 십자가와 부활이었다. 성령님이 오심으로 제자들은 예수님을 바르게 이해하기 시작했다. 그리고 예수님만 전하였다.

5. 우리는 어떤가?

주님이 살아계실 때 제자들은 주님께서 십자가에 달리시고 부활해야 한다는 말씀을 이해하지 못했다. 3년 동안이나 열심히 가르쳤음에도 불구하고 그들은 예수님을 이해하려 들지 않았고 딴청을 피웠다. 주님은 살아생전에 자신의 죽음 이후에 보혜사 성령을 보낼 것을 약속하시고 그가 오면 모든 것을 알게 하실 것이라고 하셨다. 승천하시기 전 보혜사 성령을 보내실 것을 다시금 약속하시면서 예루살렘을 떠나지 말라고 당부하셨다. 결국 약속하신 성령님은 오셨고, 성령님은 그동안 굳게 닫혔던 그들의 마음 문을 확 열어 놓으셨다. 그들은 단숨에 예수님을 이해하고, 그 말씀의 의미를 확실히 깨닫게 되었다. 성령님은 일시에 그들 마음을 감동케 하시고 그들이 깨달은 예수님을 밝히 그리고 힘써 증거하도록 하셨다. 그래서 그들은 죽는 날까지 예수님을 증거하는 것을 최고의 영예로 알며 살았다. 지금 그들은 모두 주님과 함께 계신다. 영광스런 잔치에 동참하고 있는 것이다.

지금 한국교회의 많은 성도들은 성령 충만케 해달라고 간구하고 있다. 성령 충만은 왜 필요한가? 일차적으로는 주님을 바로 전하기 위해 필요하며, 이차적으로는 우리가 주님의 말씀대로 살아 생활 속에서 많은 열매를 맺고 하나님 나라를 확장하기 위해 필요하다. 성령 충만은 우리의 영적 허영을 채우는 도구가 아니다. 성령 충만은 감정적으로 뜨거운 것도 아니며 정신적으로 쌓인 스트레스를 해소하기 위한 도구는 더더욱 아니다. 성령 충만은 우둔한 우리를 깨우쳐 그리스도를 바로 알고, 그분을 확실히 증거하며, 그분의 뜻대로 살기 위해 존재한다. 베드로의 삶이 바로 이것을 웅변적으로 증거하고 있다. 오늘도 한국교회에는 많은 사람들이 출석하고 있다. 그러나 의외에도 과거의 베드로처럼 그 의미를 모른 채 형식적으로 드나드는 사람들이 너무나 많다는 사실을 잊어서는 안 된다. 그러면서도 그들은 오늘도 다른 목적을 위해 성령 충만을 외치고 있다. 이 현실이 주님의 마음을 더욱 아프게 한다.

제 31 장
인생의 종국적인 목표를 확실히 하기

목표를 가진 사람과 가지지 못한 사람은 삶의 태도와 열의가 다르다. 당신이 지치지 않고 열심을 다해 달려도 후회함이 없으려면 목표를 가지고 있어야 한다. 그 삶의 목표가 당신을 이끌어 줄 것이다. 그리스도인은 하나님과 그 나라를 향해 오늘도 나아가는 목표를 가진 자이다.

1. 삶의 확고한 목표를 세워나간다

케말 무스타파 아타튀르크를 아는가? 이스탄불의 공항이나 터키의 지폐, 그리고 터키의 각 곳에 있는 동상에는 그의 이름이 빛난다. 그는 현 터키의 국부로 추앙받고 있는 케말 파샤다. 그의 이름은 원래 무스타파였다. 그는 데살로니키 출신으로, 때는 오스만 투르크가 그리스를 지배하던 때였다. 그의 아버지는 이스탄불로 이사를 했다. 타지에 오게 된 그는 학교에 가서 열심히 공부하기보다 창밖을 바라보며 귀교하는 아이들을 괴롭힐 궁리만 했던 인물이었다. 하루는 밖을 내려다보는 가운데 제복을 입은 군인에 매료되었다. 그 사람이

퇴근할 때 그의 집을 찾아가 어떻게 하면 자기도 그런 사람이 될 수 있을까 물었다. 그는 고등군사학교를 나오고 사관학교를 졸업하면 된다고 하였다. 그 뒤부터 그에게는 삶의 목표가 생겼고, 삶의 태도가 달라졌다. 고등군사학교 때 수학을 잘해 선생이 졸업 기념으로 그에게 '케말'이라는 이름을 주었다. 케말은 '완전하다'는 뜻이다. 이것은 그가 얼마나 수학을 잘했는가를 보여준다.

드디어 그는 군인이 되었다. 제1차세계대전 때 오스만 투르크가 패해 연합군이 터키를 사분오열시키려 하자 그는 반기를 들고 터키의 독립을 위해 싸웠다. 4년간의 전투 끝에 터키 공화국을 수립하는 데 기여했다. 그는 특히 카네칼레 해협 전투에서 영불 연합군을 물리쳤다. 그는 국부로 추대되었다. 그는 4명의 여자를 둘 수 있는 이슬람 결혼제도를 1부1처제로 바꾸고, 어려운 아랍어 대신 라틴 알파벳을 도입함으로써 문맹률을 낮추고 교육에 획기적 개혁을 가져왔다. 그는 어린이를 사랑했다. 당시 터키인들은 성이 없었는데, 의회에서 성을 갖기로 의결하고, 케말 무스타파에게 '터키의 국부'라는 의미의 '아타튀르크'를 부여했다. 삶의 목표를 가지면 인생이 달라진다. 우리도 인생의 목표를 확실히 할 필요가 있다.

우리는 어렸을 때 '학생들이여, 야망을 가져라!'는 말을 많이 들으며 살아왔다. 모두가 가난과 고난의 행군을 하고 있었지만 우리는 결코 희망을 잃지 않았다. 이 말은 오고 오는 세대에도 되풀이될 것이다. 야망은 목표가 있는 삶이다. 삶의 목표를 확고히 세우고 이를 과감히 추진해 나가야 한다. 그리고 흔들림이 없어야 한다.

"앞으로 어떤 대학에 가고 싶습니까?" 물으면 제법 "저는 무엇에 적성이 있으니까 어느 대학으로 갈래요."라고 말한다. 그러나 정작 원서를 내는 것을 보면 눈치작전하기에 바쁘고, 학과 선정은 처음 생각했던 것과는 아주 다르다.

이것저것 따지고 보면 인생은 흔들림 속에 산다. 한창 증권이 좋다 하니까 국민 모두가 증권 쪽으로 몰리다 함께 망한다. 땅 투기에 몰리고, 아파트 투기에 몰리고 모두가 이리저리 흔들린다. 사람들은 이것을 가리켜 재테크다 포트폴리오다 하는 그럴싸한 명칭을 붙여주지만 실상 그것은 사람이 얼마나 흔들리고 있는가를 보여준다. 땀 흘리기 싫어하고, 인생을 보다 쉽고 편하게 살아보려는 우리의 안이한 생각 때문에 국가경제도 국민성도 푯대를 잃고 방황하고 있다.

사는 것이 다 그런 것이 아니냐며 자위할 수도 있다. 그러나 삶의 과정에서 때로 흔들리며 살아도 삶의 목표를 확고히 세워 나가지 않으면 안 되는 것이 있다. 그것은 바로, 하나님을 향한 나의 확고한 목표이다. 나는 고등학교 때, 교정이 들어설 때마다 눈에 띄는 글귀를 마주하며 살아왔다. 그것은 바로 '그리스도를 바라보자.'는 것이었다. 지금도 이 글귀는 나의 좌우명처럼 살아서 나의 삶의 목표를 하나님께 두는 데 크게 도움을 주고 있다. 하나님을 향한 의지를 가지면 도움이 된다는 소극적인 차원의 인식이 아니라, 하나님이 아니면 나의 인생에 의미는 없다는 하나님을 향한 절대적인 확신과, 나를 버릴지언정 하나님을 버릴 수 없다는 확고한 의지 그것이다. 즉 하나님을 향한 믿음·신뢰·의지에는 흔들림이 없어야 한다. 하나님에 대한 믿음이 흔들리면 그것은 삶의 의미 모든 것을 잃는 것이다. 이것보다 더 큰 흔들림은 없다. 우리가 아무리 세상에서 성공했다 할지라도 그 안에 하나님에 대한 확고한 믿음이 없으면 그것은 모래 위에 지은 집과 같다. 훗날 우리 모두는 하나님 앞에서 얼마나 자신이 하나님에 대해 흔들림이 있었는가를 평가받게 될 것이다. 그리스도인은 하나님에 대한 깊은 신뢰와 확신 속에서 나 자신뿐 아니라 하나님과 이웃 앞에 보다 성숙된 존재로 거듭날 필요가 있다.

2. 목표를 가진 자는 배우고자 한다

세상에 완전한 사람은 없다. 모두 배워 가면서 알게 되고 또 그만큼 성장하게 된다. 배움에는 나이의 많고 적음이 문제가 안 된다. 꼭 어릴 때만 공부하는 것이 아니며, 나이가 들었다고 해서 배울 필요가 없는 것도 아니다. 사람은 평생 배우면서 살아간다. 우리나라의 경우, 고등학교나 대학 과정을 마치면 인생에 있어서 공부는 끝이 나는 것처럼 생각하는 사람이 많다. 학교를 졸업하고 사회생활을 하면 읽는 것이라곤 고작 신문이나 잡지 정도이다. 그러니 나이 50이 되면 지식이 평균화되어 고등학교 나오든 대학 나오든 차이가 없어진다고 말한다. 이런 태도를 가지고는 성숙을 기대할 수 없다. 성숙은 끊임없는 노력이 필요하기 때문이다. 우리는 학교에서만 배우는 것이 아니라 사람을 만나서도 배운다. 그래서 탈무드는 "만나는 사람 모두에게서 무엇이든 배울 수 있는 사람은 세상에서 가장 현명한 사람이다."고 말한다. 그런 사람에게서 성숙을 기대할 수 있다.

그리스도인도 성숙을 필요로 한다. 예수 그리스도를 구주로 영접하는 일이 무엇보다 중요하지만 그 이후로는 믿음에 있어서나 행실에 있어서, 그리고 삶의 모든 과정에서 성숙성이 드러나야 한다. 그리스도인의 삶은 성숙을 위한 과정이라 해도 과언이 아니다.

3. 하나님이 기뻐하시는 것이 무엇인가를 생각한다

성숙성을 높이기 위해 우리는 무엇을 해야 하는가? 무엇보다 하나님이 기뻐하시는 것이 무엇인가를 생각해야 한다.

누가복음 2장 52절은 "하나님과 사람에게 더 사랑스러워 가시더라."는 말씀으로, 예수님의 성장 전 과정이 하나님이 기뻐하시는 삶이었음을 보여주고 있다. 이 짧은 설명은 그의 성숙성이 어떠했는가를 명확히 하고 있다. 사람은 누구나 세 가지 이름을 가지고 있다. 태어났을 때 부모가 지어준 이름, 친구들이 우정을 담아 부르는 이름, 그리고 생애가 끝날 때까지 얻어지는 명성이다. 모세나 여호수아는 '여호와의 종'이라는 이름을 얻었고, 다윗은 '내 마음에 합한 자'라는 이름을 얻었다. 이 이름은 그들이 얼마만큼 하나님이 기뻐하는 삶을 살았는가를 그대로 나타낸다.

사람은 제 잘난 맛에 산다고 한다. 우리도 제 잘난 맛에 익숙해져 있다. 무슨 일을 할 때도 '예수님이라면 어떻게 하실까?'를 생각하기보다 자기 마음대로 해버리고, 하나님을 기쁘시게 하는 데 초점을 맞추는 것이 아니라 자기에게 초점을 맞추어 행동하고 판단한다. 내 생각대로 되면 좋은 것이고, 나에게 도움이 되는 것이면 좋은 것이라는 생각을 한다. 하나님 위주라기보다 자기 위주의 삶을 사는 것이다. 이것은 하나님이 기뻐하는 삶이 아니다. 그런 사람이 훗날 하나님으로부터 '내 마음에 합한 자'나 '하나님과 사람에게 사랑스러운 자'라는 이름을 얻기를 기대한다면 정말 자기 분수도 모르는 사람일 것이다.

하나님이 기뻐하는 삶을 살려면 무엇보다 하나님의 리듬과 하나님의 박자에 맞추어 살아야 한다. 하나님은 우리에게 하나님의 주파수를 통해서 여러 리듬을 보낸다. 우리가 하나님의 뜻을 모르거나 하나님을 외면하는 것은 하나님이 발사하는 주파수에 다이얼을 맞추지 않기 때문이다. 오히려 세상 주파수에 맞추어 몸을 흔들어 대고 그저 그것이 좋다고 한다. 그러나 더 살맛이 나고 보람된 것이 하나님의 주파수이다. 하나님의 주파수는 한바탕 시끌벅적한 장터의 사이

클로 끝나는 것이 아니라 영원한 삶, 생명의 삶을 주기 때문이다. 우리가 하나님의 리듬과 박자에 맞추어 살면 하나님이 기뻐하고 우리로 하여금 풍성한 삶을 살게 하신다. 기도의 초점도 나의 기쁨이 아니라 하나님이 기뻐하시는 내용으로 바꾸어진다. 그리스도인의 성숙은 바로 하나님이 기뻐하는 삶을 사는 데서 시작된다.

4. 마음을 지배할 줄 알아야 한다

그리스도인은 결단의 삶을 요구받는다. 하나님은 최초의 인간 아담과 이브에게 결단 있는 삶을 살도록 하셨다. 즉 "동산 각종 나무의 실과는 네가 임으로 먹되 선악을 알게 하는 나무의 실과는 먹지 말라 네가 먹는 날에는 정녕 죽으리라."(창2:16,17)는 말씀이 그것이다. 그것은 인간에게 자제하고 절제할 줄 알라는 요구였다. 그러나 그들은 그것에 실패했다. 마음을 자제할 줄 모르고 꼬임에 넘어가 그만 불순종의 죄를 짓고만 것이다.

하나님은 아담과 이브뿐 아니라 지금의 우리에게도 이러한 결단적인 삶을 요구하신다. 학생의 본분은 공부 열심히 하고 앞으로 좋은 시민이 되기 위해 수련을 쌓는 것이다. 만일 학교의 규칙을 어기고 자행자재하면 그것은 결단적 삶을 사는 것이 아니다. 장가간 사람이 가족부양의 책임을 등한시한 채 주색잡기에 빠진다면 그것 또한 결단적 삶이 아니다. 결단적 삶은 육적인 유혹을, 단연코 거부할 수 있는 데서 출발한다.

성경은 하나님 나라의 삶을 강조한다. 하나님 나라의 삶은 이 세상의 유혹들로부터 자유로운 삶의 형태를 가리킨다. 이 세상의 유혹들로부터 자유롭기 위해서는 무엇보다 자기 스스로 그것을 끊을 수 있는 단호함이 있어야 한다. 그리스도인이 유혹들로부터 자유로울 수 있을 때, 즉 미련 없이 그것을 물리칠 때 그만큼 성숙한다.

5. 그리스도 안에서 하나님 나라의 삶을 실현한다

사람들은 흔히 기독교인을 가리켜 '재미를 포기한 사람'이라고 말한다. 세상 사람들이 즐기는 것 중에 못하는 것이 하도 많아 무슨 재미로 사는지 모르겠다고 한다. 그러나 이것은, 그리스도 안에 얼마나 많은 재미가 있는지를 모르고 하는 말이다. 어떤 이는 나이가 들어 믿게 된 것이 한스럽다고 고백한다. 그 좋은 세월을 다 놓치고 난 후 이제야 주님을 알게 되었기 때문이라는 것이다.

어떤 이는 그리스도인이 되었다는 것이 어찌나 감사하고 기쁜지 주님을 생각하기만 해도 눈물이 난다고 한다. 그리스도인은 항상 슬픈 표정을 지어야 하는 것으로 생각하면 잘못된 것이다. 죄로부터의 구원, 그다음의 일은 감격과 기쁨이다. 이 감격과 기쁨을 삶 속에 사랑으로, 용서로, 평강으로, 희락으로 실현시켜 나가야 한다. 그리스도인의 미소는 남과 달라야 하고, 그리스도인의 대화 속에는 항상 주님의 사랑이 넘쳐나야 한다.

왜 그런가? 그것은 우리가 하나님 나라의 삶을 살고 있기 때문이다. 그러나 한국의 기독교인들은 이러한 감격과 기쁨의 삶은 접어둔 채 아직도 죄에 짓눌린 삶의 모습을 보여주고 있다. 그리스도인은 이 세상에서 하나님의 나라를 구현시켜 나가야 한다는 보다 성숙된 하나님 나라의 시민의식이 필요하다. 그리스도인이면서 아직도 그 마음에 기쁨이 없고, 사랑스런 말 한마디 못하고, 언제나 비난 섞인 말만 하며, 용서할 줄 모른다면 그 사람은 성숙된 그리스도인이 아니다.

우리나라 중·고등학생들은 모두 대학입시 때문에 정신이 없다. 인생의 목표가 마치 대학에 있는 것처럼 살고 있다. 입시를 위한 기계들로 전락되고 있는 것이다. 성숙을 생각할 겨를도 없다. 인간으로서의 성숙이나 그리스도인의 성숙 따위는 대학에 들어가고 난 후에 생각할 일로 친다. 그런 말씀보다 더 급한 것은 영어 단어 하나 더 외우는 것이라고 한다. 어른들도 결코 다르지 않다. 좀 더 돈을 벌고 난 후에, 명예를 쌓은 후에, 좀 더 여유가 있을 때 해도 늦지 않다고 생각한다. 그래서 지금 자신은 바쁘다고 말한다.

그러나 조급히 가는 걸음을 멈추고 생각할 필요가 있다. 지금 나는 어디를 향해 급히 달려가고 있는가를. 대학이 좋은 것이기는 하지만 그것이 인생의 궁극적인 목표는 아니다. 돈이 필요하지만 그것이 삶의 종국적 목표는 아니다. 인생의 종국적인 목표는 우리 모두가 하나님과 그 나라의 삶으로 들어가는 것이다. 이를 위해서는 그리스도인이 되어야 하고, 그리스도인으로서 성숙된 삶이 필요하다. 하나님 나라는 내일 들어가도 좋은 것이 아니라 시간을 다투는 매우 중요한 것이다. 그리고 그 나라는 성숙을 요구하고 있다. 주님은 지금도 우리가 하나님 나라의 성숙한 백성이 되어 풍성한 삶을 살도록 기도하고 있다.

제 32 장
십자가를 지는 삶으로의 변화

고린도교회는 문제가 많았다. 특히 부도덕하고, 파당을 지어 바울의 마음을 아프게 했다. 그러나 바울은 그들을 향해 이렇게 말한다. "내가 너희 중에서 예수 그리스도와 그의 십자가에 못 박히신 것 외에는 아무것도 알지 아니하기로 작정하였음이라"(고전2:2). 문제가 많음에도 그것을 내놓지 않고 왜 이 말을 했을까. 그것은 예수와 그의 십자가가 기독교 믿음의 중심이요, 그것을 확고히 믿는 사람이라면 달라진다는 것을 너무나 잘 알고 있었기 때문이다. 그러므로 지금 문제가 있는가. 그렇다면 예수와 그 십자가의 능력 앞에 엎드려라.

1. 바울의 '십자가 때문에'

바울은 갈라디아서 6장 14절에서 다음과 같이 말하고 있다. "그러나 내게는 우리 주 예수 그리스도의 십자가 외에 결코 자랑할 것이 없으니 그리스도로 말미암아 세상이 나를 대하여 십자가에 못 박히고 내가 또한 세상을 대하여 그러하니라." 우리는 이 말씀을 읽으면서 바울이 주 예수 그리스도의 십자가를 매우 중시하고 그가 자랑할 것은 바로 그 십자가뿐이라는 것을 쉽게 인식할 수 있게 된다.

그러나 이 말씀 가운데 후반 부분은 이해하기가 매우 어렵다. "그리스도로 말미암아 세상이 나를 대하여 십자가에 못 박히고 내가 또한 세상을 대하여 그러하니라." 이해할 수 있을 것 같으면서도 선뜻 이해가 가지 않는다. 리빙 바이블(Living Bible)은 이 부분에 대하여 매우 명쾌하게 표현하고 있다. "바로 이 십자가 때문에 매혹을 주는 세상의 모든 것에 대한 나의 관심이 오래전에 십자가에 못 박힘을 당했고 나에 대한 세상의 관심도 또한 오래전에 죽었느니라." 한마디로 말해서 "십자가 때문에 내가 더 이상 세상에 대한 매력을 느끼지 못하고 세상의 것을 버렸으며 세상 또한 나를 버림으로써 나는 온전히 하나님의 사람이 되었다."는 것이다. 바울은 주님이 지신 십자가 때문에 완전히 바뀐 사람임을 이 말씀 속에서 읽을 수 있다.

바울은 십자가 밑에 자신의 모든 것을 묻어 버렸다. 그 속에는 그가 지금까지 중하게 여겼던 세상의 명예뿐 아니라 심지어 그가 유대인으로서 받고 자랑해 온 할례와 애써 지켜온 율법까지도 무익한 것으로 돌렸다. 그는 갈라디아서를 통해 자신이 십자가의 도를 받은 후로부터 얼마나 철저히 자신을 세상으로부터 분리시켰으며 이로 인해 자랑할 것은 더 이상 세상적인 것이 아니라 오직 주님의 피 묻은 십자가라는 것을 강조하고 있는 것이다.

바울은 믿는 성도를 핍박하는 데 앞장선 사람이었다. 돌루 스데반을 쳐 죽이는 데 앞장섰고 한동안 여러 곳을 다니며 교인들을 색출하는 데 혈안이 되었던 사람이었다. 그는 한마디로 믿는 사람을 찾아내 십자가를 지우도록 한 사람이었다. 이런 그가 주님을 만난 이후 핍박의 상징인 십자가에 자기의 과거를 못 박고 새로운 사람으로 태어나게 된 것이다. 주님은 그를 만날 때 자신을 가리켜 "네가 핍박하는 예수"라고 말씀하셨다. 바울이 예수님을 직접 핍박한 일은 없었지만 예수님은 그리스도인에 대한 핍박을 자신에 대한 핍박으로 간주하셨고, 이 말씀에 그는 다메섹 길에서 고꾸라졌다. 그 순간 그는 자신이 그토록 핍박한 일과 주님이 지신 십자가가 얼마나 상반된 일인가를 깨닫게 되었다.

자신이 그토록 핍박하는 일에 앞선 것은 자신의 명예에 관계되는 일이었다. 그는 그 일로 인해 유대 지도자들로부터 인정을 받고자 했다. 사람들로부터 인정을 받아 자기의 지위를 더욱 확고하게 만들고 싶었다. 그러나 주님이 지신 십자가는 인간의 욕심을 이루기 위한 것이 아니라 연약한 인간의 죄를 속하기 위함이요, 그것은 하나님이 우리를 얼마나 사랑하고 계시는가를 단적으로 보여주는 엄청난 하나님의 일이었다. 십자가는 하나님의 사랑 바로 그것이며 그 사랑은 세상의 그 어떤 것과 바꿀 수 없고 비교될 수 없는 위대한 것이다. 바울은 자기의 일이 얼마나 잘못되었는가를 알게 되었고 결국 십자가를 지신 주님을 사랑하고 그 십자가를 사랑하게 된 것이다. 그는 그저 말만의 사랑이 아니라 이 십자가의 도를 위해 자신의 모든 육체적인 도모와 명예를 분토처럼 여기고 이를 위해 배고픔과 위험은 물론 돌로 침을 당하고 투옥되어도 오직 이 길을 자랑하고 기뻐하는 삶을 살게 된 것이다. 이제 그는 자신만을 위한 사람이 아니라 하나님의 사람이 되었다. 그는 주님의 말씀대로 자기를 부인하고 주님이 지신 십자가를 자기도 기꺼이 지는 삶을 살게 된 것이다.

2. 십자가를 지는 삶

성도는 영적으로 영생의 축복에로 초대받은 존재이지만 이 세상에서는 고난의 십자가를 지도록 부름받은 존재이다. 이 부름에 대한 순종이야말로 성도의 최대의 의미이자 축복이다. 바울은 "우리가 그리스도와 함께 영광을 받기 위하여 고난도 함께 받아야 될 것이니라."(롬8:17)고 말하고 있다.

십자가 사건은 예수님만이 지고 끝이 난 사건이 아니다. 그 십자가는 우리가 주님 앞에 가는 순간까지 계속 지고 가야 할 가장 귀중한 하나님 나라의 일이다. 예수를 따른다는 것은 바로 이 십자가를 함께 지고 가는 일이라는 것을 잊어서는 안 된다. 그래서 본회퍼는 예수를 따르는 것, 곧 그의 제자가 되는 것은 죽는 것이라고 했다.

십자가를 지기 위해서는 우리가 해야 할 일들이 있다.

첫째, 자기의 옛 자아를 죽이는 일이다. 나의 옛 자아, 곧 교만한 나의 옛 성품을 죽이고 그리스도의 십자가를 통해 새롭게 태어나야 한다. 바울의 말처럼 "나는 죽고 내 속에 있는 그리스도가 사는 것"(갈2:20)이다. 그래서 그리스도인은 항상 죽을 각오가 되어 있어야 한다. 나는 날마다 죽노라라는 고백처럼 교만한 자신을 날마다 죽이고 주 앞에 겸손한 자신으로 순간순간 태어나야 한다.

둘째, 세상적인 것과 단절해야 한다. 이 말은 세상을 등지고 산속으로 들어가라는 말이 아니다. 우리는 세상을 등질 것이 아니라 세상 속에 살면서 열심히 하나님 나라의 일을 해야 한다. 여기서 세상적인 것이란 이 땅에 살면서 하나님 나라의 일을 도모하는 것이 아니라 자기의 육체를 즐겁게 하기 위해 그런 일에 몰두하는 것을 말한다. 바울은 육체의 소욕과 성령의 소욕을 구분하고 육체의 것을 버리라고 강조하고 있다.

그가 말하는 육체의 소욕으로는 "음행과 더러운 것과 호색과 우상숭배와 술수와 원수를 맺는 것과 분쟁과 시기와 분냄과 당 짓는 것과 분리함과 이단과 투기와 술 취함과 방탕함과 그와 같은 것들"(갈5:19-21)이 있다. 바울은 이러한 것들을 엄히 경계하고 이런 일을 하는 자들은 하나님의 나라를 유업으로 받지 못할 것이라고 말했다.

이에 비해 성령의 소욕은 성령의 열매를 가리키는 것으로 "사랑과 희락과 화평과 오래 참음과 자비와 양선과 충성과 온유와 절제"(갈 5:22-23) 등이 있다. 그는 성령의 열매를 소개하면서 이 같은 것을 금지할 법이 없다고 하였다.

나아가 그는 "자기의 육체를 위하여 심는 자는 육체로부터 썩어진 것을 거두고 성령을 위하여 심는 자는 성령으로부터 영생을 거두리라.",(갈6:8) "그리스도 예수의 사람들은 육체와 함께 그 정과 욕심을 십자가에 못 박았느니라."(갈5:24)고 힘주어 말하고 있다. 세상적인 것과 단절하는 일은 더 이상 자기를 주장하지 않고 주님께 순종하겠다는 결단을 의미하며 나 중심으로 살지 않고 주님 중심으로 살겠다는 것을 의미한다.

셋째, 십자가를 지는 사람은 십자가의 도를 바로 알아야 한다. 바울은 말한다. "예수 그리스도와 그의 십자가에 못 박히신 것 외에는 아무것도 알지 아니하기로 작정하였음이라"(고전2:2).

바울은 갈라디아서에서 '이 세상의 초등학문'으로 돌아가지 말 것을 강조하였다(갈4:8). 이때의 초등학문(elemental spirits)이란 중고등학교나 대학에서 가르치는 학문을 지칭하는 것이 아니라 십자가의 도를 헛되이 하는 사상과 그 가르침을 말한다. '율법아래 있는 자들의 가르침'(갈4:5)이 이것의 대표적인 보기에 속한다. 이들은 율법만 잘 지키면 구원을 얻는다고 생각하고 율법 지키기에 몰두하며 십자가의 도를 무시한다.

그러나 예수님의 오심과 십자가의 도는 율법을 지키는 우리의 행위로 구원을 받는 것(초등학문)이 아니라 십자가의 보혈의 공로로, 즉 우리를 향하신 하나님의 사랑으로 구원을 받는다는 것(고등학문)을 확고히 하고 있다. 그러므로 초등학문이란 영적 수준이 가장 낮은 것이며 고등학문은 영적으로 높은 수준의 것임을 알 수 있다. 바울은 이러한 의미에서 너희가 그때에는 하나님을 알지 못하여 본질상 하나님이 아닌 자들에게 종노릇하였지만 이제는 너희가 하나님을 알뿐더러 하나님의 아신 바 되었으므로 다시는 그러한 초등학문으로 돌아가 저들의 종이 되지 말라고 강조하고 있다(갈4:8-9). 이 말씀은 신앙에 있어서 초등학문에 머물 것이 아니라 고등학문인 십자가의 도를 확실히 붙잡으라는 말이다.

넷째, 기쁨으로 십자가를 져야 한다. 십자가를 지는 일은 결코 쉬운 일이 아니다. 매우 힘들 뿐 아니라 짜증나는 일이고 누가 알아주지도 않는 일이다. 쉬운 길을 가고자 하고 누가 알아주기를 바랐다면 처음부터 잘못된 일이다. 베드로는 말한다. "오직 너희가 그리스도의 고난에 참여하는 것을 즐거워하라. 그리스도의 이름으로 욕을 받으면 복 있는 자로다"(벧전4:13-16). 우리가 주님을 위해 당하는 고통은 주님이 당하신 모욕과 십자가의 고통과 결코 비교될 수 없다. 주님이 우리를 위해 기꺼이 그 고난을 참으신 것처럼 우리도 주님을 생각하며 기쁜 마음으로 십자가를 져야 한다.

십자가를 지는 일은 그리스도의 남은 고난에 동참하는 중요한 하나님 나라의 일이다. 하고 싶지 않은데 의무감에서 마지못해 한다거나 떠밀려 할 수 없이 하는 것이라면 그것은 십자가를 바로 지는 태도가 아니다. 십자가를 기쁨으로 지는 일은 주님을 열심히 섬기는 일로 나타난다. 주님의 종들은 주님을 열심히 섬겨야 한다. 우리는 사나 죽으나 주님의 것이기 때문이다(롬14:8).

바울은 십자가 때문에 완전히 변화된 삶의 모습을 보여주었다. 십자가의 삶은 자기를 부인하는 삶이다. 자기의 정과 욕심을 십자가에 못 박는 삶이다. 이것은 나의 생애에 궁극적인 관심을 나로부터 그리스도로 옮기는 것이며 하나님의 종으로서 하나님과의 관계에서 최고의 가치를 찾는 것이다.

아울러 그리스도인은 주님이 지신 십자가를 함께 지고 가야 할 사람들이다. 내가 예수님의 참된 제자인가 하는 여부는 자기 몫의 헌신과 희생을 얼마나 잘 감당하느냐에 달려 있다. 그럼에도 우리는 너무나 쉽게 신앙생활을 하려 하고 있다. 바울은 항상 예수 죽인 것을 몸에 짊어지라고 말한다. 우리가 십자가를 짊어지면 짊어질수록 예수의 생명이 우리 몸에 나타나기 때문이다(고후4:10).

바울은 우리에게 말한다. "내가 그리스도와 함께 십자가에 못 박혔나니 그런즉 이제는 내가 산 것이 아니요 오직 내 안에 그리스도께서 사신 것이라 이제 내가 육체 가운데 사는 것은 나를 사랑하사 나를 위하여 자기 몸을 버리신 하나님의 아들을 믿는 믿음 안에서 사는 것이라"(갈2:20). 내게는 우리 주 예수 그리스도의 십자가 외에 결코 자랑할 것이 없다. 나는 예수 그리스도와 그의 십자가에 못 박히신 것 외에는 아무것도 알지 아니하기로 작정하였노라. 그리고 우리에게 묻는다. "당신은 이 십자가를 얼마나 사랑하고 있는가? 얼마나 변화된 삶을 살고 있는가? 그리고 당신은 얼마나 십자가를 지며 살고 있는가? 바울은 이 십자가 때문에 변화되었다. 주님은 이제 당신 차례라고 말씀하신다."

제 33 장
영으로 찬양하는 삶

주 안에서 우리의 영이 얼마나 건강한가는 자신의 찬양 모습이 어떤가를 보면 알 수 있다. 영으로, 기쁨으로 찬양하는 모습이라면 아름답고 보는 이에게 감동을 준다. 특히 고난의 마당에서 주를 기억하고 찬양한다면 그것처럼 아름다운 찬양은 없을 것이다. 주님이 그 찬양을 기억하실 것이기 때문이다.

라비치가 쓴 「얼어붙은 눈물」은 2차 대전 중 억울하게 소련에 끌려간 폴란드, 유고, 미국 출신의 죄수 7명이 1년간 걸어서 죽음의 땅을 탈출한 실화를 적고 있다. 그들은 시베리아 수용소를 탈출하여 모진 추위와 굶주림, 죽음의 공포와 싸우며 눈보라와 언 강을 뚫고 시베리아를 통과했으며, 끝 간 데 없는 죽음의 모래밭 고비사막을 지나 히말라야의 가파른 설산을 넘어 인도에 도착함으로써 끝을 맺었다. 장장 7000km를 달려 자유를 얻은 것이다. 그 일행 중 절반은 목숨을 잃었다.

그 이야기 중 폴란드 장교였던 그가 간첩혐의로 25년간의 시베리아 강제노동형을 선고받고 유형의 땅 수용소로 가는 장면이 소개되고 있다. 죄수들을 60명씩 빼곡히 채운 열차가 한 달 내내 달려 이르쿠츠크에 도착했는데 찬 벽 쪽에 있던 사람들은 밤새에 선 채로 얼어 죽었다. 열차에서 내린 죄수들을 기다리고 있는 것은 쇠사슬이었다. 차가운 쇠를 만지니 불에 덴 것처럼 아렸다. 한 줄에 50명씩 쇠사슬에 묶인 채 두 달간 1600㎞를 걸어 수용소에 도착했다.

라비치는 행진 보름째였던 날의 장엄했던 순간을 잊지 못한다. 누군가 "오늘이 크리스마스이브래요."라고 속삭였고, 뉴스는 불길처럼 번졌다. "그때 뒤쪽 멀리서 갑자기 가느다랗게 물결치며 웅성대는 소리가 들렸다. 소리가 차차 높아지며 우리한테 밀려들었다. 그것은 거대한 합창이었다." 눈 덮인 황량한 시베리아 벌판에서 쇠사슬에 묶인 죄수들이 '고요한 밤'을 합창하며 걸어가는 광경을 한번 연상해 보라. 목이 메어 가만히 울고 있는 사람들도 있었다(라비치, 2003).

곽선희 목사가 북한에 있었을 때 어느 탄광에서 강제노역으로 고생한 일이 있었다. 탄광은 주일 상관하지 않고 작업에 투입시켰다. 깊은 탄광에서 어느 누가 휘파람 소리로 "죄 짐 맡은 우리 구주 어찌 좋은 친군지" 찬송을 부르는 것이었다. 사람들은 여기저기서 그 휘파람 소리에 맞춰 허밍을 했다. 모두의 눈에 눈물이 고이기 시작했다. 곽 목사님은 이 순간을 가장 잊을 수 없다고 했다.

찬양(praise)은 원래 '칭찬'이라는 뜻을 담고 있다. 상대의 좋고 아름다운 것을 칭찬하고, 흠모하고, 사랑하는 것을 찬양이라 한다. 찬양하면 우리는 늘 노래만 생각하지만 사실은 그렇지 않다. 상대에 대한 칭찬의 언어로부터 시작해서, 그것이 보다 아름다운 시로 표현되고, 그 시가 노래로 더욱 발전한다. 그러므로 찬양에는 언어, 시, 노래 모두가 포함되어 있다.

그리스도인의 찬양은 무엇보다 하나님을 향해 있다는 점에서 세상의 찬양과 구분된다. 성도가 주님에 대해서 가진 좋은 마음을 입으로 전하는 것이나 그 주님을 남에게 소개하는 전도도 찬양에 속한다. 주님을 사랑하는 마음으로 봉사하는 것은 몸을 통한 찬양이라 할 수 있다. 그리스도인으로서 참된 모든 행위는 찬양 아닌 것이 없다. 찬양 가운데 가장 힘을 합해 한 입으로 아름다움을 나타내는 것이 바로 노래를 통한 찬양이다.

찬양은 우리로 하여금 하나님의 영광을 노래하게 할 뿐 아니라 그 영광이 얼마나 크고 위대한가를 보여준다. 그래서 하나님을 향한 찬양이 있는 곳에는 언제 어디서나 감격이 있다. 그러나 상당수의 사람들은 아무 감흥도 없이, 형식적으로 노래를 부르고 있다. 찬양의 정신을 잃어가고 있는 것이다. 이 정신을 회복하기 위해 어떻게 해야 하는가를 생각해 보기로 한다.

1. 하나님 나라의 언어로 드린다

후안 카를로스 오르티즈에 따르면 하나님 보시기에 이 세상에는 두 가지 언어가 존재한다. 하나는 하나님 나라의 언어이고, 다른 하나는 흑암 나라의 언어이다. 하나님 나라의 언어는 찬양이고, 흑암 나라의 언어는 불평이다. 찬양은 아름다운 일을 기리지만 불평은 그것을 깎아내린다. 사람들은 그 둘 가운데 어느 하나를 말하게 되어 있다. 흑암 나라 사람들은 입을 열면 불평이 튀어나온다. 자명종이 울리면 "누가 이 시끄러운 것을 만들었지?"라고 말하고, 식탁에 앉아서도 "커피가 너무 뜨겁잖아."라고 말한다. 날씨든, 정부관리든, 교통이든 꺼냈다 하면 불만이다.

문제는 하나님 나라의 백성도 매사에 나쁜 언어를 사용한다는 점이다. 교회 안에서 "할렐루야, 주님을 찬양합시다, 하나님께 영광을 돌립시다."라고 말한 사람들이 집회가 끝난 다음 밖으로 나오자마자 "어 비가 오잖아. 날씨 한번 더럽네. 오늘 스케줄 완전히 망쳤잖아."

이 말은 날씨를 주관하시는 주님을 향해 욕하는 것이나 다름이 없다. 이런 사람은 이렇게 찬송을 고쳐 불러야 할 것이다. '이 날은 이 날은 주의 지으신 주의 날일세, 원망하고 불평해보세.' 주님을 찬양하자고 해놓고 불과 몇 분 후에 찬양했던 그분을 원망할 수는 없다(오르티즈, 82－83).

우리의 언어를 하나님 나라의 언어로 바꿔야 한다. 비가 오면 "비가 오니까 참 좋은데 어디 한번 낭만적으로 걸어가 볼까?", 날씨가 더우면 "오늘 날씨 한번 화끈하네.", 눈이 오면 "얼마나 기다렸던 눈이야."라고 말할 수 있어야 한다. 화창한 날씨뿐 아니라 궂은 날씨 때문에라도 주님은 찬양받으셔야 하는 것이다. 바울은 말한다. "하나님의 지으신 모든 것이 선하매 감사함으로 받으면 버릴 것이 없나니."(딤전4:4) 감사하는 마음을 소유하면 우리의 입술에 찬양이 있게 되고, 그렇지 않으면 모든 것이 나쁘게 보이고 불만, 불평하게 된다. 찬양의 언어는 항상 아름답게 나타나야 한다.

2. 겸손히 하나님께 드린다

시편저자는 일찍이 "이스라엘의 찬송 중에 거하시는 주"(시22:3)라 하였고, 주님은 선지자 이사야를 통해 "이 백성은 내가 나를 위하여 지었나니 나의 찬송을 부르게 하려 함이니라."(사43:21)고 말씀하셨다. 그래서 성경은 "호흡이 있는 자마다 여호와를 찬양지어다."(시150:6)고 외치고 있다.

찬양은 하나님께 드리는 것이다. 계시록에 네 생물들이 밤낮 쉬지 않고 "거룩하다 거룩하다 거룩하다 주 하나님 곧 전능하신이여 전에도 계셨고 이제도 계시고 장차 오실 자라."(계4:8,9)며 찬양하는 모습이 소개되어 있다. 여기에서 네 생물은 천사들이다, 피조물의 대표들이다 등 여러 주장이 있다. 이사야가 본 환상 속에서도 저들은 하나님을 향하여 찬양을 하고 있었다. 주의 제단에서는 찬양의 향연이 멈추어서는 안 되며 찬양의 불을 꺼트려서는 안 된다. 그러나 그 찬양은 자기나 어느 누구를 위해 드리는 것이 아니라 하나님을 향해 드리는 것이어야 한다.

계시록은 주의 보좌를 중심으로 그 주위에 24장로들의 보좌가 둘러 있으며, 그 장로들이 흰옷을 입고 머리에 금 면류관을 쓰고 앉아 있는 모습을 소개하고 있다(계4:4). 이 모습이 너무 영광스러워 서로들 장로가 되려는 것이 아닌지 모르겠다. 그런 뜻으로 장로가 되려 한다면 그것은 스스로를 높이는 꼴이 된다. 24장로들은 그 보좌에 앉아 자기 모습을 자랑하고 있는 것이 아니라 모두 자기의 면류관을 벗어 보좌 앞에 던지며 주님을 찬양하고 있다. 그 자랑스러운 영광의 면류관마저 자기가 쓰기를 거부하고 겸손한 마음으로 그 면류관을 벗어 오히려 주님께 드리며 찬양하고 있는 것이다. 사실 그 면류관은 주님만이 쓰실 수 있기 때문이다.

오늘날 많은 사람들은 스스로 면류관을 쓰기 위해 안간힘을 쓰고 있다. 주님이 쓰실 영광의 면류관을 가로채고 있는 것이다. 우리는 보좌 앞에 엎드린 24장로들처럼 주님 앞에 겸손한 자세로 언제나 주님을 향해 찬양을 드리는 삶을 살아야 한다.

한국교회에는 성가대가 성가를 할 때 목사가 성가대를 향해 바라보는 이상한 행위가 습관처럼 자리를 잡고 있다. 마치 목사가 성가대원을 점검이라도 하듯 똑바로 보고 있다. 이것은 과거에 없던 것으로 일설에 의하면 제사장되는 목사가 그 성가를 받아 하나님께 올린다는 뜻에서 시행되는 것이라 한다. 만일 이것이 사실이라면 신학적으로 큰 문제가 아닐 수 없다. 만인제사장이라는 성경적 가르침에도 어긋날 뿐 아니라 성경 어느 곳에서도 목사가 찬양을 받아 올리라는 말씀이 없기 때문이다. 성가대원의 얼굴을 감상하듯 서 있기보다 그 시간에 자리에 앉아 찬양의 내용과 말씀을 묵상하는 것이 더 바람직하다.

3. 찬양에 내용이 있어야 한다

우리는 찬양이라는 말을 많이 사용한다. "할렐루야, 주님을 찬양합니다."(Praise the Lord)는 인사가 되고 말았다. 아무 뜻도 없이 사용하는 경우도 많다. "왜 주님을 찬양합니까?"라고 물으면 그저 얼버무리기 일쑤이다. 습관적으로 그렇게 말하는 것이다. 찬양은 사전적으로 말하면 상대방의 덕을 기리는 것이다. 그러므로 우리가 누구를 찬양(칭찬)할 때 무엇, 곧 칭찬할 알맹이가 있어야 한다. 우리가 어떤 사람을 만나 다짜고짜로 "당신을 찬양합니다. 당신을 흠모합니다."라고 말하면 '미친 사람'이라고 말하거나 그를 피해 다른 길로 갈 것이다.

사람을 칭찬할 때 그 사람의 칭찬할 점을 들어야 바른 칭찬이 될 수 있듯이 주님을 향해서도 무엇이 좋다고, 그래서 그것만 생각하면 절로 찬송이 나온다고 말할 수 있어야 한다. 성경에서 하나님을 찬양할 때 그저 찬양하라고 말씀하지 않는다. 우리는 "나팔소리로 찬양하며 비파와 수금으로 찬양할지어다. 소고 치며 춤추어 찬양하며 현악과 통소로 찬양할지어다."(시150:3,4)라는 말씀에 바탕을 두어 그저 신나게 찬양하면 되는 것으로 오해하고 있다. 시편 150편의 말씀은 시편 전체의 웅장한 피날레와 같다. 시편뿐 아니라 성경 전체는 왜 우리가 찬양하지 않으면 안 되는가를 명확히 밝혀주고 있다. 다윗은 시편 150편에서도 "그의 능하신 행동을 인하여 찬양하며 그의 지극히 광대하심을 좇아 찬양할지어다."(시150:2)라고 말한다. 맹목적으로, 형식적으로 주님을 찬양하는 것이 아니라 '그의 능하신 행동, 지극히 광대하심' 등 알맹이 있는 찬양을 하라는 것이다.

한국교회를 가리켜 집회는 있어도 예배는 없다는 말을 한다. 교인들이 교회에 나와 기도, 찬양, 설교 모두 듣고 즐기고 있다는 것이다. 그래서 예배가 아니라 감상회로 전락되고 있다고 비판한다. 은혜를 사모한다는 명목 아래 감상적 분위기를 자아내는데 찬송을 이용하는 것도 문제다. 가사보다 곡에 관심을 둘수록 이러한 현상이 더욱 더 나타난다. 찬송은 곡도 중요하지만 가사의 내용이 더 중요하다는 것을 잊어서는 안 된다. 가사 속에는 우리의 기도와 신앙고백이 담겨 있기 때문이다. 주님은 곡보다는 그 가사에 담겨 있는 찬송의 알맹이를 받으신다. 그러므로 우리가 찬송을 할 때 가사의 내용을 생각하며 불러야 할 이유가 여기에 있다. 그렇다고 곡이 중요하지 않다는 것은 아니다.

4. 기교보다 정신이 깃들어야 한다

노래의 기교가 늘면서 찬양은 세련되어야 한다는 주장이 일고 있다. 한국의 일부 목회자들은 하나님 앞에서 손뼉을 치거나 춤을 추는 행위, 온갖 악기를 가지고 찬양하는 행위는 하나님께서 약하고 어린 아이와 같은 구약시대의 백성들을 훈련시키는 차원에서 허락하신 것이므로 율법에서 벗어난 지 이미 오래된 지금 이 행위들이 아무 쓸데없다고 말한다. 은혜 아래 있는 자답게 이제는 세련되고 고상한 방법으로 찬송해야 한다는 것이다. 주숙일은 이러한 주장을 찬양의 물줄기를 막으려는 편협한 신학에서 나온 것이라고 지적하였다 (주숙일, 1993). 율법에서 벗어난 은혜의 시대라면서 찬양을 고상하고 세련된 찬양으로만 묶으려는 것은 율법주의 찬양관이라 아니 할 수 없다.

찬양은 형식에 구애받지 않는다. 하나님은 우리가 유창하게 노래하지 못한다 해도 우리가 최선을 다해 찬양하면 그것을 받으신다. 최선이 중요한 것이지 형식이나 기교가 중요한 것이 아니다. 우리는 가끔 장애자들의 수화찬양을 볼 수 있다. 그들은 음을 낼 수 없다. 현대식 장비도 기교도 동원하지 않는다. 너무나 조용하지만 그러나 아름답다. 나름대로 최선을 다해 하나님을 찬양하고 있기 때문이다. 하나님은 그 마음과 정성을 받으시는 것이다.

찬송에는 기교보다 정신이 깃들어 있어야 한다. 성가대원은 성가를 통해 보이지 않는 하나님을 보이게 하고, 하나님이 왜 영광받으시지 않으면 안 되는가를 밝히 드러내야 한다. 입술의 찬양이라면 그것은 처음부터 문제가 있다. 찬양은 세상음악과는 다르다. 세상음악은 케이크에 크림을 살짝 바르듯 기교부리는 것을 좋아하지만 하나님은 정신이 빠진 기교만의 음악을 처음부터 거부한다. 다소 거칠어도 세련되지 못해도 온 정성과 온 마음으로 드리는 찬송을 기뻐하신다. 그렇다고 성가대의 성가가 세련되지 않아야 한다는 것은 아니다.

5. 시간과 장소를 초월한다

예배의 3요소로 설교, 찬양, 그리고 기도를 꼽는다. 예배를 드릴 때 대체로 설교나 기도는 한번 하지만 찬양은 여러 번 한다. 찬양은 이에 그치지 않는다. 찬양은 무엇보다 시간과 장소를 초월한다. 보기를 들어 대중가요는 유행가다. 유행가란 흘러가는 노래다. 그 시대만 지나가면 기억해 주는 사람이 없다. 나아가 아무리 유명한 유행가라 할지라도 세상노래는 이 땅에서만 불린다. 시간적으로나 공간적으로 그만큼 한정되어 있다. 그러나 찬송은 시간과 공간을 초월한다. 시간이 지났다고 흘러간 노래가 되지 않는다. 찬송은 이 땅에서 부를 뿐 아니라 저 천국에 가서도 부른다. 시편저자는 "성소에서 하나님을 찬양하며 그 권능의 궁창에서 그를 찬양할지어다."(시150:1)라고 말하고 있다. 찬양의 장소가 한정되어 있지 않다. 찬양은 또한 연령도 초월한다. 남녀노소 누구나 언제 어디서든 부를 수 있다.

이 땅에서는 설교와 기도를 중시한다. 설교는 주로 하나님과 그 나라에 집중되어 있고, 기도도 하나님 나라를 소망하는 것으로 주축을 이루고 있다. 그러나 천국에서는 설교와 기도가 더 이상 필요하지 않다. 우리 모두가 바라던 하나님 나라에 이미 와 있고 기도하던 모든 것이 이루어졌기 때문이다. 그러나 찬송은 하나님 나라에서도 계속된다. 하나님 나라에서 드리는 하늘예배는 오직 찬양예배일 뿐이다. 그런 의미에서 찬양은 예배에 있어서 중요한 위치를 차지하고 있다.

찬양은 예나 지금이나 앞으로도 계속된다. 찬양에는 연습이라는 것이 없다. 언제 어디서나 곧바로 드려지기 때문이다. 그런데도 우리는 흔히 예배 전에 "준비찬송 합시다."라고 말한다. 예배 전이라 할지라도 찬송은 드려질 수 있다. 따라서 우리는 그 말 대신 "찬송가 00장을 하나님께 올리시겠습니다."로 바꾸어야 한다. 어느 때 어느 장소에서든지 찬송 그 자체가 찬양으로 드려지도록 해야 한다. 이런 맥락에서 성가연습이라는 말도 없애야 한다. 비록 곡을 익히기 위한 연습시간이라 할지라도 그 시간에 주님께 찬양을 올리는 마음으로 찬양에 임해야 하기 때문이다. 따라서 엄밀히 말해 찬양에 준비나 연습이라는 말을 붙일 수 없다.

6. 기쁨과 슬픔을 초월한다

찬양은 기쁠 때만 드리는 것이 아니다. 슬픔의 순간에도 하나님을 찬양하는 성숙함이 있어야 한다. 오르티즈가 70세를 일기로 부름을 받은 한 할머니의 장례식에 주례목사로 간 적이 있었다. 그는 어두운 말을 꺼내지 않기 원했기 때문에 이렇게 말했다. "하나님께서 할머니를 이 땅에 보내시어 우리와 함께 70년을 보내게 하신 것을 생각하며 감사하십시다. 선하신 하나님께서 그 오랜 세월동안 할머니를 우리 곁에 두셨습니다. 이 사실을 기억하고 감사합시다." 좌중의 분위기가 바꾸어지기 시작했다. 할머니의 남편도 "주님, 제 아내를 그렇게 오랫동안 제게 주셔서 감사합니다."라고 말했다. 이윽고 모든 사람들이 감사의 찬송을 부르기 시작했다. 그리스도인은 흑암의 나라가 아니라 하늘나라의 삶을 사는 사람이다. 기쁘든 슬프든 그리스도인이 가는 곳에는 언제 어디서나 찬양이 있어야 한다. 대부분의 흑인영가가 슬픔 가운데서도 소망을 바라보고 기뻐하는 모습을 담고 있다는 것을 잊어서는 안 된다.

7. 영으로 불러야 한다

영으로 부른다는 것은 온 마음과 정성을 다해 찬양한다는 것을 의미한다. 하나님께 찬양을 드리는 자는 무엇보다 영적으로 거듭나고 깨어 있어야 한다. 거듭나지도 않고 주님을 위해 헌신할 마음도 없으면서 곡에 맞추어 찬양을 드린다면 그것은 입술의 찬양이지 마음의 찬양은 아니다. 그가 아무리 노래를 잘 불렀다 할지라도 그것은 기교일 뿐이다. 찬양하는 자는 "내게 주신 분복을 무엇으로 보답할꼬." 하는 심정을 가지고 있어야 한다. 달리 드릴 것은 없어도 찬양을 통해서 자신을 하나님께 드리고 싶어 하는 마음으로 가득해야 한다. 그런 가운데서 찬양을 할 때 하나님이 그 찬양을 받으신다는 것을 느낄 수 있다. 성가대원은 무엇보다 영적으로 깨어 있어야 한다. 기도하고 말씀을 묵상한 후에 찬양에 임할 때 진정 살아 있는 찬양이 된다.

옛 교회에서는 찬송을 할 때 힘 있게 불렀다. 그러나 요사이 찬송하는 모습을 보면 모습 자체로도 힘을 잃는다. 거의 모두가 힘없이 찬송을 하기 때문이다. 어떤 목사는 보다 못해 이렇게 말한다. "곡조에 맞지 않게, 힘없이 부르는 것도 죄요 죄." 찬송은 마지못해 부르는 것이 아니다. 기쁨으로, 감격에 못 이겨 부르는 것이다. 억지로 부르는 것과 자발적으로 부르는 것은 다르다. 그리스도인의 찬송은 자발적인 찬송이어야 한다. 감사와 기쁨을 가득안고 마음껏 불러야 한다. 우리는 가끔 흑인교회에서 온몸으로 힘 있게 지휘하는 지휘자와 그에 따라 온몸으로 찬송하는 성가대의 모습을 본다. 처음에는 이상하게 보이지만 유심히 보면 그 속에 넘치는 기쁨과 감격이 있음을 읽을 수 있다. 감사의 표현, 감격의 표현을 감출 필요가 없다. 특히 하나님을 향한 표현은 아낄 필요가 없다. 주님 앞에서 구원의 감격을 폭발시켜야 한다.

주님의 제단에는 화려한 꽃장식이 없어도 괜찮다. 멋진 가구가 없어도 괜찮다. 성도들의 입에서 나오는 찬양으로도 아름답기 때문이다. 그러나 오늘날의 교회는 고급가구와 장식으로 가득 차 있고 정작 있어야 할 찬양은 너무 형식적이 되어 가고 있다.

바울은 "너희가 하나님의 성전인 것과 하나님의 성령이 너희 안에 거하시는 것을 알지 못하느냐"(고전3:16)고 말하였다. 하나님의 성전인 우리 각자의 모습을 살펴보면 찬송보다 온갖 세상적인 것으로 가득 차 있다. 이런 가운데서 하나님의 영광을 찾아보기 어렵다. 하나님과 동행한다고 말할 수도 없다. 따라서 우리의 마음 가운데서, 생활 가운데서 회복되어야 할 것은 찬양임을 알 수 있다. 찬양은 그리스도인의 호흡이자 생명이다. 찬양은 하늘나라에 상달되고 울려 퍼지는 가장 멋진 언어이다. 하나님께 기쁨으로 드릴 수 있는 찬양의 특권을 결코 빼앗겨서는 안 된다.

제 34 장
처음보다 끝이 좋은 인생

그리스도 안에서 사는 사람이라면 누구나 처음보다 끝이 좋은 사람이 되고자 하는 희망을 갖고 있다. 사람은 고정된 삶을 사는 것이 아니라 변화된 삶을 산다. 하루에도 여러 번 생각이 바뀌듯이 인생도 몇 차례 삶의 전환을 한다. 그 가운데 인생의 마지막 때의 모습은 지금까지의 삶과 여러 가지 점에서 다르게 나타난다. 사람은 보다 선하고 보다 나아지기를 바라고 있기 때문이다. 믿음의 생활도 마찬가지이다. 믿음이 성장하면서 우리의 생활 태도가 달라져야 하고 특히 마지막 때를 사는 우리는 주 안에서 뭔가 다르고 보다 성숙한 모습을 보여주어야 한다.

1. 끝이 좋은 야곱과 요셉을 보며

우리는 달라진 모습들을 성경을 통해서 볼 수가 있다. 야곱과 요셉은 그 보기이다. 창세기는 야곱의 가정이 얼마나 문제가 많았는가를 적나라하게 드러내면서도 마지막 장인 50장에서는 야곱과 요셉이 인생의 마지막에 어떻게 달라진 삶을 살았는가를 소개하고 있다. 이들의 모습 속에서 우리는 종전의 삶과 여러 가지 점에서 차이가 있음을 발견한다. 그 차이는 전보다 아름다울 뿐 아니라 인생을 아름답게 느낄 수 있도록 만들어 준다. 그래서 인생은 살맛이 난다. 그 삶의 모습을 소개하면 다음과 같다.

1) 용서의 삶

야곱은 임종 즈음에 걱정이 하나 생겼다. 그것은 자기가 죽고 난 후에 요셉의 형제들이 과연 사이좋게 지낼 수 있을 것인가 하는 점이었다. 야곱은 태아에서부터 자기의 형 에서와 사이가 좋지 않았다. 그는 하란으로 피신해 살아야 했을 만큼 가정적으로 문제가 있었다. 야곱은 열두 아들을 두었지만 그 아들들조차 서로 사이가 좋지 못했다. 그의 아들 요셉이 애굽으로 팔려간 것은 형제간의 사랑이 얼마나 극도로 악해졌는가를 그대로 입증하는 것이다. 야곱은 자기 대에서뿐 아니라 자기 자식 대에서마저 형제들끼리 싸우고 화목하지 못한 모습 속에서 살아온, 지금으로 말하면 가정적으로 참으로 불행한 사람이었다. 애굽에서 살 동안 요셉이 잘해 주었지만 그가 죽고 나면 그 화목이 얼마나 오래갈지 걱정이 아닐 수 없었다.

야곱은 임종 때 요셉의 형제들을 불러 이런 걱정을 말한 뒤 자기가 죽거든 이같이 요셉에게 전해 달라고 했다. "네 형들이 네게 악을 행하였을지라도 이제 바라건데 그 허물과 죄를 용서하라 하셨다 하라"(창50:17). 이것은 그가 얼마나 심사숙고하고 염려했는가를 입증한다. 부모가 자식들에게 바라는 것이 있다면 그것은 자식들이 화목하며 지내는 것이다. 하나님께서 우리에게 이웃을 사랑하라 하시는 것도 따지고 보면 그분이 만드신 자녀들끼리 서로 화목하게 지내기를 바라는 하나님 아버지의 심정을 그대로 나타내신 것이다. 그만큼 형제가 화목하고, 이웃이 화목한 것이 그리스도인의 삶에서 중요하다. 그래서 유대인들은 인사 때마다 샬롬을 외친다. 이것은 가정적으로는 화목이요, 국가적으로는 평화이다. 주님은 이 평화를 위해 이 땅에 오셨으며 우리에게 화목하도록 가르치셨다. 화목, 평화, 화평이 모두는 하나님 나라의 삶의 속성을 그대로 나타내고 있다.

야곱이 죽자 그는 가나안 땅 세겜에 묻혔다. 요셉의 형제들은 아비를 장사한 후 애굽으로 돌아왔다. 돌아오자마자 요셉의 형제들은 두려움에 쌓이게 되었다. 과연 요셉이 옛날처럼 자기들을 용서하고 선대해 줄 것인가 하는 의문이 계속되었기 때문이었다. 창세기 50장은 그들의 두려움이 얼마나 컸는가를 두 가지 점으로 입증하고 있다.

첫째로는 돌아가신 아버지 야곱의 유언을 빌려 용서를 구하는 것이고, 둘째로는 요셉 앞에 엎드려 이제는 종으로서 충성할 것을 다짐하는 것이다.

그 유언은 요셉을 울리고 말았다. "네 형들이 네게 악을 행하였을지라도 이제 바라건데 그 허물과 죄를 용서하라." 성경은 요셉이 그 말을 듣자 '울었더라.'고 기록하고 있다. 그것이 아버지의 유언이었다는 점에서 울음이 북받쳤을 것이고, 또한 자기는 이미 형들의 잘못을 용서했는데 형들은 아직도 그것을 씻어내지 못하고 두려워하고 있구나 하는 데에 생각이 미치자 울음이 북받쳤을 것이다.

요셉의 울음에도 확신을 갖지 못한 형제들은 또 다시 요셉을 찾아와 무릎을 꿇으며 "우리는 당신의 종이니이다."라고 말했다. 어떤 성경학자들은 그의 형제들이 요셉에게 무릎을 꿇은 것을 가리켜 '요셉의 꿈이 그대로 이루어진 것이다.'라고 비정한 표현을 사용하고 있지만 무릎을 꿇은 형제들을 보는 요셉의 마음은 아팠다. 그래서 요셉은 단호히 말했다. "두려워 마소서 내가 하나님을 대신하리이까?" 이미 용서를 했으니 두려워 말 뿐 아니라 하나님 앞 외에 무릎을 끊는 것은 있을 수 없다는 것이었다. 나아가 하나님께서 이미 용서하도록 만드셨음을 확신시켰다. "당신들은 나를 해하려 하였으나 하나님은 그것을 선으로 바꾸사 오늘과 같이 만민의 생명을 구원하게 하시려 하셨나니"(창50:20).

그리스도인의 삶은 두려움의 삶이 아니라 용서의 삶이다. 우리는 과거 때문에 오늘도 두려워하고 있다. 그러나 하나님은 그 넓으신 사랑으로 우리를 감싸고 용서로 우리를 덮으셨다. 우리도 주님처럼 서로 용서하는 삶을 살아야 한다.

2) 사랑의 삶

용서를 빌러온 요셉의 형제들에게 요셉은 용서뿐 아니라 더 큰 사랑으로 그들을 포용하였다. "당신들은 두려워 마소서 내가 당신들과 당신들의 자녀를 기르리이다"(창50:21). 성경은 요셉이 이 말과 함께 "간곡한 말로 위로하였더라."라고 적고 있다. 그들을 오히려 간곡히 위로하는 요셉의 모습 속에서 우리는 사랑의 아름다운 모습을 읽을 수 있다. 용서가 깊어지면 사랑에 이르고 사랑이 깊어지면 아름다움에 이르는 법임을 성경은 가르쳐 주고 있다.

요셉이 110세를 살았다. 성경은 그가 그 아비의 가족과 함께 애굽에 거하며 110세를 살았다고 기록하고 있다. 우리는 '그 아비의 가족과 함께'라는 표현에 주목할 필요가 있다. 이것은 그가 생을 마감하는 순간까지 그 아비의 가족들을 돌보며 살았음을 의미한다. 사랑과 헌신의 삶인 것이다. 이처럼 그는 헌신적인 삶을 통해 형제들에 대한 자신의 사랑을 입증하였다.

그리스도인의 삶은 사랑의 삶이자 헌신의 삶이다. 사랑은 자신의 것을 나누어 주는 것이다. 그래서 사랑은 받는 것이 아니라 주는 것이라고 말한다. 헌신도 자기의 것을 주는 삶이다. 그리스도인은 형제를 위해서, 이웃을 위해서 자신을 내어 주어야 한다. 우리는 자신의 것을 내어주는 이러한 삶이 바로 그리스도를 위한 삶이라는 것을 인식하지 않으면 안 된다. 교회에서 열심을 내고 연보를 하고 돕는 것만 그리스도를 위한 것이 아니라 우리의 가정, 직장, 사업, 대인관계 등 우리의 삶 모두가 그리스도와 연관되어 있다는 것을 인식하지 않으면 안 된다. 주부가 가사 일을 하는 것도 주님이 주신 일이요, 직장에서의 일도 주님의 일이다. 그리고 사람을 만나 말씀을 나누는 것도 주님의 일이다. 그래서 우리는 무슨 일을 하던지 주님의 일이라 생각하고 그 일을 성실히 감당함으로써 하나님의 영광을 드러내는 삶을 살지 않으면 안 된다. 왜 나는 이런 일을 할까 의심하고 하루에도 몇 번이나 사표를 써야지 불만하면서 일하는 것은 그리스도를 위한 삶, 하나님께 영광을 돌리는 삶이 아니다. 왜 나에게 이런 자식, 이런 부모, 이런 남편을 주셨는지 원망하면서 사는 것은 그리스도인으로서 바른 태도가 아니다. 어느 누구를 대하던지 주님을 대하듯, 주께 하듯 하면 세상은 밝고 아름다워진다. 그리스도인은 이토록 자신의 삶 모두를 내어주는 사랑의 삶을 살아야 한다. 이것은 주님께 자신의 모든 것을 내어주는 삶이자 이 삶 전체를 통해서 하나님께 영광을 돌려야 한다는 것을 가르쳐 준다. 이러한 삶을 사는 것은 그리스도인의 의무이다. 사랑은 말로만 하는 것이 아니라 실천하는 것이다.

만일 요셉이 이러한 마음을 가지지 않고 형제들에게 앙갚음만을 생각하고 그들을 못살게 굴었다면 그는 그리스도인으로서 삶을 산 것이 아니다. 동물적인 사람들은 그렇게 한다. 그러나 그리스도인들은 달라야 한다. 주 안에서 새롭게 된 사람들이기 때문이다. 성도는 마땅히 이 땅에서 사랑을 주는 삶을 살아야 한다.

3) 소망의 삶

야곱과 요셉은 소망의 삶을 살았다. 야곱은 죽을 때 요셉과 그 형제들을 불러 축복하고 자기를 가나안 땅에 묻도록 했다. "내가 내 열조에게로 돌아가리니 나를 헷 사람 에브론의 밭에 있는 굴에 우리 부여조와 함께 장사하라"(창49:29). 요셉은 바로 왕에게 나아가 "우리 아버지가 나로 맹세하게 하여 이르되 내가 죽거든 가나안 땅에 내가 파서 둔 묘실에 나를 장사하라 하였나니"(창50:5)라며 가나안에 묻도록 한 아비의 청원을 아뢰었다. 야곱은 요셉에게 맹세를 시키면서까지 자기가 묻힐 곳은 이곳 애굽이 아니라 하나님이 약속하신 땅 가나안임을 말하고 자기를 그곳에 묻도록 하였다. 요셉도 임종할 때 이스라엘 백성들을 모으고 그들에게 맹세시키면서까지 "너희는 여기서 내 해골을 메고 올라가겠다 하라."(창50:25)라고 말함으로써 그가 묻힐 곳도 애굽이 아니라 약속의 땅 가나안임을 분명히 하였다. 이 것은 그들이 비록 몸으로는 애굽에서 살았지만 영으로는 애굽에 소망을 두지 않고 약속의 땅에 소망을 두고 살았음을 입증하고 있다.

"가나안 땅에 나를 묻으라." 하는 것은 단순히 가나안 땅에 묻히는 것을 의미하지 않는다. 그것은 더 깊은 영적인 의미가 담겨 있다. 야곱은 그곳을 가리켜 "아브라함과 그의 아내 사라가 거기 장사되었고 이삭과 그의 아내 리브가도 거기 장사되었으며 나도 레아를 그곳에 장사하였노라."(창49:31) 하였다. 언약의 백성들이 그곳에 장사되었으니 언약의 사람인 나도 그곳에 장사되어야 한다는 것이다. 요셉은 이것을 잘 보여주고 있다. 그는 그가 묻힐 곳이 가나안 세겜 땅이어야 한다는 것을 그의 형제들에게 다음과 같이 다짐하였다. "나는 죽으나 하나님이 너희를 권고하시고 너희를 이 땅에서 인도하여 내사 아브라함과 이삭과 야곱에게 맹세하신 땅에 이르게 하시리라"

(창50:24). 그 땅은 그들의 선조 아브라함과 이삭과 야곱에게 맹세하신 약속의 땅일 뿐 아니라 하나님께서 훗날 이스라엘 백성을 권고하사 이 땅 애굽으로부터 인도하여 그곳에 이르게 하실 것이라는 것이다. 이것은 자신도 아비 야곱처럼 이곳에 소망을 두고 산 것이 아니라 하나님이 정하신 곳에 소망을 두고 살았음을 말하는 것이며 앞으로 이스라엘 백성들도 이 땅 애굽에 소망을 두고 살아야 하는 것이 아니라 하나님이 약속하신 저 땅에 소망을 두고 살아야 한다는 것을 보여주고 있다. 출애굽을 해야 할 당위성은 바로 이것에 있다. 모세는 출애굽할 때 요셉의 해골을 취하여 장도에 올랐다(출13:19).

우리는 이 땅에서 영원히 살 것처럼 생각하고 그렇게 행동한다. 그러나 그리스도인은 이 땅에 소망을 둔 사람들이 결코 아니다. 저 땅, 곧 저 하늘 저 천국을 바라보고 오늘도 그곳을 소망하며 사는 사람들이다. 우리도 야곱이나 요셉처럼 약속의 땅을 바라보는 삶을 살아야 하고 우리의 후손들에게도 그 땅을 바라보며 살도록 해야 한다. 우리도 이스라엘 백성처럼 출애굽을 해야 한다.

야곱과 요셉은 인생의 마지막 순간을 아름답게 장식한 인물들이다. 형제들이 서로 용서하고 화목하기를 바랐으며 사랑의 삶을 살도록 했다. 요셉은 아버지의 뜻을 받들어 용서하고 사랑하는 삶을 살았다. 더욱 중요한 것은 그들은 이 땅에 소망을 두지 않고 약속의 땅에 소망을 두고 살았다는 점이다. 그의 후손들이 혹시나 이 땅에 매여 하나님의 약속을 저버리고 살지는 않을까 염려하고, 약속이 있는 하나님의 백성으로서 살기를 그토록 소원하면서 살았다. 우리는 마지막 때에 어떻게 살아야 하고 우리 후손에게 무엇을 가르쳐야 하는가. 그것은 서로 용서하는 삶, 서로 사랑하는 삶, 그리고 하나님의 약속을 기억하고 그것을 소망하며 사는 삶이다. 세상이 아무리 험난하고 고달프다 할지라도 우리가 이러한 삶을 사는 한 정녕 기쁘고 삶 그 자체가 아름답지 않을 수 없다. 이것은 바로 주님이 가르쳐 주신 삶의 교훈이자 마지막 때를 살아가는 우리가 가져야 할 귀중하고 기본이 되는 삶의 태도들이다. 우리가 묻혀야 할 땅은 이 땅이 결코 아니다. 그곳은 세겜이다. 영원한 하나님 나라이다. 우리도 그곳을 향해 날마다 출애굽을 해야 한다.

참고문헌

김준곤. (1989), 김준곤 설교 Ⅰ. 순출판사.

새클턴, E. (2003). South: A Memoir of the Endurance Voyage. 최종옥 옮김. 뜨인돌.

슬로보미르 라비치. (2003). 얼어붙은 눈물. 박민규 옮김. 지호.

오윤태. (1973). 한국기독교사: 한국경교사편. 혜선문화사.

위르겐 하버마스. (2001). 이질성의 포용. 황태연 옮김. 나남.

이동원. (n.d.). 새 생활세미나. 나침판사.

이만열. (1989). 한국기독교사특강. 성경읽기사.

장한나. (2007). "내가 평생 사랑할 남자 – 베토벤", 조선일보. 9월 1일.

정석종. (1983). 조선후기사회변동연구. 일조각.

조철수. (2002). 유대교와 예수. 길.

주숙일. (1993). "찬양예배의 아름다움", 주숙일 찬송교실. 5월.

커크 더글라스. (2002). 시련은 곧 희망입니다. 김정미 옮김. 인북스.

틱낫한. (2002). 틱낫한이 평화로움. 류시하 옮김. 연립원.

후안 카를로스 오르티즈. (1993). 제자입니까. 김성웅 옮김. 두란노.

Battles, F. L(옮김). (1972). John Calvin: Catechism(1538). PA: The Pittsburgh Theological Seminary.

Chung, Chai Sik. (1969). "Religion and Cultural Identity: The case of Eastern Learning", International Yearbook for the Sociology of Religion. 5:126 – 129.

Kim, Yong－bock. (1981). "Messiah and Minjung: Discerning Messianic Politics over against Political Messianism", Minjung Theology. Orbis Books.

Mitchell, A. F. (1882). The Westminster Assembly. London: James Nisbett & Co.

Strauss, R. L. (1985). Famous Couples of the Bible: Secrets from Bible Marriages, 성서에 나타난 부부의 사랑: 참사랑의 이야기. 곽선희 옮김. 양서각.

Schweitzer, A. (2001). The Quest of the Historical Jesus. NY: Fortress Press.

Schweitzer, A. (1948). The Psychiatric Study of Jesus. MA: Beacon Press.

Warfield, B. B. (1981). The Works of B. B. Warfield, Vol.Ⅵ: The Westminster Assembly and Its Work. MI: Baker Book House.

Wrede, W. (1963). Das Messiasgeheimnis in den Evangelium. Göttingen.

양창삼　•약　력•

서울대학교 정치학과(학사, 석사)
서울대학교 대학원(경영학석사)
웨스턴일리노이대학교(MBA)
펜실베이니아 주립대학교
연세대학교 대학원(경영학박사)
총신대학교 대학원(M.Div., Th.M.)
연변과기대 상경대학 학장
한양대학교 경상대학 학장
한양대학교 산업경영대학원 원장
평양과기대 설립학사위원
현, 한양대학교 경상대학 경영학부 교수 / 목사

•기독교관계저서•

「아가페 정신과 그리스도의 제자도」
「기독교세계관과 삶의 리포지셔닝」
「신약의 이해」
「구약의 이해」
「단순한 믿음이 주는 기쁨」
「뒤틀리는 삶의 문제와 기독교적 답변」
「자본주의 문화와 기독교의 사회적 책임」
「21세기가 원하는 크리스천 리더」
「평신도를 위한 신학 이야기」
「목회자, 당신은 일류인간」
「영성회복의 신앙」
「기독교교육행정」
「교회행정학」
「톨스토이 얼굴이 빨개진 이유」
「교회경영학」

고난의 신학

- 초판 인쇄　2008년 5월 15일
- 초판 발행　2008년 5월 15일

- 지 은 이　양창삼
- 펴 낸 이　채종준
- 펴 낸 곳　한국학술정보㈜
　　　　　경기도 파주시 교하읍 문발리 513-5
　　　　　파주출판문화정보산업단지
　　　　　전화　031) 908-3181(대표) · 팩스　031) 908-3189
　　　　　홈페이지　http://www.kstudy.com
　　　　　e-mail(출판사업부)　publish@kstudy.com
- 등　　록　제일산-115호(2000. 6. 19)
- 가　　격　29,000원

ISBN　　978-89-534-9190-8 93200 (Paper Book)
　　　　　978-89-534-9191-5 98200 (e-Book)